Graf/Obermeier · NWB Steuerrecht aktuell 2/2003

NWB
Steuerrecht aktuell 2/2003

Hintergründe • Praxishinweise • Gestaltungen

- „Anschaffungsnaher Aufwand“ (BMF)
- Lohnsteuer-Änderungsrichtlinien 2004
- Kleinunternehmerförderungsgesetz
- Praxisrelevante EuGH-, BVerfG-, BFH- und FG-Entscheidungen
- Aktuelle Verfügungen und Erlasse
- Wichtige anhängige Verfahren
- Überblick über Gesetzesvorhaben
  - Amnestiegesetz
  - Steueränderungsgesetz 2003
  - Haushaltsbegleitgesetz 2004
  - Gesetz zur Reform der Gewerbesteuer
  - Ergänzung zum Steuerbegünstigungsabbaugesetz
- Tipps zum Jahreswechsel

Von
Dipl. oec. Wolfgang Graf
Rechtsanwalt und Steuerberater

und

Prof. Arnold Obermeier
Steuerberater

nwb
Verlag Neue Wirtschafts-Briefe
Herne/Berlin

ISBN 3-482-**53409**-8

http://www.nwb.de

Druck: Medienhaus Plump GmbH, Rheinbreitbach

Vorwort

Die vorliegende Ausgabe **2/2003** ist die 25. Ausgabe der Reihe **„NWB Steuerrecht aktuell"**. Bei dieser Reihe handelt es sich nicht um Neuauflagen – wie teilweise vermutet wird –, sondern um völlig neue Bücher mit neuen Beiträgen und neuen Schwerpunktthemen. Angesichts der Fülle der Informationen im Steuerrecht fällt es zunehmend schwer, sich einen Überblick über die neueste Entwicklung zu verschaffen und zugleich die interessantesten Steuersparmöglichkeiten für den Mandanten aufzufinden. Die Konzeption der Reihe „NWB Steuerrecht aktuell" folgt diesen Bedürfnissen der Praxis. Sie will die Entwicklung des Steuerrechts in den letzten Monaten darstellen, kommentieren, Hintergründe aufzeigen sowie bereits in einem frühen Stadium Hinweise und Gestaltungshinweise geben.

„NWB Steuerrecht aktuell" erscheint zwei- bis dreimal jährlich. Daneben erscheint jeweils zu Beginn des Jahres die Sonderausgabe **„NWB Steuerrecht aktuell special"**, die den Steuererklärungen gewidmet ist. Die beiden regulären Ausgaben, die traditionell im Frühjahr und im Herbst auf den Markt kommen, befassen sich mit der Entwicklung der Rechtsprechung und den neuesten Verwaltungsanweisungen.

In **Teil A** werden die Änderungen durch das Kleinunternehmerförderungsgesetz kommentiert. Die wichtigsten Änderungen sind, dass Existenzgründer im Jahr der Betriebseröffnung Sonderabschreibungen auch ohne vorherige Bildung einer Rücklage in Anspruch nehmen können und die Einnahmenüberschussrechnung ab dem VZ 2004 nach amtlich vorgeschriebenem Vordruck eingereicht werden muss. Darüber hinaus wurden die Buchführungspflichtgrenzen angehoben.

Teil B beschreibt das umfangreiche BMF-Schreiben v. 18.7.2003 (BStBl I 2003, 386) zur Abgrenzung von Anschaffungskosten, Herstellungskosten und Erhaltungsaufwendungen bei der Instandsetzung und Modernisierung von Gebäuden. In diesem Schreiben wird auch die Rechtsprechung zum anschaffungsnahen Aufwand umgesetzt. Wie lang sich die Stpfl. an der Rechtsprechungsänderung erfreuen werden, ist unbestimmt, da nach einem Gesetzgebungsvorschlag die Grundsätze der R 157 Abs. 4 EStR gesetzlich verankert werden sollen. Durch exemplarische eigene Fälle wird diese Problematik, die zu großen Konflikten mit dem Finanzamt führt, plastisch dargestellt.

Teil C ist den Lohnsteuer-Änderungsrichtlinien 2004 gewidmet.

Ein weiterer Schwerpunkt ist **Teil D**, der über praxisrelevante EuGH-, BVerfG-, BFH- und FG-Entscheidungen sowie aktuelle Verfügungen und Erlasse berichtet. Zu nennen sind insbesondere folgende Punkte: EuGH zur Mindeststeuer für beschränkt Stpfl., Rücklage gem. § 7g EStG, Großer Senat des BFH zur dauernden Last, Fortbildungskosten, Auslandssprachkurse, Dauerthema Arbeitszimmer, gemischt genutzte Gebäude, verbilligte und befristete Vermietung, Miet- und Kaufverträge mit Angehörigen, Abschreibung einer Wohnung in einer Seniorenwohnanlage und bei mittelbarer Grundstücksschenkung, private Veräußerungsgeschäfte, Berücksichtigung von Kindern, Einkunftsgrenze des Kindes, Haushaltsfreibetrag, Unterhaltsaufwendungen für Wehrpflichtige und Zivildienstleistende, Zweifelsfragen bei Aufwendungen für haushaltsnahe Beschäftigungsverhältnisse und für die Inanspruchnahme haushaltsnaher Dienstleistungen, Kinderzulage, Miteigentum und Vermögensübergabe gegen wiederkehrende Leistungen bei der Eigenheimzulage, Gesellschafter-Geschäftsführerbezüge, Grundlegender Umbau eines Altbaus und USt-Option, Drei-Tage-Fiktion des § 122 AO, vorläufige Steuerfestsetzung.

Auf Anregung der Leserschaft, die sich einen schnellen Überblick über den Inhalt verschaffen will, haben wir die **Teile E und F** aufgenommen. Teil E betrifft wichtige anhängige Verfahren, die in „**NWB Steuerrecht aktuell**" beschrieben sind. Diese werden ab NWB Steuerrecht aktuell, Ausgabe 2/2002 fortgeschrieben. In Teil F, der die Veröffentlichungen des Jahres 2003 erfasst, sind aktuelle Rechtsprechung und Verwaltungsanweisungen zusammengestellt.

Teil G ist den Gesetzesvorhaben gewidmet. Zur Verabschiedung stehen folgende Gesetze an: Gesetz zur Förderung der Steuerehrlichkeit, Steueränderungsgesetz 2003, Haushaltsbegleitgesetz 2004, Gesetz zur Reform der Gewerbesteuer und Gesetz zur Umsetzung der Protokollerklärung der Bundesregierung zur Vermittlungsempfehlung zum Steuervergünstigungsabbaugesetz. Ob die Vorschläge realisiert werden, hängt von den Oppositionsparteien ab, die im Bundesrat bekanntlich die Mehrheit besitzen. Tipps zum Jahreswechsel (**Teil H**) runden das Buch ab.

Die vorliegende Broschüre dient auch als Kursunterlage für die Vortragsreihe „Aktuelles Steuerrecht für die tägliche Praxis", die von Anfang November bis Anfang Dezember 2003 in Bayern sowie in Köln, Frankfurt, Wiesbaden, Karlsruhe, Stuttgart und Berlin abgehalten wird. Sie wird veranstaltet durch die ***fas*** Fachakademie für die Fortbildung der steuer- und rechtsberatenden Berufe GmbH, Dantestraße 27, 80637 München (Telefon 089/15 98 11 74, Fax 089/15 98 76 58, www.fas-akademie.de).

Die Broschüre lebt von der Aktualität. Redaktionsschluss dieser Ausgabe ist der 20.10.2003, Erscheinungsdatum der 3.11.2003.

Für technische Unterstützung bedanken wir uns bei Frau Ursula Schmitt-Graf und Frau Nicole Bohn.

München/Landshut, Oktober 2003 Wolfgang Graf/Arnold Obermeier

Inhaltsübersicht

Abkürzungsverzeichnis

a.A.	anderer Ansicht
a.a.O.	am angegebenen Ort
Abl.	Amtsblatt
Abs.	Absatz
Abschn.	Abschnitt
AdV	Aussetzung der Vollziehung
a.E.	am Ende
AEAO	Anwendungserlass zur AO v. 31.8.1987 (BStBl I 1987, 664), mit Ergänzungen
a.F.	alte Fassung
AfA	Absetzung(en) für Abnutzung
ALB	Allgemeine Lebensversicherungs-Bedingungen
Alt.	Alternative
AltPflG	Altenpflegegesetz
AltZertG	Gesetz über die Zertifizierung von Altersvorsorgeverträgen (Altersvorsorgeverträge-Zertifizierungsgesetz)
Anm.	Anmerkung
AO	Abgabenordnung 1977
AStG	Außensteuergesetz
AuslInvestmG	Auslandinvestmentgesetz
AVG	Angestelltenversicherungsgesetz
AVmEG	Altersvermögensergänzungsgesetz
AVmG	Altersvermögensgesetz
AWA	Aktueller Wirtschaftsdienst für Apotheker (Zs.)
BauNVO	Baunutzungsverordnung
BB	Betriebs-Berater (Zs.)
BBauBl	Bundesbaublatt
BBesG	Bundesbesoldungsgesetz
BeSt	Beratersicht zur Steuerrechtsprechung (Quartalsbeilage zu EFG und HFR)
BetrAVG	Gesetz zur Verbesserung der betrieblichen Altersversorgung (Betriebsrentengesetz) v. 19.12.1974 (BGBl I 1974, 3610)
BewG	Bewertungsgesetz
BfA	Bundesanstalt für Angestellte
BfF	Bundesamt für Finanzen
BFH	Bundesfinanzhof
BFH/NV	Sammlung amtlich nicht veröffentlichter Entscheidungen des Bundesfinanzhofs
BGB	Bürgerliches Gesetzbuch
BGBl I	Bundesgesetzblatt Teil I
BHO	Bundeshaushaltsordnung
BKGG	Bundeskindergeldgesetz

BMA	Bundesministerium für Arbeit und Sozialordnung
BMF	Bundesminister(ium) der Finanzen
BRAO	Bundesrechtsanwaltsordnung
BR-Drucks.	Bundesrats-Drucksache
BRH	Bundesrechnungshof
BRKG	Bundesreisekostengesetz
BStBl I (II)	Bundessteuerblatt Teil I (II)
BSHG	Bundessozialhilfegesetz
BT-Drucks.	Bundestags-Drucksache
Buchst.	Buchstabe
BUKG	Bundesumzugskostengesetz
BuW	Betrieb und Wirtschaft (Zs.)
BVerfG	Bundesverfassungsgericht
BVerwG	Bundesverwaltungsgericht
BWpVerwG	Bundeswertpapierverwaltungsgesetz
bzw.	beziehungsweise
DAFamEStG	Dienstanweisung zur Durchführung des Familienleistungsausgleichs nach dem X. Abschnitt des Einkommensteuergesetzes
DB	Der Betrieb (Zs.)
DBA	Doppelbesteuerungsabkommen
ders.	derselbe
DEÜV	Datenerfassungs- und –übermittlungsverordnung
dies.	dieselbe(n)
DokSt	Dokumentation Steuerrecht (Zs.)
DStR	Deutsches Steuerrecht (Zs.)
DStV	Deutscher Steuerberaterverband
DStZ	Deutsche Steuerzeitung (Zs.)
DSWR	Datenverarbeitung · Steuer · Wirtschaft · Recht (Zs.)
EEG	Erneuerbare-Ernergien-Gesetz
EFG	Entscheidungen der Finanzgerichte (Zs.)
EG	Einführungsgesetz; Europäische Gemeinschaft
EG-BeitrG	EG-Beitreibungsgesetz
EGV	EG-Vertrag
EGAO	Einführungsgesetz zur Abgabenordnung
EGBGB	Einführungsgesetz zum Bürgerlichen Gesetzbuch
EGHGB	Einführungsgesetz zum Handelsgesetzbuch
EGInsO	Einführungsgesetz zur Insolvenzordnung
EigZulG	Eigenheimzulagengesetz
EN	Eilnachrichten
EnEV	Energieeinsparverordnung
ErbSt	Erbschaftsteuer
ErbBstg	Erbfolgebesteuerung (Zs.)

ErbStDV	Erbschaftsteuer-Durchführungsverordnung
ErbStG	Erbschaftsteuer- und Schenkungsteuergesetz
ErbStR	Erbschaftsteuer-Richtlinien
Erl.	Erläuterung; Erlass
EStB	Der Ertrag-Steuer-Berater (Zs.)
EStDV	Einkommensteuer-Durchführungsverordnung
EStG	Einkommensteuergesetz
EStH	Amtliches Einkommensteuer-Handbuch
EStR	Einkommensteuer-Richtlinien
EuGH	Europäischer Gerichtshof
EuroBilG	Euro-Bilanzgesetz
evtl.	eventuell
EWR	Europäischer Wirtschaftsraum
F.	Fach
FA	Finanzamt
FG	Finanzgericht
FGO	Finanzgerichtsordnung
FGOÄndG	Gesetz zur Änderung der Finanzgerichtsordnung und anderer Gesetze
FM	Finanzministerium
FN	Finanz-Nachrichten
FördG	Fördergebietsgesetz
FR	Finanz-Rundschau (Zs.)
FVG	Gesetz über die Finanzverwaltung
GdE	Gesamtbetrag der Einkünfte
GenG	Genossenschaftsgesetz
GewSt	Gewerbesteuer
GewStDV	Gewerbesteuer-Durchführungsverordnung
GewStG	Gewerbesteuergesetz
GG	Grundgesetz
ggf.	gegebenenfalls
GKV	Gerichtskostengesetz
gl.A.	gleicher Ansicht
GmbHR	GmbH-Rundschau (Zs.)
GmbH-StB	GmbH-Steuer-Berater (Zs.)
GStB	Gestaltende Steuerberatung (Zs.)
GwG	Gesetz über das Aufspüren von Gewinnen aus schweren Straftaten
H	Hinweis zu den EStR/ErbStR
HBeglG	Haushaltsbegleitgesetz
HFR	Höchstrichterliche Finanzrechtsprechung (Zs.)
h.M.	herrschende Meinung
Hs.	Halbsatz
i.A.	im Allgemeinen
i.d.F.	in der Fassung
i.d.R.	in der Regel

i.E.	im Einzelnen
i.e.S.	im engeren Sinn
i.H.v.	in Höhe von
Inf.	Information (der Finanzverwaltung)
INF	Die Information über Steuer und Wirtschaft (Zs.)
InsO	Insolvenzordnung
InvZulG	Investitionszulagengesetz
i.S.d.	im Sinne des/der
i.R.d.	im Rahmen des/der
i.V.m.	in Verbindung mit
JStG	Jahressteuergesetz
K.	Karte
KAGG	Gesetz über Kapitalanlagegesellschaften
KapCoRiLiG	Kapitalgesellschaften- und Co-Richtlinie-Gesetz
KapESt	Kapitalertragsteuer
KFR	Kommentierte Finanzrechtsprechung (Zs.)
Kj.	Kalenderjahr
KonTraG	Gesetz zur Kontrolle und Transparenz im Unternehmensbereich
KÖSDI	Kölner Steuerdialog (Zs.)
KostREuroUG	Gesetz zur Umstellung des Kostenrechts und der Steuerberatergebührenverordnung auf Euro
krit.	kritisch(e)
KStG	Körperschaftsteuergesetz
KWG	Kreditwesengesetz
LPartG	Lebenspartnerschaftsgesetz
LStDV	Lohnsteuer-Durchführungsverordnung
LStR	Lohnsteuer-Richtlinien
lt.	laut
m.a.W.	mit anderen Worten
m.w.N.	mit weiteren Nachweisen
n.F.	neue Fassung
NJW	Neue Juristische Wochenschrift (Zs.)
nrkr.	nicht rechtskräftig
NSt	Neues Steuerrecht A-Z (Zs.)
NWB	Neue Wirtschafts-Briefe (Zs.)
NZB	Nichtzulassungsbeschwerde
OECD-MA	OECD-Musterabkommen
OFD	Oberfinanzdirektion
PartGG	Partnerschaftsgesellschaftsgesetz
PIStB	Praxis Internationale Steuerberatung (Zs.)
Pkw	Personenkraftwagen
PodG	Podologengesetz

PStR	Praxis Steuerstrafrecht (Zs.)
R	Richtlinie
RBerG	Rechtsberatungsgesetz
Rdnr.	Randnummer
RechVersV	Verordnung über die Rechnungslegung von Versicherungsunternehmen
Rev.	Revision
rkr.	rechtskräftig
Rs.	Rechtssache
Rz.	Randziffer
S.	Seite
SachBezV	Sachbezugsverordnung
SenFin	Senatsverwaltung für Finanzen
SFG	Solidarpaktfortführungsgesetz
SGB	Sozialgesetzbuch
SGG	Sozialgerichtsgesetz
SigG	Signaturgesetz
sog.	so genannt(e/n)
SolZG	Solidaritätszuschlaggesetz
StADÜV	Steueranmeldungs-Datenübermittlungs-Verordnung
StÄndG	Steueränderungsgesetz
StBÄndG	Gesetz zur Änderung von Vorschriften über die Tätigkeit der Steuerberater
StBereinG	Steuerbereinigungsgesetz
StBerG	Steuerberatungsgesetz
StBerKongrRep	Steuerberaterkongressreport
Stbg	Die Steuerberatung (Zs.)
StBp	Die steuerliche Betriebsprüfung (Zs.)
StEd	Steuer-Eildienst (Zs.)
StEK	Steuererlasse in Karteiform (Loseblatt)
StEntlG	Steuerentlastungsgesetz
StEuglG	Steuer-Euroglättungsgesetz
STFA	Die Steuerfachangestellten (Zs.)
StGB	Strafgesetzbuch
Stpfl.	Steuerpflichtige(r)
str.	strittig
StRG	Steuerreformgesetz
StSenkErgG	Steuersenkungsergänzungsgesetz
StSenkG	Steuersenkungsgesetz
StuB	Steuern und Bilanzen (Zs.)
StuW	Steuer und Wirtschaft (Zs.)
StVBG	Steuerverkürzungsbekämpfungsgesetz
StVergAbG	Steuervergünstigungsabbaugesetz

Tz.	Textziffer
UmwG	Umwandlungsgesetz
UmwStG	Umwandlungssteuergesetz
UntStFG	Unternehmenssteuerfortentwicklungsgesetz
UStB	Der Umsatzsteuerberater (Zs.)
UStDV	Umsatzsteuer-Durchführungsverordnung
UStErstV	Umsatzsteuererstattungsverordnung
UStG	Umsatzsteuergesetz
UStR	Umsatzsteuer-Richtlinien
UStZV	Umsatzsteuerzuständigkeitsverordnung
Verf.	Verfügung
VermBG	Vermögensbildungsgesetz
VermG	Vermögensgesetz
v.H.	vom Hundert
vorl.	vorläufig
VwGO	Verwaltungsgerichtsordnung
VwVfG	Verwaltungsverfahrensgesetz
VwZG	Verwaltungszustellungsgesetz
VZ	Veranlagungszeitraum
WEG	Wohnungseigentumsgesetz
WG	Wirtschaftsgut
Wj.	Wirtschaftsjahr
WoPG	Wohnungsbau-Prämiengesetz
WPg	Wirtschaftsprüfung (Zs.)
WPO	Wirtschaftsprüferordnung
WPOÄG	Wirtschaftsprüferordnungs-Änderungsgesetz
ZEV	Zeitschrift für Erbrecht und Vermögensnachfolge (Zs.)
ZPO	Zivilprozessordnung
ZPO-RG	Zivilprozessreformgesetz
Zs.	Zeitschrift
ZustRG	Zustellungsreformgesetz
zz.	zurzeit

Teil A: Gesetzesänderungen

Materialien: Gesetzentwurf der Fraktionen SPD und BÜNDNIS 90/DIE GRÜNEN, BT-Drucks. 15/537 v. 11.3.2003; Gesetzentwurf der Bundesregierung mit Stellungnahme des Bundesrates und Gegenäußerung der Bundesregierung, BT-Drucks. 15/900 v. 2.5.2003; Beschlussempfehlung und Bericht des Finanzausschusses (7. Ausschuss), BT-Drucks. 15/1042 v. 23.5.2003; Unterrichtung durch den Bundesrat und Anrufung des Vermittlungsausschusses, BT-Drucks. 15/1197 v. 24.6.2003; Beschlussempfehlung des Vermittlungsausschusses, BT-Drucks. 15/1354 v. 3.7.2003.

Literatur: *Hörster*, Änderungen durch das Gesetz zur Förderung von Kleinunternehmern und zur Verbesserung der Unternehmensfinanzierung, NWB F. 2, 8213; *Briese*, Das Kleinunternehmerförderungsgesetz, DStZ 2003, 571; *Seifert*, Überblick über das Gesetz zur Förderung von Kleinunternehmern und zur Verbesserung der Unternehmensfinanzierung, StuB 2003, 721; *Korn*, Änderungen durch das Kleinunternehmerförderungsgesetz, KÖSDI 2003, 13899; *Hegemann/Querbach*, Das Kleinunternehmerförderungsgesetz, GStB 2003, 356; *Merker*, Die Regelungen des Kleinunternehmerförderungsgesetzes, SteuerStud 2003, 538; *Merker*, Änderungen durch das Kleinunternehmerförderungsgesetz, STFA 2003, 11.

Verwaltungsanweisungen: OFD Düsseldorf v. 20.8.2003, Überblick über das Kleinunternehmerförderungsgesetz, StuB 2003, 852.

Vorbemerkung: Teil A berücksichtigt die Änderungen durch das Gesetz zur Förderung von Kleinunternehmern und zur Verbesserung der Unternehmensfinanzierung (Kleinunternehmerförderungsgesetz) v. 31.7.2003 (BGBl I 2003, 1550). Der Gesetzestext ist jeweils grau hinterlegt. Der bisherige Gesetzestext ist normal, die Gesetzesänderungen sind fett gedruckt.

⇨ ***Hinweis***

***Übersicht**: In folgender Übersicht wurden nur die wichtigsten materiellrechtlichen Änderungen durch das Kleinunternehmerförderungsgesetz aufgenommen.*

§§	Änderung	Anwendungsregelung
EStG		
§ 7g Abs. 2 Nr. 3 EStG	Bei Existenzgründern im Jahr der Betriebseröffnung Sonderabschreibungen auch ohne vorherige Bildung einer Rücklage.	§ 52 Abs. 23 Satz 1 EStG: Erstmals für Wj., die nach dem 31.12.2002 beginnen.
§ 20 Abs. 1 Nr. 10b Satz 1 EStG	Anpassung der Umsatz- (Erhöhung von 260.000 € auf 350.000 €) und Gewinngrenzen (Erhöhung von 25.000 € auf 30.000 €) an § 141 Abs. 1 AO.	§ 52 Abs. 37a Satz 4 EStG: Ab VZ 2004.
§ 32b Abs. 1 Nr. 1 Buchst. a EStG	Kein Progressionsvorbehalt für Überbrückungsgelder gem. § 57 SGB III.	§ 52 Abs. 1 EStG: Ab VZ 2003.
EStDV		
§ 60 Abs. 4 EStDV	Bei Einnahmenüberschussrechnung Gewinnermittlung nach amtlich vorgeschriebenem Vordruck.	§ 84 Abs. 3c EStDV: Erstmals für Wj., das nach dem 31.12.2003 beginnt.
GewStG		
§ 35c Abs. 1 Nr. 2 Buchst. e GewStG	Ermächtigung zum Erlass von VO für sog. banknahe Zweckgesellschaften.	§ 36 Abs. 1 GewStG: Ab EZ 2003.
GewStDV		
§ 19 Abs. 3 GewStDV	Einschränkung der Dauerschulden für bestimmte verbriefte Forderungen.	§ 36 Abs. 1 GewStDV: Ab EZ 2003.
UStG		
§ 19 Abs. 1 UStG	Anhebung der Kleinunternehmergrenze von 16.620 € auf 17.500 €.	Art. 10 Kleinunternehmerförderungsgesetz: Ab 1.1.2003.
AO		
§ 141 Abs. 1 Nr. 1 AO	Anhebung der Buchführungspflichtgrenzen. Erhöhung Umsatzgrenze von 260.000 € auf 350.000 €.	Art. 97 § 19 EGAO: Umsätze der Kj., die nach dem 31.12.2003 beginnen.
§ 141 Abs. 1 Nr. 3 AO	Erhöhung Wirtschaftswertgrenze von 20.500 € auf 25.000 €.	Art. 97 § 19 EGAO: Feststellungen, die nach dem 31.12.2003 getroffen werden.
§ 141 Abs. 1 Nr. 4 und 5 AO	Erhöhung Gewinngrenze von 25.000 € auf 30.000 €.	Art. 97 § 19 EGAO: Gewinne der Kj. bzw. Wj., die nach dem 31.12.2003 beginnen.

I. Einkommensteuergesetz

1. Sonderabschreibungen und Ansparabschreibungen zur Förderung kleiner und mittlerer Betriebe (§ 7g EStG)

Neue Rechtslage: § 7g Abs. 2 Nr. 3 EStG n.F. lautet:

> (2) Die Sonderabschreibungen nach Abs. 1 können nur in Anspruch genommen werden, wenn
>
> ...
>
> 3. für die Anschaffung oder Herstellung eine Rücklage nach den Abs. 3 bis 7 gebildet worden ist. **Dies gilt nicht bei Existenzgründern i.S.d. Abs. 7 für das Wirtschaftsjahr, in dem mit der Betriebseröffnung begonnen wird.**

⇨ ***Hinweis***

Sonderabschreibung auch ohne Bildung einer Rücklage bei Existenzgründern*: Nach der bisherigen Regelung des § 7g Abs. 2 Nr. 3 EStG konnten Existenzgründer im Erstjahr der betrieblichen Tätigkeit keine Sonderabschreibungen nach § 7g Abs. 1 EStG in Anspruch nehmen, weil die Bildung einer Rücklage mangels eines vorangegangenen Wirtschaftsjahrs nicht möglich war. Nach der Neuregelung ist die Bildung einer Ansparrücklage für die Inanspruchnahme der Sonderabschreibungen im Erstjahr der betrieblichen Tätigkeit nicht mehr erforderlich (vgl. BT-Drucks. 15/1042, 11).*

Anwendungsregelung: § 52 Abs. 23 EStG n.F. lautet:

> (23) **§ 7g Abs. 2 Nr. 3 Satz 2 ist erstmals für Wirtschaftsjahre anzuwenden, die nach dem 31.12.2002 beginnen.** § 7g Abs. 3 Satz 2 und Abs. 4 sind vorbehaltlich des Satzes ~~2~~ **3** erstmals für Wirtschaftsjahre anzuwenden, die nach dem 31.12.2000 beginnen. Bei Rücklagen, die in vor dem 1.1.2001 beginnenden Wirtschaftsjahren gebildet worden sind, ist § 7g Abs. 1 bis 8 i.d.F. des Gesetzes v. 22.12.1999 (BGBl I 1999, 2601) weiter anzuwenden.

⇨ ***Hinweis***

Nach Gesetz keine rückwirkende Anwendung*: § 52 Abs. 23 Satz 1 EStG regelt die Anwendung des § 7g Abs. 2 Nr. 3 Satz 2 EStG (neu). § 52 Abs. 23 Sätze 2 und 3 EStG (neu) entsprechen den Sätzen 1 und 2 (alt), wobei in Satz 2 (neu) eine redaktionelle Folgeänderung enthalten ist (vgl. BT-Drucks. 15/1042, 11).*

Rückwirkende Anwendung auf Grund teleologischer Auslegung aber geboten*: Die Sonderabschreibung gem. § 7g EStG ist nach Sinn und Zweck der Vorschrift auch im Gründungsjahr zu gewähren, obwohl im Vorjahr keine Rücklage gebildet werden konnte (Graf/Obermeier, NWB Steuerrecht aktuell, Ausgabe 1/2003, 114, unter Hinweis auf Dotzel, DStR 2003, 408; Korn, KÖSDI 2003, 13889, Tz. 2, Anm.; vgl. Briese, DStZ 2003, 571, 572).*

2. Kapitalvermögen (§ 20 EStG)

Neue Rechtslage: § 20 Abs. 1 Nr. 10b Satz 1 EStG n.F. lautet:

> (1) Zu den Einkünften aus Kapitalvermögen gehören
>
> ...
>
> 10. ...
>
> b) der nicht den Rücklagen zugeführte Gewinn und verdeckte Gewinnausschüttungen eines nicht von der Körperschaftsteuer befreiten Betriebs gewerblicher Art i.S.d. § 4 des Körperschaftsteuergesetzes ohne eigene Rechtspersönlichkeit, der den Gewinn durch Betriebsvermögensvergleich ermittelt oder Umsätze einschließlich der steuerfreien Umsätze, ausgenommen die Umsätze nach § 4 Nr. 8 bis 10 des Umsatzsteuergesetzes, von mehr als ~~260.000~~ **350.000 €** im Kalenderjahr oder einen Gewinn von mehr als ~~25.000~~ **30.000 €** im Wirtschaftsjahr hat, sowie der Gewinn i.S.d. § 21 Abs. 3 des Umwandlungssteuergesetzes. ...

⇨ ***Hinweis***

Folgeänderung zu § 141 AO*: § 20 Abs. 1 Nr. 10 Buchstabe b EStG bezieht sich bei der Festlegung der Besteuerungsgrenzen auf entsprechende Beträge wie in § 141 AO (vgl. BT-Drucks. 14/7344, 8). Die Grenzen in § 20 EStG wurden an die Anhebung der Grenzen in § 141 AO angepasst (vgl. BT-Drucks. 15/537, 9).*

Anwendungsregelung: Der neue § 52 Abs. 37a Satz 4 EStG lautet:

> (37a) ... **§ 20 Abs. 1 Nr. 10 Buchstabe b Satz 1 i.d.F. des Artikel 1 des Gesetzes v. 31.7.2003 (BGBl I 2003, 1550), ist erstmals ab dem Veranlagungszeitraum 2004 anzuwenden.**

3. Progressionsvorbehalt (§ 32b EStG)

Neue Rechtslage: § 32b Abs. 1 Nr. 1 Buchstabe a EStG n.F. lautet:

(1) Hat ein zeitweise oder während des gesamten Veranlagungszeitraums unbeschränkt Stpfl. oder ein beschränkt Stpfl., auf den § 50 Abs. 5 Satz 2 Nr. 2 Anwendung findet,

1. a) Arbeitslosengeld, Teilarbeitslosengeld, Zuschüsse zum Arbeitsentgelt, Kurzarbeitergeld, Winterausfallgeld, Insolvenzgeld, Arbeitslosenhilfe, Übergangsgeld, Altersübergangsgeld, Altersübergangsgeld-Ausgleichsbetrag, Unterhaltsgeld als Zuschuss, Eingliederungshilfe~~, Überbrückungsgeld~~ nach dem Dritten Buch Sozialgesetzbuch oder dem Arbeitsförderungsgesetz, das aus dem Europäischen Sozialfonds finanzierte Unterhaltsgeld ~~und die aus Landesmitteln ergänzten Leistungen aus dem Europäischen Sozialfonds zur Aufstockung des Überbrückungsgeldes nach dem Dritten Buch Sozialgesetzbuch oder dem Arbeitsförderungsgesetz~~ sowie Leistungen nach § 10 des Dritten Buches Sozialgesetzbuch, die dem Lebensunterhalt dienen,

...

⇨ ***Hinweis***

***Kein Progressionsvorbehalt mehr für Überbrückungsgeld**: Im Zweiten Gesetz für moderne Dienstleistungen am Arbeitsmarkt v. 23.12.2002 (BGBl I 2002, 4621) erfolgte eine Steuerfreistellung des Existenzgründungszuschusses i.S.d. § 421l SGB III. Der Existenzgründungszuschuss wurde jedoch nicht in den Katalog der dem Progressionsvorbehalt unterliegenden Leistungen einbezogen. Da das Überbrückungsgeld i.S.d. § 57 SGB III eine dem Existenzgründungszuschuss vergleichbare Leistung darstellt, soll es zukünftig vom Progressionsvorbehalt ausgenommen werden (vgl. BT-Drucks. 15/537, 9).*

Anwendungsregelung: § 52 Abs. 1 Satz 1 EStG lautet:

(1) Diese Fassung des Gesetzes ist ... erstmals für den Veranlagungszeitraum 2003 anzuwenden.

⇨ ***Hinweis***

***Allgemeine Anwendungsregelung**: Da für die Neuregelung des § 32b Abs. 1 Nr. 1 Buchstabe a EStG keine spezielle Neuregelung beschlossen worden ist, gilt die allgemeine Anwendungsregelung des § 52 Abs. 1 EStG.*

4. Anwendungsvorschriften (§ 52 EStG)

Neue Rechtslage: § 52 EStG Abs. 23 n.F. und der neue § 52 Abs. 37a Satz 4 lauten:

> (23) **§ 7g Abs. 2 Nr. 3 Satz 2 ist erstmals für Wirtschaftsjahre anzuwenden, die nach dem 31.12.2002 beginnen.** § 7g Abs. 3 Satz 2 und Abs. 4 sind vorbehaltlich des Satzes ~~2~~ **3** erstmals für Wirtschaftsjahre anzuwenden, die nach dem 31.12.2000 beginnen. Bei Rücklagen, die in vor dem 1.1.2001 beginnenden Wirtschaftsjahren gebildet worden sind, ist § 7g Abs. 1 bis 8 i.d.F. des Gesetzes v. 22.12.1999 (BGBl I 1999, 2601) weiter anzuwenden.
>
> ...
>
> (37a) ... **§ 20 Abs. 1 Nr. 10 Buchstabe b Satz 1 i.d.F. des Artikel 1 des Gesetzes v. 31.7.2003 (BGBl I 2003, 1550), ist erstmals ab dem Veranlagungszeitraum 2004 anzuwenden.**

⇨ ***Hinweis***

Zu § 52 Abs. 23 EStG vgl. Hinweis zu Tz. 1.

II. Einkommensteuer-Durchführungsverordnung

Unterlagen zur Steuererklärung (§ 60 EStDV)

Neue Rechtslage: Der neue § 60 Abs. 4 EStDV lautet:

> **(4) Wird der Gewinn nach § 4 Abs. 3 des Gesetzes durch den Überschuss der Betriebseinnahmen über die Betriebsausgaben ermittelt, ist der Steuererklärung eine Gewinnermittlung nach amtlich vorgeschriebenem Vordruck beizufügen.**

⇨ ***Hinweis***

***Bei Einnahmenüberschussrechnung amtlich vorgeschriebener Vordruck**: Die Maßnahme dient dem Ziel, die Einnahmenüberschussrechnung nach einem amtlich vorgeschriebenen Vordruck zu standardisieren. Gleichzeitig wird der Stpfl. verpflichtet, seine Einnahmenüberschussrechnung in dieser Form der Steuererklärung beizufügen (BT-Drucks. 15/537, 9 f.).*

***Bessere Überprüfungsmöglichkeit**: Die Standardisierung stellt einen Beitrag zur Steuervereinfachung dar. Sie erleichtert dem Steuerpflichtigen* *nicht nur die Erfüllung seiner Erklärungs- und Auskunftspflichten, sondern vermeidet auch Nachfragen seitens der Finanzbehörde. Die Finanzbehörden haben die Möglichkeit, die einzelnen – mit Kennziffern versehenen – Positionen der Betriebseinnahmen und Betriebsausgaben durch computerunterstützte Verprobungen und Abgleiche zu überprüfen. Hierdurch können die Veranlagungsarbeiten und die Betriebsprüfungen ökonomischer und effizienter gestaltet werden (BT-Drucks. 15/537, 10).*

Zusammenhang mit Anhebung der Buchführungspflichtgrenzen in § 141 AO*: Im Hinblick auf diese Zielsetzungen steht die Standardisierung der Einnahmenüberschussrechnung in unmittelbarem Zusammenhang mit der Anhebung der Buchführungspflichtgrenzen in § 141 AO (siehe Tz. VI.), durch die eine große Zahl von Betrieben aus der Buchführungspflicht (Bilanzierungspflicht) fällt und zur einfacheren Einnahmenüberschussrechnung übergeht (vgl. BT-Drucks. 15/537, 10).*

Veröffentlichung des Vordruckmusters*: Das amtlich vorgeschriebene Vordruckmuster wird im BStBl I bekannt gegeben werden (vgl. BT-Drucks. 15/537, 10).*

Anwendungsregelung: § 84 Abs. 3c EStDV n.F. lautet:

> (3c) § 60 Abs. ~~1 und 3~~ **4** ist erstmals für das Wirtschaftsjahr anzuwenden, das nach dem 31.12.**2003 beginnt**.

⇨ ***Hinweis***

Erstmalige Anwendung für das Wirtschaftsjahr 2004 oder 2004/2005*: § 84 Abs. 3c EStDV regelt die erstmalige Anwendung der Einnahmenüberschussrechnung nach amtlich vorgeschriebenem Vordruck. Danach gilt die Regelung bei einem mit dem Kalenderjahr übereinstimmenden Wirtschaftsjahr erstmalig für das Wirtschaftsjahr 2004 und bei einem vom Kalenderjahr abweichenden Wirtschaftsjahr erstmalig für das Wirtschaftsjahr 2004/2005 (vgl. BT-Drucks. 15/537, 10).*

III. Gewerbesteuergesetz

Ermächtigung (§ 35c GewStG)

Neue Rechtslage: § 35c Abs. 1 Nr. 2 Buchstabe e GewStG lautet:

> Die Bundesregierung wird ermächtigt, mit Zustimmung des Bundesrates
>
> ...
>
> 2. Vorschriften durch Rechtsverordnung zu erlassen
>
>   ...
>
>   e) über die Beschränkung der Hinzurechnung von Entgelten für Dauerschulden (§ 8 Nr. 1) bei Kreditinstituten nach dem Verhältnis des Eigenkapitals zu Teilen der Aktivposten **und bei Gewerbebetrieben, die nachweislich ausschließlich unmittelbar oder mittelbar Kredite oder Kreditrisiken, die einem Kreditinstitut oder einem in § 3 Nr. 2 genannten Gewerbebetrieb aus Bankgeschäften entstanden sind erwerben und Schuldtitel zur Refinanzierung des Kaufpreises für den Erwerb solcher Kredite oder zur Refinanzierung von für die Risikoübernahmen zu stellenden Sicherheiten ausgeben,**
>
>   ...

⇨ ***Hinweis***

Ausdehnung der Ermächtigung zur Beschränkung der Hinzurechnung von Entgelten für Dauerschulden*: Nach geltender Rechtslage besteht eine Ermächtigung zur Beschränkung der Hinzurechnung von Entgelten für Dauerschulden für Kreditinstitute. Diese Ermächtigung wird auf bestimmte Gewerbebetriebe ausgedehnt, deren Geschäftstätigkeit ausschließlich im Ankauf von Krediten oder Kreditrisiken (mit oder ohne Sicherheiten), die Kreditinstituten i.S.v. § 1 des Gesetzes über das Kreditwesen oder den in § 3 Nr. 2 GewStG genannten steuerbefreiten Gewerbebetrieben aus Bankgeschäften entstanden sind und in der Ausgabe von Schuldtiteln zur Refinanzierung des Kaufpreises für den Erwerb solcher Kredite oder zur Absicherung der Risikoübernahmen für solche Kredite besteht (Zweckgesellschaft). Die mit dieser Tätigkeit im Zusammenhang stehenden Hilfstätigkeiten berühren die Vergünstigung nicht. Auf die Begründung zur Änderung des § 19 GewStDV wird ergänzend verwiesen (BT-Drucks. 15/537, 10).*

Anwendungsregelung: § 36 Abs. 1 GewStG lautet:

> (1) Die vorstehende Fassung dieses Gesetzes ist ... erstmals für den Erhebungszeitraum 2003 anzuwenden.

⇨ ***Hinweis***

***Allgemeine Anwendungsregelung**: Da für die Neuregelung des § 35c Abs. 1 Nr. 2 Buchstabe e GewStG keine spezielle Neuregelung beschlossen worden ist, gilt die allgemeine Anwendungsregelung des § 36 Abs. 1 GewStG.*

IV. Gewerbesteuer-Durchführungsverordnung

Dauerschulden bei Kreditinstituten (§ 19 GewStDV)

Neue Rechtslage: § 19 Abs. 3 GewStDV n.F. lautet:

...

(3) ~~Für Pfandleiher i.S.d. Pfandleiherverordnung i.d.F. der Bekanntmachung v. 1.6.1976 (BGBl I 1976, 1334), geändert durch Art. 5 der Verordnung v. 28.11.1979 (BGBl I 1979, 1986), gelten die~~ **Die** vorstehenden Bestimmungen **gelten** entsprechend

1. **für Pfandleiher i.S.d. Pfandleiherverordnung i.d.F. der Bekanntmachung v. 1.6.1976 (BGBl I 1976, 1334), zuletzt geändert durch die Verordnung v. 14.11.2001 (BGBl I 2001, 3073);**

2. **für Gewerbebetriebe, die nachweislich ausschließlich unmittelbar oder mittelbar Kredite oder Kreditrisiken aus Bankgeschäften i.S.d. § 1 Abs. 1 Satz 2 Nr. 2, 3 und 8 des Kreditwesengesetzes i.d.F. der Bekanntmachung v. 9.9.1998 (BGBl I 1998, 2776), das zuletzt durch Art. 3 Abs. 3 des Gesetzes v. 22.8.2002 (BGBl I 2002, 3387) geändert worden ist, von Kreditinstituten i.S.d. § 1 des Kreditwesengesetzes oder von in § 3 Nr. 2 des Gesetzes genannten Gewerbebetrieben erwerben und Schuldtitel zur Refinanzierung des Kaufpreises für den Erwerb solcher Kredite oder zur Refinanzierung von für die Risikoübernahmen zu stellenden Sicherheiten ausgeben; die Refinanzierung durch Aufnahme von Darlehen von Gewerbebetrieben i.S.d. Nr. 3 an der Stelle der Ausgabe von Schuldtiteln ist unschädlich; oder**

3. **für Gewerbebetriebe, die nachweislich ausschließlich Schuldtitel bezogen auf die in Nr. 2 bezeichneten Kredite oder Kreditrisiken ausgeben und an Gewerbebetriebe i.S.d. Nr. 2 Darlehen gewähren.**

⇨ ***Hinweis***

***Einschränkung der Dauerschulden bei Kreditinstituten**: Nach § 19 GewStDV werden bei Kreditinstituten i.S.d. § 1 KWG abweichend vom allgemeinen Grundsatz Entgelte für Dauerschulden nur insoweit hinzugerechnet, als sie auf Dauerschulden entfallen, die dem Betrag entsprechen, um den der Ansatz bestimmter nicht banktypischer Wirtschaftsgüter des Anlagevermögens (z.B. Grundstücke, Gebäude) das Eigenkapital übersteigt, d.h. diese Wirtschaftsgüter fremdfinanziert werden. Die Fremdfinanzierung der banktypischen Geschäfte (z.B. Kreditgeschäft) kann dage-*

gen ohne gewerbesteuerliche Hinzurechnung fremdfinanziert werden (BT-Drucks. 15/537, 10).

Anders bisher bei Veräußerung von Kreditforderungen an Gewerbetreibende*: Veräußerten Kreditinstitute Kreditforderungen an Gewerbetreibende, die nicht Kreditinstitute waren, und nahm der Erwerber zum Erwerb des Kredits Fremdkapital auf, so kam es (beim Erwerber) zur Hinzurechnung von Entgelten für Dauerschulden (vgl. BT-Drucks. 15/537, 10).*

Bei True sale-Verbriefung keine Hinzurechnung von Entgelten für Dauerschulden mehr (§ 19 Abs. 3 Nr. 2 GewStDV)*: Mit der Einbeziehung in die Regelung des § 19 GewStDV kommt es künftig bei Gewerbetreibenden, deren alleiniger Geschäftszweck der Erwerb bestimmter Kreditforderungen von Kreditinstituten (mit oder ohne Sicherheiten) und die Ausgabe von Schuldtiteln zur Finanzierung des Erwerbs dieser Forderungen ist, nicht mehr zu einer Hinzurechnung von Entgelten für Dauerschulden (sog. True sale-Verbriefung; BT-Drucks. 15/537, 10).*

Ebenso bei synthetischer Verbriefung*: Das Gleiche gilt, wenn nicht die Kreditforderungen erworben werden, sondern lediglich die Risiken daraus übernommen werden, und Schuldtitel ausgegeben werden, um Sicherheiten für diese Risikoübernahmen zu stellen (sog. synthetische Verbriefung; BT-Drucks. 15/537, 10).*

Beschränkung auf bestimmte Geschäfte*: Beides gilt allerdings nur für den Erwerb von Kreditforderungen oder Kreditrisiken der Kreditinstitute aus dem Kreditgeschäft (§ 1 Abs. 1 Satz 2 Nr. 2 KWG), dem Diskontgeschäft (§ 1 Abs. 1 Satz 2 Nr. 3 KWG) und dem Garantiegeschäft (§ 1 Abs. 1 Satz 2 Nr. 8 KWG). Zum Bankgeschäft i.S.d. § 1 Abs. 1 Satz 2 Nr. 8 KWG sind in diesem Zusammenhang auch Kreditderivate zu zählen (BT-Drucks. 15/537, 10).*

Unmittelbare und mittelbare Übertragung*: Die Kreditforderungen oder Kreditrisiken können nicht nur unmittelbar (z.B. ein von einem Kreditinstitut ausgereichter Kredit wird von diesem an die Zweckgesellschaft veräußert) übertragen werden, sondern auch mittelbar (z. B. ein Kreditinstitut, das einen Kredit ausgereicht hat, veräußert die Kreditforderung an ein weiteres Kreditinstitut oder einen in § 3 Nr. 2 GewStG genannten Gewerbebetrieb, die die erworbene Forderung an die Zweckgesellschaft veräußern). Damit wird sichergestellt, dass Forderungen aus Bankkrediten oder Kreditrisiken auch dann einbezogen sind, wenn sie bereits vorher zwischen Kreditinstituten und den in § 3 Nr. 2 GewStG genannten Gewerbebetrieben übertragen worden sind (BT-Drucks. 15/537, 10 f.).*

Aufteilung auf zwei Gesellschaften (§ 19 Abs. 3 Nr. 3 GewStDV)*: Aus praktischen, rein finanzmarkttechnischen Erwägungen kann es sinnvoll sein, die zwei Funktionen der Zweckgesellschaft (Erwerb und Verbriefung) auf zwei Gesellschaften aufzuteilen, z.B. wenn Kreditforderungen, die zunächst von Kreditinstituten auf eine „Ankaufsgesellschaft" übertragen wor-*

den sind, letztendlich von einer „Verbriefungsgesellschaft“, die bereits am internationalen Markt eingeführt ist und die für verschiedene Ankaufsgesellschaften tätig sein kann, verbrieft werden sollen. Dies ist bezüglich der gewerbesteuerlichen Ausnahmeregelung unschädlich. Der Zweck der Regelung besteht darin, die Verbriefung von Kreditforderungen oder Kreditrisiken, die Kreditinstituten oder in § 3 Nr. 2 GewStG genannten Gewerbebetrieben aus Bankgeschäften entstanden sind, ohne die Hinzurechnung von Entgelten aus Dauerschulden zu ermöglichen. Wenn Ankauf und Verbriefung aus technischen Gründen von zwei verschiedenen Gewerbebetrieben durchgeführt werden, entfällt der Grund für die gewerbesteuerliche Ausnahme für diese Gewerbebetriebe nicht, da dies weiterhin ausschließlich der Verbriefung von Kreditforderungen oder Kreditrisiken aus Bankgeschäften dient (BT-Drucks. 15/537, 11).

***Voraussetzungen für die Begebung von Schuldtiteln**: Mit diesen Maßnahmen werden in Deutschland wichtige Voraussetzungen für die Begebung von Schuldtiteln geschaffen, die durch Kreditforderungen der Banken unterlegt sind bzw. deren Rückzahlung an die Entwicklung solcher Kreditforderungen gebunden sind (Asset Backed Securities bzw. Credit Linked Notes). Die Banken können damit ihre Kredite oder die Risiken daraus am Kapitalmarkt platzieren, indem diese zu größeren Portfolios verknüpft werden (BT-Drucks. 15/537, 11).*

***Unterstützung der Finanzierungsfunktion der Kreditwirtschaft**: Die Gewerbebetriebe, die diese Titel emittieren, sind zwar selbst keine Kreditinstitute und unterliegen daher nicht der Bankenaufsicht. Sie sind jedoch im Rahmen der eng begrenzten erlaubten Geschäftsaktivitäten lediglich als ein Instrument anzusehen, um die Finanzierungsfunktion der Kreditwirtschaft wirkungsvoll zu unterstützen und zu verbreitern. Damit wird der besonderen volkswirtschaftlichen Funktion des Kreditwesens Rechnung getragen, an der ein besonderes öffentliches Interesse besteht (BT-Drucks. 15/537, 11).*

***Stärkung des Finanzplatzes Deutschland**: Mit dieser Regelung wird auch der Finanzplatz Deutschland gestärkt – im Ausland erfüllen Asset Backed Securities bereits seit langem eine bedeutende Finanzierungsfunktion. Profitieren dürften insbesondere kleine und mittlere Unternehmen, denen wegen ihrer Größe typischerweise eine direkte Kapitalmarktfinanzierung verschlossen ist. Gleichzeitig werden durch die Entlastung der Eigenkapitalbelegung der Kreditinstitute neue Freiräume für die Kreditfinanzierung des Mittelstands eröffnet (BT-Drucks. 15/537, 11).*

***Keine Umgehungs- oder Missbrauchsmöglichkeiten**: Umgehungs- oder Missbrauchsmöglichkeiten werden dadurch vermieden, dass der begünstigte Gewerbebetrieb nachweisen muss, dass die übertragenen Forderungen oder Kreditrisiken den oben genannten rechtlichen Anforderungen entsprechen (BT-Drucks. 15/537, 11).*

***Redaktionelle Änderung**: Die Änderung des § 19 Abs. 3 GewStDV ist im Übrigen rein redaktioneller Art (BT-Drucks. 15/537, 11).*

Anwendungsregelung: § 36 Abs. 1 GewStDV lautet:

> (1) Die vorstehende Fassung dieser Verordnung ist erstmals für den Erhebungszeitraum 2003 anzuwenden.

⇨ ***Hinweis***

***Allgemeine Anwendungsregelung**: Da für die Neuregelung des § 19 Abs. 3 GewStDV keine spezielle Neuregelung beschlossen worden ist, gilt die allgemeine Anwendungsregelung des § 36 Abs. 1 GewStDV.*

V. Umsatzsteuergesetz

Besteuerung der Kleinunternehmer (§ 19 UStG)

Neue Rechtslage: § 19 Abs. 1 Satz 1 UStG n.F. lautet:

> (1) Die für Umsätze i.S.d. § 1 Abs. 1 Nr. 1 geschuldete Umsatzsteuer wird von Unternehmern, die im Inland oder in den in § 1 Abs. 3 bezeichneten Gebieten ansässig sind, nicht erhoben, wenn der in Satz 2 bezeichnete Umsatz zuzüglich der darauf entfallenden Steuer im vorangegangenen Kalenderjahr ~~16.620~~ **17.500** € nicht überstiegen hat und im laufenden Kalenderjahr 50.000 € voraussichtlich nicht übersteigen wird. ...

⇨ ***Hinweis***

***Anpassung der Umsatzgrenze an EG-Richtlinie**: Die Umsatzgrenze, bis zu der die Kleinunternehmerregelung nach § 19 UStG Anwendung findet, wurde entsprechend Art. 24 Abs. 2 Buchstabe c der 6. EG-Richtlinie an die Preisentwicklung angepasst (BT-Drucks. 15/537, 11).*

Anwendungsregelung: Art. 10 des Kleinunternehmerförderungsgesetzes lautet:

> **Dieses Gesetz tritt mit Wirkung vom 1.1.2003 in Kraft.**

VI. Abgabenordnung

Buchführungspflicht bestimmter Steuerpflichtiger (§ 141 AO)

Neue Rechtslage: § 141 Abs. 1 AO n.F. lautet:

> (1) Gewerbliche Unternehmer sowie Land- und Forstwirte, die nach den Feststellungen der Finanzbehörde für den einzelnen Betrieb
>
> 1. Umsätze einschließlich der steuerfreien Umsätze, ausgenommen die Umsätze nach § 4 Nr. 8 bis 10 des Umsatzsteuergesetzes, von mehr als ~~260.000~~ **350.000** € im Kalenderjahr oder
> 2. (weggefallen)
> 3. selbstbewirtschaftete land- und forstwirtschaftliche Flächen mit einem Wirtschaftswert (§ 46 des Bewertungsgesetzes) von mehr als ~~20.500~~ **25.000** € oder
> 4. einen Gewinn aus Gewerbebetrieb von mehr als ~~25.000~~ **30.000** € im Wirtschaftsjahr oder
> 5. einen Gewinn aus Land- und Forstwirtschaft von mehr als ~~25.000~~ **30.000** € im Kalenderjahr
>
> gehabt haben, sind auch dann verpflichtet, für diesen Betrieb Bücher zu führen und auf Grund jährlicher Bestandsaufnahmen Abschlüsse zu machen, wenn sich eine Buchführungspflicht nicht aus § 140 ergibt. Die §§ 238, 240 bis 242 Abs. 1 und die §§ 243 bis 256 des Handelsgesetzbuchs gelten sinngemäß, sofern sich nicht aus den Steuergesetzen etwas anderes ergibt. Bei der Anwendung der Nr. 3 ist der Wirtschaftswert aller vom Land- und Forstwirt selbstbewirtschafteten Flächen maßgebend, unabhängig davon, ob sie in seinem Eigentum stehen oder nicht. Bei Land- und Forstwirten, die nach Nummern 1, 3 oder 5 zur Buchführung verpflichtet sind, braucht sich die Bestandsaufnahme nicht auf das stehende Holz zu erstrecken.

⇨ ***Hinweis***

***Anhebung der Buchführungspflichtgrenzen**: Die Anhebung der Buchführungspflichtgrenzen des § 141 AO beträgt in v.H.:*

Umsatzgrenze	*+ 35 v.H.*
Wirtschaftswertgrenze	*+ 22 v.H.*
Gewinngrenzen	*+ 20 v.H.*

(vgl. BT-Drucks. 15/537, 11).

***Fälle der Buchführungspflicht**: Eine solche Anpassung wird im Hinblick auf die wirtschaftliche Entwicklung als angemessen angesehen. Mit der Anhebung wird bewirkt, dass eine größere Zahl von gewerblichen und land- und forstwirtschaftlichen Betrieben aus der Buchführungspflicht fällt und zur Gewinnermittlung durch Einnahmenüberschussrechnung (§ 4*

Abs. 3 EStG) übergehen kann. Freiberufler sind generell nicht buchführungspflichtig. Kaufleute i.S.d. §§ 1 ff. HGB sind bereits nach § 238 HGB buchführungspflichtig; sie haben die Buchführungspflicht gem. § 140 AO auch für das Steuerrecht zu erfüllen (vgl. BT-Drucks. 15/537, 11).

***Gewinnermittlung durch Betriebsvermögensvergleich**: Die Buchführung bildet die Grundlage für die Gewinnermittlung durch Betriebsvermögensvergleich i.S. von § 4 Abs. 1 und § 5 EStG. Diese Gewinnermittlungsart, die eine Bilanzierung voraussetzt, ist – gegenüber der Einnahmenüberschussrechnung – detaillierter und damit transparenter, aber auch aufwändiger. Bei der Einnahmenüberschussrechnung werden lediglich die Betriebseinnahmen den Betriebsausgaben gegenübergestellt, so dass hierbei Veränderungen im Betriebsvermögen (z.B. Forderungen, Rückstellungen) nicht berücksichtigt werden (vgl. BT-Drucks. 15/537, 11).*

***Zusammenhang mit Einführung einer standardisierten Einnahmenüberschussrechnung**: Die Anhebung der Buchführungspflichtgrenzen steht in unmittelbarem Zusammenhang mit der Einführung einer standardisierten Einnahmenüberschussrechnung (vgl. Einfügung des § 60 Abs. 4 EStDV, Tz. II.; vgl. BT-Drucks. 15/537, 11).*

***Vereinfachung**: Mit der Anhebung der Buchführungspflichtgrenzen und damit der Öffnung zur einfacheren und weniger aufwändigen Gewinnermittlung durch Einnahmenüberschussrechnung wird für eine Vielzahl von kleineren Gewerbetreibenden (einschl. Handwerksbetrieben) und Land- und Forstwirten eine spürbare Erleichterung geschaffen (vgl. BT-Drucks. 15/537, 11).*

Anwendungsregelung: Art. 97 § 19 EGAO lautet:

(1) § 141 Abs. 1 Satz 1 Nr. 1 der Abgabenordnung i.d.F. des Artikels 6 des Gesetzes v. 31.7.2003 (BGBl I 2003, 1550) ist auf Umsätze der Kalenderjahre anzuwenden, die nach dem 31.12.2003 beginnen.

(2) § 141 Abs. 1 Satz 1 Nr. 3 der Abgabenordnung i.d.F. des Artikels 6 des Gesetzes v. 31.7.2003 (BGBl I 2003, 1550) ist für Feststellungen anzuwenden, die nach dem 31.12.2003 getroffen werden.

(3) § 141 Abs. 1 Satz 1 Nr. 4 der Abgabenordnung i.d.F. des Artikels 6 des Gesetzes v. 31.7.2003 (BGBl I 2003, 1550) ist auf Gewinne der Wirtschaftsjahre anzuwenden, die nach dem 31.12.2003 beginnen.

(4) § 141 Abs. 1 Satz 1 Nr. 5 der Abgabenordnung i.d.F. des Artikels 6 des Gesetzes v. 31.7.2003 (BGBl I 2003, 1550) ist auf Gewinne der Kalenderjahre anzuwenden, die nach dem 31.12.2003 beginnen.

(5) Eine Mitteilung über den Beginn der Buchführungspflicht ergeht nicht, wenn die Voraussetzungen des § 141 Abs. 1 der Abgabenordnung für Kalenderjahre ~~oder Feststellungszeitpunkte~~, die vor dem 1.1.2004 liegen, erfüllt sind, jedoch nicht die Voraussetzungen des § 141 Abs. 1 der Abgabenordnung i.d.F. des ~~Steuerbereinigungsgesetzes~~ **Gesetzes vom 31.7.2003 (BGBl I 2003, 1550)** im Kalenderjahr ~~1984~~

2004 ~~oder bei Feststellungszeitpunkten im Jahr 1984~~. Entsprechendes gilt für Feststellungen, die vor dem 1.1.2004 getroffen werden oder für Wirtschaftsjahre, die vor dem 1.1.2004 enden.

⇨ ***Hinweis***

Anwendungsregelung zu § 141 AO (Art. 97 § 19 Abs. 1 bis 4 EGAO)*: Es handelt sich um die Regelung zur zeitlichen Anwendung des § 141 Abs. 1 Satz 1 Nr. 1, 3 bis 5 AO i.d.F. des Art. 6 Kleinunternehmerförderungsgesetz (vgl. BT-Drucks. 15/537, 11).*

Keine Mitteilung über Beginn der Buchführungspflicht (Art. 97 § 19 Abs. 5 EGAO)*: Die Übergangsregelung stellt sicher, dass die Stpfl. keine Mitteilung über den Beginn der Buchführungspflicht erhalten, für die ab dem Zeitpunkt der Verkündung dieses Gesetzes nach bisherigem Recht eine Buchführungspflicht besteht, jedoch nicht mehr nach der Neuregelung des § 141 AO i.d.F. dieses Gesetzes (vgl. BT-Drucks. 15/537, 12).*

VII. Drittes Buch Sozialgesetzbuch

Existenzgründungszuschuss (§ 421l SGB III)

Neue Rechtslage: § 421l Abs. 1 SGB III n.F. lautet:

(1) Arbeitnehmer, die durch Aufnahme einer selbständigen Tätigkeit die Arbeitslosigkeit beenden, haben Anspruch auf einen monatlichen Existenzgründungszuschuss. Der Zuschuss wird geleistet, wenn der Existenzgründer

1. in einem engen Zusammenhang mit der Aufnahme der selbständigen Tätigkeit Entgeltersatzleistungen nach diesem Buch bezogen hat oder eine Beschäftigung ausgeübt hat, die als Arbeitsbeschaffungsmaßnahme oder Strukturanpassungsmaßnahme gefördert worden ist,

2. nach Aufnahme der selbständigen Tätigkeit Arbeitseinkommen nach § 15 des Vierten Buches erzielen wird, das voraussichtlich 25.000 € im Jahr nicht überschreiten wird. ~~und~~

~~3. keinen Arbeitnehmer oder nur mitarbeitende Familienangehörige beschäftigt.~~

⇨ ***Hinweis***

Existenzgründungszuschuss als befristete Leistung der Arbeitsförderung*: Der Existenzgründungszuschuss ist nach Empfehlungen der Kommission Moderne Dienstleistungen am Arbeitsmarkt zur sog. Ich-AG als befristete Leistung der Arbeitsförderung in das SGB III aufgenommen worden. Die Förderung dient – wie das Überbrückungsgeld nach § 57*

SGB III – dazu, dass Arbeitnehmer ihre Arbeitslosigkeit durch selbständige Tätigkeiten beenden (BT-Drucks. 15/1042, 11).

***Umsetzungsprobleme**: Die Fördervoraussetzung nach dem bisherigen § 421l Abs. 1 Satz 2 Nr. 3 SGB III, wonach keine Arbeitnehmer beschäftigt werden dürfen und nur die Mitarbeit von Familienangehörigen förderunschädlich ist, war auf die Gründung von Allein-Unternehmungen ausgerichtet. Nach In-Kraft-Treten der neuen Leistung sind Umsetzungsprobleme aufgetreten, welche die Aufhebung der genannten Fördervoraussetzung nahe legen. Insbesondere können Vertretungsprobleme bei Alleinunternehmern mit Kundenverkehr oder im Falle ungewollter Arbeitsunfähigkeit auftreten. Die Mitarbeit von Familienangehörigen ist häufig keine organisatorisch machbare Lösung. Nicht zuletzt soll das wirtschaftliche Wachstum der geförderten Existenzgründer nicht dadurch beeinträchtigt werden, dass wegen förderrechtlicher Erwägungen von der Einstellung von Arbeitnehmern abgesehen wird (vgl. BT-Drucks. 15/1042, 11).*

***Mitarbeit von Fremden nicht mehr schädlich**: Die bisherige Voraussetzung nach § 421l Abs. 1 Satz 2 Nr. 3 SGB III ist daher entfallen. Die Förderung mit dem Existenzgründungszuschuss bleibt weiterhin auf Gründer mit relativ geringer wirtschaftlicher Substanz beschränkt, die nach § 421l Abs. 1 Satz 2 Nr. 1 SGB III zuvor Entgeltersatzleistungen bezogen haben oder eine geförderte Beschäftigung ausgeübt haben sowie nach § 421l Abs. 1 Satz 2 Nr. 2 SGB III in einer Übergangsphase nur ein relativ geringes Arbeitseinkommen erzielen (vgl. BT-Drucks. 15/1042, 11).*

Teil B:
„Anschaffungsnaher Aufwand“ (BMF)

Literatur zur Rechtsprechungsänderung und Folgerechtsprechung: *Wolff-Diepenbrock*, Anschaffungsnahe Aufwendungen, DB 2002, 1286; *Siebenhüter*, Anschaffungsnahe Aufwendungen: Herstellungs- oder Werbungskosten?, EStB 2002, 263; *Apitz*, Renovierung: Anschaffungsnahe Herstellungskosten oder WK?, EStB 2002, 264; *Hoffmann*, Abschied des BFH vom anschaffungsnahen Herstellungsaufwand, StuB 2002, 650; *Damaschke*, Anschaffungsnaher Aufwand: Änderung der Rechtsprechung!, Stbg 2002, M 9; *Janssen*, Abkehr vom anschaffungsnahen Aufwand, NWB F. 3, 12051; *Strahl*, Keine Typisierung anschaffungsnahen Aufwands, BeSt 2002, 21; *Carlé*, Der anschaffungsnahe Aufwand nach der Änderung der Rechtsprechung des BFH, Stbg 2002, 350; *Kreft*, Neue Grundsätze zur Behandlung von anschaffungsnahen Aufwendungen, GStB 2002, 302; *Delp*, Ende des Dauerstreites über den anschaffungsnahen Aufwand?, INF 2002, 490; *Schroen*, Anschaffungskosten, Herstellungskosten oder Erhaltungsaufwand?, NWB Meinungen – Stellungnahmen, 35/2002, 2765; *Beck*, Aufgabe der bisherigen Rechtsprechung zum anschaffungsnahen Aufwand – neue Abgrenzungskriterien zwischen nachträglichen Herstellungskosten und Erhaltungsaufwand, DStR 2002, 1559; *Graf/Obermeier*, Rechtsprechungsänderung zum „anschaffungsnahen Aufwand" (BFH), NWB Steuerrecht aktuell, Ausgabe 3/2002, Herne/Berlin 2002, 94; *Söffing*, Anschaffungskosten – Herstellungskosten – anschaffungsnaher Aufwand, DStZ 2002, 587; *Spindler*, Zur Abgrenzung von Anschaffungskosten, Herstellungskosten und Erhaltungsaufwendungen bei grundlegenden Instandsetzungs- und Modernisierungsmaßnahmen an Gebäuden, insbesondere auch bei sog. anschaffungsnahen Aufwendungen, BB 2002, 2041; *L. Fischer*, Abschied vom anschaffungsnahen (Herstellungs-)Aufwand, DStZ 2002, 860; *Mayr*, Wo liegt der „ursprüngliche Zustand" eines erworbenen Gebäudes?, DStZ 2002, 790; *Paus*, Erneuerung und Verbesserung vorhandener Gebäudeteile, KFR F. 3 EStG § 21, 1/03, 79; *Aweh*, Abgrenzung Erhaltungsaufwand und Herstellungskosten, EStB 2003, 10; *Skerhut*, Reparaturaufwendungen bei einem nicht funktionstüchtigen Wohngebäude als Anschaffungskosten, KFR F. 3 EStG § 9, 4/03, 157; *Meurer*, Aufwendungen für die Betriebsbereitschaft eines Gebäudes, EStB 2003, 82; *Wischmann*, Herstellungskosten bei Verbesserung von Wohngebäuden, EStB 2003, 83; *Korn/Strahl*, Rechtsentwicklungen zu Bewertung und Wertaufhellung in der Steuerbilanz, KÖSDI 2003, 13678; *Herff*, Änderungsmöglichkeiten von Steuerbescheiden – Aktuelle Entwicklungen, KÖSDI 2003, 13733; *Graf/Obermeier*, „Anschaffungsnaher Aufwand" (BFH, Folgerechtsprechung), NWB Steuerrecht aktuell, Ausgabe 1/2003, Herne/Berlin 2003, 76; *Schmidt/Wänger*, Aktuelle Entscheidungen zu anschaffungsnahen Aufwendungen, NWB F. 3, 12491.

Literatur zum BMF-Schreiben: *Stuhrmann*, Abgrenzung und Abzug von Erhaltungsaufwendungen bei Gebäuden im Privatvermögen, NWB F. 3, 12573; *Beck*, Anschaffungsnaher Aufwand und das BMF-Schreiben v. 18.7.2003, DStR 2003, 1462; *Grützner*, Anschaffungsnaher Aufwand bei dem Erwerb von Gebäuden, StuB 2003, 817; *Apitz*, Abgrenzung von AK, HK und Erhaltungsaufwand, EStB 2003, 337.

Literatur zur geplanten Gesetzesänderung: *Seifert*, Anschaffungsnaher Aufwand und StÄndG 2003, StuB 2003, 802; *Schroen*, Rechtsvereinfachung und -sicherheit für den Bürger beim anschaffungsnahen Aufwand?, NWB Meinungen – Stellungnahmen 35/2003, 2688.

Verwaltungsanweisungen: OFD München und OFD Nürnberg v. 9.8.2002, Anschaffungsnaher Aufwand: geänderte Rechtsprechung, DStR 2002, 1813; OFD Berlin v. 8.1.2003, Anschaffungsnahe Aufwendungen bei den Einkünften aus Vermietung und Verpachtung, DB 2003, 364, DStR 2003, 208; FM Bayern v. 7.2.2003, Geänderte Rechtsprechung des BFH zum sog. anschaffungsnahen Aufwand, StuB 2003, 319; BMF v. 18.7.2003, Abgrenzung von Anschaffungskosten, Herstellungskosten und Erhaltungsaufwendungen bei der Instandsetzung und Modernisierung von Gebäuden; BFH-Urteile v. 9.5.1995 (BStBl II 1996, 628, 630, 632, 637); v. 10.5.1995 (BStBl II 1996, 639); v. 16.7.1996 (BStBl II 1996, 649); sowie v. 12.9.2001 (BStBl II 2003, 569, 574) und v. 22.1.2003 (BStBl II 2003, 596), BStBl I 2003, 386.

Vorbemerkung: Das BMF-Schreiben v. 18.7.2003 (BStBl I 2003, 386) ändert das BMF-Schreiben v. 16.12.1996 (BStBl I 1996, 1442). Der Text ist grau hinterlegt. Der bisherige Text ist normal, der geänderte Text fett gedruckt. Der weggefallene Text ist durchgestrichen.

Das BMF hat mit Schreiben v. 18.7.2003 (BStBl I 2003, 386) zur Abgrenzung von Anschaffungskosten, Herstellungskosten und Erhaltungsaufwendungen bei der Instandsetzung und Modernisierung von Gebäuden unter Berücksichtigung der BFH-Urteile v. 9.5.1995 (BStBl II 1996, 628, 630, 632, 637), v. 10.5.1995 (BStBl II 1996, 639), v. 16.7.1996 (BStBl II 1996, 649) sowie v. 12.9.2001 (BStBl II 2001, 569, 574) und v. 22.1.2003 (BStBl II 2003, 596) wie folgt Stellung genommen:

Mit o.a. Urteilen hat der Bundesfinanzhof zur Abgrenzung von **Anschaffungskosten,** Herstellungskosten und sofort abziehbaren Erhaltungsaufwendungen bei Instandsetzung und Modernisierung eines Gebäudes entschieden. Unter Bezugnahme auf das Ergebnis der Erörterung mit den obersten Finanzbehörden der Länder wird zur Anwendung der Urteilsgrundsätze wie folgt Stellung genommen:

⇨ ***Hinweis***

***Rechtsprechungsänderung zum anschaffungsnahen Herstellungsaufwand**: Das BMF folgt nunmehr der geänderten Rechtsprechung des BFH zum sog. „anschaffungsnahen Aufwand“. Anschaffungsnahe Aufwendungen sind nicht allein wegen ihrer Höhe oder ihrer zeitlichen Nähe zur Anschaffung eines Gebäudes als Herstellungskosten zu beurteilen – Rechtsprechungsänderung (BFH v. 12.9.2001 IX R 39/97, BStBl II 2003, 569, m. Anm. BT, DStR 2002, 1042; Sauren, DStR 2002, 1042; ms, KÖSDI 2002, 13339; P. Fischer, FR 2002, 781; vgl. auch die Zitate in der Literaturzusammenstellung).*

***Weitere Folgerechtsprechung**: Soweit das BMF-Schreiben nicht alle Urteile berücksichtigt, wird hierauf im Hinweis zur entsprechenden Rz. des BMF-Schreibens hingewiesen.*

I. Anschaffungskosten zur Herstellung der Betriebsbereitschaft

Rz. 1: Anschaffungskosten eines Gebäudes sind die Aufwendungen, die geleistet werden, um das Gebäude zu erwerben und es in einen betriebsbereiten Zustand zu versetzen, soweit sie dem Gebäude einzeln zugeordnet werden können, ferner die Nebenkosten und die nachträglichen Anschaffungskosten (§ 255 Abs. 1 HGB).

⇨ ***Hinweis***

***Legaldefinition der Anschaffungskosten in § 255 Abs. 1 HGB**: Das BMF stellt ebenso wie der BFH (v. 12.9.2001 IX R 52/00, BStBl II 2003, 574, m. Anm. BT, DStR 2002, 1042; Sauren, DStR 2002, 1042; ms, KÖSDI 2002, 13339; P. Fischer, FR 2002, 781; Seifried/Pfertner, BB 2002, 1357) für die Frage der Anschaffungskosten zutreffend auf die Legaldefinition in § 255 Abs. 1 HGB ab.*

***Anwendung auf Gewinn- und Überschusseinkünfte**: Welche Aufwendungen zu den Anschaffungs- oder Herstellungskosten zählen, bestimmt sich für die Gewinneinkünfte und Überschusseinkünfte, mithin auch für die Einkünfte aus Vermietung und Verpachtung, nach § 255 HGB (vgl. allg. BFH v. 4.7.1990 GrS 1/89, BStBl II 1990, 830, 835, zu C. III. 1. c dd; ferner BFH v. 9.5.1995 IX R 116/92, BStBl II 1996, 632 zu I. 1. b zu Herstellungskosten, und v. 17.12.1996 IX R 47/95, BStBl II 1997, 348 zu Anschaffungskosten).*

***Besonderheiten bei Wohngebäuden**: Das schließt eine Auslegung dieser Vorschrift unter Berücksichtigung der jeweiligen Besonderheiten des angeschafften oder hergestellten Vermögensgegenstandes (hier: Wohngebäude) nicht aus (BFH v. 12.9.2001 IX R 52/00, BStBl II 2003, 574 zu II. 1).*

***Definition**: Anschaffungskosten sind die Aufwendungen für*

- *den Erwerb eines Wirtschaftsguts,*
- ***die Versetzung in einen betriebsbereiten Zustand**,*
- *Nebenkosten und*
- *nachträgliche Anschaffungskosten.*

Rz. 2: Ein Gebäude ist betriebsbereit, wenn es entsprechend seiner Zweckbestimmung genutzt werden kann. Die Betriebsbereitschaft ist bei einem Gebäude für jeden Teil des Gebäudes, der nach seiner Zweckbestimmung selbständig genutzt werden soll, gesondert zu prüfen. Dies gilt auch für Gebäudeteile (z.B. die einzelnen Wohnungen eines Mietwohngebäudes), die als Folge des einheitlichen Nutzungs- und Funktionszusammenhangs mit dem Gebäude keine selbständigen Wirtschaftsgüter sind (vgl. § 7 Abs. 5a EStG und R 13 Abs. 3 EStR 2001).

⇨ ***Hinweis***

***Betriebsbereiter Zustand**: Zu den Anschaffungskosten eines Gebäudes zählen auch die Aufwendungen, die erforderlich sind, das Gebäude bestimmungsgemäß nutzen zu können.*

***Zweckbestimmung durch Erwerber**: Der Erwerber bestimmt den Zweck des Wirtschaftsgutes, d.h. in welcher Weise es genutzt werden soll (BFH v. 12.9.2001 IX R 52/00, BStBl II 2003, 574).*

***Art und Weise der Nutzung zur Einkunftserzielung**: Zweck bedeutet nicht nur, dass das Wirtschaftsgut zur Erzielung von Einkünften im Rahmen einer bestimmten Einkunftsart genutzt werden soll, mithin betriebsbereit wäre, wenn es dafür überhaupt einsetzbar wäre. Zweck bedeutet vielmehr die konkrete Art und Weise, in der der Erwerber das Wirtschaftsgut zur Erzielung von Einnahmen im Rahmen einer Einkunftsart nutzen will (BFH v. 12.9.2001 IX R 52/00, BStBl II 2003, 574).*

***Selbständig nutzbare Teile eines Gebäudes**: Betriebsbereit i.d.S. kann bei einem bebauten Grundstück auch der Teil eines Gebäudes sein, der nach seiner Zweckbestimmung selbständig genutzt werden soll. So kann z.B. eine (selbstgenutzte) Wohnung betriebsbereit sein, während es eine andere (zur Vermietung bestimmte) Wohnung nicht ist, insoweit kann es sich um Anschaffungskosten handeln (BFH v. 12.9.2001 IX R 39/97, BStBl II 2003, 569).*

***Bei Mehrfamilienhäusern wohnungsbezogene Betrachtung**: Bei Mehrfamilienhäusern ist auf die einzelne Wohnung und nicht auf das Haus insgesamt abzustellen (BFH v. 20.8.2002 IX R 70/00, BStBl II 2003, 585; Hinweis zu Rz. 2). Die Finanzverwaltung wendet – auf Grund der Veröffentlichung im BStBl II – dieses BFH-Urteil an, ohne es allerdings im Vorspann zu nennen.*

Rz. 3: Nutzt der Erwerber das Gebäude ab dem Zeitpunkt der Anschaffung (d.h. ab Übergang von Besitz, Gefahr, Nutzungen und Lasten) zur Erzielung von Einkünften oder zu eigenen Wohnzwecken, ist es ab diesem Zeitpunkt grundsätzlich betriebsbereit. Instandsetzungs- und Modernisierungsaufwendungen können in diesem Fall keine Anschaffungskosten i.S.d. § 255 Abs. 1 Satz 1 HGB sein (vgl. jedoch Rz. 6). Dies gilt nicht, wenn der Erwerber ein vermietetes Gebäude erworben hat und umgehend die Mietverträge kündigt, weil das Gebäude aus der Sicht des Erwerbers nicht zur Erzielung der vor der Veräußerung erwirtschafteten Einkünfte aus Vermietung und Verpachtung bestimmt war, auch wenn diese während einer kurzen Übergangszeit tatsächlich erzielt wurden.

⇨ ***Hinweis***

***Betriebsbereitschaft bei Vermietung oder Selbstnutzung ab Anschaffung**: Nutzt der Erwerber ein Wohngebäude tatsächlich bereits ab dem Zeitpunkt des Erwerbs, dann hat er eine Zweckbestimmung getroffen; das genutzte Wirtschaftsgut befindet sich bereits in einem betriebsbereiten Zustand und kann insoweit nicht mehr in diesen Zustand versetzt werden (BFH v. 12.9.2001 IX R 39/97, BStBl II 2003, 569).*

Fall 1: V erwarb 1988 ein vermietetes Gebäude mit neun Wohnungen und einem Laden. In den Jahren 1988 bis 1991 wurden folgende Baumaßnahmen durchgeführt: Der Einbau von Isolierglasfenstern, der Austausch von Ofenheizungen gegen Etagenheizungen, die Modernisierung der Bäder in zwei Wohnungen sowie die Erneuerung des Ladens. Das Gebäude war in dieser Zeit weiterhin vermietet.

Lösung: Da V ein vermietetes Gebäude erworben hat, das er nach dem Erwerb weiterhin zur Vermietung nutzte, sind die Kosten der Baumaßnahmen keine Anschaffungskosten i.S.d. § 255 Abs. 1 HGB, weil sie das Gebäude nicht in einen betriebsbereiten Zustand versetzt haben.

Ob die Aufwendungen Herstellungskosten gem. § 255 Abs. 2 HGB sind, ist gesondert zu prüfen (BFH v. 12.9.2001 IX R 39/97, BStBl II 2003, 569).

***Beendigung der Vermietung zeitnah nach Erwerb wegen Selbstnutzung**: Wird ein bestehendes Mietverhältnis wenige Monate nach Übergang von Besitz, Nutzen und Lasten aufgelöst, und soll das Gebäude erstmals zu eigenen Wohnzwecken genutzt werden, zählen die Aufwendungen zu den Erhaltungs- oder Anschaffungskosten. Da der Nutzungszweck des Gebäudes durch den Erwerber bestimmt wird, und bereits im Zeitpunkt der Anschaffung die Eigennutzung und nicht die weitere Vermietung des Gebäudes geplant war, dienen die von vornherein beabsichtigten und nach Beendigung des Mietverhältnisses durchgeführten Baumaßnahmen dazu, das Wirtschaftsgut entsprechend den Anforderungen und Bedürfnissen der neuen Eigentümer nutzen zu können (vgl. BFH-Urteil v. 20.8.2002 IX R 98/00, BStBl II 2003, 604, unter II. 1. a.) Der gegenteiligen Auffassung von Wolff-Diepenbrock (DB 2002, 1286) ist nicht zu folgen, weil das Gebäude aus Sicht der Erwerberin nicht zur Erzielung von Einkünften aus Vermietung und Verpachtung bestimmt war, auch wenn diese während einer kurzen, einige Monate umfassenden Übergangszeit tatsächlich erzielt wurden (BFH v. 22.1.2003 X R 29/98, BFH/NV 2003, 755).*

Rz. 4: Wird das Gebäude im Zeitpunkt der Anschaffung nicht genutzt, ist zunächst offen, ob es aus Sicht des Erwerbers betriebsbereit ist. Führt der Erwerber im Anschluss an den Erwerb und vor der erstmaligen Nutzung Baumaßnahmen durch, um das Gebäude entsprechend seiner Zweckbestimmung nutzen zu können, sind die Aufwendungen hierfür Anschaffungskosten. Zweckbestimmung bedeutet die konkrete Art und Weise, in der der Erwerber das Gebäude zur Erzielung von Einnahmen im Rahmen einer Einkunftsart nutzen will (z.B. ob er das Gebäude zu Wohnzwecken oder als Büroraum nutzen will).

⇨ ***Hinweis***

***Leer stehende Gebäude**: Steht das erworbene Gebäude beim Übergang des Besitzes leer, ist zunächst offen, ob es aus der Sicht des Erwerbers betriebsbereit war (BFH v. 12.9.2001 IX R 52/00, BStBl II 2003, 574).*

Schönheitsreparaturen keine Anschaffungskosten*:* *Schönheitsreparaturen im Anschluss an den Erwerb und sonstige Instandsetzungsarbeiten an vorhandenen Gegenständen und Einrichtungen, insbesondere an im Wesentlichen funktionierenden Installationen, führen grundsätzlich nicht zu Anschaffungskosten (BFH v. 12.9.2001 IX R 52/00, BStBl II 2003, 574).*

Fall 2: Die Stpfl. erwarben 1994 ein leer stehendes Gebäude mit drei Wohnungen. In den Jahren 1994 bis 1996 renovierten sie es und versetzten die Wohnungen in einen den heutigen Anforderungen entsprechenden Zustand. Nach dem unbestrittenen Vortrag der Stpfl. wurden laufende Reparaturen und Tapezierarbeiten durchgeführt, Fliesen erneuert, Elektromaterial ausgetauscht sowie Rollläden instandgesetzt. Ab 1995 erklärten die Stpfl. Einkünfte aus der Vermietung des Gebäudes.

Lösung: Das Gebäude war betriebsbereit. Die Schönheitsreparaturen und Instandsetzungsarbeiten an im Wesentlichen funktionierenden Installationen stellen sofort abziehbaren Erhaltungsaufwand dar (BFH v. 12.9.2001 IX R 52/00, BStBl II 2003, 574).

Umwidmung zu Büroräumen*:* *Werden Räume eines Wohnhauses vor der erstmaligen Nutzung nach dem Erwerb zu Büroräumen umgestaltet, dann können derartige Baumaßnahmen zu Anschaffungskosten unter dem Gesichtspunkt des Betriebsbereit-Machens (§ 255 Abs. 1 Satz 1 HGB) führen (BFH v. 20.8.2002 IX R 68/00, BFH/NV 2003, 595).*

Keine Standarderhöhung erforderlich*:* *Eine Standarderhöhung ist nicht erforderlich (BFH v. 20.8.2002 IX R 68/00, BFH/NV 2003, 595).*

Geänderte Zweckbestimmung*:* *Betriebsbereit unter dem Gesichtspunkt ihrer geänderten Zweckbestimmung werden die Räume vielmehr durch Baumaßnahmen gemacht, die die typischen Voraussetzungen für die Nutzung als Büro schaffen, z.B. im Bereich der Elektroinstallation. Reparaturen, vor allem Schönheitsreparaturen, die das Vorhandene in seiner Funktion nicht ändern, machen einen Raum oder ein Gebäude auch in diesem Fall nicht betriebsbereit, es sei denn, die Reparaturen stellen die Funktionsfähigkeit des Gebäudes wieder her (BFH v. 20.8.2002 IX R 68/00, BFH/NV 2003, 595).*

Fall 3: A erwirbt ein leer stehendes Gebäude mit drei Wohnungen. Zwei Wohnungen werden sofort nach Erwerb vermietet. In der dritten Wohnung werden nur typische Schönheitsreparaturen durchgeführt. Danach wird die Wohnung zur Nutzung als Büro vermietet.

Lösung: Auch die als Büro vermietete Einheit ist betriebsbereit, da keine für die Nutzung als Büro typischen Baumaßnahmen, sondern nur Schönheitsreparaturen ohne Funktionsänderung durchgeführt wurden. Es liegen sofort abziehbare Erhaltungsaufwendungen vor. Die Schönheitsreparaturen wären auch bei einer Vermietung als Wohnung in diesem Umfang durchgeführt worden.

Fall 4: A erwirbt ein leer stehendes Gebäude mit drei Wohnungen. Zwei Wohnungen werden sofort nach Erwerb vermietet. In der dritten Wohnung wird im Badezimmer die Badewanne entfernt und Kabelkanäle sowie ein neues leistungsstärkeres Stromnetz verlegt. Danach werden die Räume als Büro vermietet.

Lösung: Die dritte Einheit ist bei Erwerb nicht betriebsbereit. Die durchgeführten Baumaßnahmen dienen ausschließlich der künftigen Nutzung als Büro. Es liegen damit Anschaffungskosten gem. § 255 Abs. 1 HGB und keine Erhaltungsaufwendungen vor.

1. Herstellung der Funktionstüchtigkeit

Rz. 5: Die Betriebsbereitschaft setzt die objektive und subjektive Funktionstüchtigkeit des Gebäudes voraus.

⇨ ***Hinweis***

Annahme von Anschaffungskosten: *Anschaffungskosten können – unter dem Gesichtspunkt der Betriebsbereitschaft – nur angenommen werden, wenn der Stpfl. nach der Anschaffung und vor der (Weiter-)Vermietung*

- *die objektive Funktionsuntüchtigkeit oder*
- *die subjektive Funktionsuntüchtigkeit beseitigt bzw.*
- *den Wohnstandard hebt.*

1.1 Objektive Funktionsuntüchtigkeit

Rz. 6: Ein Gebäude ist objektiv funktionsuntüchtig, wenn für den Gebrauch wesentliche Teile objektiv nicht nutzbar sind. Dies gilt unabhängig davon, ob das Gebäude im Zeitpunkt der Anschaffung bereits genutzt wird oder leer steht. Mängel, vor allem durch Verschleiß, die durch laufende Reparaturen beseitigt werden, schließen die Funktionstüchtigkeit hingegen nicht aus. Werden für den Gebrauch wesentliche Teile des Gebäudes funktionstüchtig gemacht, führen die Aufwendungen zu Anschaffungskosten.

⇨ ***Hinweis***

Beispiele für objektive Funktionsuntüchtigkeit: *Defekte Heizung, die Bewohnbarkeit ausschließende Wasserschäden, durch Brand verwüstete Wohnung (BFH v. 12.9.2001 IX R 52/00, BStBl II 2003, 574, unter Hinweis auf Obermeier, DStR 1990, 409).*

***Defekte Heizung**: Nicht jede defekte Heizung führt zu einer objektiven Funktionsuntüchtigkeit. Wenn der Defekt durch eine laufende Reparatur beseitigt werden kann, handelt es sich nicht um eine objektive Funktionsuntüchtigkeit.*

Fall 5: Der Stpfl. erwirbt ein Dreifamilienhaus zur Vermietung. In Folge eines strengen Wintereinbruchs platzen die Heizkörper und die Warmwasserbereiter. Sämtliche Heizungs- und Wasserleitungen sowie die geplatzten Heizkörper müssen ersetzt werden. Dabei werden in den Bädern und Küchen die Fliesen zerstört. Im Übrigen erneuert er im Wesentlichen die Elektroinstallation, der Elektrohausanschluss wird vom Dach in den Keller verlegt, eine Spindeltreppe vom Ober- in das Dachgeschoss anstelle einer alten Treppe eingebaut, Fenster ausgetauscht, Bäder, Toiletten und Küchen saniert sowie das Dach repariert. Daraufhin vermietet er zwei Wohnungen.

Lösung: Befindet sich ein Wohngebäude vor der erstmaligen Nutzung nach dem Erwerb wegen eines Schadens nicht in einem vermietbaren Zustand, dann führen die Aufwendungen zur Behebung dieses Schadens zu Anschaffungskosten i.S.d. § 255 Abs. 1 Satz 1 HGB. Unerheblich ist, ob der Schaden bereits bei Erwerb vorhanden war (BFH v. 20.8.2002 IX R 70/00, BStBl II 2003, 585, m. Anm. erl, StuB 2003, 225; Skerhut, KFR F. 3 EStG § 9, 4/03, 157; kk, KÖSDI 2003, 13636; P. Fischer, FR 2003, 303; Meurer, EStB 2003, 82).

Zu den Anschaffungskosten zählen auch die Aufwendungen, die mit den vorgenannten Reparaturen bautechnisch zusammenhängen (Fliesen).

Die sonstigen Aufwendungen müssen unter dem Gesichtspunkt der Standarderhöhung gesondert geprüft werden. Der BFH hat den Fall zur weiteren Klärung an das FG zurückverwiesen. Das FG muss klären, welche Baumaßnahmen mit der Erneuerung der Heizungsanlage bautechnisch zusammenhängen und ob die übrigen Baumaßnahmen den Standard des ganzen Gebäudes oder einzelner Wohnungen erhöht haben.

***Ersatz funktionierender Einrichtungen**: Auch die Ersetzung alter funktionierender Einrichtungen durch gleichwertige neue führen noch nicht zu Anschaffungskosten (BFH v. 20.8.2002 IX R 70/00, BStBl II 2003, 585).*

1.2 Subjektive Funktionsuntüchtigkeit

Rz. 7: Ein Gebäude ist subjektiv funktionsuntüchtig, wenn es für die konkrete Zweckbestimmung des Erwerbers nicht nutzbar ist. Aufwendungen für Baumaßnahmen, welche zur Zweckerreichung erforderlich sind, führen zu Anschaffungskosten.

Beispiele:

Rz. 8:

- **Die Elektroinstallation eines Gebäudes, die für Wohnzwecke, jedoch nicht für ein Büro brauchbar ist, wird für die Nutzung als Bürogebäude erneuert.**
- **Büroräume, die bisher als Anwaltskanzlei genutzt wurden, werden zu einer Zahnarztpraxis umgebaut.**

⇨ ***Hinweis***

Vgl. Hinweis zu Rz. 4.

2. Hebung des Standards

Rz. 9: Zur Zweckbestimmung gehört auch die Entscheidung, welchem Standard das Gebäude künftig entsprechen soll (sehr einfach, mittel oder sehr anspruchsvoll). Baumaßnahmen, die das Gebäude auf einen höheren Standard bringen, machen es betriebsbereit; ihre Kosten sind Anschaffungskosten.

⇨ ***Hinweis***

***Standarderhöhung vor erstmaliger Nutzung**: Baumaßnahmen vor der erstmaligen Nutzung eines Gebäudes, deren Schwerpunkt nicht die Reparatur und Ersetzung des Vorhandenen, sondern die funktionserweiternde Ergänzung wesentlicher Bereiche der Wohnungsausstattung (Heizung, Sanitär, Elektroinstallation und Fenster) zum Gegenstand haben, können den Standard eines Gebäudes erhöhen (BFH v. 12.9.2001 XI R 52/00, BStBl II 2003, 574).*

***Teilstandarderhöhung**: Die Standarderhöhung muss drei der vier Ausstattungsmerkmale in einen jeweils höheren Standard versetzen (Teilstandarderhöhung). Eine Erhöhung des Teilstandards Fenster liegt u.E. daher nicht vor, wenn nur ein oder zwei Fenster gegen Isolierverglasung ausgetauscht, die übrigen Fenster aber nicht erneuert werden (vgl. aber Problem der Sanierung in Raten, Rz. 31).*

***Standarderhöhung bei vermieteten Gebäuden**: Zur Standarderhöhung bei bereits vermieteten Gebäuden vgl. Rz. 28.*

Rz. 10: Der Standard eines Wohngebäudes bezieht sich auf die Eigenschaften einer Wohnung. Wesentlich sind vor allem Umfang und Qualität der Heizungs-, Sanitär- und Elektroinstallationen sowie der Fenster (zentrale Ausstattungsmerkmale). Führt ein Bündel von Baumaßnahmen bei mindestens drei Bereichen der zentralen Ausstattungsmerkmale zu einer Erhöhung und Erweiterung des Gebrauchwertes, hebt sich der Standard eines Gebäudes.

⇨ ***Hinweis***

***Zentrale Ausstattungsmerkmale**: Der Standard eines Wohngebäudes wird – abgesehen von seinem architektonischen Zuschnitt – insbesondere bei sehr einfachen Wohnungen durch die Modernisierung der Einrichtungen gesteigert, die den Nutzungswert eines Gebäudes im Wesentlichen bestimmen. Das sind vor allem die Heizungsinstallationen, Sanitärinstallationen und Elektroinstallationen sowie die Fenster (BFH v. 12.9.2001 IX R 39/97, BStBl II 2003, 569).*

***Hebung des Standards bei mindestens drei zentralen Ausstattungsmerkmalen**: Eine Hebung des Standards ist nur dann anzunehmen, wenn die Baumaßnahmen bei mindestens drei der genannten zentralen Ausstattungsmerkmalen zu einer Erhöhung und Erweiterung des Gebrauchswerts führen.*

***Nur die vier Kernbereiche der Wohnungsausstattung entscheidend**: Eine Wohnung wird nicht in ihrem Standard erhöht und damit i.S.d. § 255 Abs. 1 HGB betriebsbereit gemacht, wenn durch Baumaßnahmen nach dem Erwerb der Wohnung von den Kernbereichen der Wohnungsausstattung (Heizung, Sanitär- und Elektroinstallationen sowie Fenster) nur einer in seinem Gebrauchswert deutlich erhöht wurde, während im Bereich der anderen lediglich Reparaturen durchgeführt und deren Gebrauchswert nicht wesentlich gesteigert wurde. Weitere Baumaßnahmen in anderen Bereichen der Wohnungsausstattung (z.B. Fußböden, Türen) bleiben in diesem Zusammenhang grundsätzlich außer Betracht (BFH v. 20.8.2002 IX R 95/00, BFH/NV 2003, 301).*

Fall 6: Der Stpfl. erhöht nur in einem Kernbereich der Wohnungsausstattung (Heizung oder Sanitär- oder Elektroinstallationen oder Fenster) den Nutzungswert. Außerdem tauscht er die Türen und die Fußbodenbeläge aus.

Lösung: Da von den Baumaßnahmen nur ein Kernbereich der Wohnungsausstattung betroffen ist, handelt es sich insoweit um Erhaltungsaufwendungen.

Die Aufwendungen für Türen und Fußbodenbeläge zählen ebenfalls zu den Erhaltungsaufwendungen (BFH v. 20.8.2002 IX R 95/00, BFH/NV 2003, 301).

***Zweistufige Prüfung**: Bei der Frage der Hebung des Standards ist eine zweistufige Prüfung vorzunehmen. Die zweistufige Prüfung wird nach unseren Erfahrungen zu großen Problemen mit dem FA führen, da sich eine solche Prüfung nicht zweifelsfrei aus Rz. 10 herleiten lässt. Insoweit ist auf die klare Rechtsprechung des BFH hinzuweisen, nach der nur dann eine Hebung des Standards zu bejahen ist, wenn*

- *in mindestens drei der vorstehend genannten vier Bereiche Baumaßnahmen durchgeführt worden sind, die*

- *zu einer Hebung der Teilstandards führen*

(BFH v. 12.9.2001 IX R 39/97, BStBl II 2003, 569).

Fall 7: Beim Erwerb eines Hauses sind isolierverglaste, aber schadhafte Fenster vorhanden. Der Stpfl. ersetzt die Fenster durch neue isolierverglaste Fenster.

Lösung: Es sind zwar Baumaßnahmen an einem zentralen Ausstattungsmerkmal durchgeführt worden. Da es sich aber auch bisher schon um isolierverglaste Fenster gehandelt hat, hat die Baumaßnahme hinsichtlich der Fenster zu keiner Teilstandarderhöhung geführt. Um zu Anschaffungskosten zu kommen, müsste daher bei den anderen drei zentralen Ausstattungsmerkmalen jeweils der Teilstandard gehoben werden.

Auswirkungen auf die Eigenheimzulage*: Während man bei Einkünften aus Vermietung und Verpachtung im Regelfall für sofort abziehbare Aufwendungen, also Erhaltungsaufwendungen, argumentieren wird, wird man bei der Eigenheimzulage das Augenmerk darauf legen, Anschaffungs- oder Herstellungskosten zu produzieren. Aber selbst dann wird man nur in krassen Ausnahmefällen zu einem Neubau mit einer Eigenheimzulage von 5 v.H. kommen.* ⇒ BMF v. 2.10.03 BStBl I 2003, S. 488

Fall 8: Der Stpfl. kauft ein Haus und renoviert es vor der erstmaligen Nutzung zu eigenen Wohnzwecken grundlegend. Bei der Renovierung werden drei der vier Bereiche der zentralen Ausstattungsmerkmale im Standard erhöht (vgl. Rz. 9 f.).

Lösung: Es handelt sich um Anschaffungskosten, die die Bemessungsgrundlage für die Eigenheimzulage erhöhen. Die Eigenheimzulage beträgt 2,5 v.H. der Bemessungsgrundlage, höchstens aber 1.278 € jährlich. Im Regelfall führen Instandsetzungs- und Modernisierungsarbeiten nur zu Anschaffungskosten, nicht aber zur Neuherstellung eines Gebäudes.

Von diesem Fall zu unterscheiden ist die Neuherstellung eines Gebäudes, die grundlegende Baumaßnahmen an den tragenden Elementen voraussetzt (ausführlich zur Neuherstellung vgl. Hinweis zu Rz. 18). Nur in einem solchen Fall beträgt die Eigenheimzulage 5 v.H. der Bemessungsgrundlage, höchstens aber 2.556 € jährlich.

– siehe auch S. 49 ff

2.1 Sehr einfacher Standard

Rz. 11: Sehr einfacher Wohnungsstandard liegt vor, wenn die zentralen Ausstattungsmerkmale im Zeitpunkt der Anschaffung nur im nötigen Umfang oder in einem technisch überholten Zustand vorhanden sind.

Beispiele:

- **Das Bad besitzt kein Handwaschbecken.**
- **Das Bad ist nicht beheizbar.**
- **Eine Entlüftung ist im Bad nicht vorhanden.**
- **Die Wände im Bad sind nicht überwiegend gefliest.**
- **Die Badewanne steht ohne Verblendung frei.**
- **Es ist lediglich ein Badeofen vorhanden.**
- **Die Fenster haben nur eine Einfachverglasung.**
- **Es ist eine technisch überholte Heizungsanlage vorhanden (z.B. Kohleöfen).**
- **Die Elektroversorgung ist unzureichend.**

⇨ ***Hinweis***

***Sehr einfacher Standard des Jahres 2003**: Die Beispiele in Rz. 11 entsprechen einem sehr einfachen Standard des Jahres 2003. Stellt man dagegen z.B. auf das Jahr 1960 ab, dann ist zu prüfen, ob nicht bereits damals ein mittlerer Standard vorlag.*

***Sehr einfacher Standard bei Bädern**: Bei den Bädern werden für den sehr einfachen Standard sechs Ausstattungsmerkmale genannt. U.E. müssen insoweit mindestens drei Merkmale einem sehr einfachen (Teil-) Standard entsprechen.*

***Doppelverglasung bei Fenstern**: Ein sehr einfacher Standard ist nur bei Einfachverglasung anzunehmen. Eine Doppelverglasung stellt also keinen sehr einfachen Standard dar.*

***Vergleich mit einfachem Wohnstandard in der ehemaligen DDR**: Renovierungsaufwendungen sind als Herstellungskosten zu qualifizieren, wenn sie im Rahmen einer Gesamtbetrachtung den Wohnkomfort eines Hauses so deutlich steigern, dass der Gebrauchswert auf Grund des baulichen Zustands auf einen höheren Standard angehoben wird. Bei einem Vergleich der Wohnstandards ist die Lage des Grundstücks mit zu berücksichtigen. Wird eine in der ehemaligen DDR liegende Immobilie, die dem dortigen einfachen Wohnstandard entsprach, durch umfangreiche*

Renovierungsarbeiten in einen zeitgemäßen Zustand versetzt, der den Gebrauchswert zwar deutlich steigert, gleichwohl aber nur einfachem bundesdeutschen Standard entspricht, liegt keine wesentliche Verbesserung des Wohnstandards i.S.d. § 255 Abs. 2 HGB vor (FG Hessen v. 15.8.2002 5 K 4799/00, EFG 2003, 520, NZB, Az. des BFH: IX B 28/03).

***Ermittlung des Standards**: Zur Feststellungslast und den Mitwirkungspflichten des Stpfl. vgl. Rz. 36.*

2.2 Mittlerer Standard

Rz. 12: Mittlerer Standard liegt vor, wenn die zentralen Ausstattungsmerkmale durchschnittlichen und selbst höheren Ansprüchen genügen.

⇨ ***Hinweis***

***Abgrenzung zu sehr einfachem Standard**: Liegt kein sehr einfacher Standard vor, dann ist mindestens ein mittlerer Standard gegeben.*

***Hauptstandard**: Die weitaus überwiegende Zahl der Wohnobjekte befindet sich in einem mittleren Standard.*

2.3 Sehr anspruchsvoller Standard (Luxussanierung)

Rz. 13: Sehr anspruchsvoller Standard liegt vor, wenn bei dem Einbau der zentralen Ausstattungsmerkmale nicht nur das Zweckmäßige, sondern das Mögliche, vor allem durch den Einbau außergewöhnlich hochwertiger Materialien, verwendet wurde (Luxussanierung).

⇨ ***Hinweis***

***Seltene Fälle**: Ein sehr anspruchsvoller Standard wird nur in ganz seltenen Fällen geschaffen, um das Objekt dann vermieten zu können.*

2.4 Standardhebung und Erweiterung i.S.d. § 255 Abs. 2 Satz 1 HGB

Rz. 14: Treffen Baumaßnahmen, die ihrer Art nach – z.B. als Erweiterung i.S.v. § 255 Abs. 2 Satz 1 HGB (vgl. Teil A Rz. 19 bis 24) – stets zu Herstellungskosten führen und einen der den Nutzungswert eines Gebäudes bestimmenden Bereiche der zentralen Ausstattungsmerkmale betreffen, mit der Verbesserung von mindestens <u>zwei</u> weiteren Bereichen der zentralen Ausstattungsmerkmale zusammen, ist ebenfalls eine Hebung des Standards anzunehmen.

Beispiel:

Im Anschluss an den Erwerb eines leerstehenden, bisher als Büro genutzten Einfamilienhauses, das für eine Vermietung zu fremden Wohnzwecken vorgesehen ist, wird im bisher nicht ausgebauten Dachgeschoss ein zusätzliches Badezimmer eingerichtet. Außerdem werden einfach verglaste Fenster durch isolierte Sprossenfenster ersetzt und die Leistungskapazität der Elektroinstallation durch den Einbau dreiphasiger an Stelle zweiphasiger Elektroleitungen maßgeblich aufgebessert sowie die Zahl der Anschlüsse deutlich gesteigert.

Neben die Erweiterung des Gebäudes als Herstellungskosten i.S.d. § 255 Abs. 2 Satz 1 HGB durch den Einbau des Badezimmers tritt die Verbesserung von zwei weiteren Bereichen der zentralen Ausstattungsmerkmale ein. Die hierdurch verursachten Aufwendungen führen zu Anschaffungskosten des Gebäudes.

⇨ ***Hinweis***

***Anschaffungs- oder Herstellungskosten nur bei wesentlicher Verbesserung**: Aufwendungen für den Einbau neuer Gegenstände in vorhandene Installationen eines Wohnhauses können nur dann zu Anschaffungskosten gem. § 255 Abs. 1 HGB bzw. zu Herstellungskosten gem. § 255 Abs. 2 Satz 1 HGB führen, wenn sie eine deutliche Erweiterung seines Gebrauchswerts (wesentliche Verbesserung) zur Folge haben (BFH v. 20.8.2002 IX R 98/00, BStBl II 2003, 604, m. Anm. erl, StuB 2002, 1219; Paus, KFR F. 3 EStG § 21, 1/03, 79; kk, KÖSDI 2003, 13564; Aweh, EStB 2003, 10).*

***Vorrangig prüfen: Wesentliche Verbesserung**: Bislang war problematisch, ob bei den angesprochenen vier Bereichen (Installationen und Fenster) der Einbau neuer Gegenstände auf jeden Fall zu Herstellungs- bzw. Anschaffungskosten führt. Der BFH hat dazu entschieden, dass die Erweiterung insoweit hinter der wesentlichen Verbesserung zurücktritt (BFH v. 20.8.2002 IX R 98/00, BStBl II 2003, 604; ebenso schon Graf/Obermeier, NWB Steuerrecht aktuell, Ausgabe 3/2002, 114, Tz. IV. 1.).*

Fall 9: Nach dem Erwerb (Gebäudeanteil 170.475 DM) werden im Haus die gesamten Wasserleitungen, der morsche Putz und das Mauerwerk, die gesamten Elektroleitungen (die nicht mehr den Sicherheitsvorschriften entsprochen hätten) vom Sicherungskasten an, der Bodenbelag und die Fußleisten sowie die Fenster und Türen einschließlich Auffütterung erneuert; ein größerer Sicherungskasten und eine Türsprechanlage werden eingebaut, das Flachdach und die Balkone isoliert und die Balkongeländer, Heizkörper und Bäder erneuert (Kosten der Baumaßnahmen 1990: 54.314 DM, 1991: 45.664 DM, 1992: 26.625 DM).

Lösung: Der Einbau der Türsprechanlage, die bisher noch nicht vorhanden war, führt als Einzelmaßnahme nicht zu einer Hebung des Standards, also weder zu Anschaffungskosten noch zu Herstellungskosten. Entsprechendes gilt bei der Elektro- und Sanitärinstallation für folgende Einzelmaßnahmen (vgl. BFH v. 20.8.2002 IX R 98/00, BStBl II 2003, 604):

- Zusätzliche Anschlüsse,
- besondere Leitungen,
- zwei statt bisher eines Waschbeckens,
- eine zusätzliche Dusche und
- funktionstüchtigere Armaturen.

Würde es sich bei den genannten Beispielen nicht um Einzelmaßnahmen, sondern um eine Gesamtmaßnahme handeln, wäre ggf. die Hebung des Teilstandards anzunehmen.

Die übrigen Aufwendungen hat der BFH als Erhaltungsaufwendungen anerkannt. Im aufgeworfenen Fall waren daher sämtliche Aufwendungen als Werbungskosten abziehbar (BFH v. 20.8.2002 IX R 98/00, BStBl II 2003, 604).

***Wesentliche Verbesserung auch durch Herstellungskosten möglich**: Der Gebrauchswert eines Wohngebäudes wird auch durch Erweiterungen i.S.v. § 255 Abs. 2 Satz 1 Variante 2 HGB bestimmt. Liegen insofern Herstellungskosten in einem der den Wohnstandard eines Gebäudes bestimmenden Bereiche vor, führen wesentliche Verbesserungen in wenigstens zwei weiteren Bereichen der Kernausstattung einer Wohnung zu Anschaffungs- bzw. Herstellungskosten. Aufwendungen, die mit Erweiterungen i.S.v. § 255 Abs. 2 Satz 1 Variante 2 HGB bzw. mit zu einer Hebung des Wohnstandards führenden Instandhaltungs- und Modernisierungsmaßnahmen bautechnisch zusammenhängen, führen zu Anschaffungs- oder Herstellungskosten (BFH v. 22.1.2003 X R 9/99, BStBl II 2003, 596, m. Anm. erl, StuB 2003, 324; kk, KÖSDI 2003, 13672; Brandt, INF 2003, 365).*

***Rechtsprechung zum Vorkostenabzug gem. § 10e Abs. 6 EStG**: Vorstehendes BFH-Urteil betrifft den Vorkostenabzug gem. § 10e Abs. 6 EStG und damit ausgelaufenes Recht. Auch der Vorkostenabzug gem. § 10i EStG ist nicht mehr geltendes Recht. Diese Rechtsprechung hat jedoch Bedeutung für die Frage, welche Aufwendungen die Bemessungsgrundlage für die Eigenheimzulage beeinflussen (erl, StuB 2003, 324).*

***Abweichung von Rechtsprechung des IX. Senats?**: In der Literatur wird diskutiert, ob das vorstehende BFH-Urteil von der Rechtsprechung des IX. Senats des BFH abweicht (vgl. kk, KÖSDI 2003, 13672). U.E. ist dies nicht der Fall; denn der X. Senat weist ausdrücklich auf die Rechtsprechung des IX. Senats hin, nach der die Baumaßnahmen bei mindestens drei der vier zentralen Ausstattungsmerkmalen zu einer Standarderhö-*

hung führen müssen, wenn die Aufwendungen Anschaffungs- oder Herstellungskosten sein sollen. Der X. Senat sieht diese Voraussetzung als gegeben an, wenn bei einem zentralen Ausstattungsmerkmal auf Grund eines zusätzlichen Einbaus Herstellungskosten anzunehmen sind. Es darf sich jedoch nicht nur um geringfügige Maßnahmen (Einzelmaßnahmen; vgl. Fall 8) handeln.

Fall 10: In ein Haus wird ein zusätzliches Badezimmer eingebaut. Daneben wird noch der Teilstandard hinsichtlich der Fenster und der Heizungsinstallationen angehoben (vgl. Rz. 14, Beispiel). Außerdem werden noch Arbeiten an bereits bestehenden Sanitärinstallationen sowie an Elektroinstallationen durchgeführt.

Lösung: Die nicht nur untergeordnete Erweiterung hinsichtlich der Sanitärinstallationen führt zu Herstellungskosten. Da der Nutzungswert bei zwei weiteren zentralen Ausstattungsmerkmalen deutlich gesteigert wurde, sind die Aufwendungen insoweit Anschaffungskosten.

Der Fall hat zu einer Zurückverweisung an das FG geführt. Das FG muss nun prüfen, ob auch bei der Elektroinstallation und den übrigen Sanitärinstallationen der Teilstandard erhöht worden ist (BFH v. 22.1.2003 X R 9/99, BStBl II 2003, 596).

3. Unentgeltlicher oder teilentgeltlicher Erwerb

Rz. 15: Aufwendungen für Baumaßnahmen, die das Gebäude in einen betriebsbereiten Zustand versetzen, führen bei einem unentgeltlichen Erwerb mangels Anschaffung i.S.d. § 255 Abs. 1 HGB nicht zu Anschaffungskosten; vielmehr handelt es sich um Erhaltungsaufwendungen oder, sofern die Voraussetzungen des § 255 Abs. 2 HGB erfüllt sind (vgl. Rz. 17 bis 32), um Herstellungskosten.

⇨ ***Hinweis***

***Unentgeltlicher Erwerb**: Unentgeltlicher Erwerb i.S.d. Rz. 15 bedeutet Erwerb im Rahmen der Schenkung oder der Gesamtrechtsnachfolge (BFH v. 3.12.2002 IX R 64/99, BStBl II 2003, 590). Obwohl das Vermächtnis in der BFH-Rechtsprechung nicht ausdrücklich genannt ist, handelt es sich auch insoweit um einen unentgeltlichen Erwerb.*

***Auf Rechtsvorgänger abstellen**: Für die Frage, ob eine Standarderhöhung anzunehmen ist, muss auf den Rechtsvorgänger abgestellt werden. Als Vergleichszeitpunkt ist der Zustand zum Zeitpunkt der Anschaffung oder Herstellung durch den Schenker/Erblasser entscheidend (BFH v. 3.12.2002 IX R 64/99, BStBl II 2003, 590; vgl. auch Hinweis zu Rz. 26).*

Fall 11: Die Stpfl. bekommt 1991 von ihrer Mutter ein Grundstück geschenkt, das 1919 mit einem Wohnhaus bebaut und seitdem wiederholt durch Gesamtrechtsnachfolge oder Schenkung innerhalb der Familie weitergegeben worden war. Seit dem Tod der letzten Bewohnerin (1987) steht das Gebäude leer. Die Stpfl. lässt an dem Gebäude, das sie anschließend vermietete, umfangreiche Umbau-, Instandsetzungs- und Modernisierungsarbeiten durchführen.

Lösung: Da eine Schenkung oder Gesamtrechtsnachfolge keine Anschaffung darstellt, können die Aufwendungen keine Anschaffungskosten sein. In Betracht kommen also nur Herstellungskosten oder Erhaltungsaufwendungen. Herstellungskosten sind anzunehmen, wenn die Baumaßnahmen gegenüber dem ursprünglichen Zustand (Zeitpunkt der Anschaffung oder Fertigstellung durch den Rechtsvorgänger; vgl. Hinweis zu Rz. 26) zu einer Standarderhöhung führen (BFH v. 3.12.2002 IX R 64/99, BStBl II 2003, 590).

Rz. 16: Bei einem teilentgeltlichen Erwerb können Anschaffungskosten zur Herstellung der Betriebsbereitschaft nur im Verhältnis zum entgeltlichen Teil des Erwerbvorganges gegeben sein. Im Übrigen liegen Erhaltungsaufwendungen oder, sofern die Voraussetzungen des § 255 Abs. 2 HGB erfüllt sind (vgl. Teil A Rz. 17 bis 32), Herstellungskosten vor.

⇨ ***Hinweis***

***Rz. 16 zutreffend**: Nach Meinung des IX. Senats des BFH vor der Rechtsprechungsänderung zum anschaffungsnahen Aufwand kann bei teilentgeltlichem Erwerb eines Gebäudes anschaffungsnaher Herstellungsaufwand auch dann vorliegen, soweit die Instandsetzungs- und Modernisierungsaufwendungen mit dem unentgeltlich erworbenen Teil zusammenhängen (vgl. BFH v. 9.5.1995 IX R 5/93, BStBl II 1996, 588, m. Anm. Brandenberg, NWB F. 3, 9781; Drenseck, FR 1995, 822; Nichtanwendungserlass, BMF v. 5.11.1996, BStBl I 1996, 1258; wie BMF auch Stuhrmann, FR 1997, 177). Dem widerspricht aber die Rechtsprechung des X. Senats, der bei unentgeltlichem Erwerb Aufwendungen für die Instandsetzung – mangels Anschaffung oder Herstellung – weder im Rahmen der Grundförderung nach § 10e Abs. 1 EStG noch als nachträgliche Anschaffungs- oder Herstellungskosten (§ 10e Abs. 3 EStG) berücksichtigt hat (BFH v. 15.11.1995 X R 59/95, BStBl II 1996, 356, m. Anm. o.V., NWB EN-Nr. 515/96; kk, KÖSDI 1996, 10665; Obermeier, NWB F. 3, 9775; Graf/Obermeier, NWB Steuerrecht aktuell, Ausgabe 1/96, 54; ausführlich zur differierenden Rechtsprechung des BFH und zum Nichtanwendungserlass vgl. Graf/Obermeier, NWB Steuerrecht aktuell, Ausgabe 2/97, 126).*

II. Herstellungskosten

Rz. 17: Herstellungskosten eines Gebäudes sind nach § 255 Abs. 2 Satz 1 HGB Aufwendungen für die Herstellung eines Gebäudes sowie Aufwendungen, die für die Erweiterung oder für die über den ursprünglichen Zustand hinausgehende wesentliche Verbesserung eines Gebäudes entstehen.

⇨ ***Hinweis***

Legaldefinition der Herstellungskosten in § 255 Abs. 2 HGB*: Das BMF stellt ebenso wie der BFH (v. 12.9.2001 IX R 39/97, BStBl II 2003, 569) für die Frage der Herstellungskosten zutreffend auf die Legaldefinition in § 255 Abs. 2 HGB ab.*

Fälle der Herstellungskosten*: Rz. 17 unterscheidet zutreffend drei Fälle, in denen Herstellungskosten vorliegen:*

- *Herstellung (Rz. 18),*
- *Erweiterung (Rz. 19 ff.) und*
- ***über den ursprünglichen Zustand hinausgehende wesentliche Verbesserung** (Rz. 25 ff.).*

Unterschied zwischen Herstellung und Herstellungskosten*: Vorstehende Ausführungen zeigen, dass der Begriff Herstellungskosten der Oberbegriff ist, d.h., dass bei Bejahung des Begriffs der Herstellung immer Herstellungskosten gegeben sind. Der Begriff Herstellungskosten führt aber nicht zwangsläufig dazu, dass die Herstellung eines neuen Gebäudes anzunehmen ist.*

1. Herstellung

Rz. 18: Instandsetzungs- und Modernisierungsarbeiten können ausnahmsweise auch im Zusammenhang mit der (Neu-)Herstellung eines Gebäudes stehen. Dies ist der Fall, wenn das Gebäude so sehr abgenutzt ist, dass es unbrauchbar geworden ist (Vollverschleiß), und durch die Instandsetzungsarbeiten unter Verwendung der übrigen noch nutzbaren Teile ein neues Gebäude hergestellt wird. **Ein Vollverschleiß liegt vor, wenn das Gebäude schwere Substanzschäden an den für die Nutzbarkeit als Bau und die Nutzungsdauer des Gebäudes bestimmenden Teilen hat.**

⇨ ***Hinweis***

Herstellung nur bei bautechnisch neuen Gebäuden*: Ein grundlegender Umbau bei gleichzeitiger Erweiterung eines Gebäudes steht nur dann einem Neubau gleich, wenn die neu eingefügten Gebäudeteile dem Ge-*

samtgebäude das bautechnische Gepräge eines neuen Gebäudes verleihen. Das ist insbesondere dann der Fall, wenn verbrauchte Teile, die für die Nutzungsdauer bestimmend sind, ersetzt werden. Demgegenüber kann nicht von einem Neubau gesprochen werden, wenn wesentliche Elemente wie z.B. Fundamente, tragende Außen- und Innenwände, Geschossdecken und die Dachkonstruktion erhalten bleiben (BFH v. 31.3.1992 X R 175/87, BStBl II 1992, 808; v. 25.11.1993 IV R 68/92, BFH/NV 1994, 705; v. 14.5.2003 X R 32/00, BFH/NV 2003, 1178, m. Anm. o.V., EStB 2003, 332; X R 47/00, BFH/NV 2003, 1180; v. 23.6.2003 III B 152/02, BFH/NV 2003, 1290; FG Münster v. 28.8.1996, EFG 1997, 155, rkr.).

2. Erweiterung

Rz. 19: Instandsetzungs- und Modernisierungsaufwendungen bilden unabhängig von ihrer Höhe Herstellungskosten, wenn sie für eine Erweiterung i.S.v. § 255 Abs. 2 Satz 1 HGB entstehen. R 157 Abs. 3 Satz 2 EStR **2001** bleibt unberührt.

⇨ ***Hinweis***

***Vereinfachungsregelung bei Aufwand von 2.100 €**: R 157 Abs. 3 Satz 2 EStR 2001 hat folgenden Wortlaut: „Betragen die Aufwendungen nach Fertigstellung eines Gebäudes für die einzelne Baumaßnahme nicht mehr als 4.000 DM (ab VZ 2002 2.100 €) (Rechnungsbetrag ohne Umsatzsteuer) je Gebäude, so ist auf Antrag dieser Aufwand stets als Erhaltungsaufwand zu behandeln.“ Dieser Satz wurde in den EStR 1996 gegenüber der Regelung in den EStR 1993 insoweit geändert, als der Bezug zur Fertigstellung hinzugefügt wurde. Der nachfolgende Satz 3 wäre damit entbehrlich. Er lautet: „Auf Aufwendungen, die der endgültigen Fertigstellung eines neu errichteten Gebäudes dienen, ist die Vereinfachungsregelung jedoch nicht anzuwenden.“*

***Auf einzelne Baumaßnahme abstellen**: Bei der Vereinfachungsregelung ist auf die einzelne Baumaßnahme abzustellen. Daher ist es möglich, dass die Freigrenze von 2.100 € auch mehrmals in Anspruch genommen wird.*

Fall 12: Der Stpfl. setzt zusätzliche Trennwände ein. Daneben baut er einen offenen Kamin ein.

Lösung: Wenn die beiden Maßnahmen den Betrag von jeweils 2.100 € nicht übersteigen, kann auf Antrag der Aufwand als Erhaltungsaufwand behandelt werden.

Eine Erweiterung liegt in folgenden Fällen vor:

2.1 Aufstockung oder Anbau

Rz. 20: Ein Gebäude wird aufgestockt oder ein Anbau daran errichtet ~~(vgl. § 17 Abs. 2 des Zweiten Wohnungsbaugesetzes – II. WoBauG –)~~.

⇨ ***Hinweis***

***Streichung des II. WoBauG**: Das II. WoBauG ist gem. Artikel 2 Gesetz zur Reform des Wohnungsbaurechts v. 13.9.2001 (BGBl I 2001, 2376) zum 1.1.2001 außer Kraft. § 48 Gesetz über die soziale Wohnraumförderung (Wohnraumförderungsgesetz – WoFG) v. 13.9.2001 (BGBl I 2001, 2376) regelt die weitere Anwendung einzelner Paragraphen des Zweiten Wohnungsbaugesetzes.*

2.2 Vergrößerung der nutzbaren Fläche

Rz. 21: Die nutzbare Fläche des Gebäudes wird vergrößert. Hierfür reicht es aus, wenn die Baumaßnahmen zu einer – wenn auch nur geringfügigen – Vergrößerung der Nutzfläche führen. Die Nutzfläche ist in sinngemäßer Anwendung der §§ 42 und 44 der II. Berechnungsverordnung zu ermitteln. Von Herstellungskosten ist z.B. auszugehen, wenn die Nutzfläche durch eine zuvor nicht vorhandene Dachgaube, den Anbau eines Balkons oder einer Terrasse über die ganze Gebäudebreite vergrößert wird oder durch ein das Flachdach ersetzendes Satteldach erstmals ausbaufähiger Dachraum geschaffen wird (vgl. BFH v. 19.6.1991, BStBl II 1992, 73).

⇨ ***Hinweis***

***Auch geringfügige Vergrößerung schädlich**: Herstellungskosten können auch bei einer geringfügigen Vergrößerung angenommen werden. Es ist davon auszugehen, dass die Finanzverwaltung äußerst genau prüfen wird, ob die nutzbare Fläche vergrößert worden ist.*

***Ausnahmen von den §§ 43 und 44 der II. Berechnungsverordnung**: Diese Vorschriften (abgedruckt im Amtlichen Einkommensteuer-Handbuch, Anhang 4, III) wendet das BMF nicht durchgängig an. Abweichungen ergeben sich in folgenden Punkten (vgl. König, BuW 1997, 169, Tz. III. 2.):*

- ***§ 43 Abs. 5 Satz 1 Nr. 1 der II. Berechnungsverordnung**: Danach sind den errechneten Grundflächen die Grundflächen von Fenster- und offenen Wandnischen hinzuzurechnen, die bis zum Fußboden herunterreichen und mehr als 0,13 Meter tief sind. Eine Fenstervergrößerung soll aber nicht zu einer Substanzvermehrung führen (vgl. Rz. 23, 2. Absatz, 4. Spiegelstrich). Es würde keinen Sinn machen, die Vergrößerung eines bereits vorhandenen Fensters aus der Substanzvermehrung herauszunehmen, wenn dieser Fall zu einer Vergrößerung der nutzbaren Fläche führen würde.*

- *§ 44 Abs. 2 der II. Berechnungsverordnung: Danach können die Grundflächen der Balkone, Loggien, Dachgärten oder gedeckten Freisitze bis zur Hälfte angerechnet werden. Es besteht also ein Wahlrecht. Eine Ausnahme sieht das BMF im Anbau eines Balkons oder einer Terrasse über die ganze Gebäudebreite (dürfte selten vorkommen). Es ist unklar, ob ein Balkon über die ganze Gebäudebreite angebaut werden muss, um zur Vergrößerung der nutzbaren Fläche zu kommen. U.E. ist die Frage zu bejahen, weil es nicht einsichtig wäre, Balkone und Terrassen unterschiedlich zu behandeln.*

2.3 Vermehrung der Substanz

Rz. 22: Ein Gebäude wird in seiner Substanz vermehrt, ohne dass zugleich seine nutzbare Fläche vergrößert wird, z.B. bei Einsetzen von zusätzlichen Trennwänden, bei Errichtung einer Außentreppe, bei Einbau einer Alarmanlage (vgl. BFH v. 16.2.1993, BStBl II 1993, 544), einer Sonnenmarkise (vgl. BFH v. 29.8.1989, BStBl II 1990, 430), einer Treppe zum Spitzboden, eines Kachelofens oder eines Kamins.

⇨ ***Hinweis***

***Beispiele für Substanzmehrung**: Die in Rz. 22 genannten Beispiele für eine Substanzmehrung (Einsetzen von zusätzlichen Trennwänden, Errichtung einer Außentreppe, Einbau einer Alarmanlage, einer Sonnenmarkise, einer Treppe zum Spitzboden, eines Kachelofens oder eines Kamins) sind zutreffend.*

Rz. 23: Keine zu Herstellungsaufwendungen führende Substanzmehrung liegt dagegen vor, wenn der neue Gebäudebestandteil oder die neue Anlage die Funktion des bisherigen Gebäudebestandteils für das Gebäude in vergleichbarer Weise erfüllen. Erhaltungsaufwendungen können daher auch angenommen werden, wenn der neue Gebäudebestandteil für sich betrachtet nicht die gleiche Beschaffenheit aufweist wie der bisherige Gebäudebestandteil oder die Anlage technisch nicht in der gleichen Weise wirkt, sondern lediglich entsprechend dem technischen Fortschritt modernisiert worden ist. Von einer Substanzmehrung ist danach regelmäßig z.B. nicht auszugehen bei

- Anbringen einer zusätzlichen Fassadenverkleidung (z.B. Eternitverkleidung oder Verkleidung mit Hartschaumplatten und Sichtklinker) zu Wärme- oder Schallschutzzwecken (vgl. BFH v. 13.3.1979, BStBl II 1979, 435),
- Umstellung einer Heizungsanlage von Einzelöfen auf eine Zentralheizung (vgl. BFH v. 24.7.1979, BStBl II 1980, 7),
- Ersatz eines Flachdaches durch ein Satteldach, wenn dadurch lediglich eine größere Raumhöhe geschaffen wird, ohne die nutzbare Fläche und damit die Nutzungsmöglichkeit zu erweitern,
- Vergrößern eines bereits vorhandenen Fensters oder
- Versetzen von Wänden.

⇨ ***Hinweis***

Keine Substanzmehrung bei Modernisierung entsprechend dem technischen Fortschritt*: Eine Modernisierung entsprechend dem technischen Fortschritt allein führt jedoch nicht zu einer Substanzmehrung.*

(Trenn-)Wände*: Zu beachten ist der Unterschied zu Rz. 22. Während das Versetzen von Wänden keine zu Herstellungskosten führende Substanzmehrung darstellt, handelt es sich beim Einsetzen von zusätzlichen Trennwänden um Herstellungskosten.*

Rz. 24: Ein neuer Gebäudebestandteil erfüllt auch dann regelmäßig die Funktion des bisherigen Gebäudebestandteils in vergleichbarer Weise, wenn er dem Gebäude lediglich deshalb hinzugefügt wird, um bereits eingetretene Schäden zu beseitigen oder einen konkret drohenden Schaden abzuwenden. Das ist z.B. der Fall bei Anbringung einer Betonvorsatzschale zur Trockenlegung der durchfeuchteten Fundamente (insoweit entgegen BFH v. 10.5.1995, BStBl II 1996, 639), bei Überdachung von Wohnungszugängen oder einer Dachterrasse mit einem Glasdach zum Schutz vor weiteren Wasserschäden (vgl. BFH v. 24.2.1981, BStBl II 1981, 468).

⇨ ***Hinweis***

BMF großzügiger als BFH*: Das BMF kommt in manchen Fällen auch bei neuen Gebäudebestandteilen zur Annahme von Erhaltungsaufwand. Es weicht damit zu Gunsten des Stpfl. von der Rechtsprechung des BFH ab (krit. hierzu König, BuW 1997, 169, Tz. III. 3.).*

3. Über den ursprünglichen Zustand hinausgehende wesentliche Verbesserung

Rz. 25: Instandsetzungs- oder Modernisierungsaufwendungen **sind, soweit sie nicht als Folge der Herstellung der Betriebsbereitschaft bereits zu den Anschaffungskosten gehören,** ~~die nicht schon wegen ihres engen zeitlichen Zusammenhangs mit der Anschaffung des Gebäudes als anschaffungsnahe Aufwendungen den Herstellungskosten zuzurechnen sind,~~ nach § 255 Abs. 2 Satz 1 HGB als Herstellungskosten zu behandeln, wenn sie zu einer über den ursprünglichen Zustand hinausgehenden wesentlichen Verbesserung führen. **Dies gilt auch, wenn oder soweit das Gebäude unentgeltlich erworben wurde.**

⇨ ***Hinweis***

Unentgeltlicher Erwerb*: Hinsichtlich des unentgeltlichen Erwerbs korrespondiert Rz. 25 mit Rz. 16 (keine Anschaffung bei unentgeltlichem Erwerb) und mit Rz. 26 (Vergleichszeitpunkt für die Standarderhöhung beim unentgeltlichen Erwerb).*

3.1 Ursprünglicher Zustand

Rz. 26: Ursprünglicher Zustand i.S.v. § 255 Abs. 2 Satz 1 HGB ist grundsätzlich der Zustand des Gebäudes im Zeitpunkt der Herstellung oder Anschaffung durch den Stpfl. oder seinen Rechtsvorgänger im Fall des unentgeltlichen Erwerbs. Erforderlich ist danach ein Vergleich des Zustands des Gebäudes, in dem es sich bei Herstellung oder Anschaffung befunden hat, mit dem Zustand, in den es durch die vorgenommenen Instandsetzungs- oder Modernisierungsarbeiten versetzt worden ist. Hiervon abweichend ist in Fällen, in denen die ursprünglichen Herstellungs- oder Anschaffungskosten zwischenzeitlich z.B. durch anderweitige Herstellungs- oder Anschaffungskosten, durch Absetzungen für außergewöhnliche Abnutzung nach § 7 Abs. 4 Satz 3 i.V.m. Abs. 1 Satz 5 EStG oder durch Teilwertabschreibung verändert worden sind, für den Vergleich auf den für die geänderte AfA-Bemessungsgrundlage maßgebenden Zustand abzustellen. Wird ein Gebäude dem Betriebsvermögen entnommen oder in das Betriebsvermögen eingelegt, kommt es für die Bestimmung des ursprünglichen Zustandes auf den Zeitpunkt der Entnahme oder der Einlage an.

⇨ ***Hinweis***

Keine Rechtsprechungsänderung*: Rz. 26 war bereits im BMF-Schreiben v. 16.12.1996 (BStBl I 1996, 1442) enthalten. Die Bestimmung des ursprünglichen Zustands – auch das Abstellen auf den Rechtsvorgänger beim unentgeltlichen Erwerb – hat durch die neue Rechtsprechung zum anschaffungsnahen Aufwand keine Änderung erfahren.*

Vergleichszeitpunkt*: Für die Frage der Standarderhöhung ist ein Vergleich zwischen dem ursprünglichen Zustand und dem Zustand nach Abschluss der Renovierungsarbeiten vorzunehmen. Ursprünglicher Zustand in diesem Sinn ist der Zustand des Gebäudes im Zeitpunkt der Herstellung oder Anschaffung durch den Stpfl. oder seines Rechtsvorgängers im Fall des unentgeltlichen Erwerbs. Hierbei sind die Maßstäbe zugrunde zu legen, die zu dem Zeitpunkt, in dem sich das Gebäude im ursprünglichen Zustand befand, allgemein üblich waren (BFH v. 3.12.2002 IX R 64/99, BStBl II 2003, 590). Die Finanzverwaltung wendet – auf Grund der Veröffentlichung im BStBl II – dieses BFH-Urteil an, ohne es allerdings im Vorspann zu nennen.*

Fall 13: Der Stpfl. errichtet 1960 ein Wohnhaus in einem mittleren Standard. Im Jahr 2003 ist es auf einen sehr einfachen Standard abgesunken. Der Stpfl. renoviert das Objekt in einen mittleren Standard.

Lösung: Für die Beurteilung des Standards kommt es auf den Zustand des Gebäudes im Zeitpunkt der Herstellung oder Anschaffung durch den Stpfl. an. Wenn das Gebäude ursprünglich in einem mittleren Standard errichtet wurde und es durch die Renovierung wieder in einen mittleren Standard versetzt wird, liegt keine Hebung des Standards vor (BFH v. 3.12.2002 IX R 64/99, BStBl II 2003, 590).

***Unterschied zwischen Erwerbsfällen und langjährigem Eigentum**: Erwerbsfälle und Fälle, in denen der Stpfl. bereits langjähriger Eigentümer ist, können daher unterschiedlich zu beurteilen sein.*

Fall 14: Der Stpfl. errichtet 1960 ein Wohnhaus in einem mittleren Standard. Im Jahr 2003 ist es auf einen sehr einfachen Standard abgesunken. X erwirbt das Objekt und renoviert es vor der Vermietung in einen mittleren Standard.

Lösung: Die Aufwendungen des X, der das Objekt im Jahr 2003 erwirbt und das Gebäude vor der Vermietung wieder auf einen mittleren Standard bringt, sind Anschaffungskosten.

***Anschaffung oder Herstellung durch Schenker/Erblasser**: „Ursprünglicher Zustand" i.S.d. § 255 Abs. 2 Satz 1 HGB ist bei Erwerb eines Wohngebäudes durch Schenkung oder Erbfall der Zustand zum Zeitpunkt der Anschaffung oder Herstellung durch den Schenker/Erblasser (BFH v. 3.12.2002 IX R 64/99, BStBl II 2003, 590).*

Fall 15: B hat ein im 18. Jahrhundert in einem sehr anspruchsvollen Standard erbautes Schloss von E geerbt. Das Objekt ist immer im Rahmen der vorweggenommenen Erbfolge oder Gesamtrechtsnachfolge auf die nächste Generation übergegangen. B renoviert im Jahre 2003 das Schloss in einen sehr anspruchsvollen Standard.

Lösung: Es liegt keine Standarderhöhung vor, weil sich das Objekt ursprünglich bereits in einem sehr anspruchsvollen Standard befunden hat.

***Veränderung der ursprünglichen Herstellungs- oder Anschaffungskosten**: Bei einer Veränderung der ursprünglichen Herstellungs- oder Anschaffungskosten durch anderweitige Herstellungs- oder Anschaffungskosten, außergewöhnliche AfA oder Teilwert-AfA will das BMF als Vergleichszeitpunkt auf den späteren Zeitpunkt abstellen. Dies ist durch die BFH-Rechtsprechung nicht gedeckt, könnte aber im Einzelfall für den Stpfl. günstiger sein.*

Fall 16: Der Stpfl. hat das Haus im Jahr 1960 fertiggestellt. Im Jahr 1984 saniert er das Objekt und ersetzt u.A. die einfach verglasten Fenster durch isolierverglaste Fenster. Die Baumaßnahme hat zu nachträglichen Herstellungskosten geführt.

Lösung: Hinsichtlich der Fenster ist für die Frage des Standards auf die Baumaßnahme im Jahr 1984 abzustellen. Es handelt sich also nicht um einen sehr einfachen Standard. Entsprechendes gilt, wenn auch Baumaßnahmen an den anderen drei zentralen Ausstattungsmerkmalen vorgenommen wurde, die zu einer Hebung des Standards geführt haben.

Entnahme, Einlage: *In den Fällen der Entnahme bzw. Einlage will das BMF auf diesen Zeitpunkt abstellen. Eine entsprechende Entscheidung hat der BFH – soweit ersichtlich – noch nicht gefällt.*

3.2 Wesentliche Verbesserung

Rz. 27: Eine wesentliche Verbesserung i.S.v. § 255 Abs. 2 Satz 1 HGB liegt nicht bereits dann vor, wenn ein Gebäude generalüberholt wird, d.h. Aufwendungen, die für sich genommen als Erhaltungsaufwendungen zu beurteilen sind, in ungewöhnlicher Höhe zusammengeballt in einem Veranlagungszeitraum **oder Wirtschaftsjahr** anfallen.

⇨ ***Hinweis***

Grenze zwischen Herstellungs- und Erhaltungsaufwand zu Gunsten des Erhaltungsaufwands verschoben: *Durch die BFH-Rechtsprechung aus den Jahren 1995 und 1996 (BFH v. 9.5.1995 IX R 116/92, BStBl II 1996, 632, m. Anm. Korn, NWB Blickpunkt Steuern, 1/95, 1; Drenseck, FR 1995, 745; kk, KÖSDI 1995, 10369; BFH v. 16.7.1996 IX R 34/94, BStBl II 1996, 649, m. Anm. kk, KÖSDI 1996, 10843; KE, DStR 1996, 1523; o.V., NWB EN-Nr. 1338/96; Drenseck, FR 1996, 748) hat der Begriff der „Generalüberholung", den die Finanzverwaltung gerne bemüht hat, seine Bedeutung verloren. Außerdem wurde „die Grenze zwischen Herstellungs- und Erhaltungsaufwand gegenüber der bisherigen Rechtsprechung und der Praxis der Finanzverwaltung weiter zu Gunsten des Erhaltungsaufwands verschoben" (Spindler, DStR 1996, 765, 769; kk, KÖSDI 1996, 10700; a.A. König, BuW 1997, 169).*

Rz. 28: Eine wesentliche Verbesserung i.S.v. § 255 Abs. 2 Satz 1 HGB und damit Herstellungskosten sind vielmehr erst dann gegeben, wenn die Maßnahmen zur Instandsetzung und Modernisierung eines Gebäudes in ihrer Gesamtheit über eine zeitgemäße substanzerhaltende (Bestandteil-)Erneuerung hinausgehen, den Gebrauchswert des Gebäudes insgesamt deutlich erhöhen und damit für die Zukunft eine erweiterte Nutzungsmöglichkeit geschaffen wird. **Von einer deutlichen Erhöhung des Gebrauchswerts ist z.B. auszugehen, wenn der Gebrauchswert des Gebäudes (Nutzungspotenzial) von einem sehr einfachen auf einen mittleren oder von einem mittleren auf einen sehr anspruchsvollen Standard gehoben wird. Zum Standard des Wohngebäudes vgl. Rz. 9 bis 14.**

⇨ ***Hinweis***

Übliche Renovierungskosten keine wesentliche Verbesserung: *Übliche, d.h. normalerweise anfallende Instandsetzungs- oder Modernisierungsmaßnahmen sind grundsätzlich nicht als wesentliche Verbesserung anzusehen. Auch die Behebung eines Instandsetzungsstaus muss keine wesentliche Verbesserung zur Folge haben. So wird die bloße Instandsetzung vorhandener Sanitär-, Elektro- und Heizungsanlagen, der Fußbo-*

denbeläge, der Fenster und der Dacheindeckung i.d.R. nicht zu Herstellungskosten führen.

***Wesentliche Verbesserung bei Gebrauchswerterhöhung**: Allerdings können Instandsetzungs- und Modernisierungsmaßnahmen, die für sich allein noch als Erhaltungsmaßnahmen zu beurteilen wären, in ihrer Gesamtheit zu einer wesentlichen Verbesserung gem. § 255 Abs. 2 Satz 1 HGB führen. Dies setzt voraus, dass dadurch der Gebrauchswert (das Nutzungspotenzial) eines Wohngebäudes gegenüber dem Zustand im Zeitpunkt des Erwerbs deutlich erhöht wird (BFH v. 12.9.2001 IX R 39/97, BStBl II 2003, 569; Bestätigung des BFH v. 9.5.1995 IX R 116/92, BStBl II 1996, 632).*

***Gebrauchswerterhöhung bei Hebung des Standards**: Eine deutliche Erhöhung des Gebrauchswerts ist immer dann gegeben, wenn durch die Modernisierung ein Wohngebäude von einem sehr einfachen auf einen mittleren oder von einem mittleren auf einen sehr anspruchsvollen Standard gehoben wird (BFH v. 12.9.2001 IX R 39/97, BStBl II 2003, 569).*

Fall 17: Der Stpfl. erwirbt 1988 ein bebautes Grundstück für 270.000 DM; auf das vermietete Gebäude (Baujahr 1955) mit neun Wohnungen und einem Laden entfallen Anschaffungskosten i.H.v. 246.028 DM. Der Stpfl. macht für die Streitjahre Werbungskosten (Erhaltungsaufwendungen) in folgender Höhe geltend:

1988:	39.120 DM
1989:	8.803 DM
1991:	108.318 DM

Dabei handelt es sich im Wesentlichen um Aufwendungen für den Einbau von Isolierglasfenstern, den Austausch von Ofenheizungen gegen Etagenheizungen, die Modernisierung der Bäder in zwei Wohnungen sowie Aufwendungen für die Erneuerung des Ladens. Die monatlichen Mieteinnahmen wurden von 1.850 DM (April 1988) auf 3.427 DM (April 1991) gesteigert.

Lösung: Obwohl es sich um hohe Baukosten handelt, hat der BFH auf Revision des Stpfl. das FG-Urteil aufgehoben und die Sache an das FG zurückverwiesen.

Insbesondere fehlen Feststellungen zu dem technischen Stand und Gebrauchswert der Heizung vor dem Einbau der Etagenheizung und damit die Grundlage für die Beurteilung, ob der Gebrauchswert der neuen Heizungsanlage erheblich über dem der alten liegt. Auch hinsichtlich der Bäder ist nicht konkret festgestellt, ob die Modernisierung sich nur auf die äußere Form, z.B. den Austausch von Fliesen und den technisch gleichwertigen Ersatz der vorhandenen Ausstattungsgegenstände bezog, oder ob bei dieser Gelegenheit auch funktionstüchtigere und zweckmäßigere Armaturen und zusätzliche Ausstattungsgegenstände eingebaut wurden.

Schließlich fehlen Feststellungen für die Beantwortung der Frage, ob es sich in Bezug auf die Bäder um eine Verbesserung „in Raten“ handelte (BFH v. 12.9.2001 IX R 39/97, BStBl II 2003, 569).

***Andere Wirtschaftsgüter als Wohngebäude**: Bisher noch nicht entschieden ist die Frage, ob die Rechtsprechungsänderung des BFH, die zu Wohngebäuden ergangen ist, auch auf andere Wirtschaftsgüter, z.B. betrieblich genutzte Gebäude, übertragen werden kann (dafür z.B. Hoffmann, StuB 2002, 650; vgl. FG Nürnberg v. 5.2.2003, III 85/2001, EFG 2003, 841, rkr.; u.E. zutreffend; dagegen z.B. Beck, DStR 2002, 1559, Tz. 6, Beispiel 8, mit der Aufforderung an die Finanzverwaltung, in einem Anwendungsschreiben entsprechende Kriterien festzulegen). Dafür spricht, dass die Rechtsprechung aus § 255 HGB abgeleitet wird, dagegen, dass die Gewichtung der wertbestimmenden Faktoren unterschiedlich ist.*

Fall 18: Der Stpfl. erwirbt ein 100 Jahre altes Einfamilienhaus mit Einliegerwohnung und vermietet es zunächst auf die Dauer von 14 Monaten. Anschließend baut er es um. Es entstehen drei Wohnungen und ein Büro.

Lösung: Es handelt sich nicht um Anschaffungskosten, weil der Stpfl. das Objekt zunächst vermietet hat. Der Umbau einer Wohnung in ein Büro durch Umgestaltung der Grundrisse und Neuanlage von Funktionsräumen führt zu Herstellungsaufwand (1. Begründung). Die Rechtsprechung des BFH zu Wohngebäuden ist auch auf Büroräume üblichen Standards übertragbar (2. Begründung).

Dieses Urteil des FG Nürnberg v. 5.2.2003, III 85/2001 (EFG 2003, 841, rkr.) ist – soweit ersichtlich – das erste Urteil, das die Rechtsprechungsänderung auch auf andere Gebäude als Wohngebäude überträgt.

Rz. 29: Instandsetzungs- oder Modernisierungsmaßnahmen, die über eine substanzerhaltende Erneuerung nicht hinausgehen, sind bei dieser Prüfung grundsätzlich außer Betracht zu lassen.

Rz. 30: Eine substanzerhaltende (Bestandteil-)Erneuerung liegt vor, wenn ein Gebäude durch die Ersetzung einzelner Bestandteile oder Instandsetzungs- oder Modernisierungsmaßnahmen an dem Gebäude als Ganzem lediglich in ordnungsgemäßem Zustand entsprechend seinem ursprünglichen Zustand erhalten oder dieser in zeitgemäßer Form wiederhergestellt wird. Dem Gebäude wird in diesem Fall nur der zeitgemäße Wohnkomfort wiedergegeben, den es ursprünglich besessen, aber durch den technischen Fortschritt und die Veränderung der Lebensgewohnheiten verloren hat.

~~Von einer deutlichen Gebrauchswerterhöhung ist dagegen z.B. auszugehen, wenn~~

- ~~sich der Wohnstandard des Gebäudes maßgeblich steigert z.B. durch Verwendung außergewöhnlich hochwertiger Materialien, oder eine besondere bauliche Gestaltung und dadurch eine andere Wohnungskategorie erreicht wird.~~

~~**Beispiel**:~~

~~Ein unscheinbarer, lediglich verputzter Altbau mit einem gemauerten einfachen Windfang als Eingangsbereich erhält neben einer Glas-Aluminiumfassade, die durch Erkervorsprünge aufgelockert ist, einen vollkommen neugestalteten Eingangsbereich mit einer bis an die Dachkante hochgezogenen Glas-Aluminium-Schrägdachkonstruktion. Durch die Instandsetzungs- und Modernisierungsmaßnahmen entsteht insgesamt ein repräsentatives Bauwerk mit besonderem Erscheinungsbild. Die Aufwendungen sind daher als Herstellungskosten zu beurteilen.~~

- ~~(ausnahmsweise) die tatsächliche Gesamtnutzungsdauer deutlich verlängert wird. Diese Voraussetzungen erfüllen in der Regel nur Maßnahmen, die die Lebensdauer bestimmende Substanz des Gebäudes (z.B. tragende Wände, Decken oder Fundament) verändern. Da die die Lebensdauer bestimmende Substanz „verändert" werden muß, reicht eine bloße Reparatur oder der Ersatz vorzeitig verschlissener Teile nicht aus, um eine Herstellungskosten rechtfertigende wesentliche Verbesserung anzunehmen.~~

- ~~sich ein deutlicher Anstieg der erzielbaren Miete im Vergleich zu der Miete ergibt, die bei einer Neuvermietung unmittelbar vor den Instandsetzungs- und Modernisierungsarbeiten erzielbar gewesen wäre. Hierbei sind Mietsteigerungen, die lediglich auf zeitgemäßen bestanderhaltenden Erneuerungen beruhen, nicht in die Beurteilung einzubeziehen.~~

~~**Beispiel**:~~

~~A ist seit 1990 Eigentümer eines 1930 erbauten Mietshauses, an dem seit 1970 keine größeren Renovierungen und Reparaturen mehr vorgenommen worden sind. Im Veranlagungszeitraum 1996 lässt er das Haus für insgesamt 250.000 DM renovieren. Es wurden folgende Arbeiten durchgeführt: Neueindeckung des Daches, Einbau von isolierverglasten Fenstern, Wärmedämmung, Erneuerung der Elektro- und Sanitäranlagen, Verlegung eines Holzparkettbodens und Ersatz der Ölzentralheizung durch eine Elektroheizung. Bei einer Neuvermietung unmittelbar vor Renovierung wäre wegen des 26jährigen Instandhaltungsrückstandes eine Miete von 6 DM/qm gerechtfertigt gewesen. Nach der Renovierung kann A nach den am Ort für Wohnungen mit vergleichbarer Ausstattung üblicherweise gezahlten Mieten 10 DM/qm erzielen. Die Mietsteigerung von 4 DM/qm beruht allein auf der substanzerhaltenden Erneuerung des Gebäudes, durch die sein zeitgemäßer Wohnkomfort wiederhergestellt worden ist. Hierin liegt keine deutliche Gebrauchswerterhöhung und somit auch keine wesentliche Verbesserung i.S.v. § 255 Abs. 2 Satz 1 HGB. Die Renovierungsaufwendungen sind daher als Erhaltungsaufwendungen zu berücksichtigen.~~

Beispiel:

Der Eigentümer eines bewohnten verwahrlosten Wohnhauses lässt die alten Kohleöfen durch eine moderne Heizungsanlage ersetzen. Er baut an Stelle der einfach verglasten Fenster Isolierglasfenster ein. Er modernisiert das Bad, wobei er neben der Badewanne separat eine Dusche einbaut. Außerdem lässt er es durchgängig fliesen. Im Übrigen lässt er Schönheitsreparaturen durchführen.

Hinsichtlich der Aufwendungen für die zentralen Ausstattungsmerkmale liegen Herstellungskosten als wesentliche Verbesserung i.S.v. § 255 Abs. 2 Satz 1 HGB vor. Bei den Schönheitsreparaturen handelt es sich um sofort abziehbare Erhaltungsaufwendungen (vgl. aber Rz. 33 bis 35).

⇨ ***Hinweis***

***Neue Grundsätze für Stpfl. teils günstiger, teils ungünstiger**: Wie ein Vergleich mit dem BMF-Schreiben v. 16.12.1996 (BStBl I 1996, 1442) zeigt, sind die neuen Rechtsgrundsätze für den Stpfl. teils günstiger, teils ungünstiger. Das erste Beispiel des BMF-Schreibens v. 16.12.1996 (BStBl I 1996, 1442) dürfte nach den neuen Rechtsgrundsätzen wohl zu Erhaltungsaufwendungen führen. Beim zweiten Beispiel sind jedoch dann Herstellungskosten anzunehmen, wenn eine Hebung des Standards in mindestens drei der vier zentralen Ausstattungsmerkmalen vorgenommen wird.*

3.3 Sanierung in Raten

Rz. 31: Aufwendungen für Baumaßnahmen innerhalb eines Veranlagungszeitraumes oder Wirtschaftsjahres sind Herstellungskosten i.S.v. § 255 Abs. 2 Satz 1 HGB, wenn die Baumaßnahmen zwar für sich gesehen noch nicht zu einer wesentlichen Verbesserung führen, wenn sie aber Teil einer Gesamtmaßnahme sind, die sich planmäßig in zeitlichem Zusammenhang über mehrere Veranlagungszeiträume erstreckt und die insgesamt zu einer Hebung des Standards führt (Sanierung in Raten). Von einer Sanierung in Raten ist grundsätzlich auszugehen, wenn die Maßnahmen innerhalb eines Fünfjahreszeitraumes durchgeführt worden sind.

⇨ ***Hinweis***

***Sanierung in Raten**: Eine Sanierung in Raten ist anzunehmen, wenn die Baumaßnahmen planmäßig auf mehrere Jahre verteilt werden sollen (BFH v. 12.9.2001 IX R 39/97, BStBl II 2003, 569). Im Einzelnen dürfte es für das FA schwierig sein, einen Gesamtplan nachzuweisen, so dass wohl vielfach mit Unterstellungen gearbeitet wird, um den Nachweis führen zu können. Die Rechtsprechung zur „Sanierung in Raten“ ist nicht neu (vgl. BFH v. 23.6.1988 IX B 178/87, BFH/NV 1989, 165; v. 30.7.1991 IX R 123/90, BStBl II 1992, 30).*

***Fünfjahreszeitraum**: Der Zeitraum, innerhalb dessen die Finanzverwaltung eine „Sanierung in Raten“ annimmt, stammt nicht aus einer Entscheidung des BFH.*

3.4 Baumaßnahmen, die nur einen Teil des Gebäudes betreffen

Rz. 32: Wird ein Gebäude in der Weise saniert, dass von einer Vielzahl von Wohnungen nur der Gebrauchswert einer oder mehrerer Wohnungen erhöht wird, sind die dafür entstandenen Aufwendungen Herstellungskosten i.S.v. § 255 Abs. 2 Satz 1 HGB.

⇨ ***Hinweis***

***Bei Mehrfamilienhäusern wohnungsbezogene Betrachtung**: Bei Mehrfamilienhäusern ist auf die einzelne Wohnung und nicht auf das Haus insgesamt abzustellen. Dies hat der BFH zur Frage der Anschaffungskosten bereits entschieden (vgl. BFH v. 20.8.2002 IX R 70/00, BStBl II 2003, 585; Hinweis zu Rz. 2). Die Finanzverwaltung wendet – auf Grund der Veröffentlichung im BStBl II – dieses BFH-Urteil an, ohne es allerdings im Vorspann zu nennen.*

III. Zusammentreffen von Anschaffungs- oder Herstellungskosten mit Erhaltungsaufwendungen

Rz. 33: Sind im Rahmen einer umfassenden Instandsetzungs- und Modernisierungsmaßnahme sowohl Arbeiten zur **Schaffung eines betriebsbereiten Zustandes, zur** Erweiterung des Gebäudes oder Maßnahmen, die über eine zeitgemäße substanzerhaltende Erneuerung hinausgehen, als auch Erhaltungsarbeiten durchgeführt worden, sind die hierauf jeweils entfallenden Aufwendungen grundsätzlich – ggf. im Wege der Schätzung – in **Anschaffungs- oder** Herstellungskosten und Erhaltungsaufwendungen aufzuteilen, ~~und zwar auch dann, wenn sie einheitlich in Rechnung gestellt worden sind. Aufwendungen~~ die mit ~~beiden~~ **den jeweiligen** Aufwendungsarten im Zusammenhang stehen.

Beispiel:

Ein für die Gesamtmaßnahme geleistetes Architektenhonorar oder Aufwendungen für Reinigungsarbeiten sind entsprechend dem Verhältnis von **Anschaffungs- oder** Herstellungskosten und Erhaltungsaufwendungen aufzuteilen.

⇨ ***Hinweis***

***Grundsätzlich getrennte Beurteilung**: Nach der Rechtsprechung des BFH sind Erhaltungsaufwendungen grundsätzlich von den Herstellungskosten getrennt zu beurteilen. Hier hat sich durch BFH v. 16.7.1996 (IX R 34/93, BStBl II 1996, 649) eine gegenüber der bisherigen Rechtsprechung und der Auffassung der Finanzverwaltung großzügigere Behandlung der Stpfl. durchgesetzt.*

Rz. 34: Aufwendungen für ein Bündel von Einzelmaßnahmen, die für sich genommen teils **Anschaffungskosten oder** Herstellungskosten, teils Erhaltungsaufwendungen darstellen, sind insgesamt als **Anschaffungskosten oder** Herstellungskosten zu beurteilen, wenn die Arbeiten **im** ~~in engen räumlichen, zeitlichen und~~ sachlichen Zusammenhang stehen.

⇨ ***Hinweis***

***Ausnahmsweise Gesamtbeurteilung**: Nur ausnahmsweise können die Aufwendungen insgesamt als Herstellungskosten beurteilt werden. Die*

Gesamtbeurteilung setzt allerdings einen sachlichen Zusammenhang voraus.

Rz. 35: Ein sachlicher Zusammenhang in diesem Sinne liegt vor, wenn die einzelnen Baumaßnahmen – die sich auch über mehrere Jahre erstrecken können – bautechnisch ineinander greifen. Ein bautechnisches Ineinandergreifen ist gegeben, wenn die Erhaltungsarbeiten

- Vorbedingung **für Schaffung des betriebsbereiten Zustandes oder** für die Herstellungsarbeiten oder

- **durch Maßnahmen, welche den betriebsbereiten Zustand schaffen, oder** durch ~~bestimmte~~ Herstellungsarbeiten veranlasst (verursacht) worden

sind.

Beispiel 1:

Um eine Überbauung zwischen zwei vorhandenen Gebäuden durchführen zu können, sind zunächst Ausbesserungsarbeiten an den Fundamenten des einen Gebäudes notwendig (vgl. BFH v. 9.3.1962, BStBl III 1962, 195).

Ein solcher Zusammenhang wird nicht dadurch gelöst, dass die Arbeiten in verschiedenen Stockwerken des Gebäudes ausgeführt werden.

Beispiel 2:

Im Dachgeschoss eines mehrgeschossigen Gebäudes werden erstmals Bäder eingebaut. Diese Herstellungsarbeiten machen das Verlegen von größeren Fallrohren bis zum Anschluss an das öffentliche Abwassernetz erforderlich. Die hierdurch entstandenen Aufwendungen sind ebenso wie die Kosten für die Beseitigung der Schäden, die durch das Verlegen der größeren Fallrohre in den Badezimmern der darunter liegenden Stockwerke entstanden sind, den Herstellungskosten zuzurechnen.

Von einem bautechnischen Ineinandergreifen ist nicht allein deswegen auszugehen, weil der Stpfl. solche Herstellungsarbeiten zum Anlass nimmt, auch sonstige anstehende Renovierungsarbeiten vorzunehmen. Allein die gleichzeitige Durchführung der Arbeiten, z.B. um die mit den Arbeiten verbundenen Unannehmlichkeiten abzukürzen, reicht für einen solchen sachlichen Zusammenhang nicht aus. Ebenso wird ein sachlicher Zusammenhang nicht dadurch hergestellt, dass die Arbeiten unter dem Gesichtspunkt der rationellen Abwicklung eine bestimmte zeitliche Abfolge der einzelnen Maßnahmen erforderlich machen – die Arbeiten aber ebenso unabhängig voneinander hätten durchgeführt werden können.

Beispiel 3:

Wie Beispiel 2, jedoch werden die Arbeiten in den Bädern der übrigen Stockwerke zum Anlass genommen, diese Bäder vollständig neu zu verfliesen und neue Sanitäranlagen einzubauen. Diese Modernisierungsarbeiten greifen mit den Herstellungsarbeiten (Verlegung neuer Fallrohre) nicht bautechnisch ineinander. Die Aufwendungen führen daher zu Erhaltungsaufwendungen. Die einheitlich in Rechnung gestellten Aufwendungen für die Beseitigung der durch das Verlegen der größeren Fallrohre entstandenen Schäden und für die vollständige Neuverfliesung sind dementsprechend in Herstellungs- und Erhaltungsaufwendungen aufzuteilen.

Beispiel 4:

Durch das Aufsetzen einer Dachgaube wird die nutzbare Fläche des Gebäudes geringfügig vergrößert. Diese Maßnahme wird zum Anlass genommen, gleichzeitig das alte, schadhafte Dach neu einzudecken. Die Erneuerung der gesamten Dachziegel steht insoweit nicht in einem bautechnischen Zusammenhang mit der Erweiterungsmaßnahme. Die Aufwendungen für Dachziegel, die zur Deckung der neuen Gauben verwendet werden, sind Herstellungskosten, die Aufwendungen für die übrigen Dachziegel sind Erhaltungsaufwendungen.

Beispiel 5:

Im Zusammenhang mit einer Erweiterungsmaßnahme erhält ein Gebäude ein zusätzliches Fenster. Zudem wird die Einfachverglasung der schon vorhandenen Fenster durch Isolierverglasung ersetzt. Die Erneuerung der bestehenden Fenster ist nicht durch die Erweiterungsmaßnahme und das Einsetzen des zusätzlichen Fensters veranlasst, greift daher nicht bautechnisch mit diesen Maßnahmen ineinander (insoweit entgegen BFH v. 9.5.1995 IX R 2/94, BStBl II 1996, 637). Die auf die Fenstererneuerung entfallenden Aufwendungen können demnach als Erhaltungsaufwendungen abgezogen werden.

⇨ ***Hinweis***

***Bautechnischer Zusammenhang erforderlich**: Eine Gesamtbeurteilung ist allerdings nur dann vorzunehmen, wenn die Arbeiten in einem bautechnischen Zusammenhang stehen. Dies ist dann anzunehmen, wenn die Erhaltungsarbeiten*

- *Vorbedingung für Schaffung des betriebsbereiten Zustandes oder für die Herstellungsarbeiten oder*
- *durch Maßnahmen, welche den betriebsbereiten Zustand schaffen, oder durch Herstellungsarbeiten veranlasst (verursacht) worden sind.*

***BMF teilweise großzügiger als BFH**: Die vorstehend aufgeführten Beispiele 1 bis 5 sind zutreffend gelöst. Im Beispiel 5 ist die Finanzverwaltung sogar großzügiger als der BFH.*

IV. Feststellungslast

Rz. 36: Die Feststellungslast für die Tatsachen, die eine Behandlung als Anschaffungs- oder Herstellungskosten begründen (wie z.B. die Herstellung der Betriebsbereitschaft oder eine wesentliche Verbesserung über den ursprünglichen Zustand hinaus), trägt das Finanzamt. Soweit das Finanzamt nicht in der Lage ist, den Zustand des Gebäudes im Zeitpunkt der Anschaffung (vgl. Rz. 5 bis 16) oder den ursprünglichen Zustand i.S.d. § 255 Abs. 2 HGB (vgl. Rz. 25 bis 32) festzustellen, trifft den Stpfl. hierbei eine erhöhte Mitwirkungspflicht (§ 90 Abs. 1 Satz 3 AO). Kann der maßgebliche Zustand des Wohngebäudes nicht sicher festgestellt werden, kann das Finanzamt aus Indizien auf die Hebung des Standards eines Gebäudes und somit auf Anschaffungs- oder Herstellungskosten schließen.

⇨ ***Hinweis***

Feststellungslast beim FA für Anschaffungs- bzw. Herstellungskosten*:* *Der Stpfl. trägt die Feststellungslast hinsichtlich der tatsächlichen Voraussetzungen für den Abzug von Aufwendungen als Werbungskosten (Veranlassungszusammenhang). Die Feststellungslast hinsichtlich der Tatsachen, die eine wesentliche Verbesserung begründen und damit die Behandlung als Herstellungskosten, trägt das FA. Da das FA i.d.R. nicht in der Lage ist, den Zustand eines Gebäudes im Zeitpunkt des Erwerbs festzustellen, trifft den Stpfl. insoweit eine erhöhte Mitwirkungspflicht (§ 90 Abs. 1 Satz 3 AO).*

Erhöhte Mitwirkungspflicht*:* *Die Ausführungen zur erhöhten Mitwirkungspflicht des Stpfl. bei der Feststellung des ursprünglichen Zustands entspricht der Rechtsprechung des BFH v. 12.9.2001 IX R 39/97 (BStBl II 2003, 569).*

⇨ ***Gestaltungshinweis***

Beweisvorsorge*:* *Im Hinblick auf die erhöhte Mitwirkungspflicht ist eine Beweisvorsorge anzuraten. Es sollte dabei der Zustand des Hauses im Erwerbszeitpunkt und nach der Renovierung dokumentiert werden (Wolff-Diepenbrock, DB 2002, 1286, Tz. III. 7. b). In Altfällen soll nicht kleinlich verfahren werden (OFD München und Nürnberg v. 9.8.2002, DStR 2002, 1813, Tz. 4).*

Rz. 37: Indizien für die Hebung des Standards liegen vor, wenn

- **ein Gebäude in zeitlicher Nähe zum Erwerb im Ganzen und von Grund auf modernisiert wird,**
- **hohe Aufwendungen für die Sanierung der zentralen Ausstattungsmerkmale getätigt werden,**
- **auf Grund dieser Baumaßnahmen der Mietzins erheblich erhöht wird.**

⇨ ***Hinweis***

Indizien, keine Voraussetzungen*:* *Bei den angesprochenen Punkten handelt es sich um Indizien und keine Voraussetzungen. Diese genannten Punkte können nur dazu führen, dass das FA das Vorliegen von Anschaffungs- oder Herstellungskosten prüft.*

Erhöhte Miete*:* *Kommt der Stpfl. dieser Mitwirkungspflicht nicht nach und sind umfangreiche Baumaßnahmen, die Installationen und Fenster betreffen, durchgeführt worden, kann Indiz für eine wesentliche Verbesserung i.S.d. § 255 Abs. 2 Satz 1 HGB eine erheblich erhöhte Miete sein, wenn sie auf diese Baumaßnahmen zurückzuführen ist.*

***Gegenargument**: Eine erhöhte Miete kann vor allem dann nicht zu einer wesentlichen Verbesserung führen, wenn sie auf die Mietentwicklung zurückzuführen ist.*

Rz. 38: Ob eine Hebung des Standards vorliegt, ist für die ersten drei Jahre nach Anschaffung des Gebäudes nicht zu prüfen, wenn die Aufwendungen für die Instandsetzung und Modernisierung des Gebäudes insgesamt 15 v.H. der Anschaffungskosten des Gebäudes nicht übersteigen. Dies gilt nicht, wenn sich bei Erwerb des Gebäudes mit mehreren Wohnungen der Standard für einzelne Wohnungen hebt oder die Instandsetzungsmaßnahme der Beginn einer Sanierung in Raten sein kann. Veranlagungen sind vorläufig durchzuführen, solange in diesem Zeitraum die Instandsetzungsarbeiten 15 v.H. der Anschaffungskosten des Gebäudes nicht übersteigen oder wenn eine Sanierung in Raten zu vermuten ist.

⇨ ***Hinweis***

***Nichtaufgriffsgrenze**: Zu beachten ist der Unterschied zum bisherigen Rechtszustand (vgl. R 157 Abs. 4 EStR, die aufgehoben worden ist). Danach waren **bisher grundsätzlich Herstellungskosten anzunehmen**, wenn in den ersten drei Jahren nach der Anschaffung des Gebäudes die Aufwendungen für Instandsetzung 15 v.H. der Anschaffungskosten des Gebäudes überstiegen. **Jetzt ist zu prüfen**, ob Anschaffungs- oder Herstellungskosten vorliegen.*

***Nichtaufgriffsgrenze nur in Anschaffungsfällen**: Die Nichtaufgriffsgrenze gilt nur in Anschaffungsfällen. In Fällen des langjährigen Eigentums ist die Frage der Standarderhöhung unabhängig von der 15-v.H.-Grenze zu prüfen.*

***Auf Erwerb des wirtschaftlichen Eigentums abstellen**: Die Berechnung der Drei-Jahres-Frist beginnt mit der Erlangung des wirtschaftlichen Eigentums, weil erst das wirtschaftliche Eigentum den Erwerber in die Lage versetzt, seine Entscheidung zur Instandsetzung zu verwirklichen (Blümich/Stuhrmann, § 21 EStG Rz. 163; a.A. FG Baden-Württemberg v. 10.11.1999, 9 K 190/95, EFG 2000, 166, rkr., mit Auflassungserklärung; a.A. el, DB 1987, 412, mit Abschluss des notariellen Kaufvertrags).*

***Vorläufige Steuerfestsetzung innerhalb von drei Jahren nach Anschaffung oder bei Sanierung in Raten**: Wenn in den ersten drei Jahren nach der Anschaffung des Gebäudes die Nichtaufgriffsgrenze nicht überschritten ist, wird die Steuer vorläufig festgesetzt. Entsprechendes gilt bei einer Sanierung in Raten.*

***Versehentlich endgültige Steuerfestsetzung**: Wenn das FA vergisst, die Steuerfestsetzung vorläufig vorzunehmen, kann dieses Jahr nicht mehr geändert werden, selbst wenn durch weitere Baumaßnahmen im Drei-Jahres-Zeitraum die 15-v.H.-Grenze überschritten wird.*

Fall 19: Die Reparaturkosten betrugen im Jahr des Erwerbs (2001) nur 10 v.H. der Anschaffungskosten des Gebäudes. Der Einkommensteuerbescheid ist bestandskräftig. 2002 entstehen weitere Reparaturkosten von 10 v.H. der Gebäudeanschaffungskosten.

Lösung: 2001 ist bestandskräftig veranlagt und kann nicht mehr geändert werden, da es sich weder um ein rückwirkendes Ereignis (vgl. BFH v. 6.7.1999 VIII R 17/97, BStBl II 2000, 306) noch um eine neue Tatsache handelt (vgl. Obermeier, NWB F. 3, 12333, 12371, zur insoweit gleich liegenden Problematik beim gewerblichen Grundstückshandel, m.w.N.). Im Jahr 2002 ist die 15-v.H.-Grenze überschritten, so dass – unter Einbeziehung der Aufwendungen des Jahres 2001 – eine Hebung des Standards zu prüfen ist.

V. Anwendungsregelung

Rz. 39: Dieses Schreiben ersetzt das BMF-Schreiben v. 16.12.1996 (BStBl I 1996, 1442), welches hiermit aufgehoben wird.

Die Grundsätze dieses Schreibens sind in allen noch offenen Fällen anzuwenden.

Auf Antrag ist dieses Schreiben nicht anzuwenden, wenn mit Baumaßnahmen vor dem Tag der Veröffentlichung des Schreibens im Bundessteuerblatt begonnen wurde.

Mit diesem Schreiben werden gleichzeitig die BFH-Urteile v. 12.9.2001 und v. 22.1.2003 im BStBl II veröffentlicht.

⇨ ***Hinweis***

***Anwendungsregelung für Baubeginn spätestens am 4.8.2003**: Das Schreiben des Bundesministeriums der Finanzen wurde am 5.8.2003 im BStBl II veröffentlicht. Der alte Rechtszustand kann also noch gewählt werden, wenn mit den Baumaßnahmen spätestens am 4.8.2003 begonnen worden ist.*

***Wahlrecht**: Die Anwendungsregelung führt also zu einem Wahlrecht. In den Fällen, in denen die Anwendung der neuen Rechtsprechungsgrundsätze ungünstiger ist, kann noch der alte Rechtszustand gewählt werden. Es sind dies die Fälle, in denen sich ein Objekt schon mehr als drei Jahre im Eigentum des Stpfl. befindet und in denen eine Standarderhöhung anzunehmen ist. Entsprechende Baumaßnahmen haben bisher zu Erhaltungsaufwendungen geführt. Nach der Rechtsprechungsänderung des BFH, der die Finanzverwaltung folgt, sind Herstellungskosten anzunehmen. In einem solchen Fall wird man den alten Rechtszustand wählen.*

***Alter Rechtszustand**: Der alte Rechtszustand ergibt sich aus der aufgehobenen R 157 Abs. 4 EStR 2001. Bei der Ermittlung des Betrags der an-*

schaffungsnahen Aufwendungen bleiben die Kosten für Erweiterungen außer Betracht. Laufender Erhaltungsaufwand, der jährlich üblicherweise anfällt, kann auch bei neu erworbenen Gebäuden sofort als Werbungskosten abgezogen werden. Das Gleiche gilt für Aufwendungen zur Beseitigung versteckter Mängel (R 157 Abs. 4 Sätze 4 bis 6 EStR 2001).

***Objektbezogenes Wahlrecht**: Das Wahlrecht kann für jedes Objekt des Stpfl. gesondert ausgeübt werden.*

VI. Wiederaufrollung bestandskräftiger Veranlagungen

Zur Wiederaufrollung bestandskräftiger Veranlagungen führen die OFD München und Nürnberg in ihrer Verf. v. 9.8.2002 (DStR 2002, 1813, Tz. 5) Folgendes aus:

> Soweit beantragt wird, die bisherige Entscheidung „Behandlung der Aufwendungen als anschaffungsnahe Herstellungskosten" nach den Grundsätzen der neuen BFH-Rechtsprechung neu zu beurteilen, ist Folgendes zu beachten:
>
> - Eine geänderte BFH-Rechtsprechung ist kein Änderungstatbestand für bestandskräftige Veranlagungen, d.h. die Änderung der Bescheide ist nicht möglich.
> - Die Besteuerungsgrundlagen selbst erwachsen nicht in Bestandskraft. Beantragt der Steuerbürger in Fällen, in denen nach der neuen Rechtsprechung Erhaltungsaufwendungen vorliegen, nunmehr den sofortigen Abzug als Werbungskosten, kann dem
>
> **a) nicht gefolgt werden,**
>
> wenn eine Verteilung nach § 82b EStDV nicht mehr in Betracht kommt (Verteilungszeitraum abgelaufen), da gem. § 11 EStG ein Abzug im Jahr der Zahlung hätte erfolgen müssen.
>
> Ein Abzug als AfaA (Absetzung für außergewöhnliche technische oder wirtschaftliche Abnutzung) kann nicht vorgenommen werden, da es sich lediglich um eine nunmehr unzutreffende steuerliche Beurteilung handelt.
>
> **b) insoweit gefolgt werden,**
>
> als ein Restbetrag noch innerhalb des Verteilungszeitraums des § 82b EStDV verteilt werden kann. Dabei ist jedoch zu beachten, dass die Anteile, die auf bestandskräftige Jahre entfallen, nicht mehr berücksichtigt werden können (vgl. BFH v. 27.10.1992 IX R 152/89, BStBl II 1993, 589, und IX R 66/91, BStBl II 1993, 591).
>
> Auf den Wegfall des § 82b EStDV durch das StEntlG 1999/2000/2002 für nach 1998 **entstandene** Erhaltungsaufwendungen wird vorsorgehalber hingewiesen (§ 84 Abs. 4a EStDV).
>
> Werden zunächst den HK zugerechnete Aufwendungen **auf Antrag** nunmehr nach den neuen Entscheidungsgrundsätzen als dem Grunde nach sofort abziehbare Erhaltungsaufwendungen behandelt, ist die AfA-Bemessungsgrundlage entspre-

chend zu kürzen. Die Kürzung erstreckt sich dabei auch auf die Anteile des Gesamtaufwands, die auf bestandskräftige Jahre entfallen und nicht mehr im Wege der Verteilung berücksichtigt werden können.

Der Steuerbürger ist auf diese Folge hinzuweisen; es bleibt ihm unbenommen, seinen Antrag zurückzunehmen.

⇨ ***Hinweis***

***Keine Änderung bestandskräftiger Veranlagungen**: Die Verwaltungsanweisung, bestandskräftige Veranlagungen nicht mehr zu ändern, ist zutreffend.*

***Schadensersatzpflicht des FA**: Beck (DStR 2003, 1462) sieht dagegen eine Änderungspflicht des FA unter dem Gesichtspunkt einer Schadensersatzpflicht, wenn der Bescheid nach Veröffentlichung der BFH-Urteile v. 12.9.2001 ergangen ist.*

VII. Berichtigung des Vorsteuerabzugs

Nachträgliche Anschaffungs- oder Herstellungskosten: Bei einer Änderung der Verhältnisse ist der Vorsteuerabzug zu berichtigen. Dies gilt auch bei nachträglichen Anschaffungs- oder Herstellungskosten.

Auswirkungen der Rechtsprechungsänderung auf Berichtigung des Vorsteuerabzugs gem. § 15a UStG: Der Begriff der nachträglichen Anschaffungs- oder Herstellungskosten (vgl. § 15a Abs. 3 UStG) ist nach den für das Einkommensteuerrecht geltenden Grundsätzen abzugrenzen. Hier ist die Rechtsprechungsänderung zum anschaffungsnahen Aufwand zu beachten, die in vielen Fällen nicht mehr zu Herstellungskosten, sondern zu Erhaltungsaufwand führt. Aufwendungen, die nach den einkommensteuerrechtlichen Vorschriften Erhaltungsaufwand sind, bleiben auch dann unberücksichtigt, wenn sich die jeweiligen Erhaltungsmaßnahmen über das betreffende Kalenderjahr hinaus auswirken (Abschn. 214 Abs. 3 UStR).

VIII. Vorgesehene Gesetzesänderung

Vorbemerkung: Bereits durch das StVergAbG war beabsichtigt, R 157 Abs. 4 EStR in § 6 Abs. 1 Nr. 1a EStG gesetzlich zu verankern. Diese Absicht wurde jedoch nicht realisiert. Mit dem Referentenentwurf zum StÄndG 2003 wurde ein neuer Anlauf unternommen.

Beabsichtigte Gesetzesänderung: Der neue § 6 Abs. 1 Nr. 1a E-EStG lautet:

Zu den Herstellungskosten eines Gebäudes gehören auch Aufwendungen für Instandsetzungs- und Modernisierungsmaßnahmen, die innerhalb von drei Jahren nach der Anschaffung des Gebäudes durchgeführt werden, wenn die Aufwendungen ohne die Umsatzsteuer 15 v.H. der Anschaffungskosten des Gebäudes übersteigen (anschaffungsnahe Herstellungskosten). Zu diesen Aufwendungen gehören nicht die Aufwendungen für Erweiterungen i.S.d. § 255 Abs. 2 Satz 1 HGB sowie Aufwendungen für Erhaltungsarbeiten, die jährlich üblicherweise anfallen.

⇨ ***Hinweis***

***Keine Prüfung des Charakters der Aufwendungen**: Zu beachten ist der Unterschied zum alten Rechtszustand (vgl. R 157 Abs. 4 EStR, die aufgehoben worden ist). Danach war die Frage des anschaffungsnahen Herstellungsaufwands **zu prüfen**, wenn in den ersten drei Jahren nach der Anschaffung des Gebäudes die Aufwendungen für Instandsetzung 15 v.H. der Anschaffungskosten des Gebäudes überstiegen. In der Praxis wurde in solchen Fällen regelmäßig Herstellungsaufwand angenommen. Nach der beabsichtigten Gesetzesänderung sollen **ohne Prüfung** Herstellungskosten angenommen werden. Dies ist jedenfalls formal eine Verschlechterung gegenüber R 157 Abs. 4 EStR (krit. auch Schroen, NWB Meinungen – Stellungnahmen, 2003, 2688).*

***Nichtaufgriffsgrenze nur in Anschaffungsfällen**: Die Nichtaufgriffsgrenze gilt nur in Anschaffungsfällen. In Fällen des langjährigen Eigentums ist die Frage der Standarderhöhung unabhängig von der 15-v.H.-Grenze zu prüfen.*

***Versteckte Mängel**: Nach der Begründung zum StÄndG 2003 soll die bisherige Regelung „aus Gründen der Rechtsvereinfachung und -sicherheit für den Bürger und die Verwaltung gesetzlich festgeschrieben“ werden. Dazu gehört auch, dass Aufwendungen zur Beseitigung versteckter Mängel als Werbungskosten abgezogen werden können (R 157 Abs. 4 Satz 6 EStR). Dies soll jedoch gesetzlich nicht geregelt werden.*

***Gesetzesänderung auch für Überschusseinkünfte**: Die vorgesehene Gesetzesänderung soll auch für Überschusseinkünfte gelten (§ 9 Abs. 5 Satz 2 E-EStG)*

Anwendungsregelung: Die neuen § 52 Abs. 16 Sätze 7 ff. E-EStG lauten:

> **§ 6 Abs. 1 Nr. 1a i.d.F. des Artikels 1 des Gesetzes v. ... (BGBl I ..., ...) ist erstmals für Baumaßnahmen anzuwenden, mit denen nach dem 31.12.2003 begonnen wird. Als Beginn gilt bei Baumaßnahmen, für die eine Baugenehmigung erforderlich ist, der Zeitpunkt, in dem der Bauantrag gestellt wird, bei baugenehmigungsfreien Bauvorhaben, für die Bauunterlagen einzureichen sind, der Zeitpunkt, in dem die Bauunterlagen eingereicht werden. Sämtliche Baumaßnahmen i.S.d. § 6 Abs. 1 Nr. 1a Satz 1 an einem Objekt gelten als eine Baumaßnahme i.S.d. Satzes 7.**

⇨ ***Gestaltungshinweis***

Beginn der Baumaßnahme vor 1.1.2004: *Werden in Anschaffungsfällen vor dem* ***1.1.2004*** *begonnene Baumaßnahmen innerhalb eines Zeitraums von drei Jahren ab Anschaffung fortgeführt, gilt hierfür weiterhin die neue BFH-Rechtsprechung.*

Teil C:
Lohnsteuer-Änderungsrichtlinien 2004 – LStÄR 2004

I. Allgemeines

Materialien: Allgemeine Verwaltungsvorschrift zur Änderung der Allgemeinen Verwaltungsvorschrift zum Steuerabzug vom Arbeitslohn 2002 (Lohnsteuer-Änderungsrichtlinien 2004 – LStÄR 2004), BR-Drucks. 532/03 v. 8.8.2003.

Literatur: *Seifert,* Die Lohnsteuer-Änderungsrichtlinien (LStÄR) 2004, StuB 2003, 920.

1. Stand des Verfahrens

Stand des Verfahrens: Die folgenden Ausführungen entsprechen den Lohnsteuer-Änderungsrichtlinien 2004 – LStÄR 2002 i.d.F. der BR-Drucks. 532/03 v. 8.8.2003. Die Zustimmung des Bundesrates ist am 26.9.2003 erfolgt.

2. Überblick

Anpassung der LStR 2002: Die Lohnsteuer-Richtlinien 2002 werden an die Entwicklung des Einkommensteuerrechts wegen der Rechtsänderungen aus den seit 2002 ergangenen Gesetzen, Berücksichtigung der neueren Rechtsprechung und der zwischenzeitlichen Verwaltungsanweisungen angepasst.

Durch die LStÄR 2004 wird u.a. klargestellt,

- dass das Übergangsgeld und das Überbrückungsgeld, das behinderten oder von Behinderung bedrohten Menschen nach §§ 45 bis 52 SGB IX bzw. § 33 Abs. 3 Nr. 5 SGB IX gewährt wird, steuerfrei ist (R 4 Abs. 5 LStÄR 2004),
- in welchen Fällen Warengutscheine nicht als Sachbezug anzusehen sind und wann ihr Wert dem Arbeitnehmer zugeflossen ist (R 31 Abs. 1 und R 104a LStÄR 2004),
- in welchen Fällen bei einem Arbeitnehmer eine Fahrtätigkeit vorliegt (R 37 Abs. 4 LStÄR 2004),
- dass Trinkgelder, Bedienungszuschläge und ähnliche Zuwendungen nur dann steuerpflichtig sind, wenn der Arbeitnehmer einen Rechtsanspruch darauf hat (R 70 Abs. 1 Satz 1 LStÄR 2004),
- in welchen Fällen eine vom Arbeitgeber ausgerichtete Geburtstagsfeier für einen Arbeitgeber nicht als geldwerter Vorteil gilt (R 70 Abs. 2 Nr. 3 LStÄR 2004),
- in welchen Fällen echte und unechte Lohnzahlung durch Dritte vorliegt (R 106 LStÄR 2004).

Außerdem werden die Regelungen zu den geringfügigen Beschäftigungsverhältnissen an die gesetzlichen Vorschriften angepasst (R 128 und R 128a LStÄR 2004). Einer Anregung der Verbände folgend wurde der Prozentsatz ab dem bei Arbeitgeberdarlehen ein Zinsvorteil anzunehmen ist, von 5,5 v.H. auf 5 v.H. herabgesetzt (R 31 Abs. 11 LStÄR 2004).

II. Änderungen

Vorbemerkung: Änderungen und Ergänzungen gegenüber den Lohnsteuer-Richtlinien 2002 sind durch ***Fett-Kursiv-Druck*** hervorgehoben. Weggefallene Textteile sind durch Streichung kenntlich gemacht. Es werden nur Änderungen von besonderer Bedeutung aufgeführt.

1. Einführung

Die Abs. 1 bis 4 der Einführung lauten:

> (1) Die Lohnsteuer-Richtlinien ***in der geänderten Fassung (LStR 2004)*** enthalten im Interesse einer einheitlichen Anwendung des Lohnsteuerrechts durch die Finanzbehörden Erläuterungen der Rechtslage, Weisungen zur Auslegung des Einkommensteuergesetzes und seiner Durchführungsverordnungen sowie Weisungen zur Vermeidung unbilliger Härten und zur Verwaltungsvereinfachung.

(2) Die ***LStR 2004*** sind beim Steuerabzug vom Arbeitslohn anzuwenden für Lohnzahlungszeiträume, die nach dem 31.12.***2003*** enden, und für sonstige Bezüge, die dem Arbeitnehmer nach dem 31.12.***2003*** zufließen. Sie gelten auch für frühere Zeiträume, soweit sie geänderte Vorschriften des Einkommensteuergesetzes betreffen, die vor dem 1.1.***2004*** anzuwenden sind. Die ***LStR 2004*** sind auch für frühere Jahre anzuwenden, soweit sie lediglich eine Erläuterung der Rechtslage darstellen. Die obersten Finanzbehörden der Länder können mit Zustimmung des Bundesministeriums der Finanzen die in den Lohnsteuer-Richtlinien festgelegten Höchst- und Pauschbeträge ändern, wenn eine Anpassung an neue Rechtsvorschriften oder an die wirtschaftliche Entwicklung geboten ist.

(3) Entgegenstehende Schreiben des Bundesministeriums der Finanzen und Erlasse der obersten Finanzbehörden der Länder sind nicht mehr anzuwenden.

(4) Diesen Richtlinien liegt, soweit im Einzelnen keine andere Fassung angegeben ist, das ***Einkommensteuergesetz 2002*** in der Fassung der Bekanntmachung v. 19.10.2002 (BGBl I 2002, 4210, BStBl I 2002, 1209), zuletzt geändert durch ***Artikel 1 des Gesetzes zum Abbau von Steuervergünstigungen und Ausnahmeregelungen v. 16.5.2003 (BGBl I 2003, 660)*** zu Grunde.

⇨ ***Hinweis***

Anwendung*: Die LStÄR 2004 sind grundsätzlich erst für ab 1.1.2004 zufließenden Arbeitslohn anzuwenden. Soweit sie jedoch nur der Erläuterung der Rechtslage dienen, gelten sie auch für frühere Jahre.*

2. Steuerfreie Einnahmen (§ 3 EStG)

2.1 R 4 LStÄR 2004 Leistungen nach dem Dritten Buch Sozialgesetzbuch (§ 3 Nr. 2 EStG)

R 4 Abs. 5 LStÄR 2004 lautet:

(5) Steuerfrei sind auch das Übergangsgeld und das Überbrückungsgeld, das behinderten oder von Behinderung bedrohten Menschen nach §§ 45 bis 52 SGB IX bzw. § 33 Abs. 3 Nr. 5 SGB IX gewährt wird, weil es sich um Leistungen i.S.d. SGB III, SGB VI, SGB VII oder des Bundesversorgungsgesetzes handelt.

⇨ ***Hinweis***

Klarstellung*: Die Änderung stellt klar, dass das Übergangsgeld und das Überbrückungsgeld, das behinderten oder von Behinderung bedrohten Menschen gewährt wird, steuerfrei ist.*

2.2 R 9 LStÄR 2004 Abfindungen wegen Auflösung des Dienstverhältnisses (§ 3 Nr. 9 EStG)

R 9 Abs. 1 Satz 5 LStÄR 2004 lautet:

Abfindungszahlungen

(1) ... § 3 Nr. 9 EStG ist auch bei Arbeitnehmern anwendbar, deren Lohn ~~nach § 3 Nr. 39 EStG steuerfrei ist oder~~ nach § 40a EStG pauschal versteuert wird.

⇨ ***Hinweis***

Neuregelung der Mini-Jobs ab 1.4.2003*: Die Änderung betrifft die Aufhebung der bisherigen Regelung zur Steuerfreiheit geringfügiger Beschäftigungsverhältnisse gem. § 3 Nr. 39 EStG und der Einführung einer Pauschalsteuer i.H.v. 2 v.H. gem. § 40a Abs. 2 EStG ab 1.4.2003.*

2.3 R 13 LStÄR 2004 Aufwandsentschädigungen aus öffentlichen Kassen (§ 3 Nr. 12 EStG)

Verwaltungsanweisungen: Gleich lautende Erlasse der obersten Finanzbehörden der Länder v. 15.10.2002, Steuerliche Behandlung von Aufwandsentschädigungen aus öffentlichen Kassen an öffentliche Dienste leistende Personen (§ 3 Nr. 12 Satz 2 EStG); Übertragung nicht ausgeschöpfter Monatsbeträge, BStBl I 2002, 993.

R 13 Abs. 3 LStÄR 2004 lautet:

(3) ... Ist die Aufwandsentschädigung niedriger als 154 € monatlich, so bleibt nur der tatsächlich geleistete Betrag steuerfrei. Bei Personen, die für mehrere Körperschaften des öffentlichen Rechts tätig sind, sind die steuerfreien monatlichen Mindest- und Höchstbeträge auf die Entschädigung zu beziehen, die von der einzelnen öffentlich-rechtlichen Körperschaft an diese Personen gezahlt wird. Aufwandsentschädigungen für mehrere Tätigkeiten bei einer Körperschaft sind für die Anwendung der Mindest- und Höchstbeträge zusammenzurechnen. Bei einer gelegentlichen ehrenamtlichen Tätigkeit sind die steuerfreien monatlichen Mindest- und Höchstbeträge nicht auf einen weniger als einen Monat dauernden Zeitraum der ehrenamtlichen Tätigkeit umzurechnen. ~~Werden Aufwandsentschädigungen in monatlich unterschiedlicher Höhe gezahlt oder erstreckt sich die Tätigkeit für die Körperschaft nicht über das ganze Kalenderjahr, so sind die steuerfreien Mindest- und Höchstbeträge als absolute Monatsbeträge anzusehen, wenn die betreffende Körperschaft für bestimmte Monate bestimmte Beträge zahlt. Eine Umrechnung auf längere Zeiträume ist in diesen Fällen nicht zulässig.~~ ***Soweit der steuerfreie Monatsbetrag von 154 Euro nicht ausgeschöpft wird, ist eine Übertragung in andere Monate dieser Tätigkeiten im selben Kalenderjahr möglich. Maßgebend für die Ermittlung der Anzahl der in Betracht kommenden Monate ist die Dauer der ehrenamtlichen Funktion bzw. Ausübung im Kalenderjahr***. Die für die Finanzverwaltung zuständige oberste Landesbehörde kann im Benehmen mit dem Bundesministerium der Finanzen und den obersten Finanzbehörden der anderen Länder Anpassungen an die im Lande gegebenen Verhältnisse vornehmen.

⇨ ***Hinweis***

Übertragung nicht ausgeschöpfter Beträge*: Die Änderung setzt die gleich lautenden Erlasse der obersten Finanzbehörden der Länder v. 15.10.2002 (BStBl I 2002, 993) zur Übertragung nicht ausgeschöpfter steuerfreier Monatsbeträge um. Die Grundsätze waren bereits rückwirkend zum 1.1.2002 anzuwenden. Auf die Berechnungsbeispiele im Bezugserlass wird verwiesen.*

2.4 R 21d LStÄR 2004 Arbeitslohn für geringfügige Beschäftigungsverhältnisse

R 21d LStR 2002 wurde aufgehoben.

⇨ ***Hinweis***

Neuregelung der Mini-Jobs ab 1.4.2003*: Die bisherige Regelung zur Steuerfreiheit geringfügiger Beschäftigungsverhältnisse gem. § 3 Nr. 39 EStG ist aufgehoben und eine Pauschalsteuer i.H.v. 2 v.H. gem. § 40a Abs. 2 EStG eingeführt worden.*

2.5 R 23 LStÄR 2004 *Zuschüsse und Zinsvorteile aus öffentlichen Haushalten (§ 3 Nr. 58 EStG)*

R 23 LStÄR 2004 lautet:

Öffentliche Haushalte i.S.d. § 3 Nr. 58 EStG sind die Haushalte des Bundes, der Länder, der Gemeinden, der Gemeindeverbände, der kommunalen Zweckverbände und der Sozialversicherungsträger.

⇨ ***Hinweis***

Öffentliche Haushalte*: Definition des Begriffs der öffentlichen Haushalte i.S.d. § 3 Nr. 58 EStG.*

2.6 R 23a LStÄR 2004 Steuerfreie Mietvorteile (§ 3 Nr. 59 EStG)

R 23a LStÄR 2004 lautet:

Steuerfrei sind Mietvorteile, die im Rahmen eines Dienstverhältnisses gewährt werden und die auf der Förderung nach dem Zweiten Wohnungsbaugesetz oder dem Wohnungsbaugesetz für das Saarland ***oder nach dem Wohnraumförderungsgesetz*** beruhen. Mietvorteile, die sich aus dem Einsatz von Wohnungsfürsorgemitteln aus öffentlichen Haushalten ergeben, sind ebenfalls steuerfrei. Bei einer Wohnung, die ohne Mittel aus öffentlichen Haushalten errichtet worden ist, gilt Folgendes: Die Mietvorteile im Rahmen eines Dienstverhältnisses sind steuerfrei, wenn die Wohnung im Zeitpunkt ihres Bezugs durch den Arbeitnehmer für eine Förderung mit Mitteln aus öffentlichen Haushalten in Betracht gekommen wäre. § 3 Nr. 59 EStG ist deshalb nur auf Wohnungen anwendbar, die im Geltungszeitraum der ***in Satz 1 genannten Gesetze*** errichtet worden sind, d.h. auf Baujahrgänge ab 1957. Es muss nicht geprüft werden, ob der Arbeitnehmer nach seinen Einkommensverhältnissen als Mieter einer geförderten Wohnung in Betracht kommt. Der Höhe nach ist die Steuerbefreiung auf die Mietvorteile begrenzt, die sich aus der Förderung nach den genannten Wohnungsbaugesetzen ergeben würden. § 3 Nr. 59 EStG ist deshalb nicht anwendbar auf Wohnungen, für die der Förderzeitraum abgelaufen ist. Wenn der Förderzeitraum im Zeitpunkt des Bezugs der Wohnung durch den Arbeitnehmer noch nicht abgelaufen ist, ist ein Mietvorteil bis zur Höhe des Teilbetrags steuerfrei, auf den der Arbeitgeber gegenüber der Vergleichsmiete verzichten müsste, wenn die Errichtung der Wohnung nach den ***in Satz 1 genannten Gesetzen*** gefördert worden wäre. Der steuerfreie Teilbetrag verringert sich in dem Maße, in dem der Arbeitgeber nach den Förderregelungen eine höhere Miete verlangen könnte. Mit Ablauf der Mietbindungsfrist läuft auch die Steuerbefreiung aus. Soweit später zulässige Mieterhöhungen z.B. nach Ablauf des Förderzeitraums im Hinblick auf das Dienstverhältnis unterblieben sind, sind sie in den steuerpflichtigen Mietvorteil einzubeziehen.

⇨ ***Hinweis***

Wohnraumförderungsgesetz*: Das Wohnraumförderungsgesetz ist in seinen wesentlichen Teilen erst zum 1.1.2002 in Kraft getreten. Es konnte daher in den bereits im Oktober 2001 verabschiedeten LStR 2002 nicht mehr berücksichtigt werden.*

2.7 R 24 LStÄR 2004 Zukunftssicherungsleistungen (§ 3 Nr. 62 EStG, § 2 Abs. 2 Nr. 3 LStDV)

R 24 Abs. 1 LStÄR 2004 lautet:

Leistungen auf Grund gesetzlicher Verpflichtungen

(1) Zu den nach § 3 Nr. 62 EStG steuerfreien Ausgaben des Arbeitgebers für die Zukunftssicherung des Arbeitnehmers (§ 2 Abs. 2 Nr. 3 Satz 1 und 2 LStDV) gehören insbesondere die Beitragsanteile des Arbeitgebers am Gesamtsozialversicherungs-

beitrag (Rentenversicherung, Krankenversicherung, Pflegeversicherung, Arbeitslosenversicherung), Beiträge des Arbeitgebers nach § 172 Abs. 2 SGB VI zu einer berufsständischen Versorgungseinrichtung für Arbeitnehmer, die nach § 6 Abs. 1 Satz 1 Nr. 1 SGB VI von der Versicherungspflicht in der gesetzlichen Rentenversicherung befreit sind, und Beiträge des Arbeitgebers nach § 249b SGB V und den §§ 168 Abs. 1 Nr. 1b ***oder 1c***, 172 Abs. 3 ***oder 3a*** SGB VI für geringfügig Beschäftigte. Dies gilt auch für solche Beitragsanteile, die auf Grund einer nach ausländischen Gesetzen bestehenden Verpflichtung an ausländische Sozialversicherungsträger, die den inländischen Sozialversicherungsträgern vergleichbar sind, geleistet werden. Steuerfrei sind nach § 3 Nr. 62 EStG auch vom Arbeitgeber nach § 6 Abs. 3 Satz 3 der Sachbezugsverordnung übernommene Arbeitnehmeranteile am Gesamtsozialversicherungsbeitrag sowie Krankenversicherungsbeiträge, die der Arbeitgeber nach § 5 Abs. 2 der Elternzeitverordnung oder nach entsprechenden Rechtsvorschriften der Länder erstattet. Zukunftssicherungsleistungen auf Grund einer tarifvertraglichen Verpflichtung sind dagegen nicht nach § 3 Nr. 62 EStG steuerfrei. ~~Bei der Frage, ob die Ausgaben des Arbeitgebers für die Zukunftssicherung des Arbeitnehmers auf einer gesetzlichen Verpflichtung beruhen, ist aus Vereinfachungsgründen grundsätzlich der Entscheidung des zuständigen Sozialversicherungsträgers des Arbeitnehmers zu folgen. Eine rechtliche Bindung der Finanzverwaltung an diese Entscheidung besteht jedoch nicht.~~

⇨ ***Hinweis***

Steuerfreie Arbeitgeberzuschüsse*: Die Änderungen betreffen die Anpassung an die für Mini-Jobs ab 1.4.2003 geltenden gesetzlichen Regelungen.*

Bindung an Feststellungen der Sozialversicherungsträger*: Arbeitgeberanteile zur gesetzlichen Sozialversicherung eines Arbeitnehmers gehören nicht zum Arbeitslohn. § 3 Nr. 62 Satz 1 EStG hat insofern nur deklaratorische Bedeutung. Die AOK hatte im Streitfall auf Grund mehrfacher Überprüfung die beiden Gesellschafter-Geschäftsführer als sozialversicherungspflichtig angesehen und damit die GmbH zur Leistung der Beiträge veranlasst. Eine unmittelbare Rechtswirkung für das Besteuerungsverfahren ist für die entsprechenden Entscheidungen der AOK zwar gesetzlich nicht ausdrücklich vorgesehen. Indessen müssen Rechtsakte anderer Verwaltungen von den Finanzbehörden grundsätzlich respektiert werden, sofern sie nicht offensichtlich rechtswidrig sind (sog. Tatbestandswirkung). Das gilt insbesondere dann, wenn – wie vorliegend – die Adressaten diese Rechtsakte über Jahre hinweg befolgt und entsprechende Leistungen erbracht haben. Nur schwere und offensichtliche Verstöße können dazu führen, eine solche Entscheidung für das Besteuerungsverfahren beiseite zu schieben (BFH v. 6.6.2002 VI R 178/97, BStBl II 2003, 34).*

Übernahme der Rechtsprechung durch Finanzverwaltung*: Die Finanzverwaltung folgt nunmehr regelmäßig der Entscheidung des Sozialversicherungsträgers über die Sozialversicherungspflicht des Arbeitnehmers. Der Hinweis auf die fehlende rechtliche Bindungswirkung dieser Entscheidung für die Finanzverwaltung in R 24 Abs. 1 Satz 6 LStR 2002 entfällt in den LStR 2004 (vgl. bereits Graf/Obermeier, NWB Steuerrecht aktuell, Ausgabe 1/2003, 146).*

***Fehleinschätzung des Arbeitgebers**: Dagegen hat der BFH bisher noch nicht über die Frage entschieden, was gilt, wenn der Arbeitgeber von sich aus ohne gesonderte Überprüfung auf eine vermeintliche Verpflichtung Arbeitgeberbeiträge entrichtet und der Gesellschafter in dieser Zeit Versicherungsschutz genießt (vgl. Thomas, INF 2003, 4).*

2.8 R 27 LStÄR 2004 Insolvenzsicherung (§ 3 Nr. 65 EStG)

Verwaltungsanweisungen: FM Nordrhein-Westfalen v. 7.11.2001, Übertragung von Versorgungszusagen bei Liquidation einer Kapitalgesellschaft (§ 3 Nr. 65 Satz 2 EStG), DB 2001, 2423.

R 27 Abs. 1 LStÄR 2004 lautet:

> (1) Die Steuerbefreiung gilt für etwaige Beiträge des Trägers der Insolvenzsicherung an eine Pensionskasse oder an ein Lebensversicherungsunternehmen zur Versicherung seiner Verpflichtungen im Sicherungsfall. Sie gilt auch für die Übertragung von Direktzusagen oder für Zusagen, die von einer Unterstützungskasse erbracht werden sollen, wenn die Betriebstätigkeit eingestellt und das Unternehmen liquidiert wird (§ 4 Abs. 3 BetrAVG). ***Im Falle der Liquidation einer Kapitalgesellschaft greift die Steuerbefreiung auch bei der Übertragung von Versorgungszusagen, die an die Gesellschafter-Geschäftsführer gegeben worden sind; dies gilt auch dann, wenn es sich um Versorgungszusagen an beherrschende Gesellschafter-Geschäftsführer handelt. Die Sätze 2 und 3 gelten*** nicht bei einer Betriebsveräußerung, wenn das Unternehmen vom Erwerber fortgeführt wird

⇨ *Hinweis*

***Übertragung von Versorgungszusagen bei Liquidation einer GmbH**: Leistungen eines Arbeitgebers zur Übernahme von Versorgungsleistungen oder unverfallbaren Versorgungsanwartschaften durch eine Pensionskasse oder ein Lebensversicherungsunternehmen sind bei Einstellung der Betriebstätigkeit und Liquidation des Unternehmens (Fälle des § 4 Abs. 3 BetrAVG) steuerfrei (§ 3 Nr. 65 Satz 2 EStG). Diese Steuerbefreiung gilt sowohl für die Übertragung von Anwartschaften als auch von „bereits laufenden Renten". Des Weiteren ist Ziel der Regelung in § 4 Abs. 3 BetrAVG, zu verhindern, dass Unternehmen ausschließlich wegen bestehender Versorgungszusagen weiter geführt werden müssen. Eine enge Auslegung der Steuerbefreiungsvorschrift würde daher diesem arbeitsrechtlichen Ziel widersprechen. Auf Grund dessen sowie der Tatsache, dass dem Willen des Gesetzgebers zum Übergang zur nachgelagerten Besteuerung auch im Bereich der betrieblichen Altersversorgung durch eine weite Auslegung Rechnung getragen wird, bestehen gegen eine Einbeziehung von Gesellschafter-Geschäftsführern in die Steuerbefreiungsvorschrift des § 3 Nr. 65 Satz 2 EStG keine Bedenken (vgl. FM Nordrhein-Westfalen v. 7.11.2001, DB 2001, 2423).*

3. Steuerfreiheit von Zuschlägen für Sonntags-, Feiertags- oder Nachtarbeit (§ 3b EStG)

R 30 LStÄR 2004 Steuerfreiheit der Zuschläge für Sonntags-, Feiertags- oder Nachtarbeit (§ 3b EStG)

R 30 LStÄR 2004 lautet:

Allgemeines

(1) Die Steuerfreiheit setzt voraus, dass neben dem Grundlohn tatsächlich ein Zuschlag für Sonntags-, Feiertags- oder Nachtarbeit gezahlt wird. Ein solcher Zuschlag kann in einem Gesetz, einer Rechtsverordnung, einem Tarifvertrag, einer Betriebsvereinbarung oder einem Einzelarbeitsvertrag geregelt sein. ***Bei einer Nettolohnvereinbarung ist der Zuschlag nur steuerfrei, wenn er neben dem vereinbarten Nettolohn gezahlt wird.*** Unschädlich ist es, wenn neben einem Zuschlag für Sonntags-, Feiertags- oder Nachtarbeit, die gleichzeitig Mehrarbeit ist, keine gesonderte Mehrarbeitsvergütung oder ein Grundlohn gezahlt wird, mit dem die Mehrarbeit abgegolten ist. Auf die Bezeichnung der Lohnzuschläge kommt es nicht an. Die Barabgeltung eines Freizeitanspruchs oder eines Freizeitüberhangs oder Zuschläge wegen Mehrarbeit oder wegen anderer als durch die Arbeitszeit bedingter Erschwernisse oder Zulagen, die lediglich nach bestimmten Zeiträumen bemessen werden, sind keine begünstigten Lohnzuschläge. § 3b EStG ist auch bei Arbeitnehmern anwendbar, deren Lohn nach § 40a EStG pauschal versteuert wird.

Grundlohn

(2) Grundlohn ist nach § 3b Abs. 2 EStG der auf eine Arbeitsstunde entfallende Anspruch auf laufenden Arbeitslohn, den der Arbeitnehmer für den jeweiligen Lohnzahlungszeitraum auf Grund seiner regelmäßigen Arbeitszeit erwirbt. Im Einzelnen gilt Folgendes:

1. Abgrenzung des Grundlohns

...

c) Nicht zum Grundlohn gehören Ansprüche auf Vergütungen für Überstunden (Mehrarbeitsvergütungen), Zuschläge für Sonntags-, Feiertags- oder Nachtarbeit in der nach § 3b EStG begünstigten Zeit, und zwar auch insoweit, als sie wegen Überschreitens der dort genannten Zuschlagssätze steuerpflichtig sind. Dies gilt auch für steuerfrei**e** ~~Bezüge mit Ausnahme der nach § 3 Nr. 39 EStG steuerfreien Arbeitslöhne~~ und ~~Bezüge, die~~ nach § 40 EStG pauschal besteuert**e** ~~werden~~ **Bezüge**. ***Zum Grundlohn gehören aber die nach § 3 Nr. 63 EStG steuerfreien Beiträge des Arbeitgebers, soweit es sich um laufenden Arbeitslohn handelt.***

⇨ ***Hinweis***

Nettolohn: *Die Steuerfreiheit tritt auch bei einer Nettolohnvereinbarung nur bei einer zusätzlichen Zahlung des Zuschlags ein.*

Grundlohn: *Zum Grundlohn gehören auch ab 1.1.2002 steuerfreie Zahlungen des Arbeitgebers im Rahmen der „Riester-Rente“ gem. § 3 Nr. 63 EStG.*

***Zuschläge bei Rufbereitschaft**: Ist in begünstigten Zeiten des § 3b EStG Rufbereitschaft angeordnet, sind Zuschläge zur Rufbereitschaftsentschädigung steuerfrei, soweit sie die in § 3b EStG vorgesehenen Vom-Hundert-Sätze, gemessen an der Rufbereitschaftsentschädigung, nicht übersteigen (BFH v. 27.8.2002 VI R 64/96, BStBl II 2002, 883).*

***Änderungen durch „Lex Bundesliga"**: Die Steuerfreiheit für „Spitzenverdiener" soll gekappt und § 3b EStG durch das Steueränderungsgesetz 2003 entsprechend angepasst werden.*

4. Einnahmen (§ 8 EStG)

R 31 LStÄR 2004 Bewertung der Sachbezüge (§ 8 Abs. 2 EStG)

Verwaltungsanweisungen: FM Nordrhein-Westfalen v. 19.12.2001, Bewertung der Mahlzeitengestellung anlässlich von Auswärtstätigkeiten, StuB 2002, 86; BMF v. 10.6.2002, Einkommensteuerliche Behandlung von Navigations- und Kombigeräten, DStR 2002, 1667; OFD Nürnberg v. 15.1.2003, Lohnsteuerliche Behandlung von Warengutscheinen, die der Arbeitgeber an seine Arbeitnehmer ausgibt, DStR 2003, 157; OFD Frankfurt/M. v. 4.3.2003, Aufwendungen für ein Autotelefon, DB 2003, 1085.

R 31 Abs. 1 und 8 LStÄR 2004 lauten:

Allgemeines

(1) Fließt dem Arbeitnehmer Arbeitslohn in Form von Sachbezügen zu, so sind diese ebenso wie Barlohnzahlungen entweder dem laufenden Arbeitslohn oder den sonstigen Bezügen zuzuordnen (> R 115). Für die Besteuerung unentgeltlicher Sachbezüge ist deren Geldwert maßgebend. Erhält der Arbeitnehmer die Sachbezüge nicht unentgeltlich, so ist der Unterschiedsbetrag zwischen dem Geldwert des Sachbezugs und dem tatsächlichen Entgelt zu versteuern. Der Geldwert ist entweder durch Einzelbewertung zu ermitteln (> Abs. 2) oder mit einem amtlichen Sachbezugswert anzusetzen (> Abs. 4). Besondere Bewertungsvorschriften gelten nach § 8 Abs. 3 EStG für den Bezug von Waren oder Dienstleistungen, die vom Arbeitgeber nicht überwiegend für den Bedarf seiner Arbeitnehmer hergestellt, vertrieben oder erbracht werden, soweit diese Sachbezüge nicht nach § 40 EStG pauschal versteuert werden (> R 32), sowie nach § 19a Abs. 8 EStG für den Bezug für Vermögensbeteiligungen (> R 77). Die Auszahlung von Arbeitslohn in Fremdwährung ist kein Sachbezug. ***Ein bei einem Dritten einzulösender Gutschein ist dann kein Sachbezug, wenn neben der Bezeichnung der abzugebenden Ware oder Dienstleistung ein anzurechnender Betrag oder Höchstbetrag angegeben ist; die Freigrenze nach § 8 Abs. 2 Satz 9 EStG findet keine Anwendung.***

...

Mahlzeiten aus besonderem Anlass

(8) Für die steuerliche Erfassung und Bewertung von Mahlzeiten, die der Arbeitgeber oder auf dessen Veranlassung ein Dritter aus besonderem Anlass an Arbeitnehmer abgibt, gilt Folgendes:

...

2. Mahlzeiten, die zur üblichen Beköstigung der Arbeitnehmer anlässlich oder während einer Dienstreis, Fahrtätigkeit, Einsatzwechseltätigkeit i.S. der R 37 Abs. 3 bis 5 oder im Rahmen einer doppelten Haushaltsführung i.S.d. § 9 Abs. 1 Satz 3 Nr. 5 EStG oder der R 43 Abs. 5 abgegeben werden, sind mit dem maßgebenden amtlichen Sachbezugswert nach der Sachbezugsverordnung anzusetzen. ***Eine übliche Beköstigung liegt nur vor, wenn der Wert der Mahlzeit 40 € nicht übersteigt.*** Die Abgabe einer Mahlzeit ist vom Arbeitgeber veranlasst, wenn er Tag und Ort der Mahlzeit bestimmt hat. Hierzu ist es erforderlich, dass er sich vor Beginn der Auswärtstätigkeit seines Arbeitnehmers direkt mit dem Unternehmen schriftlich in Verbindung setzt, das dem Arbeitnehmer die Mahlzeiten zur Verfügung stellen soll. Es reicht nicht aus, dass der Arbeitgeber den Arbeitnehmer ermächtigt, sich auf seine Rechnung in einer oder – etwa unter Einschaltung einer Essenbonorganisation – mehreren Vertragsgaststätten zu beköstigen. Erfordern Dienstreisen wegen ihres besonderen Charakters (z.B. Tagungen) eine besondere organisatorische Vorbereitung, so wird die Abgabe von Mahlzeiten durch Dritte auch dann als vom Arbeitgeber veranlasst angesehen, wenn dieser die Organisation der Dienstreise einschließlich der Verpflegung bei einem Dritten in Auftrag gegeben hat. Hat der Arbeitgeber die Abgabe von Mahlzeiten veranlasst, ist es unerheblich, wie die Rechnung beglichen wird. Die Sätze 1 ***bis 7*** gelten auch für die Abgabe von Mahlzeiten während einer Bildungsmaßnahme i.S. der R 74 Abs. 1. R 73 Abs. 2 bleibt unberührt.

...

Gestellung von Kraftfahrzeugen

(9) Überlässt der Arbeitgeber oder auf Grund des Dienstverhältnisses ein Dritter dem Arbeitnehmer ein Kraftfahrzeug unentgeltlich zur privaten Nutzung, so gilt Folgendes:

1. ... Listenpreis i.S. der Sätze 1 bis 3 ist – auch bei gebraucht erworbenen oder geleasten Fahrzeugen – die auf volle hundert Euro abgerundete unverbindliche Preisempfehlung des Herstellers für das genutzte Kraftfahrzeug im Zeitpunkt seiner Erstzulassung ***zuzüglich*** ~~einschließlich~~ der ~~Zuschläge~~ ***Kosten*** für ***– auch nachträglich eingebaute –*** Sonderausstattungen ***(z.B. Navigationsgeräte, Diebstahlsicherungssysteme)*** und der Umsatzsteuer; der Wert eines Autotelefons ***einschließlich Freisprecheinrichtung*** bleibt außer Ansatz. Bei einem Kraftwagen, der aus Sicherheitsgründen gepanzert ist, kann der Listenpreis des leistungsschwächeren Fahrzeugs zu Grunde gelegt werden, das dem Arbeitnehmer zur Verfügung gestellt würde, wenn seine Sicherheit nicht gefährdet wäre.

...

Zinsersparnisse

(11) Gewährt der Arbeitgeber oder auf Grund des Dienstverhältnisses ein Dritter dem Arbeitnehmer unverzinsliche oder zinsverbilligte Darlehen, so ist, soweit die Zinsvorteile nicht nach § 8 Abs. 3 EStG zu bewerten sind, aus Vereinfachungsgründen nach folgenden Grundsätzen zu verfahren. Die Zinsvorteile sind als Sachbezüge zu versteuern, wenn die Summe der noch nicht getätigten Darlehen am Ende des Lohnzahlungszeitraums 2.600 € übersteigt. Zinsvorteile sind anzunehmen, soweit der Effektivzins für ein Darlehen ***5*** v.H. unterschreitet; dabei sind mehrere Darlehen auch dann getrennt zu beurteilen, wenn sie der Finanzierung eines Objekts dienen und dieselbe Laufzeit haben.

⇨ ***Hinweis***

***Höchstbetragsgutscheine ab 1.4.2003**: Bei nach dem 31.3.2003 eingelösten Höchstbetragsgutscheinen mit einer nach Art und Menge bezeichneten Ware oder Dienstleistung und der Angabe eines anzurechnenden Betrags oder Höchstbetrags (z.B. Gutschein über 50 l Superbenzin maximal 50 €) findet die 50-€-Freigrenze keine Anwendung mehr (OFD Nürnberg v. 15.1.2003, DStR 2003, 157, abgedruckt in Graf/Obermeier, NWB Steuerrecht aktuell, Ausgabe 1/2003, 142).*

***Beim Arbeitgeber einzulösende Gutscheine**: Gutscheine, die nur auf einen €-Betrag lauten, stellen einen Sachbezug dar. Die 50-€-Freigrenze gem. § 8 Abs. 2 EStG oder der Rabattfreibetrag i.H.v. 1.224 € im Kalenderjahr finden Anwendung.*

***Übliche Beköstigung**: Der Wert einer üblichen Beköstigung beträgt bereits seit 1.1.2002 maximal 40 € (vgl. FM Nordrhein-Westfalen v. 19.12.2001, StuB 2002, 86, abgedruckt in Graf/Obermeier, NWB Steuerrecht aktuell, Ausgabe 2/2002, 178).*

***1-v.H.-Regelung**: Navigationsgeräte und Diebstahlsicherungssysteme stellen Sonderzubehör dar, das bei der Ermittlung des privaten Nutzungsanteils nach der 1-v.H.-Regelung nicht herauszurechnen ist (vgl. für Navigationsgeräte BMF v. 10.6.2002, DStR 2002, 1667, abgedruckt in Graf/Obermeier, NWB Steuerrecht aktuell, Ausgabe 3/2002, 174). Die Einbeziehung dieser Geräte in die Listenpreisermittlung auch bei einem nachträglichen Einbau ist umstritten (vgl. hierzu Seifert, StuB 2003, 920 unter Hinweis auf die ablehnende Auffassung der Bundessteuerberaterkammer).*

***Änderung des Zinssatzes**: Der Zinssatz für zinsverbilligte Arbeitnehmerdarlehen wurde von bisher 5,5 v.H. auf 5 v.H. abgesenkt.*

5. Werbungskosten (§ 9 EStG)

5.1 R 33 LStÄR 2004 Werbungskosten

R 33 Abs. 4 LStÄR 2004 lautet:

> ... Steuerfreie Bezüge schließen entsprechende Werbungskosten aus; ***Entsprechendes gilt für vom Arbeitsamt gezahlte Mobilitätshilfen nach §§ 53 ff. SGB III wie z.B. Reisekosten-, Fahrtkosten-, Trennungskosten- und Umzugskostenbeihilfe.***

⇨ ***Hinweis***

***Werbungskosten**: Gem. § 3c Abs. 1 EStG ist der Werbungskostenabzug bei im wirtschaftlichen Zusammenhang mit steuerfreien Einnahmen stehenden Ausgaben ausgeschlossen. Dies wurde auch für die vom Arbeitsamt steuerfrei zur Auszahlung kommenden Mobilitätshilfen klargestellt.*

5.2 R 34 LStÄR 2004 Aufwendungen für die Aus- und Fortbildung

R 34 LStÄR 2004 lautet:

> Der Erwerb von Kenntnissen, die als Grundlage für eine Berufsausübung notwendig sind, vollzieht sich ***im Allgemeinen*** im Bereich der Ausbildung. Hierdurch entstehende Aufwendungen gehören grundsätzlich als Ausbildungskosten zu den Aufwendungen für die Lebensführung und sind nur als Sonderausgaben im Rahmen des § 10 Abs. 1 Nr. 7 EStG steuerlich abziehbar (>R 103 EStR). Im Gegensatz zu den als Sonderausgaben abziehbaren Ausbildungskosten stellen Fort- oder Weiterbildungskosten, d.h. Aufwendungen, die ein Arbeitnehmer leistet, um seine Kenntnisse und Fertigkeiten im ausgeübten Beruf zu erhalten, zu erweitern oder den sich ändernden Anforderungen anzupassen, Werbungskosten dar. Wird eine Ausbildung durch Teilabschlüsse gesplittet, führt dies nicht dazu, dass teilweise Fortbildungskosten entstehen. Die Aufwendungen, die durch die Teilnahme an einer Fortbildungsveranstaltung veranlasst sind, können gegebenenfalls in sinngemäßer Anwendung von R 37 bis 43 als Werbungskosten berücksichtigt werden.

⇨ ***Hinweis***

***Rechtsprechungsänderung zu Ausbildungskosten:** Noch nicht berücksichtigt ist die Rechtsprechungsänderung zur Abgrenzung Fort- zu Ausbildungskosten (vgl. hierzu Teil D: VI. Einkünfte aus nichtselbständiger Arbeit).*

5.3 R 37 LStÄR 2004 Reisekosten

R 37 Abs. 4 LStÄR 2004 lautet:

> **Fahrtätigkeit**
>
> (4) Eine Fahrtätigkeit liegt bei Arbeitnehmern vor, die ihre Tätigkeit auf einem Fahrzeug ausüben. ~~, z.B. Berufskraftfahrer, Beifahrer, Müllfahrzeugführer, Beton- und Kiesführer, Lokführer und Zugbegleitpersonal.~~ ***Eine solche kann ohne weitere Ermittlungen angenommen werden, wenn der Arbeitnehmer durchschnittlich weniger als 20 v.H. seiner vertraglichen Arbeitszeit außerhalb des Fahrzeugs tätig***

ist. Die Fahrtätigkeit beschränkt sich nicht auf das Fahren oder Begleiten des Fahrzeugs. Das Be- und Entladen des Fahrzeugs und andere Tätigkeiten (Bereitschaftsdienst usw.) an einem ortsfesten Arbeitsplatz (z.B. Betrieb, Zweigbetrieb des Arbeitgebers) gehören jedoch nicht dazu. Eine Fahrtätigkeit wird nicht dadurch ausgeschlossen, dass der Arbeitnehmer auf dem Fahrzeug übernachten kann (z.B. Schiff, LKW-Kabine). Übt der Arbeitnehmer vorübergehend ***k***eine ~~für ihn untypische~~ ***Fahrt***ätigkeit aus (z.B. Teilnahme an einer Fortbildungsveranstaltung), gilt das Fahrzeug als regelmäßige Arbeitsstätte. ~~Eine Fahrtätigkeit liegt regelmäßig nicht vor bei Polizeibeamten im Streifendienst, Zollbeamten im Grenzaufsichtsdienst, Kraftfahrern im Zustelldienst, Verkaufsfahrern, Kundendienstmonteuren und Fahrlehrern sowie bei Binnenschiffern und Seeleuten, die auf dem Schiff eine Unterkunft haben.~~

⇨ ***Hinweis***

Fahrtätigkeit*: Ob Pauschbeträge für Verpflegungsmehraufwendungen wegen Fahrtätigkeit zu gewähren sind, entscheidet sich nicht nach den abstrakten Merkmalen eines bestimmten Berufsbildes, sondern nach dem konkreten Einsatz des betreffenden Arbeitnehmers (BFH v. 10.4.2002 VI R 154/00, BStBl II 2002, 779).*

5.4 R 38 LStÄR 2004 Fahrtkosten als Reisekosten

R 38 Abs. 4 LStÄR 2004 lautet:

Erstattung durch den Arbeitgeber

(4) Der Arbeitnehmer hat seinem Arbeitgeber Unterlagen vorzulegen, aus denen die Voraussetzungen für die Steuerfreiheit der Erstattung und, soweit die Fahrtkosten bei Benutzung eines privaten Fahrzeugs nicht mit den pauschalen Kilometersätzen nach Abs. 1 Satz 6 erstattet werden, auch die tatsächlichen Gesamtkosten des Fahrzeugs ersichtlich sein müssen. Der Arbeitgeber hat diese Unterlagen als Belege zum Lohnkonto aufzubewahren. Erstattet der Arbeitgeber die pauschalen Kilometersätze, hat er nicht zu prüfen, ob dies zu einer unzutreffenden Besteuerung führt. ***Wird dem Arbeitnehmer für die Auswärtstätigkeit ein Kraftfahrzeug zur Verfügung gestellt, dürfen die pauschalen Kilometersätze nicht steuerfrei erstattet werden.***

⇨ ***Hinweis***

Pauschale Kilometersätze*: Eine Erstattung pauschaler Kilometersätze ist bei Überlassung eines Kraftfahrzeugs für diese Fahrten ausgeschlossen.*

6. Nichtselbständige Arbeit (§ 19 EStG)

6.1 R 70 LStÄR 2004 Arbeitslohn

R 70 Abs. 1 und 2 Nr. 3 LStÄR 2004 lauten:

(1) Arbeitslohn ist die Gegenleistung für das Zurverfügungstellen der individuellen Arbeitskraft. Zum Arbeitslohn gehören deshalb auch

...

5. ***Trinkgelder, Bedienungszuschläge und ähnliche Zuwendungen, auf die der Arbeitnehmer einen Rechtsanspruch hat.***

(2) Nicht als Gegenleistung für das Zurverfügungstellen der individuellen Arbeitskraft und damit nicht als Arbeitslohn sind u.a. anzusehen

...

3. übliche Sachleistungen des Arbeitgebers aus Anlass der Diensteinführung, eines Amts- oder Funktionswechsels, eines runden Arbeitnehmerjubiläums (R 72 Abs. 2 Nr. 3) oder der Verabschiedung eines Arbeitnehmers; betragen die Aufwendungen des Arbeitgebers einschließlich Umsatzsteuer mehr als **110 Euro** je teilnehmender Person, so sind die Aufwendungen dem Arbeitslohn des Arbeitnehmers hinzuzurechnen; auch Geschenke bis zu einem Gesamtwert von **40 Euro** sind in die **110-Euro**-Grenze einzubeziehen. ***Gleiches gilt für übliche Sachleistungen bei einem Empfang anlässlich eines runden Geburtstages des Arbeitnehmers, wenn es sich unter Berücksichtigung aller Umstände des Einzelfalls um ein Fest des Arbeitgebers (betriebliche Veranstaltung) handelt,***

⇨ ***Hinweis***

Geburtstagsempfang*: Lädt ein Arbeitgeber anlässlich eines Geburtstags eines Arbeitnehmers Geschäftsfreunde, Repräsentanten des öffentlichen Lebens, Vertreter von Verbänden und Berufsorganisationen sowie Mitarbeiter zu einem Empfang ein, ist unter Berücksichtigung aller Umstände des Einzelfalls zu entscheiden, ob es sich um ein Fest des Arbeitgebers (betriebliche Veranstaltung) oder um ein privates Fest des Arbeitnehmers handelt (BFH v. 28.1.2003 VI R 48/99, BFH/NV 2003, 712; vgl. auch Graf/Obermeier, NWB Steuerrecht aktuell, Ausgabe 1/2003, 144).*

6.2 R 77 LStÄR 2004 Steuerbegünstigte Überlassung von Vermögensbeteiligungen

R 77 Abs. 3 und 14 bis 16 LStÄR 2004 lauten:

(3) Die Steuerbegünstigung gilt nur für den geldwerten Vorteil, den der Arbeitnehmer durch die unentgeltliche oder verbilligte Überlassung der Vermögensbeteiligung erhält. Deshalb sind Geldleistungen des Arbeitgebers an den Arbeitnehmer zur Begründung oder zum Erwerb der Vermögensbeteiligung oder für den Arbeitnehmer vereinbarte vermögenswirksame Leistungen i.S.d. ~~VermBG~~ ***Fünften Vermögensbildungsgesetzes***, die zur Begründung oder zum Erwerb der Vermögensbeteiligung angelegt werden, nicht steuerbegünstigt. Die Übernahme der mit der Überlassung von Vermögensbeteiligungen verbundenen Depotgebühren und Nebenkosten durch den Arbeitgeber, z.B. Notariatsgebühren, Eintrittsgelder im Zusammenhang mit Geschäftsguthaben bei einer Genossenschaft und Kosten für Registereintragungen, ist kein Arbeitslohn. Ebenfalls kein Arbeitslohn sind Barzuschüsse des Arbeitgebers an den Arbeitnehmer zu Depotgebühren, die dem Arbeitnehmer durch die Festlegung der Wertpapiere für die Dauer ~~der~~ ***einer vertraglich vereinbarten*** Sperrfrist entstehen.

...

~~**Verwahrung von Wertpapieren**~~

~~(14) Die Verpflichtung des Arbeitnehmers zur Vorlage der Verwahrungsbescheinigung § 5 Abs. 4 LStDV) besteht auch in den Fällen, in denen die Wertpapiere von Dritten steuerbegünstigt überlassen worden sind und der Arbeitgeber in irgendeiner Form tatsächlich oder rechtlich in die Überlassung eingeschaltet war (→Abs. 2 Satz 3 und 4).~~

~~Aufzeichnungs- und Anzeigepflichten~~

~~(15) 1 Der Arbeitgeber hat die Aufzeichnungs- und Anzeigepflichten nach § 5 Abs. 3 und § 6 LStDV auch in den Fällen zu erfüllen, in denen die Wertpapiere von Dritten steuerbegünstigt überlassen worden sind und der Arbeitgeber in irgendeiner Form tatsächlich oder rechtlich in die Überlassung eingeschaltet war (→Abs. 2 Satz 3 und 4).~~

~~**Nachversteuerung**~~

~~(16) Eine Nachversteuerung § 19a Abs. 2 Satz 2 EStG, § 7 LStDV) ist auch dann durchzuführen, wenn der Arbeitnehmer die Verwahrungsbescheinigung § 5 Abs. 4 LStDV) nicht fristgerecht vorlegt. Eine Nachversteuerung unterbleibt in den Fällen des § 19a Abs. 2 Satz 4 EStG und bei einer unschädlichen Verfügung nach § 19a Abs. 2 Satz 5 EStG. Wertlosigkeit i.S.d. § 19a Abs. 2 Satz 4 EStG ist anzunehmen, wenn der Arbeitnehmer nicht mehr als 10 v.H. des Werts der Vermögensbeteiligung zurückerhält, der für die Ermittlung des geldwerten Vorteils angesetzt worden war. Übersteigen die zurückgezahlten Beträge die 10-v.H.-Grenze, so unterbleibt die Nachversteuerung nur dann, wenn der Arbeitnehmer die erhaltenen Beträge oder damit erworbene andere Vermögensbeteiligungen bei einem Kreditinstitut für den Rest der Sperrfrist festlegt.~~

⇨ ***Hinweis***

***Sperrfrist**: Die Sperrfrist für Vermögensbeteiligungen (§ 19a Abs. 1 EStG a.F.) ist zum 1.1.2002 aufgehoben worden.*

***Redaktionelle Änderungen**: Auf einen Abdruck der redaktionellen Änderungen in Abs. 5 bis 7, 9 bis 11 wurde verzichtet.*

6.3 R 100 LStÄR 2004 Pauschbeträge für *behinderte Menschen,* Hinterbliebene und Pflegepersonen

In R 100 LStR 2004 wurde die Überschrift geändert.

6.4 R 104a LStÄR 2004 Zufluss von Arbeitslohn

R 104a Abs. 3 LStÄR 2004 lautet:

> ***(3) Der Zufluss des Arbeitslohns erfolgt bei einem Gutschein, der bei einem Dritten einzulösen ist, mit Hingabe des Gutscheins, weil der Arbeitnehmer zu diesem Zeitpunkt einen Rechtsanspruch gegenüber dem Dritten erhält. Ist der Gutschein beim Arbeitgeber einzulösen, fließt Arbeitslohn erst bei Einlösung des Gutscheins zu.***

⇨ ***Hinweis***

***Fehlende Einlösung**: Steht dagegen fest, dass der Gutschein vom Arbeitnehmer beim Dritten nicht mehr eingelöst wird, ist dies u.E. bei der nachfolgenden Lohnabrechnung wieder zu korrigieren.*

6.5 R 106 LStÄR 2004 Lohnzahlung durch Dritte

R 106 LStÄR 2004 lautet:

> *Unechte Lohnzahlung durch Dritte*
>
> ***(1) Eine unechte Lohnzahlung eines Dritten ist dann anzunehmen, wenn der Dritte lediglich als Leistungsmittler fungiert. Das ist z.B. der Fall, wenn der Dritte im Auftrag des Arbeitgebers leistet oder die Stellung einer Kasse des Arbeitgebers innehat. Der den Dritten als Leistungsmittler einsetzende Arbeitgeber bleibt der den Arbeitslohn Zahlende und ist daher zum Lohnsteuerabzug verpflichtet (§ 38 Abs. 1 Satz 1 EStG).***

Echte Lohnzahlung durch Dritte

(2) Eine echte Lohnzahlung eines Dritten liegt dann vor, wenn dem Arbeitnehmer Vorteile von einem Dritten eingeräumt werden, die ein Entgelt für eine Leistung sind, die der Arbeitnehmer im Rahmen seines Dienstverhältnisses für den Arbeitgeber erbringt. In diesen Fällen hat der Arbeitgeber die Lohnsteuer einzubehalten und die damit verbundenen sonstigen Pflichten zu erfüllen, wenn der Arbeitslohn üblicherweise von einem Dritten gezahlt wird und der Arbeitgeber in den Vorgang der Vorteilsgewährung eingeschaltet ist oder hiervon Kenntnis erlangt (§ 38 Abs. 1 Satz 2 EStG).

⇨ ***Hinweis***

***Lohnzahlung durch Dritte**: Eine unechte Lohnzahlung durch Dritte liegt vor, wenn der Dritte nur als Leistungsvermittler auftritt. Eine echte Lohnzahlung durch Dritte liegt vor, wenn dem Arbeitnehmer durch Dritte Vorteile im Rahmen seines Dienstverhältnisses für seinen Arbeitgeber eingeräumt werden.*

***Gesetzesänderungen vorgesehen**: Der Gesetzentwurf eines Steueränderungsgesetzes 2003 sieht auch zahlreiche Änderungen im LSt-Abzugsverfahren vor. Diese Änderungen sind noch nicht in den LStÄR 2004 berücksichtigt.*

6.6 R 113a LStÄR 2004 Freistellungsbescheinigung für ein geringfügiges Beschäftigungsverhältnis

R 113a LStR 2002 wurde wegen der Neuregelung geringfügiger Beschäftigungsverhältnisse ab 1.4.2003 und Streichung des § 3 Nr. 39 EStG aufgehoben.

6.7 R 118 LStÄR 2004 Einbehaltung der Lohnsteuer vom laufenden Arbeitslohn

R 118 Abs. 4 LStÄR 2004 lautet:

Nachzahlungen, Vorauszahlungen

(4) Stellen Nachzahlungen oder Vorauszahlungen laufenden Arbeitslohn dar (>R 115 Abs. 1), so ist die Nachzahlung oder Vorauszahlung für die Berechnung der Lohnsteuer den Lohnzahlungszeiträumen zuzurechnen, für die sie geleistet werden. Es bestehen jedoch keine Bedenken, diese Nachzahlungen und Vorauszahlungen, ~~auch wenn sie 150 Euro nicht übersteigen,~~ als sonstige Bezüge nach R 119 zu behandeln, wenn nicht der Arbeitnehmer die Besteuerung nach Satz 1 verlangt; die Pauschalierung nach § 40 Abs. 1 Satz 1 Nr. 1 EStG ist nicht zulässig.

⇨ ***Hinweis***

***Geplante Gesetzesänderung**: Die Regelung in § 39b Abs. 3 Satz 9 EStG, wonach sonstige Bezüge bis einschließlich 150 € als laufender Arbeitslohn behandelt werden dürfen, soll durch das Steueränderungsgesetz 2003 aufgehoben werden. Die LStÄR 2004 berücksichtigen bereits diese vorgesehene Änderung.*

6.8 R 119 LStÄR 2004 Einbehaltung der Lohnsteuer von sonstigen Bezügen

R 119 Abs. 2 und 3 lauten:

~~**Sonstige Bezüge bis 150 Euro**~~

~~(2) Sonstige Bezüge, die neben laufendem Arbeitslohn gezahlt werden und innerhalb eines Lohnzahlungszeitraums insgesamt 150 Euro nicht übersteigen, sind unbeschadet des § 40 EStG stets als laufender Arbeitslohn zu behandeln (§ 39b Abs. 3 Satz 8 EStG). Sie sind dem laufenden Arbeitslohn des Lohnzahlungszeitraums hinzuzurechnen, in dem sie gezahlt werden; statt dessen können sie auch dem laufenden Arbeitslohn zugerechnet werden, mit dem sie gezahlt werden. Für die Feststellung der 150-Euro-Grenze sind nur die steuerpflichtigen sonstigen Bezüge und bei Pauschalierungen (§ 40 Abs. 1 EStG) nur der nicht pauschalierte Teil der sonstigen Bezüge maßgebend.~~

Voraussichtlicher Jahresarbeitslohn

(3) Zur Ermittlung der von einem sonstigen Bezug einzubehaltenden Lohnsteuer ist jeweils der voraussichtliche Jahresarbeitslohn des Kalenderjahrs zugrunde zu legen, in dem der sonstige Bezug dem Arbeitnehmer zufließt. Dabei sind der laufende Arbeitslohn, der für die im Kalenderjahr bereits abgelaufenen Lohnzahlungszeiträume zugeflossen ist, und die in diesem Kalenderjahr bereits gezahlten sonstigen Bezüge mit dem laufenden Arbeitslohn zusammenzurechnen, der sich voraussichtlich für die Restzeit des Kalenderjahrs ergibt. Statt dessen kann der voraussichtlich für die Restzeit des Kalenderjahrs zu zahlende laufende Arbeitslohn durch Umrechnung des bisher zugeflossenen laufenden Arbeitslohns ermittelt werden. Die im Kalenderjahr früher gezahlten sonstigen Bezüge i.S.d. § 39b Abs. 3 Satz 9 EStG sind nur mit einem Fünftel anzusetzen. Künftige sonstige Bezüge, deren Zahlung bis zum Ablauf des Kalenderjahrs zu erwarten ist, sind nicht zu erfassen. ***Ist dem Arbeitgeber der dem Arbeitnehmer aus einem vorangegangenen Dienstverhältnis zugeflossene Arbeitslohn nicht bekannt, so ist der voraussichtliche Jahresarbeitslohn auf der Grundlage des beim gegenwärtigen Arbeitgeber zufließenden laufenden Arbeitslohns zu ermitteln.***

⇨ ***Hinweis***

***Geplante Gesetzesänderung**: Die Regelung in § 39b Abs. 3 Satz 9 EStG, wonach sonstige Bezüge bis einschließlich 150 € als laufender Arbeitslohn behandelt werden dürfen, soll durch das Steueränderungsgesetz*

2003 aufgehoben werden. Die LStÄR 2004 berücksichtigen bereits diese vorgesehene Änderung.

***Voraussichtlicher Jahresarbeitslohn**: Ist der Arbeitslohn beim vorherigen Arbeitgeber nicht bekannt, darf für Zwecke des voraussichtlichen Jahresarbeitslohns, der beim neuen Arbeitgeber zufließende Arbeitslohn auf das Gesamtjahr entsprechend hochgerechnet werden.*

6.9 R 122 LStÄR 2004 Besteuerung des Nettolohns

R 122 Abs. 3 LStÄR 2004 lautet:

(3) Sonstige Bezüge, die netto gezahlt werden, z.B. Nettogratifikationen, sind nach § 39b Abs. 3 EStG zu besteuern. R 119 ist mit folgender Maßgabe anzuwenden:

1. Bei der Ermittlung des maßgebenden Jahresarbeitslohns sind der voraussichtliche laufende Jahresarbeitslohn und frühere, netto gezahlte sonstige Bezüge mit den entsprechenden Bruttobeträgen anzusetzen.

~~2. Für die Anwendung der Vorschrift des § 39b Abs. 3 Satz 8 EStG kann bei einem netto gezahlten sonstigen Bezug ohne weitere Prüfung davon ausgegangen werden, dass der in dieser Vorschrift genannte Betrag von 150 € immer dann nicht überschritten wird, wenn der netto gezahlte sonstige Bezug 115 € nicht übersteigt.~~

2. Übernimmt der Arbeitgeber auch den auf den sonstigen Bezug entfallenden Solidaritätszuschlag, die Kirchensteuer und gegebenenfalls den Arbeitnehmeranteil am Gesamtsozialversicherungsbeitrag, so sind bei der Ermittlung des Bruttobetrags des sonstigen Bezugs außer der Lohnsteuer auch diese weiteren Lohnabzugsbeträge zu berücksichtigen. Bruttobezug des sonstigen Bezugs ist in jedem Fall der Nettobetrag zuzüglich der tatsächlich abgeführten Beträge an Lohnsteuer, Solidaritätszuschlag, Kirchensteuer und übernommenem Arbeitnehmeranteil am Gesamtsozialversicherungsbeitrag. Der hiernach ermittelte Bruttobetrag ist auch bei späterer Zahlung sonstiger Bezüge im selben Kalenderjahr bei der Ermittlung des maßgebenden Jahresarbeitslohns zu Grunde zu legen.

⇨ ***Hinweis***

***Geplante Gesetzesänderung**: Die Regelung in § 39b Abs. 3 Satz 9 EStG, wonach sonstige Bezüge bis einschließlich 150 € als laufender Arbeitslohn behandelt werden dürfen, soll durch das Steueränderungsgesetz 2003 aufgehoben werden. Die Streichung des bisherigen Abs. 2 in den LStÄR 2004 berücksichtigt bereits diese vorgesehene Änderung.*

6.10 R 125 LStÄR 2004 Durchführung des Lohnsteuerabzugs für beschränkt steuerpflichtige Arbeitnehmer

R 125 LStÄR 2004 lautet:

~~**Allgemeines**~~

(1) ~~Beschränkt einkommensteuerpflichtig sind Arbeitnehmer, die im Inland weder einen Wohnsitz noch ihren gewöhnlichen Aufenthalt haben, soweit sie nicht zu den nach § 1 Abs. 2 oder 3 EStG unbeschränkt einkommensteuerpflichtigen Arbeitnehmern gehören. Voraussetzung für die beschränkte Einkommensteuerpflicht ist gem. § 49 Abs. 1 Nr. 4 EStG, dass die nichtselbständige Arbeit im Inland ausgeübt oder verwertet wird oder worden ist oder dass der Arbeitslohn aus inländischen öffentlichen Kassen mit Rücksicht auf ein gegenwärtiges oder früheres Dienstverhältnis gewährt wird.~~

Ausübung oder Verwertung (§ 49 Abs. 1 Nr. 4 Buchstabe a EStG)

(*1*) Die nichtselbständige Arbeit wird im Inland ausgeübt, wenn der Arbeitnehmer im Geltungsbereich des Einkommensteuergesetzes persönlich tätig wird. Sie wird im Inland verwertet, wenn der Arbeitnehmer das Ergebnis einer außerhalb des Geltungsbereichs des Einkommensteuergesetzes ausgeübten Tätigkeit im Inland seinem Arbeitgeber zuführt. Zu der im Inland ausgeübten oder verwerteten nichtselbständigen Arbeit gehört nicht die nichtselbständige Arbeit, die auf einem deutschen Schiff während seines Aufenthalts in einem ausländischen Küstenmeer, in einem ausländischen Hafen von Arbeitnehmern ausgeübt wird, die weder einen Wohnsitz noch ihren gewöhnlichen Aufenthalt im Inland haben. Unerheblich ist, ob der Arbeitslohn zu Lasten eines inländischen Arbeitgebers gezahlt wird. Arbeitgeber i.S.d. Satzes 2 ist die Stelle im Inland, z.B. eine Betriebsstätte oder der inländische Vertreter eines ausländischen Arbeitgebers, die unbeschadet des formalen Vertragsverhältnisses zu einem möglichen ausländischen Arbeitgeber die wesentlichen Rechte und Pflichten eines Arbeitgebers tatsächlich wahrnimmt; inländischer Arbeitgeber ist auch ein inländisches Unternehmen bezüglich der Arbeitnehmer, die bei rechtlich unselbständigen Betriebsstätten, Filialen oder Außenstellen im Ausland beschäftigt sind.

Befreiung von der beschränkten Einkommensteuerpflicht

(***2***) Einkünfte aus der Verwertung einer außerhalb des Geltungsbereichs des Einkommensteuergesetzes ausgeübten nichtselbständigen Arbeit bleiben bei der Besteuerung außer Ansatz,

1. wenn zwischen der Bundesrepublik Deutschland und dem Wohnsitzstaat ein Doppelbesteuerungsabkommen besteht und nach R 123 der Lohnsteuerabzug unterbleiben darf oder

2. in anderen Fällen, wenn nachgewiesen oder glaubhaft gemacht wird, dass von diesen Einkünften in dem Staat, in dem die Tätigkeit ausgeübt worden ist, eine der deutschen Einkommensteuer entsprechende Steuer tatsächlich erhoben wird. Auf diesen Nachweis ist zu verzichten bei Arbeitnehmern, bei denen die Voraussetzungen des Auslandstätigkeitserlasses vorliegen.

Künstler, Berufssportler, Schriftsteller, Journalisten, Bildberichterstatter und Artisten

(***3***) Bezüge von beschränkt einkommensteuerpflichtigen Künstlern, Berufssportlern, Schriftstellern, Journalisten und Bildberichterstattern unterliegen dem Lohnsteuerabzug gem. § 39d EStG, wenn sie zu den Einkünften aus nichtselbständiger Arbeit gehören und von einem inländischen Arbeitgeber i.S.d. § 38 Abs. 1 Satz 1 Nr. 1 EStG gezahlt werden. Von ihren Vergütungen wird die Einkommensteuer nach Maßgabe der §§ 50a Abs. 4 und 5, 50d EStG erhoben, wenn diese nicht von einem inländischen Arbeitgeber gezahlt werden.

(*4*) Aus Vereinfachungsgründen kann bei beschränkt einkommensteuerpflichtigen Artisten, deren nichtselbständige Arbeit im Inland ausgeübt oder verwertet wird, die darauf entfallende Lohnsteuer mit einem Pauschsteuersatz erhoben werden. Der Pauschsteuersatz beträgt

1. ***20*** v.H. des Arbeitslohns, wenn der Arbeitnehmer die Lohnsteuer trägt,

2. ***25*** v.H. des Arbeitslohns, wenn der Arbeitgeber die Lohnsteuer übernimmt.

Der Solidaritätszuschlag beträgt zusätzlich jeweils 5,5 v.H. der Lohnsteuer.

Bescheinigungsverfahren

(*5*) Die nach § 39d Abs. 1 EStG auszustellende Bescheinigung kann auch vom Arbeitgeber beantragt werden, wenn dieser den Antrag im Namen des Arbeitnehmers stellt. Bezieht ein Arbeitnehmer gleichzeitig Arbeitslohn aus mehreren gegenwärtigen oder früheren Dienstverhältnissen, mit dem er der beschränkten Steuerpflicht unterliegt, so hat das Finanzamt in der Bescheinigung für das zweite und jedes weitere Dienstverhältnis zu vermerken, dass die Steuerklasse VI anzuwenden ist. Bei Nichtvorlage der Bescheinigung hat der Arbeitgeber den Lohnsteuerabzug nach Maßgabe des § 39c Abs. 1 und 2 EStG vorzunehmen. R 124 ist entsprechend anzuwenden.

(*6*) Nach § 39d Abs. 2 EStG ist ein Freibetrag oder ein Hinzurechnungsbetrag durch Aufteilung in Monatsfreibeträge, erforderlichenfalls in Wochen- und Tagesfreibeträge, jeweils auf die voraussichtliche Dauer des Dienstverhältnisses im Kalenderjahr gleichmäßig zu verteilen. Dabei sind gegebenenfalls auch die im Kalenderjahr bereits abgelaufenen Zeiträume desselben Dienstverhältnisses einzubeziehen, es sei denn, der Arbeitnehmer beantragt die Verteilung des Betrags auf die restliche Dauer des Dienstverhältnisses. Bei beschränkt einkommensteuerpflichtigen Arbeitnehmern, bei denen § 50 Abs. 1 Satz 5 EStG anzuwenden ist, sind Werbungskosten und Sonderausgaben insoweit einzutragen, als sie die zeitanteiligen Pauschbeträge (> § 50 Abs. 1 Satz 6 EStG) übersteigen.

Arbeitnehmer mit Wohnsitz in der Schweiz

(*7*) Bei Grenzgängern i.S. von Artikel 15a des deutsch-schweizerischen Doppelbesteuerungsabkommens i.d.F. des Protokolls v. 21.12.1992 (>BStBl I 1993, 928), die in der Schweiz ansässig und für einen inländischen Arbeitgeber tätig sind, darf die Lohnsteuer – einschließlich Solidaritätszuschlag – nur bis zu 4,5 v.H. des steuerpflichtigen Arbeitslohns erhoben werden, wenn die erforderlichen Nachweise erbracht werden.

⇨ *Hinweis*

Neufassung: *Die Durchführung des Lohnsteuerabzugs für beschränkt steuerpflichtige Arbeitnehmer wurde in R 125 LStÄR 2004 neu gefasst. Die bisherigen Ausführungen in Abs. 1 wurden gestrichen und die folgenden Abs. 2 bis 8 neu durchnummeriert.*

7. Pauschalierung der Lohnsteuer in besonderen Fällen (§ 40 EStG)

R 127 LStÄR 2004 Bemessung der Lohnsteuer nach einem festen Pauschsteuersatz (§ 40 Abs. 2 EStG)

R 127 Abs. 4a LStÄR 2004 lautet:

> (4a) ... Aus Vereinfachungsgründen kann der Arbeitgeber den vom Arbeitnehmer erklärten Betrag für die laufende Internetnutzung (Gebühren) ~~als pauschalierungsfähig ansetzen~~ ***pauschal versteuern***, soweit dieser 50 Euro im Monat nicht übersteigt~~, falls der Arbeitnehmer erklärt, einen Internetzugang zu besitzen und dafür im Kalenderjahr durchschnittliche Aufwendungen in der erklärten Höhe entstehen~~.

⇨ ***Hinweis***

Internetnutzung*: R 127 Abs. 4a LStÄR 2004 wurde sprachlich geglättet.*

8. Pauschalierung der Lohnsteuer für Teilzeitbeschäftigte (§ 40a EStG)

8.1 R 128 LStÄR 2004 *Kurzfristig Beschäftigte und Aushilfskräfte in der Land- und Forstwirtschaft*

R 128 LStÄR 2004 lautet:

> **Allgemeines**
>
> (1) Die Pauschalierung der Lohnsteuer nach § 40a Abs. 1 und 3 EStG ist sowohl für unbeschränkt als auch für beschränkt einkommensteuerpflichtige Aushilfskräfte (aufgehoben: Teilzeitbeschäftigte) zulässig. Bei der Prüfung der Voraussetzungen für die Pauschalierung ist von den Merkmalen auszugehen, die sich für das einzelne Dienstverhältnis ergeben. Es ist nicht zu prüfen, ob (aufgehoben: der Teilzeitbeschäftigte) die Aushilfskraft noch in einem Dienstverhältnis zu einem anderen Arbeitgeber steht. Der Arbeitgeber darf die Pauschalbesteuerung nachholen, solange keine Lohnsteuerbescheinigung ausgeschrieben ist, eine Lohnsteuer-Anmeldung noch berichtigt wer den kann und noch keine Festsetzungsverjährung eingetreten ist. Der Arbeitnehmer kann Aufwendungen, die mit dem pauschal besteuerten Arbeitslohn zusammenhängen, nicht als Werbungskosten abziehen.
>
> **Gelegentliche Beschäftigung**
>
> *(2)* Als gelegentliche, nicht regelmäßig wiederkehrende Beschäftigung ist eine ohne feste Wiederholungsabsicht ausgeübte Tätigkeit anzusehen, tatsächlich kann es zu Wiederholungen der Tätigkeit kommen. Entscheidend ist, dass die erneute Tätigkeit nicht bereits von vornherein vereinbart worden ist. Es kommt dann nicht darauf an, wie oft die Aushilfskräfte tatsächlich im Laufe des Jahres tätig werden. ***Ob sozialversicherungsrechtlich eine kurzfristige Beschäftigung vorliegt oder nicht, ist für die Pauschalierung nach § 40a Abs. 1 EStG ohne Bedeutung.***

Unvorhersehbarer Zeitpunkt

(*3*) § 40a Abs. 1 Satz 2 Nr. 2 EStG setzt voraus, dass das Dienstverhältnis dem Ersatz einer ausgefallenen oder dem akuten Bedarf einer zusätzlichen Arbeitskraft dient. Die Beschäftigung von Aushilfskräften, deren Einsatzzeitpunkt längere Zeit vorher feststeht, z.B. bei Volksfesten oder Messen, kann grundsätzlich nicht als unvorhersehbar und sofort erforderlich angesehen werden; eine andere Beurteilung ist aber z.B. hinsichtlich solcher Aushilfskräfte möglich, deren Einstellung entgegen dem vorhersehbaren Bedarf an Arbeitskräften notwendig geworden ist.

Bemessungsgrundlage für die pauschale Lohnsteuer

(**4**) Zur Bemessungsgrundlage der pauschalen Lohnsteuer gehören alle Einnahmen, die dem Arbeitnehmer aus ***der Aushilfsbeschäftigung*** zufließen (>§ 2 LStDV). Steuerfreie Einnahmen bleiben außer Betracht. Der Arbeitslohn darf für die Ermittlung der pauschalen Lohnsteuer nicht um den Altersentlastungsbetrag (§ 24a EStG) gekürzt werden.

~~**Beschäftigungsdauer**~~

~~(5) Zur Beschäftigungsdauer gehören auch solche Zelträume, in einen der Arbeitslohn wegen Urlaubs, Krankheit oder gesetzlicher Feiertage fortgezahlt wird. Bei der Pauschalierung nach § 40a Abs. 2 EStG kommt es auf den zeitlichen Umfang der Beschäftigung nicht an. Die Pauschalierung ist unabhängig von der Zahl der geleisteten Arbeitsstunden zulässig, wenn die Lohngrenzen des § 40a Abs. 2 Satz 2 und Abs. 4 Nr. 1 EStG nicht überschritten werden.~~

Pauschalierungsgrenzen

(***5***) Bei der Prüfung der Pauschalierungsgrenzen des § 40a Abs. 1 und 3 EStG ist Abs. ***4*** entsprechend anzuwenden. Pauschal besteuerte Bezüge ***mit Ausnahme des § 40 Abs. 2 Satz 2 EStG*** sind bei der Prüfung der Pauschalierungsgrenzen zu berücksichtigen. ***Zur Beschäftigungsdauer gehören auch solche Zeiträume, in denen der Arbeitslohn wegen Urlaubs, Krankheit oder gesetzlicher Feiertage fortgezahlt wird.***

Aushilfskräfte in der Land- und Forstwirtschaft

(6) Eine Pauschalierung der Lohnsteuer nach § 40a Abs. 3 EStG für Aushilfskräfte in der Land- und Forstwirtschaft ist nur zulässig, wenn die Aushilfskräfte in einem Betrieb i.S.d. § 13 Abs. 1 Nr. 1 bis 4 EStG beschäftigt werden. Für Aushilfskräfte, die in einem Gewerbebetrieb i.S.d. § 15 EStG tätig sind, kommt die Pauschalierung nach § 40a Abs. 3 EStG selbst dann nicht in Betracht, wenn sie mit typisch land- und forstwirtschaftlichen Arbeiten beschäftigt werden. Werden die Aushilfskräfte zwar in einem land- und forstwirtschaftlichen Betrieb i.S.d. § 13 Abs. 1 Nr. 1 bis 4 EStG beschäftigt, üben sie aber keine typische land- und forstwirtschaftliche Tätigkeit aus, z.B. Blumenbinder, Verkäufer, oder sind sie abwechselnd mit typisch land- und forstwirtschaftlichen und anderen Arbeiten betraut, z.B. auch im Gewerbebetrieb oder Nebenbetrieb desselben Arbeitgebers tätig, ist eine Pauschalierung der Lohnsteuer nach § 40a Abs. 3 EStG nicht zulässig.

~~**Aufzeichnungspflichten)**~~

~~(7) Die Erfüllung der Aufzeichnungspflichten dient dem Nachweis der Voraussetzungen für die Lohnsteuerpauschalierung nach § 40a EStG. Bei sonstigen Bezügen muss deshalb auch deren Verteilung auf die Beschäftigungszelt aus den Aufzeichnungen ersichtlich sein.)~~

⇨ ***Hinweis***

Neufassung: *R 128 LStR 2002 wurde an die Neuregelung der Mini-Jobs ab 1.4.2003 angepasst. Der bisherige Abs. 1a wurde neuer Abs. 2.*

Kurzfristige Beschäftigung: *§ 40a Abs. 1 EStG hat keine Änderungen durch die Neuregelung der Mini-Jobs ab 1.4.2003 erfahren. Wie bisher ist das Tatbestandsmerkmal „kurzfristige Beschäftigung" ausschließlich nach steuerlichen Kriterien zu beurteilen. Ob sozialversicherungsrechtlich eine kurzfristige Beschäftigung i.S.d. § 8 Abs. 1 Nr. 2 SGB IV vorliegt oder nicht, ist für die Pauschalierung nach § 40a Abs. 1 EStG ohne Bedeutung.*

8.2 R 128a LStÄR 2004 *Geringfügig entlohnte Beschäftigte*

R 128a LStÄR 2004 lautet:

Die Erhebung der einheitlichen Pauschsteuer nach § 40a Abs. 2 EStG knüpft allein an die sozialversicherungsrechtliche Beurteilung als geringfügige Beschäftigung an und kann daher nur dann erfolgen, wenn der Arbeitgeber einen pauschalen Beitrag zur gesetzlichen Rentenversicherung von 12 v.H. bzw. 5 v.H. (geringfügig Beschäftigte im Privathaushalt) zu entrichten hat. Die Pauschalierung der Lohnsteuer nach § 40a Abs. 2a EStG kommt in Betracht, wenn der Arbeitgeber für einen geringfügig Beschäftigten nach §§ 8 Abs. 1 Nr. 1, 8a SGB IV keinen pauschalen Beitrag zur gesetzlichen Rentenversicherung zu entrichten hat (z.B. auf Grund der Zusammenrechnung mehrerer geringfügiger Beschäftigungsverhältnisse). Macht der Arbeitgeber nicht von der Möglichkeit der Pauschalierung Gebrauch, so muss er den Lohnsteuerabzug nach den Merkmalen der vom Arbeitnehmer vorgelegten Lohnsteuerkarte vornehmen.

⇨ ***Hinweis***

Einheitliche Pauschsteuer: *§ 40a Abs. 2 EStG knüpft (wie bisher die Steuerbefreiungsvorschrift nach § 3 Nr. 39 EStG) unmittelbar an die sozialversicherungsrechtliche Beurteilung als geringfügige Beschäftigung an. Die Pauschalierung mit 2 v.H. kann nur dann erfolgen, wenn der Arbeitgeber pauschale Rentenversicherungsbeiträge von 12 bzw. 5 v.H. zu entrichten hat. Eine Stundenlohngrenze gilt für § 40a Abs. 2 EStG nicht mehr.*

Pauschalierung mit 20 v.H.: *§ 40a Abs. 2a EStG wurde neu in das EStG eingefügt und enthält eine Pauschalierungsmöglichkeit mit einem Pauschsteuersatz von 20 v.H. Nach § 40a Abs. 2a EStG kann Arbeitslohn aus Beschäftigungen i.S.d. § 40a Abs. 2 EStG (Arbeitsentgelt für die einzelne Beschäftigung regelmäßig nicht höher als 400 €/Monat) pauschal versteuert werden, wenn der Arbeitgeber keine pauschalen Rentenversicherungsbeiträge von 12 v.H. bzw. 5 v.H. zu entrichten hat. Eine Stundenlohngrenze ist nicht zu beachten. Die pauschale Lohnsteuer von 20 v.H. ist – wie bisher – an das Finanzamt abzuführen. Die Bundes-*

knappschaft/Verwaltungsstelle Cottbus ist nicht in das Verfahren eingebunden.

9. Pauschalierung der Lohnsteuer bei bestimmten Zukunftssicherungsleistungen (§ 40b EStG)

R 129 LStÄR 2004 Pauschalierung der Lohnsteuer bei bestimmten Zukunftssicherungsleistungen

R 129 Abs. 9 Satz 4 LStÄR 2004 lautet:

Bei der Durchschnittsberechnung bleiben Beiträge des Arbeitgebers unberücksichtigt, die nach § 3 Nr. 63 EStG steuerfrei sind oder wegen der Ausübung des Wahlrechts nach § 3 Nr. 63 Satz 2 zweite Alternative EStG individuell besteuert werden.

⇨ ***Hinweis***

Pensionskassen- oder Pensionsfondsbeiträge*: Gem. § 3 Nr. 63 EStG sind ab dem VZ 2002 Beitragszahlungen des Arbeitgebers im Rahmen der „Riester-Renten"-Regelung in eine Pensionskasse oder Pensionsfonds bis zu 4 v.H. der Beitragsbemessungsgrenze in der Rentenversicherung der Arbeiter und Angestellten steuerfrei oder können bei Ausübung des Wahlrechts individuell besteuert werden.*

10. Aufzeichnungspflichten beim Lohnsteuerabzug (§ 41a EStG)

R 132 LStÄR 2004 Betriebsstätte

R 132 Satz 5 LStÄR 2004 lautet:

Erlangt ein Finanzamt von Umständen Kenntnis, die auf eine Zentralisierung oder Verlegung von lohnsteuerlichen Betriebsstätten in seinem Zuständigkeitsbereich hindeuten, so hat es vor einer Äußerung gegenüber dem Arbeitgeber die anderen betroffenen Finanzämter unverzüglich hierüber zu unterrichten und sich mit ihnen abzustimmen.

⇨ ***Hinweis***

Abstimmung*: Finanzämter müssen sich bei einer möglichen Änderung der Zuständigkeit ohne Einschaltung des Arbeitgebers vorab abstimmen.*

11. Anmeldung und Abführung der Lohnsteuer (§ 41a EStG)

R 133 LStÄR 2004 Lohnsteuer-Anmeldung

R 133 Abs. 1 LStÄR 2004 lautet:

> (1) Der Arbeitgeber ist von der Verpflichtung befreit, eine weitere Lohnsteuer-Anmeldung abzugeben, wenn er dem Betriebsstättenfinanzamt mitteilt, dass er im Lohnsteuer-Anmeldungszeitraum keine Lohnsteuer einzubehalten oder zu übernehmen hat, weil der Arbeitslohn nicht steuerbelastet ist. ***Dies gilt auch, wenn der Arbeitgeber nur Arbeitnehmer beschäftigt, für die er lediglich die Pauschsteuer nach § 40a Abs. 2 EStG an die Bundesknappschaft entrichtet.***

⇨ ***Hinweis***

Mini-Jobs*: Die Verpflichtung zur Abgabe einer Lohnsteuer-Anmeldung entfällt auch, wenn nur eine Pauschsteuer an die Bundesknappschaft* abzuführen ist.

12. Abschluss des Lohnsteuerabzugs (§ 41b EStG)

R 135 LStÄR 2004 Lohnsteuerbescheinigung

R 135 Abs. 14 LStR 2002 „Lohnsteuerbescheinigung für geringfügig Beschäftigte“ wurde aufgehoben.

Teil D:
Praxisrelevante EuGH-, BVerfG-, BFH- und FG-Entscheidungen, aktuelle Verfügungen und Erlasse

I. Steuerpflicht (§§ 1 ff. EStG)

1. Mindeststeuer bei beschränkter Steuerpflicht

Literatur: *Schroen*, Definitivbesteuerung durch Steuerabzug nach § 50a EStG verstößt gegen europäisches Recht, NWB F. 3, 12565.

Verwaltungsanweisungen: BMF v. 1.8.2002, Abzugsteuer bei künstlerischen, sportlichen, artistischen oder ähnlichen Darbietungen nach § 50a Abs. 4 EStG, BStBl I 2002, 709.

a) Fall

N ist niederländischer Staatsangehöriger mit Wohnsitz in den Niederlanden. Er erzielte in der Bundesrepublik Deutschland im Streitjahr 1996 Einkünfte i.H.v. 6.007,55 DM für einen Auftritt als Schlagzeuger bei einem Radiosender in Berlin. Die Betriebsausgaben beliefen sich für diesen Auftritt auf 968 DM. Vom Honorar wurde gem. § 50a Abs. 4 EStG 1996 eine pauschale Einkommensteuer von 25 v.H. abgezogen.

b) Problem

Ist die Definitivbesteuerung gem. § 50a EStG europarechtswidrig?

c) Lösung

Betriebsausgabenabzug zu gewähren: Die Art. 59 EG-Vertrag (nach Änderung jetzt Art. 49 EG) und 60 EG-Vertrag (jetzt Art. 50 EG) stehen einer nationalen Regelung wie der im Ausgangsverfahren fraglichen entgegen, nach der i.d.R. bei Gebietsfremden die Bruttoeinkünfte, ohne Abzug der Betriebsausgaben, besteuert werden, während bei Gebietsansässigen die Nettoeinkünfte, nach Abzug der Betriebsausgaben, besteuert werden (EuGH v. 12. 6. 2003, Rs. C-234/01, Arnoud Gerritse/FA Neukölln-Nord, DStR 2003, 1112).

Vergleich mit Steuersatz des Gebietsansässigen: Dagegen stehen diese Artikel des EG-Vertrags einer solchen nationalen Regelung nicht entgegen, soweit nach ihr i.d.R. die Einkünfte Gebietsfremder einer definitiven Besteuerung zu einem einheitlichen Steuersatz von 25 v.H. durch Steuerabzug unterliegen, während die Einkünfte Gebietsansässiger nach einem progressiven Steuertarif mit einem Grundfreibetrag besteuert werden, sofern der Steuersatz von 25 v.H. nicht höher ist als der Steuersatz, der sich für den Betroffenen tatsächlich aus der Anwendung des progressiven Steuertarifs auf die Nettoeinkünfte zuzüglich eines Betrags in Höhe des Grundfreibetrags ergeben würde (EuGH v. 12.6.2003, Rs. C-234/01, Arnoud Gerritse/FA Neukölln-Nord, DStR 2003, 1112).

⇨ ***Hinweis***

***Weiterhin Einspruch erforderlich**: Die Finanzverwaltung hat sich bisher noch nicht zu den Konsequenzen aus der Entscheidung des EuGH geäußert. Sind keine oder nur geringe Betriebsausgaben gegeben, kann sich die Abgeltungsteuer gem. § 50a Abs. 4 EStG i.H.v. 25 v.H. gegenüber der Besteuerung als Gebietsansässiger sogar als vorteilhaft erweisen. Zur „Rosinentheorie“ mit Beispielen vgl. Schroen, NWB F. 3, 12565.*

***Mindeststeuer gem. § 50 Abs. 3 EStG**: In Fällen der Mindeststeuer gem. § 50 Abs. 3 EStG wird weiterhin AdV gewährt (vgl. bereits Graf/Obermeier, Ausgabe 2/2001, 204; Nr. 6 des Vorläufigkeitskatalogs im BMF-Schreiben v. 24.9.2003, abgedruckt auf S. 273).*

2. Mindestbesteuerung gem. § 2 Abs. 3 EStG

Literatur: *Kohlhaas*, Die Mindestbesteuerung – vier Jahre nach Einführung, DStR 2003, 1142; *Hutter*, Ernstliche Zweifel an der Verfassungsmäßigkeit der Mindestbesteuerung bei sog. echten Verlusten, KFR F. 3 EStG § 2, 1/03, 261.

Verwaltungsanweisungen: OFD Hannover v. 26.6.2003, Verlustverrechnung nach § 2 Abs. 3 EStG; Aussetzung der Vollziehung auf Grund der BFH-Beschlüsse v. 6.3.2003 XI B 7/02 und XI B 76/02, NWB DokSt-Nr. 03x84403.

Die OFD Hannover hat mit Verf. v. 26.6.2003 (NWB DokSt-Nr. 03x84403) zur Aussetzung der Vollziehung in Fällen der Mindestbesteuerung gem. § 2 Abs. 3 EStG wie folgt Stellung genommen:

Der BFH hat mit Beschlüssen v. 6.3.2003 XI B 7/02 und XI B 76/02 (BStBl II 2003, 516, 523) entschieden, dass gegen den seit 1999 geltenden begrenzten Verlustausgleich nach § 2 Abs. 3 EStG insoweit ernstliche verfassungsrechtliche Bedenken bestehen, als eine Einkommensteuer auch dann festzusetzen ist, wenn dem Stpfl. auf Grund sog. echter Verluste von seinem im Veranlagungszeitraum Erworbenen nicht einmal das Existenzminimum verbleibt.

Auf Grund des Ergebnisses der Erörterungen mit den obersten Finanzbehörden des Bundes und der Länder soll in vergleichbaren Fällen auf Antrag des Stpfl. Aussetzung der Vollziehung in vollem Umfang gewährt werden, wenn auf Grund sog. echter Verluste, die auf einem entsprechenden Mittelabfluss beruhen, dem Stpfl. im Veranlagungszeitraum keine zur Bestreitung des Existenzminimums verfügbaren Mittel verblieben sind.

Eine Aussetzung der Vollziehung soll jedoch grundsätzlich nicht gewährt werden, soweit die Verluste auf negative Einkunftsteile zurückzuführen sind, denen kein entsprechender Mittelabfluss gegenübersteht (z.B. AfA, Rückstellungen oder Ansparrücklagen nach § 7g EStG).

⇨ ***Hinweis***

Zweifel an der Verfassungsmäßigkeit*: An der Verfassungsmäßigkeit des § 2 Abs. 3 Sätze 2 ff. EStG i.d.F. des StEntlG 1999/2000/2002 bestehen insoweit ernstliche Zweifel, als auf Grund des begrenzten Verlustausgleichs – hier zwischen negativen Einkünften aus Vermietung und Verpachtung und positiven Einkünften aus selbständiger Arbeit – eine Einkommensteuer auch dann festzusetzen ist, wenn dem Stpfl. von seinem im Veranlagungszeitraum Erworbenen nicht einmal das Existenzminimum verbleibt (BFH v. 6.3.2003 XI B 7/02, BStBl II 2003, 516; XI B 76/02, BStBl II 2003, 523).*

AdV*: Die Finanzverwaltung gewährt nur in Fällen sog. „echter Verluste" AdV, soweit dem Stpfl. im VZ keine verfügbaren Mittel in Höhe des Existenzminimums verbleiben.*

3. Negative Einkünfte mit Auslandsbezug gem. § 2a EStG

Literatur: *Strunk/Kaminski*, Abzugsverbot ausländischer Verluste nach § 2a EStG ein Verstoß gegen EU-Recht?, Stbg 2003, 246.

Verwaltungsanweisungen: OFD Frankfurt v. 17.6.2003, Vorlage an den EuGH zur Vereinbarkeit des § 2a Abs. 1 Nr. 4 EStG 1987 mit der Niederlassungs- und Verkehrsfreiheit, StuB 2003, 755.

Die OFD Frankfurt/M. hat mit Verf. v. 17.6.2003 (StuB 2003, 755) zum Ruhen des Verfahrens und zur Gewährung von AdV wegen einer möglichen EU-Rechtswidrigkeit des § 2a EStG wie folgt Stellung genommen:

Bei der Ermittlung der Einkommensteuerbemessungsgrundlage dürfen nach § 2a Abs. 1 Satz 1 EStG die dort abschließend aufgeführten negativen ausländischen Einkünfte nur mit positiven Einkünften der jeweils selben Art und – mit Ausnahme der Fälle der Nr. 6 Buchst. b – aus demselben Staat ausgeglichen werden. Zudem finden diese Verluste auch im Rahmen des sog. negativen Progressionsvorbehalts keine Berücksichtigung (vgl. BFH v. 17.11.1999 I R 7/99, BStBl II 2000, 605).

Dies hat zur Folge, dass Stpfl., die negative ausländische Einkünfte i.S.d. § 2a Abs. 1 EStG erzielen, anders behandelt werden als solche, die entsprechende Einkünfte aus dem Inland beziehen. Negative inländische Einkünfte werden im Rahmen der Einkommensteuerveranlagung berücksichtigt, mindern grundsätzlich den Gesamtbetrag der Einkünfte und damit die festzusetzende Einkommensteuer.

Bereits in der Vergangenheit wurden entsprechende Fälle dem BVerfG zur Prüfung der Verfassungsmäßigkeit vorgelegt. Das BVerfG hat diese Fälle jedoch nicht zur Entscheidung angenommen.

Nunmehr hat der BFH mit Beschluss v. 13.11.2002 I R 131/02 dem EuGH die Frage zur Vorabentscheidung vorgelegt, ob die Regelung des § 2a Abs. 1 Satz 1 Nr. 4 EStG 1987 mit der Niederlassungs- und der Kapitalverkehrsfreiheit nach dem EG-Vertrag zu vereinbaren sei.

Dem vom BFH zu entscheidenden Fall liegt folgender Sachverhalt zu Grunde:

Die Kläger wurden 1987 als gem. § 1 Abs. 3 EStG 1987 unbeschränkt steuerpflichtige Eheleute zusammen zur Einkommensteuer veranlagt. Sie erzielten in Deutschland Einkünfte aus nichtselbstständiger Arbeit (als Lehrer an einem Gymnasium), wohnten aber in einem in Frankreich belegenen eigenen Einfamilienhaus. Die Kläger begehren die Berücksichtigung negativer Einkünfte aus Vermietung und Verpachtung, wegen der Selbstnutzung des Einfamilienhauses (vgl. § 21 Abs. 2 Satz 1, § 52 Abs. 21 Satz 2 EStG 1987) im Weg des sog. negativen Progressionsvorbehalts gem. § 32b Abs. 1 Nr. 2, Abs. 2 Nr. 2 EStG 1987. Das FA lehnte das unter Hinweis auf § 2a Abs. 1 Satz 1 Nr. 4 EStG 1987 ab.

Die negativen Einkünfte der Kläger aus der Eigennutzung ihres in Frankreich belegenen Hausgrundstücks gem. § 21 Abs. 2 Satz 1, § 52 Abs. 21 Satz 2 EStG 1987 gehören zu den Einkünften aus der Nutzung unbeweglichen Vermögens nach Art. 3 Abs. 1 und Abs. 4 Satz 1 DBA-Frankreich. Sie sind deswegen nach Art. 20 Abs. 1 Buchst. a Satz 1 DBA-Frankreich im Inland steuerfrei und gehen insoweit nicht in die Einkommensteuer-Bemessungsgrundlage zum Ausgleich steuerpflichtiger Einkünfte ein.

Die negativen ausländischen Einkünfte können auch nicht im Wege des sog. negativen Progressionsvorbehalts berücksichtigt werden, da § 2a Abs. 1 Satz 1 Nr. 4 EStG 1987 den steuermindernden Ausgleich der von der Vorschrift erfassten negativen Einkünfte auch mit Wirkung für diesen ausschließt.

Die danach bestehende unterschiedliche Behandlung ausländischer negativer Einkünfte aus Vermietung und Verpachtung einerseits und inländischer negativer Einkünfte aus Vermietung und Verpachtung andererseits bei der Ermittlung der Einkommensteuer-Bemessungsgrundlage bzw. des zu versteuernden Einkommens zur Berechnung des besonderen Steuersatzes gem. § 32b Abs. 1 Nr. 2 und Abs. 2 Nr. 2 EStG 1997 erachtet der BFH als gemeinschaftsrechtswidrig.

Bei Einsprüchen in ähnlich gelagerten Fällen (z.B. auch bei negativen Einkünften aus einer in einem ausländischen Staat belegenen gewerblichen Betriebsstätte) ruht das Verfahren nach § 363 Abs. 2 Satz 2 AO, wenn sich der Einspruchsführer in der Begründung seines Einspruchs auf das Verfahren vor dem EuGH stützt (Az. des EuGH: Rs C-152/03).

AdV gem. § 363 Abs. 1 AO ist nicht zu gewähren.

⇨ *Hinweis*

***Vorlagebeschluss des BFH an den EuGH**: Vgl. hierzu Graf/Obermeier, NWB Steuerrecht aktuell, Ausgabe 1/2003, 105.*

II. Gewinn (§§ 4 ff. EStG)

1. Schuldzinsen bei Überentnahmen (§ 4 Abs. 4a EStG)

a) Fall

Der Gewinn des G aus Gewerbebetrieb war 2002 höher als seine Entnahmen. Im vorangegangenen Wj. 2001 hatte er Überentnahmen in die Unterentnahme übersteigender Höhe getätigt.

b) Problem

Ist trotz Unterentnahme im VZ 2002 von einer den Schuldzinsenabzug beschränkenden Überentnahme auszugehen?

c) Lösung

Berücksichtigung von Überentnahmen der Vorjahre: Wurden im Wj. selbst nur Unterentnahmen getätigt, so kann dennoch eine Überentnahme i.S.v. § 4 Abs. 4a Satz 1 EStG vorliegen, die zur Beschränkung des Schuldzinsenabzugs führt, wenn in den vorangegangenen Wj. Überentnahmen, aus denen sich im Rahmen der Berechnung nach § 4 Abs. 4a Satz 3 EStG eine Überentnahme ergibt (FG Rheinland-Pfalz v. 13.3.2003, 6 K 2363/02, EFG 2003, 831, rkr.).

⇨ ***Hinweis***

***Bestätigung der Finanzverwaltung**: Die Entscheidung des FG Rheinland-Pfalz entspricht den Tz. 23 und 24 des BMF-Schreibens v. 22.5.2000 (BStBl I 2000, 588).*

***Unterentnahmen vor 1999**: Das FG Niedersachsen hat in einem AdV-Verfahren (Az. 12 V 557/02, noch nicht veröffentlicht) entschieden, dass wegen der zu dieser Frage vertretenen unterschiedlichen Auffassungen zum Problem der Zulässigkeit einer Rückwirkung des § 52 Abs. 11 Satz 2 EStG ernstliche Zweifel an der Verfassungsmäßigkeit der Nichtberücksichtigung von positiven Eigenkapitalständen zum 31.12.1998 bei Anwendung* *des § 4 Abs. 4a EStG für den VZ 2000 bestehen (Pressemitteilung v. 14.10.2003).*

2. Häusliches Arbeitszimmer

Vgl. hierzu „Einkünfte aus selbständiger Arbeit" (abgedruckt S. 127 f.) und „Einkünfte aus nichtselbständiger Arbeit" (abgedruckt S. 138 ff.).

3. Rückstellungen

Verwaltungsanweisungen: OFD Magdeburg v. 13.8.2003, Hörgeräte-Akustiker: Rückstellung für Nachbetreuungsleistungen, Lexinform 577755.

Die OFD Magdeburg hat mit Verf. v. 13.8.2003 (Lexinform 577755) zur Bildung einer Rückstellung von Hörgeräte-Akustikern für Nachbetreuungskosten wie folgt Stellung genommen:

Der BFH hat mit Urteil v. 5.6.2002 I R 96/00 (BFH/NV 2002, 1638) entschieden, dass für die beim Verkauf einer Hörhilfe eingegangene Verpflichtung eines Hörgeräte-Akustikers zur kostenlosen Nachbetreuung des Gerätes eine Rückstellung zu bilden ist.

Diese Entscheidung entspricht nicht der bisherigen Verwaltungsauffassung (BMF v. 7.2.1994, BStBl I 1994, 140), die auf einem Urteil des BFH v. 10.12.1992, XI R 34/91 (BStBl II 1994, 158) beruht.

Die Frage, ob das Urteil v. 5.6.2002 Anwendung finden soll, ist noch nicht abschließend geklärt.

Es wird gebeten, von der Anwendung des Urteils bis auf weiteres abzusehen.

Einsprüche gegen Feststellungs- bzw. Steuerbescheide, denen die noch gültige Verwaltungsauffassung zu Grunde gelegt wurde, können gem. § 363 Abs. 2 AO ruhen. Auf Antrag kann Aussetzung der Vollziehung gewährt werden.

⇨ ***Hinweis***

***Hörgeräte-Akustiker – noch keine Umsetzung der BFH-Rechtsprechung**: Verpflichtet sich ein Hörgeräte-Akustiker beim Verkauf einer Hörhilfe für einen bestimmten Zeitraum zur kostenlosen Nachbetreuung des Gerätes und des Hörgeschädigten in technischer und medizinischer Hinsicht, hat er für diese Verpflichtung eine Rückstellung zu bilden (BFH v. 5.6.2002 I R 96/00, BFH/NV 2002, 1638).*

***Ruhen des Verfahrens und AdV**: Auf Antrag gewährt die Finanzverwaltung in diesen Fällen weiterhin Ruhen des Verfahrens und AdV.*

4. Private Nutzung betrieblicher Kraftfahrzeuge (§ 6 Abs. 1 Nr. 4 EStG)

a) Fall

A ist selbständiger Augenoptiker und ermittelt seinen Gewinn nach § 5 Abs. 1 EStG. Zum Betriebsvermögen gehörten im Streitjahr 1997 zwei Fahrzeuge, die nacheinander genutzt wurden:

Fahrzeugtyp	Zeitraum der Zugehörigkeit zum Betriebsvermögen	Bruttolistenpreis
Pkw Honda	1.1. – 30.9.1997	29.369,88 DM
Pkw Honda Civic	1.10. – 31.12.1997	35.040,00 DM

b) Problem

Ist der Entnahmewert für die private Kfz-Nutzung gem. § 6 Abs. 1 Nr. 4 Satz 2 EStG mit 1 v.H. vom Bruttolistenpreis zzgl. Umsatzsteuer anzusetzen?

c) Lösung

Bruttolistenpreis: Berechnungsgrundlage für die private Kfz-Nutzung ist der Listenpreis einschließlich der Umsatzsteuer (BFH v. 6.3.2003 XI R 12/02, BStBl II 2003, 704).

⇨ ***Hinweis***

***Doppelbelastung mit Umsatzsteuer**: Soweit die Kläger rügen, dass die Berechnung des FA nicht mit Art. 3 Abs. 1 GG vereinbar sei, kann ihnen nicht gefolgt werden. Ertragsteuerrechtlich werden nicht umsatzsteuerpflichtige Unternehmer (wie z.B. Ärzte) nicht ungleich behandelt; § 6 Abs. 1 Nr. 4 Satz 2 EStG macht insoweit keine Unterschiede. Umsatzsteuerrechtlich können sie die im Bruttolistenpreis enthaltene Umsatzsteuer nicht als Vorsteuer absetzen (vgl. § 15 Abs. 2 Nr. 1 UStG). Ob die Berechnung des FA umsatzsteuerrechtlich zu einer Doppelbelastung mit Umsatzsteuer führt, ist hier nicht zu entscheiden (dazu vgl. BFH v. 11.3.1999 V R 78/98, BFH/NV 1999, 1178); diese Frage ist für die Berechnung der Einkommensteuer ohne Bedeutung (BFH v. 6.3.2003 XI R 12/02, BStBl II 2003, 704).*

***Anhängige Verfahren**: Beim III. Senat des BFH ist unter dem Az. III R 34/03 ein Verfahren zur 1-v.H.-Regelung zu folgender Frage anhängig: Verfassungswidrige Benachteiligung von umsatzsteuerpflichtigen Unternehmern gegenüber GmbH-Geschäftsführern?*

5. Sonder- und Ansparabschreibung (§ 7g EStG)

Literatur: *Dotzel*, Zur Problematik von Sonderabschreibungen nach § 7g EStG im Gründungsjahr, DStR 2003, 408; *Rosarius*, Aktuelle Entwicklungen bei den Sonderabschreibungen und der Ansparabschreibung nach § 7g EStG, INF 2003, 775.

5.1 Investitionsabsicht

a) Fall

M erzielte lt. der am 1.4.1996 eingereichten Einkommensteuererklärung 1995 u.a. Einkünfte aus selbständiger Tätigkeit. Nach der eingereichten Einnahmen-Überschussrechnung (§ 4 Abs. 3 EStG) betrugen die Einkünfte aus der selbständigen Tätigkeit insgesamt 9.052 DM. Das FA setzte die Einkommensteuer für M und seine Ehefrau F ausgehend von einem Gesamtbetrag der Einkünfte i.H.v. 242.630 DM auf 72.734 DM fest. Den für das mit Kaufvertrag vom 19.2.1993 erworbene und eigengenutzte Haus beantragten Abzugsbetrag gem. § 10e EStG und die Steuerermäßigung gem. § 34f EStG für zwei Kinder gewährte das FA nicht, weil die insoweit maßgebende Einkommensgrenze i.H.v. 240.000 DM überschritten war. Im Einspruchsverfahren beantragten M und F mit Schreiben ihrer Prozessbevollmächtigten v. 26.1.1998 die Berücksichtigung einer Ansparabschreibung gem. § 7g Abs. 3 EStG i.H.v. 10.000 DM für EDV-Hardware bei den Einkünften aus selbständiger Arbeit. Sie gaben an, die Investitionen seien noch nicht durchgeführt worden, so dass die Rücklage gem. § 7g Abs. 4 Satz 2 EStG zum 31.12.1997 aufzulösen sei.

b) Problem

Ist eine Glaubhaftmachung der Investitionsabsicht gem. Tz. 3 des BMF-Schreibens v. 12.12.1996 (BStBl I 1996, 1441) nicht erforderlich?

c) Lösung

Grundsatz: Ermittelt der Stpfl. seinen Gewinn nach § 4 Abs. 3 EStG, kann er eine Ansparrücklage für die künftige Anschaffung oder Herstellung eines begünstigten Wirtschaftsguts nur dann als Betriebsausgabe abziehen, wenn er die voraussichtliche Investition zumindest binnen des Investitionszeitraums von zwei Jahren hinreichend konkretisiert und buchmäßig (hier: in der Gewinnermittlung) nachweist (BFH v. 6.3.2003 IV R 23/01, DStR 2003, 1521).

⇨ ***Hinweis***

***Keine unterjährige Auflösung einer Ansparrücklage**: Da eine gebildete Ansparrücklage nicht während eines Wirtschaftsjahres aufgelöst werden kann und der Zuschlag von 6 v.H. sich auf ein volles Wj. bezieht (§ 7g Abs. 5 EStG; vgl. BFH v. 26.10.1989 IV R 83/88, BStBl II 1990, 290, zu dem insoweit gleich lautenden § 6b Abs. 6 EStG), kann auch die auf* *einem Ansatzwahlrecht beruhende Ansparrücklage erst zum Schluss des Wj. bei der Aufstellung der Bilanz gebildet bzw. erst bei der Erstellung der Einnahmen-Überschussrechnung als Betriebsausgabe abgezogen werden (BFH v. 6.3.2003 IV R 23/01, DStR 2003, 1521; vgl. auch Graf/Obermeier, NWB Steuerrecht aktuell, Ausgabe 1/2003, 112).*

5.2 Existenzgründer

Verwaltungsanweisungen: OFD Koblenz v. 28.7.2003, Ansparabschreibung bei Existenzgründern, StuB 2003, 847.

Die OFD Koblenz hat mit Verf. v. 28.7.2003 (StuB 2003, 847) zur Ansparabschreibung bei Existenzgründern wie folgt Stellung genommen:

1. Zeitliche Anwendung

Auf Grund der zeitlichen Anwendungsregel in § 52 Abs. 11 Satz 4 EStG 1997 ist § 7g Abs. 7 EStG erstmals für Wirtschaftsjahre anzuwenden, die nach dem 31.12.1996 beginnen. Nach übereinstimmender Meinung der ESt-Referenten des Bundes und der Länder können auch Stpfl. Ansparrücklagen nach § 7g Abs. 7 EStG bilden, die ihren Betrieb vor dem 1.1.1997 eröffnet haben und sich am 31.12.1996 noch im sechsjährigen Gründungszeitraum befunden haben. Stpfl., welche die persönlichen Voraussetzungen des für Wirtschaftsjahre ab 1997 geltenden § 7g Abs. 7 EStG erfüllen und sich in 1997 ff. noch im Gründungszeitraum befinden, sollen nicht von der günstigeren Regelung ausgeschlossen werden.

Dies bedeutet aber nicht, dass die Anwendung des § 7g Abs. 7 EStG auf Zeiträume vor 1997 ausgedehnt werden darf, was mit einer Umqualifizierung einer nach § 7g Abs. 3 EStG in der Bilanz zum 31.12.1996 gebildeten Rücklage in eine Rücklage nach § 7g Abs. 7 EStG de facto erfolgen würde. Vielmehr sollen diese Stpfl. ab 1997 im Rahmen des § 7g EStG eine Gleichbehandlung mit „Neu-Existenzgründern" erfahren. Eine vor 1997 gebildete Ansparrücklage nach § 7g Abs. 3 EStG bleibt bis zu ihrer Auflösung eine solche, mit der Folge eines Gewinnzuschlags bei Auflösung ohne Anschaffung eines begünstigten Wirtschaftsguts.

2. Existenzgründereigenschaft bei Personengesellschaften

Bei Personengesellschaften ist Voraussetzung, dass alle Gesellschafter Existenzgründer i.S.d. § 7g Abs. 7 Satz 2 Nr. 1 EStG sind (§ 7g Abs. 7 Satz 2 Nr. 2 EStG). Diese Voraussetzung muss nach bundeseinheitlich abgestimmter Verwaltungsauffassung weder während des gesamten Gründungszeitraums noch während des gesamten Wirtschaftsjahrs, für das die Rücklage gebildet werden soll, vorliegen. Es sind vielmehr die **Verhältnisse am Bilanzstichtag** oder bei Gewinnermittlung nach § 4 Abs. 3 EStG am **Ende des Gewinnermittlungszeitraums** maßgebend **(stichtagsbezogene Betrachtung)**, zu dem die Ansparrücklage gebildet werden soll. Zu diesem Zeitpunkt müssen alle beteiligten Gesellschafter Existenzgründer-Status haben.

3. Umfang schädlicher Einkünfte

Nach § 7g Abs. 7 EStG kann die sog. Existenzgründerrücklage nur in Anspruch genommen werden, wenn der Einzelunternehmer, Mitunternehmer, Gesellschafter einer Kapitalgesellschaft innerhalb der letzten fünf Jahre vor dem Wirtschaftsjahr der Betriebseröffnung weder an einer Kapitalgesellschaft unmittelbar oder mittelbar zu mehr als ein Zehntel beteiligt gewesen ist, noch Einkünfte i.S.d. § 2 Abs. 1 Nrn. 1 bis 3 EStG (Einkünfte aus Land- und Forstwirtschaft, gewerbliche und freiberufliche Einkünfte) erzielt hat (§ 7g Abs. 7 Satz 2 Nr. 1 EStG).

Der Umfang dieser Einkünfte ist dabei unerheblich. So führen beispielsweise bereits geringfügige Einnahmen aus einer gewerblichen Nebentätigkeit innerhalb der letzten fünf Jahre vor der Betriebseröffnung dazu, dass die Existenzgründerrücklage nicht in Anspruch genommen werden kann. Ein anderes Ergebnis lassen die gesetzlichen Bestimmungen in § 7g Abs. 7 EStG nicht zu.

⇨ ***Hinweis***

***Gesetzesänderung zur Sonderabschreibung im Gründungsjahr**: Durch das Kleinunternehmerförderungsgesetz v. 31.7.2003 (BGBl I 2003, 1550) wurde für Existenzgründer ab 1.1.2003 für die Sonderabschreibung im Jahr der Betriebseröffnung auf die Bildung einer Rücklage gem. § 7g EStG verzichtet (vgl. S. 17). Der Stpfl. war bisher auf Billigkeitsmaßnahmen der Finanzverwaltung angewiesen. Die Sonderabschreibung gem. § 7g EStG ist nach Sinn und Zweck der Vorschrift auch vor dem 1.1.2003 im Gründungsjahr zu gewähren, obwohl im Vorjahr keine Rücklage gebildet werden konnte (ebenso Dotzel, DStR 2003, 408).*

III. Sonderausgaben (§§ 10 ff. EStG)

1. Realsplitting (§ 10 Abs. 1 Nr. 1 EStG)

a) Fall

M in München zahlt an seine in Österreich lebende geschiedene Ehefrau Unterhalt.

b) Problem

Kann M die Unterhaltszahlungen als Sonderausgaben abziehen, obwohl die Unterhaltszahlungen bei seiner geschiedenen Frau in Österreich nicht einkommensteuerpflichtig sind?

c) Lösung

Vorlage an den EuGH: Der BFH hat mit Beschluss v. 22.7.2003 XI R 5/02 (DStR 2003, 1783) dem EuGH folgende Fragen vorgelegt:

Frage 1: Ist Art. 12 EG-Vertrag (i.d.F. des Vertrags von Amsterdam) – EGV – dahin gehend auszulegen, dass er § 1a Abs. 1 Nr. 1, § 10 Abs. 1 Nr. 1 EStG entgegensteht, wonach ein in Deutschland ansässiger Stpfl. Unterhaltsleistungen an seine in Österreich wohnende geschiedene Ehefrau nicht abziehen kann, während er dazu berechtigt wäre, wenn sie noch in Deutschland ansässig wäre?

Frage 2: Für den Fall, dass Frage 1 verneint wird: Ist Art. 18 Abs. 1 EGV dahin gehend auszulegen, dass er § 1a Abs. 1 Nr. 1, § 10 Abs. 1 Nr. 1 EStG entgegensteht, wonach ein in Deutschland ansässiger Stpfl. Unterhaltsleistungen an seine in Österreich wohnende geschiedene Ehefrau nicht abziehen kann, während er dazu berechtigt wäre, wenn sie noch in Deutschland ansässig wäre?

⇨ ***Hinweis***

***Verstoß gegen Verfassungs- oder Europarecht**: Das FG München hatte in seinem Urteil v. 20.2.2002, 9 K 3683/99 (EFG 2002, 528, mit Anm. Her-*

linghaus) einen Verstoß gegen Verfassungs- und Europarecht verneint, die Revision aber wegen grundsätzlicher Bedeutung zugelassen. Die Erfolgsaussichten der Revision wurden bisher als gering eingeschätzt (vgl. Graf/Obermeier, NWB Steuerrecht aktuell, Ausgabe 2/2002, 152 unter Hinweis auf Anm. Herlinghaus, EFG 2002, 530). Unter Hinweis auf den Vorlagebeschluss des BFH v. 22.7.2003 XI R 5/02 (DStR 2003, 1783) ist gegen die Versagung des Realsplittings beim Inländer Einspruch einzulegen sowie AdV und Ruhen des Verfahrens zu beantragen.

***Widerruf der Zustimmung zum Realsplitting**: Die Zustimmung zum Realsplitting kann sowohl gegenüber dem Wohnsitz-FA des Unterhaltsleistenden als auch des Unterhaltsempfängers widerrufen werden. Ein Widerruf gegenüber dem Wohnsitz-FA des Unterhaltsempfängers schließt den Sonderausgabenabzug des Unterhaltsleistenden aus (BFH v. 2.7.2003 XI R 8/03, zur Veröffentlichung bestimmt).*

***Missbräuchlicher Widerruf**: Dies gilt auch, wenn der Widerruf der Zustimmung den vertraglichen Vereinbarungen zwischen den geschiedenen Eheleuten widersprechen oder missbräuchlich sein sollte. Ein ggf. rechtswidriges Verhalten der früheren Ehefrau ist auf zivilrechtlichem, nicht abgabenrechtlichem Weg zu klären (BFH v. 25.7.1990 X R 137/88, BStBl II 1990, 1022; vgl. auch BFH v. 12.7.1989 X R 8/84, BStBl II 1989, 957).*

2. Dauernde Last (§ 10 Abs. 1 Nr. 1a EStG)

Literatur: *Kempermann*, Versorgungsleistungen bei Vermögensübergabe zur Vorwegnahme der Erbfolge: Sonderausgaben nur bei voraussichtlich ausreichenden Nettoerträgen – Anmerkungen zu den Entscheidungen des Großen Senats des BFH v. 12.5.2003, DStR 2003, 1736.

Verwaltungsanweisungen: OFD Hannover v. 14.8.2003, (Teil-)Entgeltlicher Erwerb bei einer Vermögensübergabe gegen wiederkehrende Leistungen und Eigenheimzulage, DStR 2003, 1662.

2.1 BFH v. 12.5.2003 GrS 1/00 und GrS 2/00

a) Fall

In einem notariell beurkundeten „Schenkungsvertrag“ v. 16.8.1993 hatte die damals 84-jährige Tante T der F ein Einfamilienhaus übertragen, das sie ihrerseits im März 1993 zum Kaufpreis von 320.000 DM erworben hatte. Besitz, Gefahr, Nutzungen und Lasten waren ab dem 1.9.1993 auf F übergegangen. F hatte sich im Vertrag verpflichtet, „auf Grund des ihr übertragenen Grundbesitzes an die Veräußerin zu deren Lebzeiten monatlich nachträglich, erstmals am 30.9.1993, einen Betrag von monatlich 3.000 DM“ zu zahlen. Ferner war vereinbart worden, dass „sowohl die Erwerberin als auch die Veräußerin eine Erhöhung oder Minderung der

Rente entsprechend den Regeln des § 323 ZPO" verlangen konnten. Vor Abschluss des Vertrages hatte die Tante das Einfamilienhaus für monatlich 1.200 DM vermietet. F ihrerseits vermietete das Grundstück nach Renovierung zu einem Mietzins von monatlich 1.500 DM zuzüglich Nebenkosten.

b) Problem

Scheitert ein Abzug der Zahlungen der F an die Tante T als dauernde Last, weil das übertragene Vermögen keine Nettoerträge erwirtschaftet?

c) Lösung

Ausreichend erzielbare Nettoerträge: Im Zusammenhang mit einer Vermögensübergabe zur Vorwegnahme der Erbfolge vereinbarte abänderbare Versorgungsleistungen sind dann nicht als dauernde Last (Sonderausgabe nach § 10 Abs. 1 Nr. 1a Satz 1 EStG) abziehbar, wenn sie nicht aus den erzielbaren laufenden Nettoerträgen des übergebenen Vermögens gezahlt werden können (BFH v. 12.5.2003 GrS 1/00, DStR 2003, 1696).

Betrieb ohne positiven Substanz- oder Ertragswert: Im Zusammenhang mit einer Vermögensübergabe zur Vorwegnahme der Erbfolge vereinbarte abänderbare Versorgungsleistungen sind nicht als dauernde Last (Sonderausgabe nach § 10 Abs. 1 Nr. 1a EStG) abziehbar, wenn sie zwar aus den erzielbaren laufenden Nettoerträgen des übergebenen Betriebs gezahlt werden können, das Unternehmen jedoch weder über einen positiven Substanzwert noch über einen positiven Ertragswert verfügt. Es handelt sich um Unterhaltsleistungen i.S.d. § 12 Nr. 2 EStG (BFH v. 12.5.2003 GrS 2/00, DStR 2003, 1700).

⇨ ***Hinweis***

***Typus 2 nicht anerkannt**: Der „Typus 2" der Finanzverwaltung wird nicht anerkannt, da die vereinbarten wiederkehrenden Leistungen nicht aus den laufenden Nettoerträgen des übernommenen Vermögens bezahlt werden können.*

***Art des übergebenen Vermögens**: Auch die Übertragung von Geldvermögen, Wertpapieren und typischen stillen Beteiligungen können in gleicher Weise berücksichtigt werden wie die Übertragung der bisher unter der Bezeichnung „existenzwahrend" zusammengefassten Vermögensarten.*

***Vergleichbarkeit mit Vorbehaltsnießbrauch**: Maßgebendes Kriterium für die Frage, ob ein Wirtschaftsgut Gegenstand einer unentgeltlichen Vermögensübergabe gegen Versorgungsleistungen sein kann, ist die Vergleichbarkeit mit dem Vorbehaltsnießbrauch. Die Vermögensübergabe muss sich so darstellen, dass die vom Übernehmer zugesagten Leistungen – obwohl sie von ihm erwirtschaftet werden müssen – als zuvor vom Übergeber vorbehaltene – abgespaltene – Nettoerträge vorstellbar sind.*

***Austausch ertraglosen Vermögens**: Diese Voraussetzung ist nicht erfüllt bei einer ihrer Art nach ertraglosen Wirtschaftsgütern, wie häufig bei unbebauten Grundstücken, Kunst- oder Sammlerobjekten. Indes kann der Übergeber solche Objekte veräußern und mit dem Erlös ertragbringendes Vermögen erwerben, das er dann dem Übernehmer unter Vorbehalt der Erträge überlässt. Der Übergeber muss das ertraglose Wirtschaftsgut nicht notwendigerweise in eigener Person durch ein ertragfähiges ersetzen. Daher kann eine unentgeltliche Vermögensübergabe gegen Versorgungsleistungen auch dann vorliegen, wenn der Übernehmer sich im Übergabevertrag verpflichtet, das übertragene ertraglose Objekt zu veräußern und vom Erlös eine ihrer Art nach bestimmte Vermögensanlage zu erwerben, die einen zur Erbringung der zugesagten Versorgungsleistungen ausreichenden Nettoertrag abwirft.*

***Nettoertrag**: Der maßgebliche Nettoertrag muss nicht mit den steuerlichen Einkünften identisch sein. In Übereinstimmung mit der Finanzverwaltung (BMF v. 26.8.2002, BStBl I 2002, 893, Tz. 14) geht der Große Senat davon aus, dass den nach steuerlichen Regeln ermittelten Einkünften AfA, erhöhte AfA und Sonder-AfA sowie außerordentliche Aufwendungen dem Nettoertrag hinzuzurechnen sind. Zinsen sind dem Nettoertrag hingegen nur dann hinzuzurechnen, wenn außerbetriebliche Schulden übernommen werden, deren Umfang geringer ist als der Wert des übertragenen Vermögens (so auch BMF v. 26.8.2002, BStBl I 2002, 893, Tz. 16). Die Übernahme solcher Schulden stellt sich als Teilentgelt dar. Die auf diese gezahlten Zinsen lassen den unentgeltlichen Teil der Übertragung unberührt.*

***Unternehmerlohn**: Ein Unternehmerlohn ist nicht abzusetzen. Er spielt nur dort eine Rolle, wo es – wie etwa im Fall des Beschlusses v. 12.5.2003 GrS 2/00 – darauf ankommt, ob das übergebene Unternehmen überhaupt „Vermögen" darstellt.*

***Ertragsprognose**: Die Ertragsprognose muss auf die Verhältnisse bei Vertragsschluss abstellen. Sind in der Vergangenheit ausreichende Überschüsse erwirtschaftet worden, so bieten diese einen gewichtigen Anhaltspunkt. Wenn sich die im Zeitpunkt der Übergabe vorhandenen, nach objektiven Kriterien zu beurteilenden Gewinnerwartungen nicht erfüllt haben, darf das nicht dazu führen, dass nachträglich von einem entgeltlichen Geschäft ausgegangen wird und die stillen Reserven des übertragenen Vermögens aufgedeckt werden müssen. Es bleibt bei der steuerlichen Einordnung als Versorgungsleistungen. Es ist aber auch denkbar, dass das übergebene Vermögen beim Übergeber – etwa wegen dessen fortgeschrittenen Alters – nur geringe Erträge abwarf, beim Übernehmer jedoch ausreichende Erträge erwarten lässt. In einem solchen Fall obliegt es demjenigen, der sich darauf beruft, nachzuweisen, dass im Zeitpunkt der Vermögensübergabe für die Zukunft ausreichend hohe Nettoerträge zu erwarten waren.*

***Beweiserleichterungen bei Unternehmensübertragungen**: Im Falle der Übertragung eines gewerblichen Unternehmens gegen wiederkehrende Bezüge im Zuge der vorweggenommenen Erbfolge besteht eine nur in seltenen Ausnahmefällen widerlegbare Vermutung dafür, dass die Beteiligten im Zeitpunkt der Übertragung angenommen haben, der Betrieb werde auf die Dauer ausreichende Gewinne erwirtschaften, um die wiederkehrenden Leistungen abzudecken. Das gilt jedenfalls dann, wenn der Betrieb tatsächlich vom Erwerber fortgeführt wird. Gleiches gilt für die Übertragung von Unternehmen, mit denen Einkünfte aus selbständiger Tätigkeit erzielt werden sowie für die Übertragung landwirtschaftlicher Betriebe.*

***Nachträgliche Umschichtung des übergebenen Vermögens**: Nach Auffassung des vorlegenden Senats endet die Abziehbarkeit der Versorgungsleistungen, wenn das übergebene existenzsichernde Vermögen vom Übernehmer später veräußert wird (BFH v. 17.6.1998 X R 104/94, BStBl II 2002, 646). Der Große Senat lässt offen, ob er dem folgen könnte. Die Vorlagefrage erfordert hierzu keine Stellungnahme.*

***Dauernde Last oder Eigenheimzulage**: Zum Wahlrecht bei Überlassung einer eigengenutzten Wohnung mit Grundstücksüberlassungsvertrag vor dem 1.11.2002 vgl. OFD Hannover v. 14.8.2003 (DStR 2003, 1662, abgedruckt S. 221).*

2.2 Außergewöhnliche Instandhaltungen

Verwaltungsanweisungen: BMF v. 21.7.2003, Außergewöhnliche Instandhaltungen als dauernde Last i.S.d. § 10 Abs. 3 Nr. 1a EStG; BFH v. 28.2.2002 (BStBl II 2003, 644), BStBl I 2003, 405; OFD Hannover v. 14.8.2003, (Teil-)Entgeltlicher Erwerb bei einer Vermögensübergabe gegen wiederkehrende Leistungen und Eigenheimzulage, DStR 2003, 1662.

Das BMF hat mit Schreiben v. 21.7.2003 (BStBl I 2003, 405) zum Abzug außergewöhnlicher Instandhaltungsaufwendungen als dauernde Last wie folgt Stellung genommen:

> Nach dem BFH-Urteil v. 28.2.2002 (BStBl II 2003, 644) darf im Rahmen eines (landwirtschaftlichen) Wirtschaftsüberlassungsvertrages der Nutzungsberechtigte Modernisierungsaufwendungen für die vom Hofeigentümer beibehaltene Wohnung als dauernde Last abziehen, sofern er sich dazu im Überlassungsvertrag verpflichtet hat.
>
> Voraussetzung ist neben der zivilrechtlich wirksamen Vereinbarung im Vermögensübergabevertrag, dass die geschuldeten Leistungen den Charakter von Versorgungsleistungen haben. Dies ist nach der Entscheidung des BFH v. 25.8.1999 (BStBl II 2000, 21) nur gegeben, wenn die Aufwendungen der Erhaltung des im Zeitpunkt der Übergabe vertragsgemäßen Zustandes der Wohnung dienen. Unschädlich ist, wenn eine zur Erhaltung erforderliche Maßnahme gleichzeitig eine zeitgemäße Modernisierung bewirkt.

> Außergewöhnliche Instandhaltungsaufwendungen, die über die Erhaltung des im Zeitpunkt der Übergabe vertragsgemäßen Zustandes hinausgehen, sind keine Leistungen zur Versorgung des Vermögensübergebers und dürfen daher nicht als dauernde Last abgezogen werden. Diese Leistungen werden im überwiegenden Interesse des Vermögensübernehmers an der Werterhaltung und Werterhöhung seines Eigentums erbracht.

⇨ ***Hinweis***

***Modernisierungsaufwendungen als dauernde Last**: Im Rahmen eines (landwirtschaftlichen) Wirtschaftsüberlassungsvertrages kann der Nutzungsberechtigte Modernisierungsaufwendungen für die vom Hofeigentümer beibehaltene Wohnung als dauernde Last abziehen, sofern er sich dazu im Überlassungsvertrag verpflichtet hat (BFH v. 28.2.2002 IV R 20/00, BStBl II 2003, 644).*

***Modernisierungsaufwendungen als Betriebsausgabe**: Aufwendungen für umfangreiche Umbaumaßnahmen (hier innerhalb von zwei Jahren i.H.v. über 70.000 DM) an einer zum Betriebsvermögen gehörenden Wohnung kann der Nutzungsberechtigte als Betriebsausgaben oder Herstellungsaufwand berücksichtigen, selbst wenn die Aufwendungen keine typischen Altenteils- oder auch nur altenteilsähnlichen Leistungen sind und sie nicht im Überlassungsvertrag vereinbart wurden (BFH v. 28.2.2002 IV R 20/00, BStBl II 2003, 644).*

3. Beschränkter Abzug von Vorsorgeaufwendungen (§ 10 Abs. 3 EStG)

Literatur: *Hog*, Ungekürzter Vorwegabzug für alleinigen Gesellschafter-Geschäftsführer trotz Pensionszusage, INF 2003, 44; *Lehr*, Die Kürzung des Vorwegabzugs im Lichte aktueller Rechtsprechung und Verwaltungsmeinung, DStR 2003, 763.

Verwaltungsanweisungen: OFD Chemnitz v. 21.7.2003, Beschränkte Abziehbarkeit von Vorsorgeaufwendungen (§ 10 Abs. 3 EStG), StuB 2003, 856.

⇒ S. 273

Die OFD Chemnitz hat mit Verf. v. 21.7.2003 (StuB 2003, 856) zur Kürzung des Vorwegabzugs bei Alleingesellschafter-Geschäftsführern wie folgt Stellung genommen:

> Mit Verf. v. 27.2.2003 wurde über die Entscheidung des BFH v. 16.10.2003 XI R 25/01 (BFH/NV 2003, 252) informiert, dass der Vorwegabzug für Vorsorgeaufwendungen des Alleingesellschafter-Geschäftsführers einer GmbH nicht zu kürzen ist, wenn diese ihm eine Altersversorgung zugesagt hat. Dabei wird im Verzicht auf die Gewinnausschüttung der Gesellschaft, bei der eine Pensionsrückstellung gebildet werden muss, eine eigene Beitragsleistung des Stpfl. gesehen. Das BFH-Urteil kann ab sofort in allen offenen, gleich gelagerten Fällen angewendet werden.

⇨ ***Hinweis***

***Alleingesellschafter**: Der Vorwegabzug für Vorsorgeaufwendungen des Alleingesellschafters und Geschäftsführers einer GmbH ist nicht nach § 10 Abs. 3 Nr. 2 Satz 2 Buchst. a i.V.m. § 10c Abs. 3 Nr. 2 EStG zu kürzen, wenn diese ihm eine Altersversorgung zugesagt hat (BFH v. 16.10.2002 XI R 25/01, BFH/NV 2003, 252).*

***Keine Übertragung auf weitere Gesellschafter-Geschäftsführer**: Eine Übertragung der Rechtsprechung auf zu gleichen Teilen beteiligte Gesellschafter-Geschäftsführer ist u.E. nicht möglich, da diese immer auch die Zusage des anderen Gesellschafters mitfinanzieren (vgl. Graf/Obermeier, NWB Steuerrecht aktuell, Ausgabe 1/2003, 119). Der Vorwegabzug für Vorsorgeaufwendungen ist jedenfalls für den älteren Gesellschafter-Geschäftsführer einer GmbH nach § 10 Abs. 3 Nr. 2 Satz 2 Buchst. a i.V.m. § 10c Abs. 3 Nr. 2 EStG zu kürzen, wenn diese ihm eine Altersversorgung zugesagt hat. Denn auch bei gleicher Pensionszusage erfolgt auf Grund unterschiedlichen Lebensalters und der damit höheren Zuführung zur Pensionsrückstellung die Pensionszusage nicht ausschließlich auf Grund eigener Beiträge (FG Köln v. 13.3.2003, 6 K 5158/99, EFG 2003, 1060, Rev., Az. des BFH: XI R 29/03).*

4. Zusätzliche Altersvorsorge (§ 10a EStG)

Verwaltungsanweisungen: OFD Magdeburg v. 15.6.2003, Änderung bestandskräftiger Einkommensteuerbescheide bei nachträglicher Vorlage der Anlage AV, DStR 2003, 1576; OFD Magdeburg v. 31.8.2003, Nachträgliche Vorlage der Anlage AV, NWB EN-Nr. 1296/2003.

Die OFD Magdeburg hat mit Verf. v. 15.6.2003 (DStR 2003, 1576) zur Änderung bestandskräftiger Einkommensteuerbescheide bei nachträglicher Vorlage der Anlage AV wie folgt Stellung genommen:

> Ein bereits bestandskräftiger Einkommensteuerbescheid kann auf Grund einer nachträglich eingereichten Anlage AV nur noch unter den Voraussetzungen des § 173 Abs. 1 Nr. 2 AO geändert werden. Da der Sonderausgabenabzug nach § 10a EStG neu eingeführt wurde, sind die Regelungen des § 173 Abs. 1 Nr. 2 AO, insbesondere in Bezug auf das Vorliegen eines groben Verschuldens, zu Gunsten der Stpfl. großzügig auszulegen.

⇨ ***Hinweis***

***Grobes Verschulden**: U.E. sollte die Finanzverwaltung auch bei steuerlich beratenen Stpfl. großzügig verfahren und das Vorliegen eines groben Verschuldens i.S.d. § 173 Abs. 1 Nr. 2 AO auch in diesen Fällen verneinen.*

***Rückwirkendes Ereignis**: Ergänzend führt die OFD Magdeburg mit Verf. v. 31.8.2003 (NWB EN-Nr. 1296/2003) aus, dass ein bereits bestandskräftiger ESt-Bescheid auf Grund einer nachträglich eingereichten Anlage AV und Anbieterbescheinigung auch nach § 175 Abs. 1 Satz 1 Nr. 2 AO geändert werden kann, wenn die Ausstellung der Anbieterbescheinigung nach Wirksamwerden der ESt-Festsetzung vorgenommen wurde. Die Ausstellung der Anbieterbescheinigung stellt hier das rückwirkende Ereignis dar.*

5. Verlustabzug (§ 10d EStG)

a) Fall

Der 1983 verstorbene Vater des S hatte ihn testamentarisch zum alleinigen Hoferben bestimmt. Der Erbteil des S am hoffreien Vermögen beträgt 10 v.H., die restlichen Erbteile entfallen auf seine Mutter und seine vier Geschwister. In den Jahren 1980 bis 1982 waren bei dem Erblasser Verluste entstanden, von denen im Wege des Verlustabzugs 1983 lediglich 16.431 DM berücksichtigt werden konnten. In seinen Einkommensteuererklärungen für die Kalenderjahre 1983 bis 1986 beantragte S, die beim Erblasser nicht ausgeglichenen Verluste bei ihm nach § 10d EStG abzuziehen.

b) Problem

Darf S nur 10 v.H. der vom Erblasser nicht verbrauchten Verluste geltend machen?

c) Lösung

Rechtsprechungsänderung zum Verlustabzug beim Erben zu erwarten?: Der XI. Senat fragt beim I. Senat und beim VIII. Senat an, ob sie an der Auffassung festhalten, dass der Erbe einen vom Erblasser nicht ausgenutzten Verlustabzug gem. § 10d EStG bei seiner eigenen Veranlagung zur Einkommensteuer geltend machen kann (BFH v. 10.4.2003 XI R 54/99, DStR 2003, 1614).

⇨ ***Hinweis***

***Zustimmung des I. Senats fraglich**: Der I. Senat des BFH hatte – trotz der Zustimmung der „angefragten“ anderen Ertragsteuersenate (vgl. Graf/Obermeier, NWB Steuerrecht aktuell, Ausgabe 1/2001, 249) – aus Gründen der Rechtsprechungskontinuität und der langjährigen Verwaltungspraxis ausdrücklich an der bisherigen Rechtsprechung festgehalten (BFH v. 16.5.2001 I R 76/99, BStBl II 2002, 487).*

IV. Einkünfte aus Gewerbebetrieb (§§ 15 ff. EStG)

1. Gewerblicher Grundstückshandel

Literatur: *Obermeier*, Gewerblicher Grundstückshandel, NWB F. 3, 12333; *Carlé*, Rechtsprechungsentwicklungen zum gewerblichen Grundstückshandel, KÖSDI 2003, 13653; *Hollender/Schlütter*, Universalsukzession und vorweggenommene Erbfolge im Rahmen des gewerblichen Grundstückshandels, Stbg 2003, 120; *Kreft/Serafini*, BFH-Entscheidungen und BMF-Schreiben zur Relativierung der Drei-Objekt-Grenze, GStB 2003, 164; *Schubert*, „Private" Bauträger und gewerblicher Grundstückshandel, DStR 2003, 573; *Vogelgesang*, Aktuelle Entwicklungen bei der Besteuerung des gewerblichen Grundstückshandels, DB 2003, 844; *Graf/Obermeier*, NWB Steuerrecht aktuell, Ausgabe 1/2003, Herne/Berlin, 2003, 69 ff.

Verwaltungsanweisungen: BMF v. 19.2.2003, Gewerblicher Grundstückshandel; Anwendung der Grundsätze des Beschlusses des GrS des BFH v. 10.12.2001 (BStBl II 2002, 291), BStBl I 2003, 171.

a) Fall

S betreibt in D eine Steuerberaterpraxis. In den Jahren 1986 und 1991 tätigte er folgende Grundstücksgeschäfte:

- Auf einem im Januar 1986 erworbenen Grundstück in D, B-Straße, ließ er ein Gebäude mit vier Läden, zwei Büros und drei Wohnungen errichten, die er nach Bezugsfertigkeit ab Dezember 1986 bzw. ab März 1987 vermietete. Nach Teilung des Grundstücks in Wohnungs- und Teileigentum durch Teilungserklärung v. 29.8.1988 veräußerte S mit Verträgen v. 30.8.1988 einen Laden im Erdgeschoss und zwei Wohnungen. Der Erwerber des Ladens und einer Eigentumswohnung (Kaufpreis 820.000 DM) hatte dem S am 12.12.1986 ein Darlehen i.H.v. 820.000 DM gewährt, das mit dem Kaufpreis abgelöst wurde. Der Erwerber der zweiten Wohnung (Kaufpreis 182.000 DM) hatte dem S ebenfalls am 12.12.1986 ein Darlehen i.H.v. 180.000 DM zur Verfügung gestellt und später mit dem Kaufpreis verrechnet. Die anteiligen Anschaffungs- und Herstellungskosten für die veräußerten Objekte betrugen 528.327 DM.

- Bei einer Zwangsversteigerung erwarb S im Februar 1986 zwei (vermietete) Eigentumswohnungen in E von einem seiner Mandanten für insgesamt 206.000 DM. Der Mandant kaufte die Wohnungen mit Vertrag v. 1.3.1989 für je 200.000 DM zurück.

- In der Zeit v. 24.8.1991 bis 10.12.1991 veräußerte S vier parzellierte Baugrundstücke, die er zusammen mit sechs weiteren Baugrundstücken im März 1991 in A und St erworben hatte, an drei Interessenten für insgesamt 161.040 DM.

b) Problem

Fehlt es bei den Grundstücksgeschäften des S an einer Teilnahme am allgemeinen wirtschaftlichen Verkehr?

c) Lösung

Teilnahme am wirtschaftlichen Verkehr: Das für die Annahme eines gewerblichen Grundstückshandels erforderliche Merkmal „Teilnahme am wirtschaftlichen Verkehr" ist auch dann erfüllt, wenn der Eigentümer Wohnungen nur an bestimmte Personen auf deren Wunsch veräußert (BFH v. 20.2.2003 III R 10/01, BStBl II 2003, 510).

Vermutung einer bedingten Veräußerungsabsicht: Eine bestimmte Zahl veräußerter Objekte und ein enger zeitlicher Abstand der maßgebenden Tätigkeiten zwingen im Regelfall zu dem Schluss, dass der Verkäufer die Objekte in mindestens bedingter Veräußerungsabsicht angeschafft oder errichtet hat. Bei der für die Abgrenzung der privaten Vermögensverwaltung vom gewerblichen Grundstückshandel erforderlichen Gesamtwürdigung des Einzelfalls kann diese Vermutung durch gewichtige objektive Umstände widerlegt werden (BFH v. 20.2.2003 III R 10/01, BStBl II 2003, 510).

⇨ ***Hinweis***

***Widerlegung der Vermutung**: Die konkreten Anlässe und Beweggründe für die Veräußerungen (z.B. plötzliche Erkrankungen, Finanzierungsschwierigkeiten oder unvorhergesehene Notlagen) sind im Regelfall nicht geeignet, die auf Grund der Zahl der veräußerten Objekte und dem zeitlichen Abstand der maßgebenden Tätigkeiten vermutete (bedingte) Veräußerungsabsicht im Zeitpunkt der Anschaffung oder Errichtung auszuschließen (BFH v. 20.2.2003 III R 10/01, BStBl II 2003, 510).*

2. Film- und Fernsehfonds

Verwaltungsanweisungen: BMF v. 5.8.2003, Ertragsteuerliche Behandlung von Film- und Fernsehfonds, BStBl I 2003, 406.

Das BMF hat mit Schreiben v. 5.8.2003 (BStBl I 2003, 406) zur ertragsteuerlichen Behandlung von Film- und Fernsehfonds gem. § 15 Abs. 1 Satz 1 Nr. 2 EStG wie folgt Stellung genommen:

Im Einvernehmen mit den obersten Finanzbehörden der Länder sind die Tzn. 9, 10 und 11 des BMF-Schreibens v. 23.2.2001 (BStBl I 2001, 175) in folgender Fassung anzuwenden:

In Tz. 9 wird folgender Satz angefügt:

Ein geschlossener Fonds ist nach den Grundsätzen der BFH-Urteile zur ertragsteuerlichen Behandlung der Eigenkapitalvermittlungsprovision und anderer Gebühren v. 8.5.2001, BStBl II 2001, 720 und v. 28.6.2001, BStBl II 2001, 717 jedoch dann nicht als Hersteller, sondern als Erwerber anzusehen, wenn der Initiator der Gesellschaft ein einheitliches Vertragswerk vorgibt und die Gesellschafter in ihrer gesellschaftsrechtlichen Verbundenheit hierauf keine wesentlichen Einflussnahmemöglichkeiten besitzen.

Tz. 10 wird wie folgt gefasst:

Ist vom Fondsinitiator (i.d.R. Verleih-/Vertriebsunternehmen, Anlageberater, Leasingfirma) das Fonds-Vertragswerk (einschließlich Rahmen-Vereinbarungen mit Dienstleistern und/oder Koproduzenten) entwickelt worden, kommt es für die Herstellereigenschaft des Fonds darauf an, dass der Fonds (d.h. die Gesellschafter in ihrer gesellschaftsrechtlichen Verbundenheit) dennoch wesentliche Einflussnahmemöglichkeiten auf die Filmproduktion hat und die wirtschaftlichen Folgen verantwortet oder bei Koproduktionen mitverantwortet. Dies ist der Fall, wenn die Einflussnahmemöglichkeiten des Fonds unmittelbar Auswirkungen auf die gesamte Durchführung des Projekts bis zur Fertigstellung des Wirtschaftsguts haben und sich zeitlich über die Phase vor Beginn der Dreharbeiten, die Dreharbeiten selbst und die Phase nach Abschluss der Dreharbeiten (Post-Production) erstrecken. Diese Voraussetzungen sind für jeden Film gesondert zu prüfen.

Wegen der besonderen Konzeption der geschlossenen Fonds ist es erforderlich, dass die Mitwirkungsrechte der Gesellschafter über die zur Anerkennung der Mitunternehmereigenschaft nach § 15 Abs. 1 Satz 1 Nr. 2 EStG geforderte Initiative hinausgehen. Wesentliche Einflussnahmemöglichkeiten entstehen nicht bereits dadurch, dass der Initiator als Gesellschafter oder Geschäftsführer für den Fonds gehandelt hat oder handelt. Die Einflussnahmemöglichkeiten müssen den Gesellschaftern selbst gegeben sein, die sie innerhalb des Fonds im Rahmen der gesellschaftsrechtlichen Verbundenheit ausüben. Eine Vertretung durch bereits konzeptionell vorbestimmte Dritte (z.B. Treuhänder, Beiräte) reicht nicht aus. Einem von den Gesellschaftern selbst aus ihrer Mitte gewählten Beirat oder einem vergleichbaren Gremium dürfen weder der Initiator noch Personen aus dessen Umfeld angehören. Über die Einrichtung und Zusammensetzung eines Beirats dürfen allein die Gesellschafter frühestens zu einem Zeitpunkt entscheiden, in dem mindestens 50 v.H. des prospektierten Kapitals eingezahlt sind.

Eine ausreichende Einflussnahmemöglichkeit ist gegeben, wenn der Fonds rechtlich und tatsächlich in der Lage ist, wesentliche Teile des Konzepts zu verändern. Das kann auch dann bejaht werden, wenn Entscheidungsalternativen für die wesentlichen Konzeptbestandteile angeboten werden; dies sind alle wesentlichen Maßnahmen der Filmproduktion, insbesondere die Auswahl des Filmstoffs, des Drehbuchs, der Besetzung, die Kalkulation der anfallenden Kosten, der Drehplan und die Finanzierung. Allein die Zustimmung zu den vom Initiator vorgelegten Konzepten oder Vertragsentwürfen bedeutet keine ausreichende Einflussnahme. Die Gesellschafter müssen vielmehr über die wesentlichen Vertragsgestaltungen und deren Umsetzung tatsächlich selbst bestimmen können.

Die Einflussnahmemöglichkeiten dürfen auch faktisch nicht ausgeschlossen sein. Die Umsetzung der wesentlichen Konzeptbestandteile und Abweichungen hiervon sind durch geeignete Unterlagen vollständig zu dokumentieren.

Tz. 11 wird wie folgt gefasst:

Die o.g. Grundsätze gelten auch für Gesellschafter, die erst nach Beginn der Filmherstellung, aber vor Fertigstellung dieses Films beitreten. Treten Gesellschafter einem bestehenden Fonds bei, richtet sich die steuerliche Behandlung nach den Grundsätzen über die Einbringung i.S.v. § 24 UmwStG (vgl. Tz. 24.01 Buchst. c des BMF-Schreibens v. 25.3.1998, BStBl I 1998, 268). Ob die Aufwendungen des später beitretenden Gesellschafters als Herstellungskosten oder insgesamt als Anschaffungskosten anzusehen sind, ist nach den Abgrenzungskriterien der Tz. 12e bezogen auf den Eintrittszeitpunkt dieses Gesellschafters zu prüfen; dies gilt auch beim Gesellschafterwechsel. Ist eine sog. Gleichstellungsklausel vereinbart worden, können dem später beigetretenen Gesellschafter Verluste vorab zugewiesen werden, soweit der später beitretende Gesellschafter als (Mit-)Hersteller anzusehen ist (H 138 Abs. 3 EStH Vorabanteile). Die Herstellung eines Films beginnt grundsätzlich mit dem Abschluss der Verträge, mit denen gewährleistet ist, dass dem Fonds alle zur Herstellung und Auswertung des Films erforderlichen Rechte (Stoffrechte) zustehen. Hinzukommen muss, dass in zeitlichem Zusammenhang mit dem Abschluss der Verträge (üblicherweise innerhalb eines Zeitraums von drei Monaten) weitere auf die Filmherstellung gerichtete Handlungen erfolgen (z.B. Abschluss von Verträgen mit Schauspielern, Regisseuren, Produzenten, Anmietung von Studiokapazitäten, Beauftragung eines Dienstleisters usw.). Erfolgen die weiteren auf die Filmherstellung gerichteten Handlungen nicht im zeitlichen Zusammenhang mit dem Abschluss der Verträge, ist als Beginn der Filmherstellung der Zeitpunkt anzusehen, zu dem die oben genannten weiteren auf die Filmherstellung gerichteten Handlungen erfolgen. Die Herstellung eines Films endet, wenn das Produkt fertig gestellt ist, von dem die Kopien für die Vorführungen gezogen werden (einschließlich der Zeit der sog. Post-Production).

Bei mehrstöckigen Personengesellschaften ist den Gesellschaftern der Fondsobergesellschaft die Filmherstellung der Produktionsuntergesellschaft zuzurechnen.

An speziellen Erfordernissen zur Bejahung der Herstellereigenschaft sind bei den einzelnen Gestaltungen zu nennen:

Dieses Schreiben ist in allen Fällen anzuwenden, in denen ein bestandskräftiger Steuerbescheid noch nicht vorliegt. Soweit die Anwendung dieser Grundsätze zu einer Verschärfung der Besteuerung gegenüber der bisher geltenden Verwaltungspraxis führt, sind die Grundsätze nicht anzuwenden, wenn der Außenvertrieb der Fondsanteile vor dem 1.9.2002 begonnen hat und der Stpfl. dem Fonds vor dem 1.1.2004 beitritt. Der Außenvertrieb beginnt in dem Zeitpunkt, in dem die Voraussetzungen für die Veräußerung der konkret bestimmbaren Fondsanteile erfüllt sind und die Gesellschaft selbst oder über ein Vertriebsunternehmen mit Außenwirkung an den Markt herangetreten ist.

⇨ *Hinweis*

***Übergangsregelung bis 31.12.2003**: Die Verschärfung der Anforderungen an die Einflussmöglichkeiten und Mitwirkungsrechte der Gesellschafter eines Film- oder Fernsehfonds durch das BMF-Schreiben v. 5.8.2003 (BStBl I 2003, 406) gelten nicht, soweit der Stpfl. dem Fonds noch bis zum 31.12.2003 beitritt und der Fonds den Außenvertrieb bereits am 1.9.2002 begonnen hat.*

3. Betriebsaufspaltung

a) Fall

An der HW und AK GbR waren zunächst nur die Gesellschafter HW zu 60 v.H. und AK zu 40 v.H. beteiligt. Gesellschaftszweck war die Vermietung eines der GbR gehörenden Bürogebäudes an die T-GmbH, die in diesem Gebäude eine Steuerberatungskanzlei betrieb, an der HW und AK mit zusammen 62,5 v.H. des Stammkapitals beteiligt waren. Das Gebäude wurde ausschließlich für die Geschäftstätigkeit der Steuerberatungsgesellschaft genutzt. HW und AK hatten kurz nach Fertigstellung des Gebäudes im Jahre 1991 und vor einem weiteren Ausbau des Gebäudes für die betrieblichen Zwecke der GmbH im Jahre 1994 ihre jeweiligen Ehefrauen in die GbR aufgenommen. Diese erhielten aus den Gesellschaftsanteilen ihrer Ehemänner unentgeltlich jeweils 5 v.H. des Gesellschaftskapitals mit einer entsprechenden Beteiligung am Gesellschaftsergebnis. Die Gesellschaftsanteile oder Teile davon durften nur mit Zustimmung der anderen Gesellschafter veräußert werden. Die Gesellschafter-Beschlüsse waren einstimmig zu fassen. Zum alleinigen Geschäftsführer und Vertreter der Gesellschaft wurde HW bestellt. Darüber hinaus hatten die Ehefrauen ihren Ehemännern bereits 1979 bzw. 1984 Generalvollmachten zur Vertretung in allen privaten und behördlichen Angelegenheiten – auch über ihren Tod hinaus – erteilt, für die eine Vertretung zulässig ist; von der Beschränkung des § 181 BGB hatten sie ihre Ehemänner befreit.

b) Problem

Ist die Stellung des Gesellschafters einer GbR, der als deren alleiniger Geschäftsführer ein Grundstück der Gesellschaft im Rahmen einer Betriebsaufspaltung verwalten kann, für eine Beherrschung der GbR i.S.d. Rechtsprechungsgrundsätze zur Betriebsaufspaltung ausreichend?

c) Lösung

Beherrschung durch Alleingeschäftsführer: Ist im Gesellschaftsvertrag einer GbR die Führung der Geschäfte einem Gesellschafter allein übertragen, dann beherrscht dieser Gesellschafter die Gesellschaft i.S.d. Rechtsprechungsgrundsätze zur Betriebsaufspaltung auch dann, wenn nach dem Gesellschaftsvertrag die Gesellschafterbeschlüsse einstimmig zu fassen sind (BFH v. 1.7.2003 VIII R 24/01, DStR 2003, 1431).

⇨ ***Hinweis***

***Umfang der Geschäftsführungsbefugnis**: Der BFH hatte diese Frage bisher noch nicht entschieden. Solange einem nach § 710 BGB berufenen Gesellschafter-Geschäftsführer die Geschäftsführungsbefugnis nicht – durch einstimmigen Beschluss der übrigen Gesellschafter bei Vorliegen eines wichtigen Grundes (§ 712 BGB) – entzogen ist, dürfen die anderen Gesellschafter in Angelegenheiten der Geschäftsführung nicht tätig wer-*

den. Sie haben weder ein Widerspruchsrecht gegen die von dem Geschäftsführer getroffenen Maßnahmen noch können sie diesem – von hier nicht vorliegenden Ausnahmen abgesehen – unter Hinweis auf § 713 i.V.m. § 665 BGB und das zwischen den Gesellschaftern und dem Geschäftsführer bestehende Auftragsverhältnis Weisungen erteilen; ihr Stimmrecht beschränkt sich auf Beschlüsse in anderen als Geschäftsführungsangelegenheiten. Nach diesen Grundsätzen beherrschte der Gesellschafter HW die GmbH. Ihm konnte die einmal übertragene Geschäftsführungsbefugnis nur durch einstimmigen Beschluss der übrigen Gesellschafter und nur aus wichtigem Grund (z.B. bei grober Pflichtverletzung oder Unfähigkeit zur ordnungsmäßigen Geschäftsführung) wieder entzogen werden. Damit war er nicht nur tatsächlich, sondern auch rechtlich derjenige, der unter Einschluss der Verwaltung des vermieteten Grundstücks das gesamte wirtschaftliche Geschehen in der GbR bestimmen konnte (BFH v. 1.7.2003 VIII R 24/01, DStR 2003, 1431).

***Widerlegung gleichgerichteter Interessen erforderlich**: Der Annahme einer Betriebsaufspaltung steht nicht entgegen, dass HW die Betriebs-GmbH nicht alleine, sondern nur zusammen mit AK beherrschte. AK war Gesellschafter sowohl der Betriebs-GmbH als auch der Besitz-GbR; er bildete zusammen mit HW eine beide Gesellschaften beherrschende Personengruppe. Von dieser Vermutung ist auch auszugehen, wenn die die Betriebsgesellschaft beherrschenden Gesellschafter ihren Willen in der Besitzgesellschaft nur über die Geschäftsführungsbefugnis des einen Gesellschafters durchsetzen können. Tatsachen, die die Gleichrichtung der Interessen widerlegen könnten, sind im Streitfall weder vorgetragen noch ersichtlich (BFH v. 1.7.2003 VIII R 24/01, DStR 2003, 1431).*

4. Verluste bei beschränkter Haftung (§ 15a EStG)

a) Fall

K ist Kommanditist der A-GmbH & Co. KG, die überwiegend im Grundstücksgeschäft tätig ist. Sein fester Kapitalanteil (Kapitalkonto 1) belief sich zu Beginn des Streitjahres 1990 auf 2 Mio. DM. Zum 13.7.1990 verminderte er diesen Anteil auf 1.053.500 DM. Durch Gesellschafterbeschluss v. 30.10.1990 wurde der Anteil wieder auf 1.613.500 DM heraufgesetzt. Diese Erhöhung wurde allerdings erst im Januar 1991 ins Handelsregister eingetragen. Im Streitjahr kam es bei K erneut zu einem Verlust sowie zu einer weiteren Einlageminderung, was dazu führte, dass sein Kapitalkonto, das zum 31.12.1989 einen positiven Betrag von 490.944 DM ausgewiesen hatte, erneut negativ wurde.

b) Problem

Sind ausgleichsfähige Verluste der Vorjahre mit Gewinnen bei Einlageminderung zu saldieren?

c) Lösung

Einlageminderung als fiktiver Gewinn: Die einem Kommanditisten als fiktiver Gewinn zuzurechnende Einlageminderung i.S.d. § 15a Abs. 3 Satz 1 EStG wird nicht nur durch die ausgleichsfähigen Verlustanteile des Jahres der Einlageminderung und der zehn vorangegangenen Jahre begrenzt. Vielmehr sind diese ausgleichsfähigen Verlustanteile zuvor mit den Gewinnanteilen zu saldieren, mit denen sie hätten verrechnet werden können, wenn sie mangels eines ausreichenden Kapitalkontos nicht ausgleichsfähig, sondern lediglich verrechenbar i.S.d. § 15a Abs. 2 EStG gewesen wären (BFH v. 20.3.2003 IV R 42/00, DStR 2003, 1653).

Saldierung mit Gewinnen: Für eine Saldierung kommen nur die Gewinne in Betracht, die für eine Verrechnung mit den jeweiligen Verlusten, wenn sie lediglich verrechenbar gewesen wären, zur Verfügung gestanden hätten. Es kann demnach nicht ein Verlustanteil fiktiv mit dem Gewinnanteil eines vorangegangenen Jahres verrechnet werden (BFH v. 20.3.2003 IV R 42/00, DStR 2003, 1653).

⇨ ***Hinweis***

***Einschränkende Anwendung des § 15a Abs. 3 EStG**: Der BFH ist mit dem FG der Meinung, dass dem Ziel des Gesetzgebers, den Kommanditisten in beiden Fällen (Unterlassen einer Einlage einerseits und spätere Einlageminderung andererseits) gleich zu behandeln, durch eine einschränkende Anwendung des § 15 Abs. 3 EStG Rechnung zu tragen ist. Dem entspricht auch die – soweit erkennbar – einhellige Auffassung im Schrifttum (BFH v. 20.3.2003 IV R 42/00, DStR 2003, 1653).*

5. Betriebsaufgabe (§ 16 EStG)

Verwaltungsanweisungen: OFD München v. 2.5.2003, Betriebsaufgabeerklärung nach R 139 Abs. 5 EStR durch den Erben; Anwendung der sog. Drei-Monats-Frist, FR 2003, 634.

Die OFD München hat mit Verf. v. 2.5.2003 (FR 2003, 634) zur Anwendung der Drei-Monats-Frist nach R 139 Abs. 5 EStR durch den Erben wie folgt Stellung genommen:

> Nach Übergang eines im Ganzen verpachteten (aber noch nicht aufgegebenen) Betriebs im Wege des Erbfalls steht dem Erben das Wahlrecht zu, die Betriebsverpachtung fortzuführen oder die Betriebsaufgabe zu erklären (vgl. BFH v. 17.10.1991, BStBl II 1992, 392).
>
> In diesem Zusammenhang ist gefragt worden, ob der Erbe eine Aufgabeerklärung auch dann auf einen maximal drei Monate zurückliegenden Zeitpunkt zurückbeziehen kann, wenn der Erblasser zu diesem Zeitpunkt noch gelebt hat.

Im Einvernehmen mit dem Bayer. Staatsministerium der Finanzen ist dazu folgende Auffassung zu vertreten:

Der Erbe kann die Drei-Monats-Frist (R 139 Abs. 5 Sätze 6 und 7 EStR) nicht in Anspruch nehmen, wenn die Betriebsaufgabe dadurch auf einen Zeitpunkt fällt, zu dem der Erblasser noch lebte und damit noch Betriebsinhaber war. Denn bei der Aufgabeerklärung handelt es sich um eine höchstpersönliche Willensäußerung des jeweiligen Betriebsinhabers, die in diesen Fällen nicht durch den Erben abgegeben werden kann.

⇨ ***Hinweis***

Keine rückwirkende Betriebsaufgabe durch Erben*: Die Finanzverwaltung geht zutreffend davon aus, dass der Erbe nicht rückwirkend innerhalb der Drei-Monats-Frist die Betriebsaufgabe für den Vater erklären kann.*

Rechtsprechungsänderung – Betriebsverpachtung und Vermietung an andere Branche*: Stellt ein Großhandelsunternehmen seine werbende Tätigkeit ein und vermietet es sein bisheriges Betriebsgrundstück an ein anderes Unternehmen, so scheitert die Annahme einer Betriebsverpachtung nicht bereits daran, dass das mietende Unternehmen einer anderen Branche angehört. An der im Senatsurteil v. 26.6.1975 IV R 122/71 (BStBl II 1975, 885) geäußerten Auffassung wird nicht mehr festgehalten (BFH v. 28.8.2003 IV R 20/02, DStR 2003, 1785).*

6. Veräußerung von Anteilen an Kapitalgesellschaften (§ 17 EStG)

Verwaltungsanweisungen: OFD Frankfurt/M. v. 28.5.2003, Veräußerung einer Beteiligung i.S.d. § 17 EStG gegen Leibrente – Anwendung des Halbeinkünfteverfahrens, StuB 2003, 757.

Die OFD Frankfurt/M. hat mit Verf. v. 28.5.2003 (StuB 2003, 757) zur Anwendung des Halbeinkünfteverfahrens auf Veräußerungen gem. § 17 EStG gegen Leibrente in Altfällen wie folgt Stellung genommen:

Auch bei einer Veräußerung einer Beteiligung i.S.d. § 17 EStG kann der Veräußerer nach R 140 Abs. 7 Satz 2 EStR 2001 zwischen Sofortversteuerung und nachträglicher Versteuerung (R 139 Abs. 11 EStR 2001) wählen.

In diesem Zusammenhang ist in letzter Zeit vermehrt die Frage herangetragen worden, ob im Falle der nachträglichen Versteuerung bei der Veräußerung einer Beteiligung i.S.d. § 17 EStG unter Herrschaft des bisherigen Rechts für die ab dem Jahr 2002 zufließenden Leistungen das Halbeinkünfteverfahren gem. § 3 Nr. 40 Satz 1 Buchst. c EStG zur Anwendung komme.

Im Einvernehmen mit den obersten Finanzbehörden des Bundes und der Länder wird hierzu folgende Rechtsauffassung vertreten:

In Fällen, in denen die Veräußerung i.S.d. § 17 EStG gegen Leibrente noch nach bisherigem Recht gem. § 3 Nr. 40 Satz 1 Buchst. c EStG i.V.m. § 52 Abs. 4b Nr. 2 EStG erfolgte, sind auch die ab dem Jahr 2002 zufließenden nachträglichen Leistungen nach bisherigem Recht, d.h. in voller Höhe, zu besteuern.

Maßgeblich für die Art der Besteuerung des Veräußerungsgewinns ist bei der Regelung des § 17 EStG – der ein punktuelles Ereignis, die Veräußerung, erfassen will – der Zeitpunkt der Veräußerung. Wenn diese Veräußerung nach Maßgabe des bisherigen Rechts die Tatbestandsvoraussetzungen des § 17 EStG erfüllt und deren Rechtsfolge ausgelöst hat, so sind auch die nachträglichen Leistungen steuerlich nach altem Recht zu erfassen. Der Ertrag aus der Veräußerung ist nach altem Recht realisiert worden, nur deren Versteuerung wird durch die Verwaltungsregelung in R 140 Abs. 7 Satz 2 EStR 2001 i.V.m. R 139 Abs. 11 EStR 2001 (die als Billigkeitsregelung eine Verteilung zulässt) zeitlich gestreckt.

⇨ ***Hinweis***

Halbeinkünfteverfahren für Altfälle ausgeschlossen*: Rentenzahlungen aus der Veräußerung einer Beteiligung i.S.d. § 17 EStG können auf der Grundlage des Wahlrechts gem. R 140 Abs. 7 i.V.m. R 139 Abs. 11 EStR als nachträgliche Betriebseinnahmen i.S.d. § 15 EStG behandelt werden. In diesem Fall entsteht ein Gewinn, wenn die Rentenzahlungen das steuerliche Kapitalkonto des Veräußerers zuzüglich etwaiger Veräußerungskosten des Veräußerers übersteigen. Das Halbeinkünfteverfahren ist in Altfällen – Veräußerung vor VZ 2002 – nicht anwendbar.*

V. Einkünfte aus selbständiger Arbeit (§ 18 EStG)

1. Medizinisches Gerätetraining

Verwaltungsanweisungen: OFD München v. 11.7.2003, Einkünfte aus heilberuflicher Tätigkeit – medizinisches Gerätetraining in Krankengymnastikpraxen, StuB 2003, 757.

Die OFD München hat mit Verf. v. 11.7.2003 (StuB 2003, 757) zur Einkünftequalifikation des medizinischen Gerätetrainings in Krankengymnastikpraxen wie folgt Stellung genommen:

> In zunehmender Zahl bieten Krankengymnasten in ihren Praxen Fitnessgeräte zur Nutzung im Rahmen des sog. medizinischen Gerätetrainings (MGT) an. Beim MGT handelt es sich regelmäßig um eine reine Präventivmaßnahme im Anschluss an eine ärztlich verordnete Maßnahme. Eine ärztliche Verordnung liegt beim MGT regelmäßig nicht vor.
>
> In Übereinstimmung mit dem BMF wird dazu folgende Auffassung vertreten:
>
> Krankengymnasten treten insoweit in Wettbewerb zu den Betreibern von gewerblichen Fitnessstudios. Soweit Krankengymnasten MGT anbieten, handelt es sich nicht mehr um eine heilberufliche Tätigkeit i.S.d. § 18 Abs. 1 Nr. 1 EStG. Aus dem MGT erzielen die Krankengymnasten vielmehr gewerbliche Einkünfte. Dies gilt auch dann, wenn – ausnahmsweise – für ein MGT eine ärztliche Verordnung vorliegen sollte.

⇨ ***Hinweis***

***Rechtsprechungsänderung bei Ähnlichkeit mit dem Beruf des Krankengymnasten zu erwarten?**: Der IV. Senat fragt beim XI. Senat an, ob er an der im Beschluss v. 17.10.1996 XI B 214/95 (BFH/NV 1997, 293) geäußerten Auffassung festhält, dass die Ähnlichkeit eines Heilhilfsberufs mit dem Beruf des in § 18 Abs. 1 Nr. 1 EStG aufgeführten Krankengymnasten voraussetzt, dass für die Ausübung dieses Berufs (auch) eine staatliche Erlaubnis erforderlich ist. Der Senat ist der Auffassung, dass zwar an der Rechtsprechung festzuhalten ist, derzufolge die Ähnlichkeit einer Tätigkeit mit der des Heilpraktikers eine staatliche Erlaubnis zur Ausübung der Heilkunde voraussetzt, dass jedoch die Ähnlichkeit mit dem Beruf des Krankengymnasten nicht von einer staatlichen Erlaubnis zum Führen der Berufsbezeichnung abhängig gemacht werden darf. Insoweit möchte der Senat die bisherige Rechtsprechung aufgeben (BFH v. 20.3.2003 IV R 69/00, BFH/NV 2003, 862).*

2. Häusliches Arbeitzimmer

Literatur: *Zimmer*, Klarstellung des BFH zum „häuslichen Arbeitzimmer" – Licht am Ende des Tunnels?, DStR 2003, 675.

a) Fall

A ist als Architektin selbständig tätig. In den Jahren 1996 und 1997 machte sie Aufwendungen für ein häusliches Arbeitszimmer als Betriebsausgaben geltend. Ausweislich der Reisekostenabrechnungen im Jahr 1996 war A an 88 Tagen und im Jahr 1997 an 133 Tagen im Außendienst tätig. Bei unterstellten 250 Jahres-Arbeitstagen ergäben sich damit Abwesenheiten vom Arbeitszimmer von 35 v.H. (1996) bzw. 53 v.H. (1997).

b) Problem

Bildet das Arbeitszimmer den Mittelpunkt der gesamten betrieblichen und beruflichen Betätigung der A?

c) Lösung

Zuordnung der Gesamttätigkeit: Ist ein Architekt neben der Planung auch mit der Ausführung der Bauwerke (Bauüberwachung) betraut, kann diese Gesamttätigkeit keinem konkreten Tätigkeitsschwerpunkt zugeordnet werden. In diesem Fall bildet das häusliche Arbeitszimmer nicht den Mittelpunkt der gesamten beruflichen bzw. betrieblichen Betätigung i.S.d. § 4 Abs. 5 Satz 1 Nr. 6b Satz 3 2. Halbsatz EStG (BFH v. 26.6.2003 IV R 9/03, NWB BFH-/FG-Datenbank online).

⇨ ***Hinweis***

***Zusätzliche Notfallpraxis im Privathaus kein Arbeitszimmer**: Eine ärztliche Notfallpraxis ist kein häusliches Arbeitszimmer i.S.d. § 4 Abs. 5 Satz 1 Nr. 6b EStG, selbst wenn sie mit Wohnräumen des Arztes räumlich verbunden ist. Als Notfallpraxis sind dabei Räume zu verstehen, die erkennbar besonders für die Behandlung von Patienten eingerichtet und für jene leicht zugänglich sind (BFH v. 5.12.2002 IV R 7/01, BFH/NV 2003, 695; Graf/Obermeier, NWB Steuerrecht aktuell, Ausgabe 1/2003, 134).*

***Separates Arbeitszimmer und Betriebsstätte im eigenen Haus**: Eine Mehrheit von Räumen fällt nicht unter § 4 Abs. 5 Nr. 6b EStG. Bei entsprechendem räumlichen und funktionalen Zusammenhang ist ein häusliches Arbeitszimmer Teil der im Wohnhaus gelegenen Betriebsstätte (FG München v. 25.2.2003, 2 K 38/02, EFG 2003, 833, Rev., Az. des BFH: IV R 30/03, Zulassung durch BFH).*

***Arztpraxis im Souterrain ohne Publikumsverkehr**: Ein „häusliches Arbeitszimmer" i.S.d. § 4 Abs. 5 Satz 1 Nr. 6b EStG ist ein betrieblich oder beruflich genutzter Arbeitsraum, der seiner Lage, Funktion und Ausstat-*

tung nach in die häusliche Sphäre des Stpfl. eingebunden ist und vorwiegend der Erledigung gedanklicher, schriftlicher oder verwaltungstechnischer Arbeiten dient. Dies ist bei einer im Souterrain gelegenen Arztpraxis jedenfalls dann der Fall, wenn die Räumlichkeit nicht erkennbar besonders für die Behandlung von Patienten eingerichtet ist und in ihr auch kein Publikumsverkehr stattfindet (BFH v. 23.1.2003 IV R 71/00, BFH/NV 2003, 859).

***Gutachtentätigkeit einer Ärztin**: Geht ein Stpfl. einer einzigen betrieblichen oder beruflichen Tätigkeit nach, liegt der Mittelpunkt der gesamten betrieblichen und beruflichen Betätigung i.S.d. § 4 Abs. 5 Satz 1 Nr. 6b Satz 3 2. Halbsatz EStG dann im häuslichen Arbeitszimmer, wenn der qualitative Schwerpunkt der Tätigkeit dort ausgeübt wird. Dies ist bei einer Ärztin, die Gutachten über die Einstufung der Pflegebedürftigkeit erstellt und dazu ihre Patienten ausschließlich außerhalb des häuslichen Arbeitszimmers untersucht und dort (vor Ort) auch alle erforderlichen Befunde erhebt, zu verneinen (BFH v. 23.1.2003 IV R 71/00, BFH/NV 2003, 859; Graf/Obermeier, NWB Steuerrecht aktuell, Ausgabe 1/2003, 135).*

***Beschäftigung des Arbeitnehmer-Ehegatten im Arbeitszimmer**: Das häusliche Arbeitszimmer eines Stpfl. unterliegt auch dann der Abzugsbeschränkung des § 4 Abs. 5 Nr. 6b EStG, wenn der von ihm beschäftigte Ehepartner die geschuldete Arbeitsleistung ausschließlich in dem häuslichen Arbeitszimmer erbringt. Zur Beantwortung der Frage, ob die betriebliche oder berufliche Nutzung des häuslichen Arbeitszimmers mehr als 50 v.H. der gesamten betrieblichen und beruflichen Tätigkeit beträgt oder ob für die Tätigkeit kein anderer Arbeitsplatz zur Verfügung steht, ist auf die Tätigkeit des Ehegatten abzustellen, der den Abzug der Aufwendungen für das Arbeitszimmer begehrt (BFH v. 21.6.2002 XI B 190/01, BFH/NV 2003, 146; Graf/Obermeier, NWB Steuerrecht aktuell, Ausgabe 1/2003, 135).*

***Einkünfte aus nichtselbständiger Arbeit**: Vgl. auch die Rechtsprechung zum häuslichen Arbeitszimmer bei den Einkünften aus nichtselbständiger Arbeit.*

3. Begünstigte Veräußerung

Verwaltungsanweisungen: OFD Berlin v. 15.8.2003, Begünstigung einer Veräußerung i.S.d. § 18 Abs. 3 EStG bei Fortführung der freiberuflichen Tätigkeit in geringem Umfang, StuB 2003, 902.

Die OFD Berlin hat mit Verf. v. 15.8.2003 (StuB 2003, 902) zur Begünstigung einer Veräußerung i.S.d. § 18 Abs. 3 EStG nach § 16 Abs. 4 und § 34 EStG bei Fortführung der freiberuflichen Tätigkeit in geringem Umfang wie folgt Stellung genommen:

Eine Veräußerung i.S.d. § 18 Abs. 3 EStG liegt vor, wenn die für die Ausübung wesentlichen Betriebsgrundlagen – insbesondere auch der Mandantenstamm und der Praxiswert – entgeltlich auf einen anderen übertragen werden. Die freiberufliche Tätigkeit muss wenigstens für eine gewisse Zeit eingestellt werden. Unschädlich ist die Fortführung einer freiberuflichen Tätigkeit in geringem Umfang, wenn die darauf entfallenden Umsätze in den letzten drei Jahren weniger als 10 v.H. der gesamten Einnahmen ausmachten (BFH v. 7.11.1991, BStBl II 1992, 457; v. 29.10.1992, BStBl II 1993, 182).

Laut BFH-Beschluss v. 6.8.2001 (BFH/NV 2001, 1561) ist die Entwicklung der zurückbehaltenen Mandate nach der Veräußerung unerheblich, solange die o.g. Wertgrenze eingehalten wird. Die Hinzugewinnung neuer Mandate/Patienten „innerhalb" der „gewissen" Zeit nach Betriebsaufgabe ist – auch ohne Überschreiten der 10-v.H.-Grenze – in jedem Fall schädlich, da eine Betriebsaufgabe dann tatsächlich nicht stattgefunden hat. Die Veräußerungserlöse sind als laufender Gewinn zu erfassen.

⇨ *Hinweis*

***10-v.H.-Grenze**: Die Verf. der OFD Berlin v. 15.8.2003 (StuB 2003, 902) lässt sich wie folgt zusammenfassen:*

- *Die Finanzverwaltung erkennt die vom BFH entwickelte 10-v.H.-Grenze für zurückbehaltene Mandate ausdrücklich an.*
- *Unschädlich sind zurückbehaltene Mandate, soweit die auf diese Mandate entfallenden Einnahmen nicht mehr als 10 v.H. der durchschnittlichen Gesamteinnahmen der letzten drei VZ vor Betriebsveräußerung betragen.*
- *Eine nur diese Mandate betreffende spätere Umsatzsteigerung ist unbeachtlich.*
- *Eine Hinzugewinnung neuer Mandate vor Ablauf der „gewissen Zeit" ist immer schädlich.*

***Einstellung der Tätigkeit für eine gewisse Zeit**: Im Urteil v. 10.6.1999 IV R 11/99 (BFH/NV 1999, 1594) hat der BFH einen Zeitraum von fünf Monaten als schädlich angesehen. Gegen das Urteil des BFH ist unter dem Az. 2 BvR 1877/99 eine Verfassungsbeschwerde vor dem BVerfG anhängig.*

***Teilweise Veräußerung eines Mandantenstamms**: Die tarifbegünstigte Besteuerung eines Veräußerungsgewinns setzt die Veräußerung aller wesentlichen Betriebsgrundlagen voraus. Dem steht die Rechtsprechung des BGH, wonach aus Gründen des Geheimhaltungsschutzes ohne Zustimmung der Mandanten nur Teile des Mandantenstammes in eine neu gegründete Sozietät eingebracht werden können, nicht entgegen (BFH v. 17.2.2003 XI B 193/02, BFH/NV 2003, 773).*

VI. Einkünfte aus nichtselbständiger Arbeit (§ 19 EStG)

1. Abfindung

a) Fall

A war seit 1969 bei der D-KG beschäftigt. Auf Veranlassung des Arbeitgebers endete sein Anstellungsverhältnis zum 31.12.1993. Nach dem zwischen der D-KG und A geschlossenen Vertrag v. 16.3.1993 sollte A u.a. eine am 31.12.1993 fällige Abfindung i.H.v. 120.000 DM und zum 1.11.1994 die bei 25-jähriger Betriebszugehörigkeit übliche Jubiläumszuwendung in Höhe eines Bruttogehalts von 6.389 DM erhalten. Die Abfindung wurde vereinbarungsgemäß im Jahr 1993 und die Jubiläumszuwendung i.H.v. 5.290 DM im Jahr 1994 ausbezahlt.

b) Problem

Ist die Jubiläumszuwendung schädlich für die Tarifbegünstigung der Abfindung?

c) Lösung

Zahlung einer Jubiläumszuwendung nach Ausscheiden: Zahlt ein Arbeitgeber einem Arbeitnehmer im Zeitpunkt der Entlassung eine Abfindung und in einem späteren VZ eine Jubiläumszuwendung, die dieser bei Fortsetzung des Arbeitsverhältnisses erhalten hätte, kann die Jubiläumszuwendung eine für die Tarifbegünstigung der Hauptentschädigung unschädliche Entschädigungszusatzleistung sein (BFH v. 14.5.2003 XI R 23/02, NWB BFH-/FG-Datenbank online).

⇨ ***Hinweis***

Abgrenzung zur Erfüllungsleistung*: Der BFH hat im Streitfall offen gelassen, ob der Kläger im Zeitpunkt der Beendigung des Arbeitsverhältnisses bereits einen arbeitsrechtlichen Anspruch auf ein – ggf. zeitanteilig gekürztes – Jubiläumsgeld erworben hatte und die Zahlung des Jubiläumsgeldes keine Entschädigungsleistung i.S.d. § 24 Nr. 1 Buchst. a EStG, sondern Erfüllungsleistung ist (so wohl BMF v. 18.12.1998, BStBl I 1998, 1512 Tz. 4 zu verstehen). Als solche würde es die Tarifbegünsti-*

gung der Entschädigung nicht berühren. Aber auch als Entschädigungsleistung würde die Zahlung des Jubiläumsgeldes im folgenden VZ die Tarifbegünstigung für die im Streitjahr gezahlte Hauptentschädigung nicht entfallen lassen.

***Zahlung aus sozialer Fürsorge**: Zahlt ein Arbeitgeber einem Arbeitnehmer, der nach 24-jähriger Betriebszugehörigkeit aus betrieblichen Gründen entlassen wird, eine Jubiläumszuwendung im Zeitpunkt des (fiktiven) 25-jährigen „Jubiläums“, so ist der Grund hierfür in der sozialen Fürsorge des (früheren) Arbeitgebers für seinen entlassenen Arbeitnehmer zu sehen, da der Anspruch auf die Jubiläumszuwendung – zumindest weitestgehend – durch die bis zum Ausscheiden erwiesene Betriebstreue erworben worden ist.*

***Ausgleichzahlungen für mehrjährigen Übergangsurlaub**: Wird in einem vom Arbeitgeber veranlassten Vertrag über die Aufhebung eines Arbeitsvertrages vereinbart, dass der Arbeitnehmer bis zur Beendigung des Arbeitsverhältnisses einen mehrjährigen unbezahlten Übergangsurlaub nimmt, so sind die Zahlung zum Ausgleich des unbezahlten Urlaubs sowie die Abfindung wegen der vorzeitigen Beendigung des Arbeitsverhältnisses Entschädigungen i.S.d. § 24 Nr. 1 Buchst. a EStG (BFH v. 14.5.2003 XI R 16/02, NWB BFH-/FG-Datenbank online.*

2. Fortbildungskosten

Literatur: *Kreft*, Voller Kostenabzug bei Umschulung und berufsbegleitendem Erststudium, GStB 2003, 94; *Theisen/Zeller*, Neues zur steuerlichen Behandlung von Promotionskosten – Zugleich Anmerkung zu BFH v. 27.5.2003 VI R 33/01, DB 2003, 1753; *Steck*, Höhe von vorab entstandenen Erwerbsaufwendungen wegen einer Berufsausbildung, NWB F. 6, 4415; *Thomas*, Ermittlung der Erwerbsaufwendungen bei beruflich veranlasstem Studium, KFR F. 3 EStG § 9, 6/03, 295; *ders.*, Erwerbsaufwendungen auch bei erstmaliger Ausbildung, KFR F. 3 EStG § 9, 8/03, 329.

Verwaltungsanweisungen: FinBeh Hamburg v. 13.8.2003, Steuerliche Berücksichtigung von Aufwendungen als Fortbildungskosten, DStR 2003, 1619.

Die FinBeh Hamburg hat mit Verf. v. 13.8.2003 (DStR 2003, 1619) zur steuerlichen Berücksichtigung von Aufwendungen als Fortbildungskosten wie folgt Stellung genommen:

> Aufwendungen für ein berufsbegleitendes Erststudium (BFH v. 17.12.2002, VI R 137/01, BStBl II 2003, 407) bzw. für eine Umschulungsmaßnahme, die die Grundlage dafür bildet, von einer Erwerbs- oder Berufsart zu einer anderen überzuwechseln (BFH v. 4.12.2002, VI R 120/01, BStBl II 2003, 403), können Werbungskosten bei den Einkünften aus nichtselbstständiger Arbeit darstellen. Voraussetzung hierfür ist, dass eine hinreichende berufliche Veranlassung besteht. Für die steuerliche Beurteilung ist es unerheblich, ob die Bildungsmaßnahme eine Basis für andere Berufsfelder schafft oder einen Berufswechsel vorbereitet.

Ein beruflicher Veranlassungszusammenhang liegt vor, wenn ein objektiver Zusammenhang mit dem Beruf besteht und die Aufwendungen subjektiv zur Förderung des Berufs getätigt werden. Die Fortbildungsmaßnahme muss konkret und berufsbezogen auf die vom Arbeitnehmer auch ernsthaft angestrebte Berufstätigkeit vorbereiten. Bei der Beurteilung ist nicht danach zu differenzieren, ob es sich um eine akademische oder eine nicht akademische Bildungsmaßnahme handelt.

Regelmäßig ist die berufliche Veranlassung vorhanden, wenn die Fortbildungsmaßnahme auf den bisher ausgeübten Beruf aufbaut. Dies gilt insbesondere dann, wenn die erste Berufsausbildung notwendige Voraussetzung für die Teilnahme an der Weiterbildungsmaßnahme ist. Die Voraussetzung ist ebenfalls erfüllt, wenn ein Stpfl. bereits einige Jahre berufstätig ist und ein berufsbegleitendes Studium aufnimmt, um in seinem Beruf besser voranzukommen, seine Kenntnisse zu erweitern und seine Stellung im Betrieb zu festigen. Dies gilt unabhängig davon, ob die Fortbildungsmaßnahme vom bisherigen Arbeitgeber verlangt wird oder aber vom Arbeitnehmer freiwillig betrieben wird.

Der BFH gibt mit dieser Rechtsprechung seine bisherige Rechtsauffassung zur Abgrenzung von Berufsausbildungs- und Berufsfortbildungskosten auf. Darüber hinaus liegen bereits weitere Entscheidungen des BFH zu gleich gelagerten Fällen vor, in denen ebenfalls Fortbildungskosten anerkannt wurden. Die Urteile werden voraussichtlich im BStBl veröffentlicht werden und sind damit allgemein anzuwenden. Wegen der weitreichenden Bedeutung ist eine bundeseinheitliche Abstimmung der zahlreichen, durch die neue Rechtsprechung ausgelösten Zweifelsfragen notwendig. Diese Erörterung ist noch nicht abgeschlossen. Im Vorgriff auf eine bundeseinheitliche Lösung wird gebeten, derzeit folgende Rechtsauffassung zu vertreten:

Aufwendungen für eine erstmalige Berufsausbildung

Der BFH erkennt nunmehr Aufwendungen für ein Schulungsverhältnis, das kein Ausbildungsdienstverhältnis darstellt, als Werbungskosten an (BFH v. 27.5.2003, VI R 33/01, BFH/NV 2003, 1119). Im Streitfall hat der BFH den geforderten besonders engen sachlichen und zeitlichen Zusammenhang mit den erwarteten späteren Einnahmen offensichtlich deshalb bejaht, weil mit Abschluss der Ausbildung keine andere Tätigkeit als die eines Piloten erreicht werden konnte und der Stpfl. später auch von dem Träger der Ausbildung eingestellt wurde. Der BFH hat keine Bedenken, die Aufwendungen in vergleichbaren Fällen als Werbungskosten anzuerkennen.

In allen anderen Fällen erstmaliger Berufsausbildung, insbesondere, wenn durch ein Erststudium (Ausnahme berufsbegleitendes Erststudium) ein allgemeiner Berufsabschluss angestrebt wird, der Einsatzmöglichkeiten in unterschiedlichen Bereichen und Einkunftsarten eröffnet, wird gebeten die Aufwendungen auch weiterhin nur als Sonderausgaben i.S.d. § 10 Abs. 1 Nr. 7 EStG zu berücksichtigen. Dies gilt auch in den Fällen, in denen Stpfl. neben ihrer Ausbildung in geringem Umfang arbeiten, um sich die Kosten des Lebensunterhalts sowie der Ausbildung hinzu zu verdienen. Eine andere Beurteilung ist wie bisher nur möglich, wenn die Maßnahme Gegenstand eines ernstlich vereinbarten Ausbildungsverhältnisses ist und der Stpfl. daraus Arbeitslohn i.S.d. § 19 EStG bezieht.

Art und Höhe der abziehbaren Aufwendungen

Nach der neuen Rechtsprechung des BFH (v. 29.4.2003, VI R 86/99, BStBl II 2003, 749) sind die Werbungskosten gesondert, d.h. unabhängig von sonst erzielten Einkünften, zu beurteilen. Demnach sind beispielsweise Studiengebühren, Aufwendungen für Arbeitsmittel und Fahrtkosten zu berücksichtigen.

Für Fahrtkosten zum Ausbildungs- bzw. Studienort kann im Allgemeinen nur die gesetzliche Entfernungspauschale für die Wege zwischen Wohnung und Arbeitsstätte in Anspruch genommen werden, auch wenn in § 9 Abs. 1 Satz 3 Nr. 4 EStG von „Arbeitsstätte“ und nicht von „Ausbildungsstätte“ die Rede ist. Ob eine Ausbildungsstätte eine „regelmäßige Arbeitsstätte“ in diesem Sinne ist, beurteilt sich nach R 37 Abs. 2 LStR. Deshalb wird bei einem herkömmlichen Studium die Universität regelmäßig vom ersten Tag an regelmäßige Arbeitsstätte sein, bei einem Fernstudium aber auch die Wohnung des Stpfl., wenn er seinem Studium im Wesentlichen zu Hause nachgeht. Im Übrigen ist es aber auch nicht ausgeschlossen, dass ein Studium an ständig wechselnden Einsatzstellen absolviert werden kann.

Ist die Ausbildungsstätte demnach als regelmäßige Arbeitsstätte in diesem Sinne anzusehen, schließt dies nach allgemeinen Grundsätzen den Abzug von Reisekosten aus. Dies hat z.B. zur Folge, dass keine Mehraufwendungen für Verpflegung anzuerkennen sind. Ist der Stpfl. hingegen für einzelne Ausbildungsabschnitte (z.B. anlässlich einer Exkursion oder eines Praktikums) vorübergehend außerhalb seiner Ausbildungsstätte zu Ausbildungszwecken tätig, ist nach allgemeinen Grundsätzen zu prüfen, ob es sich insoweit um Dienstreisen handelt (vorübergehende Auswärtstätigkeit). Hat der Stpfl. am Ausbildungsort eine Unterkunft, kann eine Berücksichtigung, im Rahmen der doppelten Haushaltsführung in Betracht kommen.

Ergänzend wird darauf hingewiesen, dass Kosten, die nach den vorgenannten Grundsätzen als Fortbildungskosten zu berücksichtigen sind, auch als vorweggenommene Werbungskosten anerkannt werden können, wenn feststeht, dass der Stpfl. eine Anstellung anstrebt und dem Arbeitsmarkt – ggf. erst nach Abschluss der konkreten Weiterbildungsmaßnahme – tatsächlich uneingeschränkt zur Verfügung steht (BFH v. 18.4.1996, VI R 5/95, BStBl II 1996, 482). Unter Beachtung der Grenzen, die sich im Hinblick auf die Festsetzungsverjährung bzw. die Berichtungsvorschriften ergeben, können Stpfl. diese Aufwendungen im Rahmen des § 10d Abs. 4 EStG geltend machen.

Die obigen Grundsätze zur Ermittlung der abziehbaren Aufwendungen sind in allen offenen Fällen zu berücksichtigen. Frühere Regelungen, die dem entgegenstehen sollten, sind überholt. Hingegen bleiben Anweisungen, die den Abzug von Aufwendungen für eine Berufsausbildung in einem Ausbildungsdienstverhältnis betreffen, von dieser Änderung unberührt.

⇨ *Hinweis*

***Zusammenfassung**: Die im Vorgriff auf eine bundeseinheitliche Regelung ergangene Verf. der FinBeh Hamburg v. 13.8.2003 (DStR 2003, 1619) zur Umsetzung der Rechtsprechungsänderungen des BFH zu Fortbildungskosten lässt sich wie folgt zusammenfassen:*

- *Aufwendungen für ein berufsbegleitendes Erststudium oder Umschulungsmaßnahmen um von einer Erwerbs- oder Berufsart zu wechseln, können bei hinreichender beruflicher Veranlassung Werbungskosten bei den Einkünften aus nichtselbständiger Arbeit sein.*

- *Wird durch eine erstmalige Berufsausbildung ein allgemeiner Berufsabschluss angestrebt (Ausnahme: berufsbegleitendes Erststudium), sind die Aufwendungen aus Sicht der Finanzverwaltung weiterhin nur als Sonderausgaben gem. § 10 Abs. 1 Nr. 7 EStG zu berücksichtigen.*

Dies gilt auch, wenn der Stpfl. daneben in geringem Umfang arbeitet.

- *Als Werbungskosten kommen Studiengebühren, Aufwendungen für Arbeitsmittel und Fahrtkosten in Betracht.*

- *Ist die Ausbildungsstätte mit einer regelmäßigen Arbeitsstätte vergleichbar, kommt für Fahrtkosten zum Ausbildungs- oder Studienort nur die Entfernungspauschale in Betracht. In diesem Fall sind auch keine Mehraufwendungen für Verpflegung anzuerkennen.*

- *Fortbildungskosten können auch als vorweggenommene Werbungskosten zu berücksichtigen sein, wenn der Stpfl. eine Anstellung anstrebt und dem Arbeitsmarkt auch tatsächlich uneingeschränkt zur Verfügung steht.*

- *Vorweggenommene Werbungskosten können im Rahmen der Festsetzungsverjährungsregelungen und der Berichtigungsvorschriften auch noch gem. § 10d EStG geltend gemacht werden.*

***Aktuelle Rechtsprechung**:*

- ***Erstmalige Berufsausbildung**: Vorab entstandene Werbungskosten können auch bei einer erstmaligen Berufsausbildung anzuerkennen sein (BFH v. 27.5.2003 VI R 33/01, BFH/NV 2003, 1119).*

- ***Höhe vorab entstandener Erwerbsaufwendungen**: Die Höhe von vorab entstandenen Erwerbsaufwendungen wegen einer über einen längeren Zeitraum auf einen Abschluss zielenden erstmaligen, anderen oder qualifizierteren Berufsausbildung ist unabhängig davon zu ermitteln, ob daneben einer Erwerbstätigkeit nachgegangen wird (BFH v. 29.4.2003 VI R 86/99, BStBl II 2003, 749).*

- ***Universitätsstudium nach Fachhochschulstudium ohne vorherige Berufspraxis**: Aufwendungen für ein Universitätsstudium im Anschluss an ein Fachhochschulstudium können Werbungskosten sein, sofern sie beruflich veranlasst sind. Es ist nicht darauf abzustellen, ob es sich bei dem Hochschulstudium um ein Erst- oder Zweitstudium handelt oder ob das Studium die Grundlage für eine neue oder andere berufliche Basis schafft (BFH v. 22.7.2003 VI R 50/02, DStR 2003, 1612).*

- ***Weiterbildung im nicht ausgeübten Beruf**: Aufwendungen einer Stpfl., die sich im Erziehungsurlaub befindet, können vorab entstandene Werbungskosten sein. Dabei bedarf der berufliche Verwendungsbezug der Aufwendungen – wenn er sich nicht bereits aus den Umständen von Umschulungs- oder Qualifizierungsmaßnahmen ergibt – einer ins Einzelne gehenden Darlegung (BFH v. 22.7.2003 VI R 137/99, DStR 2003, 1611 mit Anm. MIT).*

- ***Umschulung zum Fahrlehrer**: Aufwendungen für eine Umschulung zum Fahrlehrer können auch dann vorweggenommene Werbungskosten sein, wenn der Stpfl. nicht über eine abgeschlossene Berufsausbildung verfügt und vor Beginn der Umschulungsmaßnahme einer Erwerbstätigkeit nachgeht (FG Münster v. 7.4.2003, 4 K 394/00 E, EFG 2003, 988, Rev., Az. des BFH: VI R 31/03).*

***Anwendungsfälle des § 10 Abs. 1 Nr. 7 EStG entfallen**: Für § 10 Abs. 1 Nr. 7 EStG bleiben nach Ansicht von Thomas (vgl. Anm. MIT, DStR 2003, 1612) keine Anwendungsfälle mehr übrig. Die Vorschrift des § 10 Abs. 1 Nr. 7 EStG könnte daher ebenso gut ersatzlos gestrichen werden.*

3. Auslandssprachkurse

Verwaltungsanweisungen: BMF v. 26.9.2003, Einkommensteuerliche Behandlung von Aufwendungen für Auslandssprachkurse als Werbungskosten oder Betriebsausgaben nach § 9 Abs. 1 Satz 1, § 4 Abs. 4 EStG und § 12 Nr. 1 EStG; Rechtsfolgen aus dem Urteil des BFH v. 13.6.2002 VI R 168/00 (BStBl II 2003, 765), BStBl I 2003, 447.

Das BMF hat mit Schreiben v. 26.9.2003 (BStBl I 2003, 447) zur einkommensteuerlichen Behandlung von Aufwendungen für Auslandssprachkurse als Werbungskosten oder Betriebsausgaben unter Bezugnahme auf BFH v. 13.6.2002 VI R 168/00 (BStBl II 2003, 765) wie folgt Stellung genommen:

> In dem o.a. Urteil hat der BFH zwar grundsätzlich an dem im Urteil v. 31.7.1980 (BStBl II 1980, 746) aufgestellten Merkmalen zur Abgrenzung von beruflicher und privater Veranlassung eines Auslandssprachkurses festgehalten. Der BFH hat ihre Geltung aber eingeschränkt, soweit sie in Widerspruch zu Art. 59 des Vertrages zur Gründung der Europäischen Gemeinschaft (nach Änderung Art. 49 EGV) stehen, der die Dienstleistungsfreiheit in den Mitgliedstaaten garantiert. Die bislang bei einer Gesamtwürdigung von privater und beruflicher Veranlassung einer Fortbildungsveranstaltung zugrunde gelegte Vermutung, es spreche für eine überwiegend private Veranlassung, wenn die Veranstaltung im Ausland stattfinde, und die u.a. daraus gezogene Folgerung der steuerlichen Nichtanerkennung der entsprechenden Aufwendungen, kann danach für Mitgliedstaaten der Europäischen Union nicht mehr aufrechterhalten werden.
>
> Unter Bezugnahme auf das Ergebnis der Erörterung mit den obersten Finanzbehörden der Länder sind die Grundsätze des BFH-Urteils wie folgt anzuwenden:
>
> Die Grundsätze dieser Entscheidung gelten nicht nur für alle Mitgliedstaaten der Europäischen Union, sondern auch für Staaten, auf die das Abkommen über den europäischen Wirtschaftsraum (Island, Liechtenstein, Norwegen) Anwendung findet, und wegen eines bilateralen Abkommens, das die Dienstleistungsfreiheit ebenfalls festschreibt, auch für die Schweiz. Sie sind im Übrigen nicht nur auf Sprachkurse, sondern auf Fortbildungsveranstaltungen allgemein anzuwenden.
>
> Die Grundsätze der Entscheidung sind außerdem bei der Frage, ob im Falle einer Kostenübernahme durch den Arbeitgeber für solche Fortbildungsveranstaltungen Arbeitslohn vorliegt oder ein überwiegend eigenbetriebliches Interesse des Arbeitgebers für die Zahlung angenommen werden kann (R 74 LStR), zu berücksichtigen.

⇨ ***Hinweis***

BFH zu Sprachkursen im EU-Ausland*: Die steuerliche Berücksichtigung von Aufwendungen für einen Sprachkurs kann nicht mit der Begründung versagt werden, er habe in einem anderen Mitgliedstaat der Europäischen Union stattgefunden Deshalb kann abweichend von der bisherigen Rechtsprechung bei einem Sprachkurs in einem anderen Mitgliedstaat der Europäischen Union nicht mehr typischerweise unterstellt werden, dass dieser wegen der jeder Auslandsreise innewohnenden touristischen Elemente eher Berührungspunkte zur privaten Lebensführung aufweist als ein Inlandssprachkurs (BFH v. 13.6.2002 VI R 168/00, BStBl II 2003, 765; mit Anm. MIT; Graf/Obermeier, NWB Steuerrecht aktuell, Ausgabe 3/2002, 220).*

EuGH zur Fortbildung im EU-Ausland*: Art. 59 EG-Vertrag (nach Änderung jetzt Art. 49 EG) steht der Regelung eines Mitgliedstaats entgegen, wonach für die Bestimmung des zu versteuernden Einkommens vermutet wird, dass Fortbildungsveranstaltungen an üblichen Urlaubsorten in anderen Mitgliedstaaten in so erheblichem Umfang Urlaubszwecken dienen, dass die Ausgaben für die Teilnahme an diesen Veranstaltungen nicht als berufliche Aufwendungen abzugsfähig sind, während für Fortbildungsveranstaltungen an üblichen Urlaubsorten in dem betreffenden Mitgliedstaat eine solche Vermutung nicht gilt (EuGH v. 28.10.1999, Rs. C-55/98, StuB 1999, 1276; vgl. Graf/Obermeier, NWB Steuerrecht aktuell, Ausgabe 2/2000, 206).*

Keine Vermutung für private Veranlassung*: Die Finanzverwaltung folgt nunmehr der EuGH- und BFH-Rechtsprechung und geht bei einer Fortbildungsveranstaltung im Ausland nicht mehr grundsätzlich von einer privaten Veranlassung aus, soweit die Fortbildung in einem Mitgliedstaat der EU, Island, Liechtenstein, Norwegen oder der Schweiz stattfindet.*

4. Umzugskosten

Verwaltungsanweisungen: BMF v. 5.8.2003, Steuerliche Anerkennung von Umzugskosten nach R 41 Abs. 2 LStR; Änderung der maßgeblichen Beträge für Kosten von Umzügen bei Beendigung nach dem 30.6.2003, 31.3. und 31.7.2004, BStBl I 2003, 416.

Das BMF hat mit Schreiben v. 5.8.2003 (BStBl I 2003, 416) zur Änderung der maßgeblichen Beträge für Umzugskosten nach R 41 Abs. 2 LStR wie folgt Stellung genommen:

> Im Einvernehmen mit den obersten Finanzbehörden der Länder gilt zur Anwendung der §§ 6 bis 10 des Bundesumzugskostengesetzes (BUKG) für Umzüge, die nach dem 30.6.2003, 31.3. und 31.7.2004 beendet werden, Folgendes:

1. Der Höchstbetrag, der für die Anerkennung umzugsbedingter Unterrichtskosten für ein Kind nach § 9 Abs. 2 BUKG maßgebend ist, beträgt bei Beendigung des Umzugs

nach dem 30.6.2003	1.381 €,
nach dem 31.3.2004	1.395 €,
nach dem 31.7.2004	1.409 €.

2. Der Pauschbetrag für sonstige Umzugsauslagen nach § 10 Abs. 1 BUKG beträgt

a) für Verheiratete bei Beendigung des Umzugs

nach dem 30.6.2003	1.099 €,
nach dem 31.3.2004	1.110 €,
nach dem 31.7.2004	1.121 €.

b) für Ledige bei Beendigung des Umzugs

nach dem 30.6.2003	550 €,
nach dem 31.3.2004	555 €,
nach dem 31.7.2004	561 €.

Der Pauschbetrag erhöht sich für jede in § 6 Abs. 3 Sätze 2 und 3 BUKG bezeichnete weitere Person mit Ausnahme des Ehegatten bei Beendigung des Umzugs nach dem 30.6.2003 um 242 €, nach dem 31.3.2004 um 245 € und nach dem 31.7.2004 um 247 €.

Das BMF-Schreiben v. 22.8.2001 (BStBl I 2001, 542) ist auf Umzüge, die nach dem 30.6.2003 beendet werden, nicht mehr anzuwenden.

⇨ ***Hinweis***

***Aufwendungen für Wohnungsausstattung**: Bei einem beruflich veranlassten Umzug sind Aufwendungen für die Ausstattung der neuen Wohnung nicht als Werbungskosten abziehbar. Die nach öffentlichem Umzugskostenrecht erstattungsfähigen Aufwendungen sind nicht ohne weiteres im Rahmen des § 9 Abs. 1 Satz 1 EStG abziehbar. Vielmehr findet die Verweisung in Abschn. 41 Abs. 2 LStR auf die Vorschriften des BUKG nach ständiger Rechtsprechung dort ihre Grenze, wo diese Regelungen mit dem allgemeinen Werbungskostenbegriff des § 9 EStG nicht vereinbar sind (BFH v. 17.12.2002 VI R 188/98, BStBl II 2003, 314, unter Hinweis auf BFH v. 19.1.2001 VI B 198/00, BFH/NV 2001, 778, m.w.N.).*

5. Arbeitszimmer

Literatur: *Tiedchen*, Als Archiv genutzter Kellerraum eines Einfamilienhauses als häusliches Arbeitszimmer, KFR F. 6 EStG § 9, 2/03, 93; *Hegemann/Querbach*, Häusliches Arbeitszimmer und neue Prüfungsansätze durch BFH-Urteil v. 19.9.2002 VI R 70/01 (BStBl II 2003, 139), NWB F. 3, 12379; *Zimmers*, Klarstellung des BFH zum „häuslichen Arbeitszimmer" – Licht am Ende des Tunnels?, DStR 2003, 675; *Thomas*, Selbständiger Anbau als Arbeitszimmer, KFR F. 3 EStG § 4, 2/03, 155; *ders.*, Zum Erwerbsmittelpunkt beim häuslichen Arbeitszimmer, KFR F. 3 EStG § 4, 3/03, 201; *Greite*, Abzugsfähigkeit der Aufwendungen für ein häusliches Arbeitszimmer – Neuere Rechtsprechung des IV., VI. und XI. Senats des BFH, NWB F. 6, 4395.

a) Fall

E ist als EDV-Organisator bei der Zentralverwaltung einer Warenhauskette angestellt. Im Streitjahr 1996 war er an 224 Tagen dort tätig. Außerhalb seiner normalen Arbeitszeit leistete E von zu Hause aus Bereitschaftsdienst, d.h. ihm oblag die Betreuung der Filialrechner und Kassensysteme bei Soft- und Hardwarestörungen in 74 Filialen per Telefon und Teleservice. Der Bereitschaftsdienst umfasste die folgenden Zeiten:

Montag bis Mittwoch	von	17.00 bis 20.00 Uhr,
Donnerstag	von	17.00 bis 22.00 Uhr,
Freitag	von	13.00 bis 20.00 Uhr,
Samstag (normal)	von	07.00 bis 16.00 Uhr,
Samstag (lang)	von	07.00 bis 18.00 Uhr,
Samstag (Dezember)	von	07.00 bis 20.00 Uhr.

Der Zeitaufwand hierfür betrug im Streitjahr 1996 durchschnittlich 30 bis 34 Stunden pro Monat. Der Arbeitgeber übernahm die Gebühren für den Telefonanschluss und stellte E einen PC mit Modem zur Verfügung. Die Telefonanlage und der PC befanden sich in einem von E in seinem Einfamilienhaus eingerichteten, ausschließlich beruflich genutzten Arbeitszimmer.

b) Problem

Steht E für seinen Bereitschaftsdienst ein anderer Arbeitsplatz zur Verfügung und kann er daher die Aufwendungen für das Arbeitszimmer nicht in Abzug bringen?

c) Lösung

Bereitschaftsdienst Zuhause: Leistet ein EDV-Organisator außerhalb seiner regulären Arbeitszeit vom häuslichen Arbeitszimmer aus per Telefon und Teleservice Bereitschaftsdienst und kann er hierfür seinen Arbeitsplatz beim Arbeitgeber tatsächlich nicht nutzen, sind die Aufwendungen für das häusliche Arbeitszimmer grundsätzlich (bis zu einer Höhe von

2.400 DM – jetzt: 1 250 €) als Werbungskosten zu berücksichtigen (BFH v. 7.8.2003 VI R 41/98, NWB BFH-/FG-Datenbank online).

⇨ ***Hinweis***

***Schulleiterin**: Steht einer Schulleiterin mit einem Unterrichtspensum von 18 Wochenstunden im Schulsekretariat ein Schreibtisch für Verwaltungsarbeiten zur Verfügung, so schließt das die steuerliche Berücksichtigung von Aufwendungen für ein häusliches Arbeitszimmer zur Vorbereitung und Nachbereitung des Unterrichts nicht aus (BFH v. 7.8.2003 VI R 118/00, NWB BFH-/FG-Datenbank online).*

***Grundschulleiter**: Steht einem Grundschulleiter, der zu 50 v.H. von seiner Unterrichtsverpflichtung freigestellt ist, ein Dienstzimmer von knapp 11 qm zur Verfügung, so schließt das die steuerliche Berücksichtigung von Aufwendungen für ein häusliches Arbeitszimmer nicht aus (BFH v. 7.8.2003 VI R 16/01, NWB BFH-/FG-Datenbank online).*

***Büroarbeitsplatz in der Schalterhalle einer Bank**: Ein Büroarbeitsplatz in der Schalterhalle einer Bank ist auch dann ein „anderer Arbeitsplatz" i.S.d. Abzugsbeschränkung, wenn sich der Stpfl. dort durch die konkreten Arbeitsbedingungen (z.B. Reinigungsarbeiten und Kundenverkehr) in seiner Konzentration gestört fühlt. Muss ein Bankangestellter in einem nicht unerheblichen Umfang Bürotätigkeiten auch außerhalb der üblichen Bürozeiten verrichten und steht ihm hierfür sein regulärer Arbeitsplatz nicht zur Verfügung, können die Aufwendungen für ein häusliches Arbeitszimmer grundsätzlich (bis zu einer Höhe von 2.400 DM – jetzt: 1.250 €) als Werbungskosten zu berücksichtigen sein (BFH v. 7.8.2003 VI R 162/00, NWB BFH-/FG-Datenbank online).*

***Großraumbüro als „anderer Arbeitsplatz"**: Ein Arbeitsplatz in einem Großraumbüro ist auch dann ein „anderer Arbeitsplatz" i.S.d. § 4 Abs. 5 Satz 1 Nr. 6b Satz 2 Alternative 2 EStG, wenn er dem Stpfl. nicht individuell zugeordnet ist (BFH v. 7.8.2003 VI R 17/01, NWB BFH-/FG-Datenbank online).*

***Praxis-Consultant mit Außendienst**: Bei einem Praxis-Consultant, der ärztliche Praxen in betriebswirtschaftlichen Fragen berät, betreut und unterstützt, kann das häusliche Arbeitszimmer auch dann den Mittelpunkt der gesamten beruflichen Betätigung bilden, wenn er einen nicht unerheblichen Teil seiner Arbeitszeit im Außendienst verbringt (BFH v. 29.4.2003 VI R 78/02, NWB BFH-/FG-Datenbank online).*

***Angrenzende Wohnung im Mehrfamilienhaus als Arbeitzimmer**: Nutzt ein Stpfl., der in einem Mehrfamilienhaus wohnt, eine zusätzliche Wohnung als Arbeitszimmer, so fällt diese jedenfalls dann noch unter die Abzugsbeschränkung des § 4 Abs. 5 Satz 1 Nr. 6b EStG, wenn sie an die Privatwohnung unmittelbar angrenzt. Die unmittelbare räumliche Nähe der zusätzlichen Wohnung begründet in einem solchen Fall die notwendige* *innere Verbindung mit der privaten Lebenssphäre des Stpfl. (BFH v. 26.2.2003 VI R 124/01, BFH/NV 2003, 986).*

***Separates Arbeitszimmer auf derselben Etage eines Dreifamilienhauses**: Nutzt ein Stpfl., der in einem Mehrfamilienhaus wohnt, eine zusätzliche Wohnung als Arbeitszimmer, so fällt diese jedenfalls dann noch unter die Abzugsbeschränkung des § 4 Abs. 5 Satz 1 Nr. 6b EStG, wenn sie der Privatwohnung auf derselben Etage unmittelbar gegenüberliegt (BFH v. 26.2.2003 VI R 125/01, BFH/NV 2003, 988).*

***Arbeitszimmer im Einfamilienhaus**: Ein Arbeitszimmer, das sich in einem selbst genutzten Einfamilienhaus befindet, ist grundsätzlich ein „häusliches" Arbeitszimmer i.S.d. § 4 Abs. 5 Satz 1 Nr. 6b EStG (BFH v. 26.2.2003 VI R 156/01, BFH/NV 2003, 989).*

***Mittelpunkt der beruflichen Tätigkeit**: Das häusliche Arbeitszimmer eines Stpfl., der seinen Beruf teilweise im Arbeitszimmer und teilweise außer Haus ausübt, ist dann Mittelpunkt i.S.d. Abzugsbeschränkung, wenn er dort die für seinen Beruf wesentlichen und prägenden Tätigkeiten verrichtet. (BFH v. 13.11.2002 VI R 28/02, DStR 2003, 586; VI R 104/01, DStRE 2003, 520, und VI R 82/01, DStRE 2003, 517).*

***Inhaltlicher und qualitativer Schwerpunkt**: Maßgeblich ist insoweit der inhaltliche, qualitative Schwerpunkt der betrieblichen und beruflichen Betätigung. Wo dieser Schwerpunkt liegt, kann nur im Wege einer umfassenden Wertung der Gesamttätigkeit des Stpfl. festgestellt werden (BFH v. 13.11.2002 VI R 28/02, DStR 2003, 586; VI R 104/01, DStRE 2003, 520, und VI R 82/01, DStRE 2003, 517).*

***Zeitliche Nutzung des Arbeitszimmers nur Indizwirkung**: Dem zeitlichen Umfang der Nutzung des häuslichen Arbeitszimmers kommt im Rahmen dieser Wertung nur eine indizielle Bedeutung zu. Dabei betrifft die Frage, ob die in einem Arbeitszimmer verrichteten Tätigkeiten den Beruf insgesamt prägen oder ob ihnen lediglich eine unterstützende Funktion zukommt, die Tatsachenfeststellung bzw. -würdigung und muss in erster Linie von den FG beantwortet werden (BFH v. 13.11.2002 VI R 28/02, DStR 2003, 586; VI R 104/01, DStRE 2003, 520, und VI R 82/01, DStRE 2003, 517).*

***Häusliches Arbeitszimmer**: „Häusliches Arbeitszimmer" i.S.d. § 4 Abs. 5 Satz 1 Nr. 6b EStG ist ein Raum, der seiner Lage, Funktion und Ausstattung nach in die häusliche Sphäre des Stpfl. eingebunden ist und vorwiegend der Erledigung gedanklicher, schriftlicher oder verwaltungstechnischer bzw. -organisatorischer Arbeiten dient (BFH v. 16.10.2002 XI R 89/00, BStBl II 2003, 185).*

***Keine Übertragung der Rechtsprechung zu Fahrten zwischen Wohnung und Betriebsstätte**: Die Grundlagen der Rechtsprechung zu den Fahrten zwischen Wohnung und Betriebsstätte können, ausgehend vom*

Sinn und Zweck der jeweiligen gesetzlichen Bestimmungen, nicht auf die Problematik des häuslichen Arbeitszimmers übertragen werden. Zwar knüpfen beide Bestimmungen an den privaten Wohnbereich des Stpfl. an. Auf Grund des unterschiedlichen Regelungszwecks ist aber nicht ersichtlich, dass die „Zugehörigkeit zum privaten Bereich" bei Fahrten zwischen Wohnung und Betriebsstätte das Gleiche bedeutet wie die „Einbindung in die häusliche Sphäre" bei häuslichen Arbeitszimmern. Dass es in konkreten Fällen zu übereinstimmenden Ergebnissen kommen kann, ist nicht ausgeschlossen; eine solche Übereinstimmung ist aber nach Ansicht des VI. Senats nicht normativ vorgegeben (BFH v. 13.11.2002 VI R 164/00, DStR 2003, 365).

***Archivraum im Keller eines Einfamilienhauses**: Auch ein im Keller des selbst bewohnten Einfamilienhauses gelegener Raum, den der Stpfl. zusätzlich zu einem häuslichen Arbeitszimmer als Archiv nutzt, kann zusammen mit diesem unter die Abzugsbeschränkung des § 4 Abs. 5 Satz 1 Nr. 6b EStG fallen (BFH v. 19.9.2002 VI R 70/01, BStBl II 2003, 139).*

***Arbeitszimmer im Keller eines Mehrfamilienhauses**: Werden im Keller eines Mehrfamilienhauses Räumlichkeiten, die nicht zur Privatwohnung des Stpfl. gehören, als Arbeitszimmer genutzt, so kann es sich hierbei um ein „außerhäusliches" Arbeitszimmer handeln, das nicht unter die Abzugsbeschränkung des § 4 Abs. 5 Satz 1 Nr. 6b EStG fällt (BFH v. 26.2.2003 VI R 160/99, BStBl II 2003, 515).*

***Anbau mit separatem Eingang**: Ein Arbeitszimmer kann auch dann „häuslich" i.S.d. § 4 Abs. 5 Satz 1 Nr. 6b EStG sein, wenn es sich in einem Anbau zum Wohnhaus des Stpfl. befindet und nur über einen separaten Eingang vom straßenabgewandten Garten aus betreten werden kann. Zwar ist der Anbau nicht direkt vom Wohnhaus aus zugänglich; er kann aber nur über den zum Wohnhaus gehörenden Garten betreten werden. Die räumliche Trennung zwischen Arbeitszimmer und Wohnhaus ist daher insgesamt nicht so stark ausgeprägt, dass sie den Zusammenhang der häuslichen Sphäre durchbrechen würde (BFH v. 13.11.2002 VI R 164/00, BStBl II 2003, 350).*

***Außendienst-Mitarbeiter**: Häusliches Arbeitszimmer und Außendienst können nicht gleichermaßen „Mittelpunkt" der beruflichen Betätigung eines Stpfl. i.S.d. § 4 Abs. 5 Satz 1 Nr. 6b Satz 3 2. Halbsatz EStG sein (BFH v. 21.2.2003 VI R 14/02, NWB BFH-/FG-Datenbank online).*

***Mietverhältnis mit Arbeitgeber**: Vermietet der Arbeitnehmer seinem Arbeitgeber einen Raum, der als dessen Büro zu qualifizieren ist und in dem der Arbeitnehmer seine Arbeitsleistung erbringt, so handelt es sich nicht um ein häusliches Arbeitszimmer i.S.d. § 4 Abs. 5 Satz 1 Nr. 6b EStG. Die Abzugsbeschränkung dieser Vorschrift greift deshalb nicht ein (BFH v. 20.3.2002 VI R 147/00, BStBl II 2003, 519).*

6. Doppelte Haushaltsführung

Literatur: *Ackstaller/Boskovic*, Lockerung der Zweijahresfrist bei der doppelten Haushaltsführung – Praktikerhinweise zum Beschluss des BVerfG v. 4.12.2002, NWB F. 6, 4387.

Verwaltungsanweisungen: BMF v. 13.6.2003, Vorläufige Steuerfestsetzung (§ 165 Abs. 1 AO) hinsichtlich der Anwendung des § 9 Abs. 1 Satz 3 EStG bzw. des § 4 Abs. 5 Satz 1 Nr. 6a EStG (zeitliche Begrenzung des Abzugs der Aufwendungen für doppelte Haushaltsführung), BStBl I 2003, 341.

Begrenzung der Abzugsfähigkeit auf zwei Jahre: Die Begrenzung der Abzugsfähigkeit von Aufwendungen für eine doppelte Haushaltsführung auf zwei Jahre ist in folgenden Fällen verfassungswidrig:

- **Beiderseits berufstätige Ehegatten**: Die Abzugsbegrenzung im Fall beiderseits berufstätiger Ehegatten genügt nicht den Maßstäben des Art. 3 Abs. 1 GG i.V.m. Art. 6 Abs. 1 GG. Nach Art. 6 Abs. 1 GG hat der Gesetzgeber Regelungen zu vermeiden, die geeignet sind, in die freie Entscheidung der Ehegatten über ihre Aufgabenverteilung in der Ehe einzugreifen. Eine Einwirkung des Gesetzgebers dahin, die Ehefrau „ins Haus zurückzuführen", wäre mit Art. 6 Abs. 1 GG nicht vereinbar. Alleinverdienerehe und Doppelverdienerehe sind verfassungsrechtlich gleichermaßen geschützt (BVerfG v. 4.12.2002 2 BvR 1735/00, BStBl II 2003, 534; vgl. Graf/Obermeier, NWB Steuerrecht aktuell, Ausgabe 1/2003, 157).

- **Kettenabordnung**: Die Abzugsbegrenzung ist im Fall einer „Kettenabordnung" mit Art. 3 Abs. 1 GG unvereinbar. Bei einer „Kettenabordnung" kann der Arbeitnehmer die Dauer seiner auswärtigen Berufstätigkeit nicht eigenständig bestimmen und deshalb keine sinnvolle Umzugsplanung entwickeln. Die Zweijahresgrenze geht davon aus, dass sich der Stpfl. in diesem Zeitraum dauerhaft an seinem Beschäftigungsort einrichten könne. Diese Unterstellung trägt bei einer Kettenabordnung die zeitliche Begrenzung der steuerlichen Abzugsfähigkeit der Mehraufwendungen nicht (BVerfG v. 4.12.2002 2 BvR 400/98 und 2 BvR 1735/00, BStBl II 2003, 534; vgl. Graf/Obermeier, NWB Steuerrecht aktuell, Ausgabe 1/2003, 157).

⇨ ***Hinweis***

***Vorläufigkeitsvermerk**: In allen Fällen, in denen die Zwei-Jahres-Frist überschritten wird, ergeht der Steuerbescheid vorläufig. Hierbei ist zu beachten, dass der Vorläufigkeitsvermerk nicht programmgesteuert, sondern nur im Einzelfall durch den Bearbeiter angewiesen wird (vgl. BMF v. 13.6.2003, BStBl I 2003, 341, abgedruckt S. 270).*

***Berücksichtigung der Aufwendungen als Werbungskosten oder Betriebsausgaben**: In Fällen der „Kettenabordnung" und beiderseits be-*

rufstätiger Ehegatten sind darüber hinaus die Aufwendungen für die doppelte Haushaltsführung als Werbungskosten oder Betriebsausgaben zu berücksichtigen (vgl. BMF v. 13.6.2003, BStBl I 2003, 341, abgedruckt S. 270).

***AdV**: AdV wird nur im Fall der „Kettenabordnung“ oder beiderseits berufstätiger Ehegatten gewährt.*

***Andere Fallgruppen doppelter Haushaltsführung**: Andere Fallgruppen doppelter Haushaltsführung waren nicht Gegenstand der Entscheidung. So hat das BVerfG über den Fall der ununterbrochenen doppelten Haushaltsführung eines Alleinstehenden sowie die über die Zwei-Jahres-Frist hinausgehende doppelte Haushaltsführung in einer Alleinverdienerehe noch nicht entschieden. Bei beruflicher Veranlassung der doppelten Haushaltsführung spricht vieles dafür, dass auch in diesen Fällen der Abzug der Aufwendungen für doppelte Haushaltsführung zu gewähren ist (vgl. ms, KÖSDI 2003, 13702).*

***Vermietung an Ehegatten kein Missbrauch**: Ein Missbrauch rechtlicher Gestaltungsmöglichkeiten i.S.d. § 42 AO liegt nicht vor, wenn ein Ehegatte dem anderen seine an dessen Beschäftigungsort belegene Wohnung im Rahmen einer doppelten Haushaltsführung zu fremdüblichen Bedingungen vermietet (BFH v. 11.3.2003 IX R 55/01, BStBl II 2003, 627).*

***Promotion**: Nach der Änderung der BFH-Rechtsprechung zur Abgrenzung von Fort- und Ausbildungskosten sind Promotionskosten eines wissenschaftlichen Mitarbeiters an der Juristischen Fakultät stets Werbungskosten. Zu den abzugsfähigen Kosten gehören auch Aufwendungen für eine durch die Promotion veranlasste doppelte Haushaltsführung. Ein Forschungsstipendium ist aufwendungsmindernd gegenzurechnen (FG Köln v. 20.2.2003, 10 K 3534/99, EFG 2003, 989, Rev., Az. des BFH: VI R 28/03).*

VII. Einkünfte aus Kapitalvermögen (§ 20 EStG)

1. Erstattungszinsen nach § 233a AO

Literatur: *Graf/Obermeier*, NWB Steuerrecht aktuell, Ausgabe 1/2003, Herne/Berlin 2003, 170.

Verwaltungsanweisungen: OFD Frankfurt v. 29.4.2003, Berücksichtigung von Erstattungszinsen als Einkünfte aus Kapitalvermögen, DB 2003, 1413, FR 2003, 741 = OFD Magdeburg v. 27.8.2003, DB 2003, 2040.

Die OFD Frankfurt hat mit Verf. v. 29.4.2003 (DB 2003, 1413, FR 2003, 741) zur Berücksichtigung von Erstattungszinsen als Einkünfte aus Kapitalvermögen wie folgt Stellung genommen:

> Erstattungszinsen gem. § 233a AO gehören zu den Einkünften aus Kapitalvermögen i.S.d. § 20 Abs. 1 Nr. 7 EStG. Bei den Nachzahlungszinsen handelt es sich grundsätzlich um nicht berücksichtigungsfähige private Schuldzinsen i.S.d. § 12 Nr. 3 EStG.
>
> Werden Erstattungszinsen festgesetzt, so sind diese bei dem Stpfl. Im Zeitpunkt des Zuflusses als Einnahmen aus Kapitalvermögen anzusetzen (§§ 11 Abs. 1 Satz 1, 20 Abs. 1 Nr. 7 EStG).
>
> Kommt es anschließend zu einer Änderung der zu Grunde liegenden Steuer zu Ungunsten des Stpfl. und damit auch zu einer abweichenden Festsetzung der Erstattungszinsen, d.h. zu einer (Teil-)Rückzahlung der zuvor erhaltenen Erstattungszinsen, so handelt es sich insoweit um negative Einnahmen aus Kapitalvermögen i.S.d. § 20 Abs. 1 Nr. 7 EStG. Diese sind im Zeitpunkt des Abflusses einkommensteuerrechtlich zu berücksichtigen (§ 11 Abs. 2 Satz 1 EStG).
>
> Die Verpflichtung zur Rückzahlung der erhaltenen Erstattungszinsen bestand bereits in dem Zeitpunkt, in dem die Stpfl. diese erhielten. Dies ergibt sich für die Einkommensteuer aus § 38 AO i.V.m. § 36 Abs. 1 EStG, wonach die Einkommensteuer mit Ablauf des Veranlagungszeitraumes entsteht.
>
> Wird sie zunächst in unzutreffender Höhe festgesetzt, basiert die Zinsberechnung nach § 233a AO auf der materiellrechtlich unzutreffend festgesetzten Einkommensteuer. Die Verpflichtung zur Rückzahlung der erhaltenen Erstattungszinsen besteht dem Grunde nach bereits im Zeitpunkt der unzutreffenden Zinsfestsetzung. Sie konkretisiert sich jedoch erst mit der geänderten Zinsfestsetzung. Irrelevant ist in diesem Zusammenhang der Grund der korrigierten Veranlagung.

Entsprechend sind auch Rückzahlungen von durch den Stpfl. beglichenen Nachzahlungszinsen zu beurteilen. Die Nachzahlungszinsen gehören zu den nicht abziehbaren Aufwendungen i.S.d. § 12 Nr. 3 EStG. Bei Rückzahlung dieser an den Stpfl. handelt es sich nicht um steuerpflichtige Erstattungszinsen, sondern um die Minderung zuvor festgesetzter Nachzahlungszinsen, die nicht von § 20 Abs. 1 Nr. 7 EStG erfasst werden. Die Nichtberücksichtigung ist auf die bisher geleisteten Nachzahlungszinsen begrenzt.

⇨ ***Hinweis***

Rückzahlung von Erstattungszinsen*: Erstattungszinsen sind als Kapitalerträge gem. § 233a AO zu versteuern (vgl. Graf/Obermeier, NWB Steuerrecht aktuell, Ausgabe 1/2003, 170, auch zur Verrechnung mit Nachzahlungszinsen). Die Rückzahlung von Erstattungszinsen führt im Zeitpunkt des Abflusses zu negativen Einnahmen aus Kapitalvermögen.*

Rückzahlung von Nachzahlungszinsen*: Nachzahlungszinsen können nicht steuerwirksam gemacht werden. Die Rückzahlung von Nachzahlungszinsen führt nicht zur Versteuerung.*

2. Halbeinkünfteverfahren

Verwaltungsanweisungen: OFD Frankfurt/M. v. 2.5.2003, Anwendung der Regelungen zum Halbeinkünfteverfahren bei Werbungskosten zu den Einkünften aus Gewinnanteilen (Dividenden) ab dem Veranlagungszeitraum 2001, wenn zunächst keine Gewinnausschüttungen erfolgen, StuB 2003, 712, DB 2003, 1412, FR 2003, 740.

Die OFD Frankfurt/M. hat mit Verf. v. 2.5.2003 (StuB 2003, 712, DB 2003, 1412, FR 2003, 740) zum Halbeinkünfteverfahren bei Werbungskosten zu den Einkünften aus Gewinnanteilen (Dividenden) ab dem Veranlagungszeitraum 2001, wenn zunächst keine Gewinnausschüttungen erfolgen, wie folgt Stellung genommen:

In Zusammenhang mit der Einführung des Halbeinkünfteverfahrens ist die Frage gestellt worden, ab welchem Veranlagungszeitraum die Werbungskosten zur Erlangung von inländischen Dividendenerträgen nur zur Hälfte abgezogen werden, wenn zunächst keine Gewinnausschüttung der GmbH erfolgt.

Der Sachverhalt stellt sich wie folgt dar: Der Stpfl. hält Anteile an einer GmbH im Privatvermögen. Das Wirtschaftsjahr der GmbH entspricht dem Kalenderjahr. Im Veranlagungszeitraum 2001 und in den darauf folgenden Veranlagungszeiträumen erfolgen keine Gewinnausschüttungen. Die Ertragsaussichten der GmbH sind jedoch nicht durchgreifend negativ, sodass von der Möglichkeit der Erzielung eines Totalüberschusses ausgegangen werden kann. Der Stpfl. erklärt in den Veranlagungszeiträumen 2001 und folgenden Werbungskosten (z.B. Schuldzinsen) im Zusammenhang mit der Beteiligung an der GmbH.

Es wird folgende Rechtsauffassung vertreten: Die Werbungskosten können bei der Ermittlung der Einkünfte für die Veranlagungszeiträume 2001 und folgende (unabhängig davon, ob Ausschüttungen erfolgen) nur zur Hälfte nach § 3c Abs. 2 EStG berücksichtigt werden.

Aufwendungen, die mit Einnahmen in Zusammenhang stehen, die dem Halbeinkünfteverfahren unterliegen, können gem. § 3c Abs. 2 EStG nur zur Hälfte als Werbungskosten (oder Betriebsausgaben etc.) berücksichtigt werden. Nach den Regelungen des § 52 Abs. 8a EStG ist die Vorschrift des § 3c Abs. 2 EStG erstmals auf Aufwendungen anzuwenden, die mit Erträgen in wirtschaftlichem Zusammenhang stehen, auf die § 3 Nr. 40 EStG erstmals anzuwenden ist. Diese Regelung steht im Widerspruch zu dem Wortlaut des § 3c Abs. 2 EStG. Denn danach dürfen die betreffenden Werbungskosten (Betriebsausgaben etc.) unabhängig davon, in welchem Veranlagungszeitraum die Einnahmen anfallen, bei der Ermittlung der Einkünfte nur zur Hälfte abgezogen werden.

In dem Veranlagungszeitraum 2001 wären die offenen Gewinnausschüttungen der GmbH nach dem Anrechnungsverfahren, andere Ausschüttungen bereits nach den Regelungen des Halbeinkünfteverfahrens erfolgt. Seit Beginn des Veranlagungszeitraums 2002 können nur noch Ausschüttungen stattfinden, die dem Halbeinkünfteverfahren unterliegen.

Nach dem Wortlaut des § 52 Abs. 8a EStG könnte man die Rechtsauffassung vertreten, dass erst ab dem Veranlagungszeitraum, in dem tatsächlich Einnahmen erzielt werden, die dem Halbeinkünfteverfahren unterliegen, die Werbungskosten (Betriebsausgaben) nur zur Hälfte einkünftemindernd zu berücksichtigen sind. Die Vorschrift des § 52 Abs. 8a EStG wurde jedoch vor dem Hintergrund gefasst, dass in jedem Veranlagungszeitraum Gewinnausschüttungen (offene und/oder sonstige) erfolgen: Es sollten Unklarheiten vermieden werden, wie der Werbungskostenabzug (Betriebsausgabenabzug etc.) vorgenommen werden soll, wenn in dem Veranlagungszeitraum 2001 eine offene Gewinnausschüttung erfolgt. Werbungskosten sind Aufwendungen zur Erwerbung, Sicherung und Erhaltung der Einnahmen. Sie werden also (auch) aufgewendet, um in den folgenden Veranlagungszeiträumen Einnahmen zu erzielen. Entsprechend dieser Auslegung des Webungskostenbegriffs und der Formulierung des § 3c Abs. 2 EStG hätte man ohne die Regelung des § 52 Abs. 8a EStG auch die Rechtsauffassung vertreten können, dass trotz der offenen Gewinnausschüttung, die noch nach den Regelungen des Anrechnungsverfahrens erfolgt, die Werbungskosten (Betriebsausgaben etc.) nur zur Hälfte berücksichtigt werden können.

Im Rahmen der Veranlagung der Einkünfte für das Jahr 2001 ist bereits bekannt, dass der Stpfl. aus seiner Beteiligung an der GmbH ausschließlich Einkünfte erzielen wird, die dem Halbeinkünfteverfahren unterliegen. Nach dem Wortlaut der Vorschrift des § 3c Abs. 2 EStG sind damit die Aufwendungen lediglich zur Hälfte zu berücksichtigen. Denn es ist nicht darauf abzustellen, ob die Einnahmen, die unter die Regelungen des § 3 Nr. 40 EStG fallen, und die damit in Zusammenhang stehenden Werbungskosten in einem Veranlagungszeitraum zu- bzw. abgeflossen sind. Zudem wendet der Stpfl. die Werbungskosten (Betriebsausgaben etc.) auf, um Einkünfte, die dem Halbeinkünfteverfahren unterliegen, in den folgenden Veranlagungszeiträumen zu erzielen.

Im Rahmen des § 3c Abs. 2 EStG a.F. (jetzt § 3c Abs. 1 EStG n.F.) ist ein ummittelbarer Zusammenhang der Einnahmen mit den Ausgaben für die Versagung des Abzugs der Aufwendungen notwendig. D.h. sie müssen innerhalb eines Veranlagungszeitraums (bzw. Gewinnermittlungszeitraums) zusammentreffen. Es besteht daher die Möglichkeit, durch eine Konzentration steuerfreier Einkünfte in einem Veranlagungszeitraum die Abzugsfähigkeit der Aufwendungen während der übrigen Zeiträume sicherzustellen (sog. Ballooning-Effekt).

Die Vorschrift des § 3c Abs. 2 EStG wurde dahingehend formuliert, dass ein unmittelbarer Zusammenhang zwischen den Einnahmen, die unter die Regelungen des § 3 Nr. 40 EStG fallen, und den damit zusammenhängenden Aufwendungen nicht notwendig ist. Der Ballooning-Effekt sollte folglich vermieden werden. Vertritt man aber die Rechtsauffassung, dass die Werbungskosten erst dann lediglich zur Hälfte einkünftemindernd berücksichtigt werden können, wenn tatsächlich Einnahmen erzielt wurden, die unter die Regelungen des § 3 Nr. 40 EStG fallen, läge – wenn auch in begrenztem Maß – der Ballooning-Effekt vor.

Des Weiteren ist es unbillig, zwischen dem vorliegenden Sachverhalt und dem Fall, dass in dem Veranlagungszeitraum 2002 eine offene Gewinnausschüttung erfolgt, daraufhin mehrere Kalenderjahre keine Ausschüttung stattfindet, durch unterschiedliche Berücksichtigung der Werbungskosten zu differenzieren.

Vorliegende Werbungskosten, die mit Dividendeneinkünften in wirtschaftlichem Zusammenhang stehen, dürfen, auch wenn zunächst keine Ausschüttungen erfolgen, bei der Ermittlung der Einkünfte ab dem Veranlagungszeitraum 2001 nur zur Hälfte abgezogen werden.

⇨ ***Hinweis***

Problem: Erstmalige Anwendung des § 3c Abs. 2 Satz 1 EStG*: Betriebsvermögensminderungen, Betriebsausgaben, Veräußerungskosten oder Werbungskosten, die mit den dem § 3 Nr. 40 EStG zu Grunde liegenden Betriebsvermögensmehrungen oder Einnahmen in wirtschaftlichem Zusammenhang stehen, dürfen unabhängig davon, in welchem VZ die Betriebsvermögensmehrungen oder Einnahmen anfallen, bei der Ermittlung der Einkünfte nur zur Hälfte abgezogen werden; Entsprechendes gilt, wenn bei der Ermittlung der Einkünfte der Wert des Betriebsvermögens oder des Anteils am Betriebsvermögen oder die Anschaffungs- oder Herstellungskosten oder der an deren Stelle tretende Wert mindernd zu berücksichtigen sind (§ 3c Abs. 2 Satz 1 EStG). Problematisch ist die erstmalige Anwendung dieser Vorschrift.*

Finanzverwaltung: Erstmalige Anwendung ab 2001*: Nach Auffassung der Finanzverwaltung ist § 3c Abs. 2 Satz 1 EStG erstmals für den VZ 2001 anzuwenden. Dies soll selbst dann gelten, wenn zunächst keine Gewinnausschüttungen vorgenommen werden.*

Unterschiedliche Meinungen*: In der Literatur werden unterschiedliche Meinungen vertreten, ab wann § 3c Abs. 2 Satz 1 EStG erstmalig anzuwenden ist (vgl. Neu, EFG 2003, 1071). Seifried (DStR 2001, 240, 241) vertritt die Meinung, dass diese Vorschrift nur auf Aufwendungen anzuwenden ist, die ab 1.1.2002 entstehen. Nach FG Düsseldorf v. 10.3.2003, 13 K 5410/02 E (DStRE 2003, 834, EFG 2003, 1070, rkr., obwohl Rev. zugelassen worden ist) kann diese Vorschrift jedenfalls nicht für Aufwendungen gelten, die vor dem 1.1.2001 entstanden sind.*

Steuerbescheide 2002 offen halten*: Die Finanzverwaltung wird jedenfalls für Bescheide vor 2001 im Regelfall den vollen Abzug der Werbungskosten akzeptieren. Bescheide für 2002, die nur einen hälftigen Abzug der*

Werbungskosten annehmen, sollte man in Anbetracht der Meinungsvielfalt in der Literatur bis zu einer höchstrichterlichen Entscheidung offen halten.

3. Scheinrenditen

a) Fall

Der Stpfl. beauftragte am 9.3.1992 eine AG, ihm einen Kredit über 900.000 DM zu beschaffen. Diesen Geldbetrag sollte er der AG unwiderruflich für 12 Monate zur Verfügung stellen. Nach Ablauf von 12 Monaten sollte der Stpfl. hierfür 5 v.H. Zinsen erhalten. Nach einer zusätzlichen Vereinbarung überwies der Stpfl. weitere 100.000 DM.

Der Stpfl. erhielt in der Folgezeit aus den Anlagen kleinere Ausschüttungen. Später stellte sich heraus, dass er einem Betrüger aufgesessen war.

b) Problem

Sind die Ausschüttungen als Einnahmen aus Kapitalvermögen zu versteuern? Sind die Zinsaufwendungen als Werbungskosten abziehbar?

c) Lösung

Keine Einkünfte aus Kapitalvermögen bei Betrugsopfer: Werden bei einem Kapitalanlagebetrag an den Anleger lediglich Teile des Anlagekapitals als angebliche Erträge der Anlage ausbezahlt, so liegen keine Einkünfte aus Kapitalvermögen vor (FG München v. 10.12.2002, 2 K 4246/99, DStRE 2003, 788, rkr., m. Anm. Schiffer/Schubert, StuB 2003, 660).

⇨ ***Hinweis***

***Schuldzinsen als vergebliche Werbungskosten**: Die Schuldzinsen sind als vergebliche Werbungskosten bei den Einkünften aus Kapitalvermögen* abziehbar.

VIII. Einkünfte aus Vermietung und Verpachtung (§ 21 EStG)

1. Anschaffungsnaher Aufwand

Vgl. Teil B.

2. Einkunftserzielungsabsicht

2.1 Befristete Vermietung

Verwaltungsanweisungen: BMF v. 15.8.2003, Einkunftserzielungsabsicht bei befristeten Vermietungen mit anschließender Selbstnutzung; Anwendung des BFH-Urteils v. 9.7.2002 BStBl II 2003, 695, BStBl I 2003, 427.

Das BMF hat mit Schreiben v. 15.8.2003 (BStBl I 2003, 427) zur Einkunftserzielungsabsicht bei befristeten Vermietungen mit anschließender Selbstnutzung und zur Anwendung des BFH-Urteils v. 9.7.2002 (BStBl II 2003, 695) wie folgt Stellung genommen:

Der BFH hat mit Urteil v. 9.7.2002 entschieden, wie bei den Einkünften aus Vermietung und Verpachtung die Einkunftserzielungsabsicht zu beurteilen ist, wenn aus einer nur befristeten Vermietung Werbungskostenüberschüsse erwirtschaftet werden und der Stpfl. nach dieser Vermietung das bebaute Grundstück oder die Wohnung selbst nutzt.

Unter Bezugnahme auf das Ergebnis der Erörterungen mit den obersten Finanzbehörden der Länder sind die Grundsätze dieses Urteils in den Fällen befristeter Vermietung mit anschließender Selbstnutzung erstmals auf Mietverträge anzuwenden, die nach dem 31.12.2003 abgeschlossen werden.

⇨ ***Hinweis***

Entscheidung des BFH*: Der BFH hat in seinem Urteil v. 9.7.2002 IX R 57/00 (BStBl II 2003, 695, m. Anm. BT, DStR 2002, 1613; Heuermann, DB 2002, 2011) folgende Grundsätze aufgestellt:*

- ***Keine Einkunftserzielungsabsicht bei kurzfristiger Vermietung****: Bei einer wegen beabsichtigter Selbstnutzung von vornherein nur kurzfristig angelegten Vermietungstätigkeit fehlt es an der Einkunftserzielungsabsicht, wenn der Stpfl. in diesem Zeitraum kein positives Gesamtergebnis erreichen kann.*

- ***Einbeziehung von Subventions- und Lenkungsnormen****: Negative Einkünfte auf Grund von steuerrechtlichen Subventions- und Lenkungsnormen sind bei einer kurzfristig angelegten Vermietungstätigkeit in die entsprechend befristete Totalüberschussprognose einzubeziehen, wenn der jeweilige Zweck der Subventions- und Lenkungsnorm sowie die Art der Förderung dies gebieten (Abgrenzung zu BFH v. 30.9.1997 IX R 80/94, BStBl II 1998, 771).*

- ***Sonderabschreibungen einbeziehen****: Geltend gemachte Sonderabschreibungen nach den §§ 1, 3 und 4 FördG sind in eine befristete Prognose einzubeziehen.*

Erstmalige Anwendung bei Abschluss des Mietvertrags nach dem 31.12.2003*: Die Finanzverwaltung wendet dieses Urteil in den Fällen befristeter Vermietung mit anschließender Selbstnutzung erstmals auf Mietverträge an, die nach dem 31.12.2003 abgeschlossen werden.*

Anspruch auf Bejahen der Einkunftserzielungsabsicht*: Nach einem Kommentar von Stein (DStR 2003, 1661) hat der Stpfl. keinen Rechtsanspruch darauf, dass eine Liebhaberei-Prüfung unterbleibt. Dies ist nicht zutreffend. Selbstverständlich kann sich der Stpfl. auf das BMF v. 15.8.2003 (BStBl I 2003, 427) berufen. Man muss allerdings vermeiden, dass das FA eine Einspruchsentscheidung erlässt. Aus diesem Grund sollte man im Einspruchsverfahren einen Erörterungstermin (§ 364a AO) beantragen und, wenn das FA das BMF-Schreiben v. 15.8.2003 (BStBl I 2003, 427) nicht beachten will, die vorgesetzten Dienststellen (OFD, Ministerium) einschalten.*

2.2 Verbilligte Überlassung

Literatur: Vgl. *Graf/Obermeier*, NWB Steuerrecht aktuell, Ausgabe 1/2003, Herne/Berlin 2003, 189; *Wübbelsmann*, Verbilligte Vermietung an Angehörige – Fußangeln bei einer möglichen Vertragsanpassung, EStB 2003, 361.

Verwaltungsanweisungen: BMF v. 29.7.2003, Einkünfteerzielungsabsicht bei verbilligter Überlassung einer Wohnung (§ 21 Abs. 2 EStG); BFH-Urteil v. 5.11.2002 (BStBl II 2003, 646), BStBl I 2003, 405.

Das BMF hat mit Schreiben v. 29.7.2003 (BStBl I 2003, 405) zur Einkünfteerzielungsabsicht bei verbilligter Überlassung einer Wohnung (§ 21 Abs. 2 EStG) und zum BFH-Urteil v. 5.11.2002 (BStBl 2003 II, 646) wie folgt Stellung genommen:

> Unter Bezugnahme auf das Ergebnis der Erörterungen mit den obersten Finanzbehörden der Länder nimmt das BMF zur Einkünfteerzielungsabsicht bei verbilligter Überlassung einer Wohnung wie folgt Stellung:
>
> Nach § 21 Abs. 2 EStG ist die Nutzungsüberlassung in einen entgeltlichen und in einen unentgeltlichen Teil aufzuteilen, wenn das Entgelt für die Überlassung einer Wohnung zu Wohnzwecken weniger als 50 v.H. der ortsüblichen Marktmiete beträgt. Der BFH hat mit Urteil v. 5.11.2002 IX R 48/01 (BStBl II 2003, 646) eine Aufteilung auch für Mieten von mindestens 50 v.H. der Marktmiete vorgenommen, wenn die auf Grund einer verbilligten Vermietung angezeigte Überschussprognose zur Überprüfung der Einkünfteerzielungsabsicht negativ ist. Bei einer langfristigen Vermietung sei grundsätzlich nur dann von dem Vorliegen einer Einkünfteerzielungsabsicht auszugehen, solange der Mietzins nicht weniger als 75 v.H. der ortsüblichen Marktmiete betrage. Betrage er allerdings 50 v.H. und mehr, jedoch weniger als 75 v.H., sei die Einkünfteerzielungsabsicht anhand einer Überschussprognose zu prüfen. Führe diese zu positiven Ergebnissen, seien die mit der verbilligten Vermietung zusammenhängenden Werbungskosten in voller Höhe abziehbar. Sei die Überschussprognose indes negativ, so müsse die Vermietungstätigkeit in einen entgeltlichen und einen unentgeltlichen Teil aufgeteilt werden. Die anteilig auf den entgeltlichen Teil entfallenden Werbungskosten seien abziehbar.
>
> Die Grundsätze dieses Urteils sind erst ab dem Veranlagungszeitraum 2004 anzuwenden.

⇨ ***Hinweis***

***Entscheidung des BFH**: Der BFH hat in seinem Urteil v. 5.11.2002 IX R 48/01 (BStBl II 2003, 646, m. Anm. Heuermann, DB 2003, 112; Serafini, GStB 2003, 54; Siebenhüter, EStB 2003, 43; Kanzler, FR 2003, 242; Paus, DStZ 2003, 189; L. Fischer, KFR F. 3 EStG § 21, 2/03, 139; Graf/Obermeier, NWB Steuerrecht aktuell, Ausgabe 1/2003, 189) folgende Grundsätze aufgestellt:*

- ***Verbilligte Überlassung bei mindestens 75 v.H. der ortsüblichen Marktmiete**: Bei einer langfristigen Vermietung ist grundsätzlich von dem Vorliegen einer Einkünfteerzielungsabsicht auszugehen, solange* *der Mietzins nicht weniger als 75 v.H. der ortsüblichen Marktmiete beträgt.*

- ***Verbilligte Überlassung bei mindestens 50 v.H., aber weniger als 75 v.H. der ortsüblichen Marktmiete**: Beträgt der Mietzins 50 v.H. und mehr, jedoch weniger als 75 v.H. der ortsüblichen Marktmiete, so ist die Einkünfteerzielungsabsicht anhand einer Überschussprognose zu prüfen. Ist die Überschussprognose positiv, sind die mit der verbilligten Vermietung zusammenhängenden Werbungskosten in voller Höhe abziehbar. Ist die Überschussprognose negativ, ist die Vermietungstätigkeit in einen entgeltlichen und einen unentgeltlichen Teil aufzuteilen; die anteilig auf den entgeltlichen Teil entfallenden Werbungskosten sind abziehbar.*

- ***Verbilligte Überlassung bei weniger als 50 v.H. der ortsüblichen Marktmiete**: Beträgt der Mietzins weniger als 50 v.H. der ortsüblichen Marktmiete, sind die mit der Vermietungstätigkeit zusammenhängenden Werbungskosten gem. § 21 Abs. 2 EStG insoweit abziehbar, als sie anteilig auf den entgeltlichen Teil der Vermietung entfallen.*

Checkliste: Verbilligte Vermietung

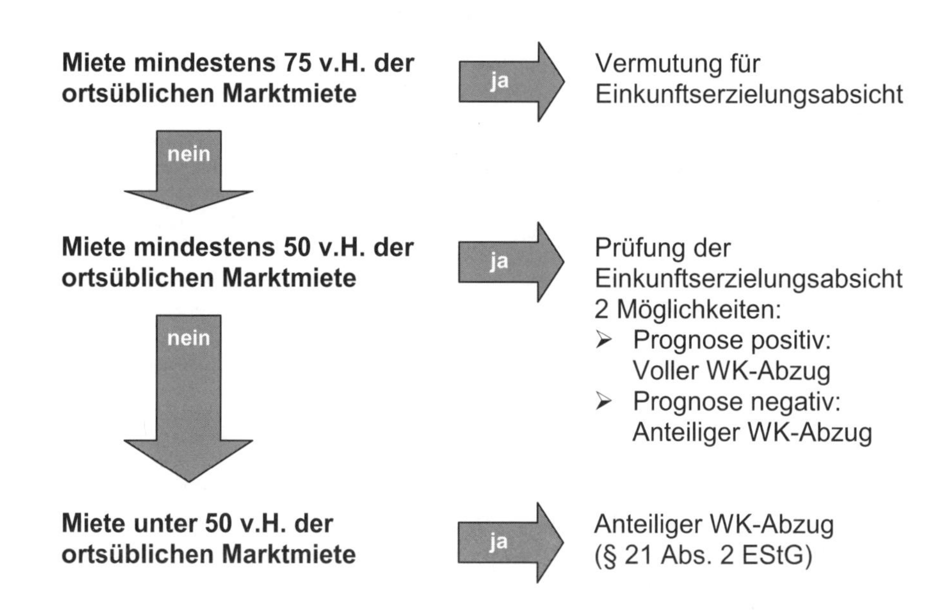

⇨ ***Hinweis***

***Erstmalige Anwendung ab VZ 2004**: Nach dem vorstehend abgedruckten BMF-Schreiben sind die Grundsätze erst ab dem VZ 2004 anzuwenden. Es kommt also nicht auf den Vertragsabschluss an; vielmehr fallen auch die alten Verträge unter die neue BFH-Rechtsprechung.*

***Mietverträge anpassen**: Eine sichere Gestaltung bietet nur eine Miete i.H.v. 75 v.H. der ortsüblichen Marktmiete. Daher ist zunächst daran zu denken, die Miete entsprechend anzupassen.*

***Mieterhöhung maximal 20 v.H. innerhalb von drei Jahren**: Nach der Neuregelung darf die Miete innerhalb von drei Jahren um nicht mehr als 20 v.H. angehoben werden (§§ 557 Abs. 3, 558 Abs. 3 BGB). Dies gilt grundsätzlich auch für alte Mietverträge (zu den Ausnahmen vgl. Art. 299 § 3 EGBGB). Soweit der Mieter der Mieterhöhung zustimmt, schuldet er die erhöhte Miete mit Beginn des dritten Kalendermonats nach dem Zugang des Erhöhungsverlangens (§ 558b Abs. 1 BGB). Der Vermieter müsste also dem Mieter das Erhöhungsverlangen noch im Oktober 2003 zukommen lassen, damit die Mieterhöhung zum 1.1.2004 in Kraft treten könnte. Eine zum Nachteil des Mieters abweichende Vereinbarung ist unwirksam (§ 558b Abs. 3 BGB). Wenn den Mieter das Erhöhungsverlangen erst im November 2003 erreicht, kann die Mieterhöhung erst ab Februar 2004 berücksichtigt werden.*

***Größere Mieterhöhung unwirksam**: Eine Mieterhöhung von 50 v.H. auf 75 v.H. würde jedoch eine Erhöhung um 50 v.H. bedeuten. Das wäre mietvertraglich nicht zulässig und damit zivilrechtlich unwirksam (§ 558 Abs. 6 BGB).*

***Verstoß gegen Fremdvergleich**: Neben der zivilrechtlichen Problematik, die Miete nicht angemessen erhöhen zu können, ist noch auf den Fremdvergleich hinzuweisen. Wenn der Mieter – im Regelfall ein Angehöriger – mit einer mietvertraglich unzulässigen Mieterhöhung einverstanden wäre, würde dies dem Fremdvergleich widersprechen, da ein fremder Dritter mit einer solchen Mieterhöhung nicht einverstanden wäre.*

***Abschluss eines neuen Mietvertrags**: Als Ausweg empfiehlt der Ring Deutscher Makler (RDM), mit dem Mieter einen neuen Mietvertrag mit der entsprechend angepassten Miete abzuschließen. Dazu sollte der Mieter seine klare Einwilligung geben, damit der Vertrag später nicht anfechtbar sei. Auch diese Möglichkeit scheidet u.E. aus, da auch diese Gestaltung dem Fremdvergleich widersprechen bzw. einen Gestaltungsmissbrauch darstellen würde.*

⇨ ***Gestaltungshinweis***

***Sukzessive Erhöhung**: Es ist zu empfehlen, die Miete entsprechend den Möglichkeiten des BGB sukzessive zu erhöhen, um dann mittelfristig auf eine Miete von 75 v.H. der ortsüblichen Marktmiete zu kommen. Bis dieser Satz erreicht ist, sollte man versuchen, die Einkunftserzielungsabsicht glaubhaft zu machen. Man könnte dann in die erforderliche Prognose die vorgesehenen Mieterhöhungen einrechnen.*

2.3 Weitere Entscheidungen zur Einkunftserzielungsabsicht

Verbilligte Überlassung; Aufteilung in entgeltlichen und unentgeltlichen Teil: Wird die Nutzungsüberlassung in den Fällen des § 21 Abs. 2 EStG in einen entgeltlichen und in einen unentgeltlichen Teil aufgeteilt, so ist das in der verbilligten Miete liegende nicht marktgerechte Verhalten des Stpfl. für die Prüfung seiner Einkünfteerzielungsabsicht im Rahmen des entgeltlichen Teils ebenso wenig bedeutsam wie für den Fremdvergleich (BFH v. 22.7.2003 IX R 59/02, DStR 2003, 1742).

Gleichzeitige Verkaufs- und Vermietungsabsicht: Einkunftserzielungsabsicht liegt nicht vor, wenn der Stpfl. langfristig keinen Überschuss der Einnahmen über die Werbungskosten anstrebt, das bebaute Grundstück nach zwei Jahren wieder verkauft und offen lässt, ob er langfristig vermieten oder kurzfristig verkaufen will (FG Rheinland-Pfalz v. 20.3.2003, 4 K 2699/98, EFG 2003, 851, rkr.).

Erfolglose Verkaufsbemühungen: Der Erwerber eines mit einem Geschäftshaus bebauten Grundstücks kann Finanzierungskosten nur dann als Werbungskosten bei den Einkünften aus Vermietung und Verpachtung abziehen, wenn im Zeitpunkt der Verausgabung feststeht, dass das Objekt vermietet werden soll. Liegen aber positive Anhaltspunkte dafür vor, dass er (auch) eine neben der Vermietungsabsicht mindestens gleichwertige Absicht hat, die Immobilie bei der nächstbesten Gelegenheit zu verkaufen, kann er sich nicht mehr überzeugend darauf berufen, dass er noch die Absicht zur Erzielung eines Totalgewinns durch langfristige Fremdvermietung habe. Dies gilt auch dann, wenn die Verkaufsbemühungen nicht zum Erfolg führen (FG Berlin v. 12.12.2000, 7 K 7333/98, EFG 2002, 252, Rev., Az. des BFH: IX R 56/01).

Bauherrenmodell und Wiederverkaufsgarantie: In die Prüfung, ob einer Wiederverkaufsgarantie Indizwirkung für eine von Anfang an bestehende Verkaufsabsicht zukommt, müssen im Rahmen der Gesamtwürdigung auch spätere Ereignisse und Tatsachen wie z.B. der Umstand mit einbezogen werden, dass die Garantei tatsächlich nicht in Anspruch genommen worden ist (BFH v. 25.3.2003 IX R 21/99, BFH/NV 2003, 1168; IX R 56/00, BFH/NV 2003, 1170).

3. Angehörige

3.1 Fremdvergleich

a) Fall

Die Stpfl. hatten im Jahr 1997 das Dachgeschoss ihres selbstgenutzten Hauses mit drei Zimmern ausgebaut. Den neu geschaffenen Wohnraum nutzten sie zum Teil selbst (Schlafzimmer und Bad), ein Zimmer vermieteten sie an ihren Sohn M. Dieser war seit Dezember 1997 als Diplom-

Kaufmann in Z beschäftigt und nutzte das Zimmer daher nur am Wochenende und über die Weihnachtsfeiertage. Der am 1.12.1997 geschlossene Formularmietvertrag sieht als Mietgegenstand 1 Zimmer sowie ½ Flur vor, die Miete betrug monatlich 200 DM und die Nebenkosten wurden mit pauschal 20 DM berechnet.

b) Problem

Ist bei diesem Mietvertrag der Fremdvergleich beachtet worden?

c) Lösung

Keine Anerkennung eines Mietvertrags bei Haushaltsgemeinschaft: Ein steuerlich anzuerkennendes Mietverhältnis liegt nicht vor, wenn die persönliche Beziehung der Partner Grundlage des gemeinsamen Wohnens ist. Das Vermieten von Teilen einer Wohnung an im Haushalt lebende Mitbewohner wird generell steuerlich nicht anerkannt (FG Hessen v. 17.2.2003, 6 K 2178/00, EFG 2003, 850, rkr.).

Indizien für das Vorliegen einer Haushaltsgemeinschaft: Sieht ein Mietvertrag zwischen Angehörigen nur die Vermietung eines Zimmers mit halbem Flur vor, ohne dass Vereinbarungen zu Bad, WC und Küche getroffen worden sind, spricht dies für das Vorliegen einer Haushaltsgemeinschaft (FG Hessen v. 17.2.2003, 6 K 2178/00, EFG 2003, 850, rkr.).

Fehlen einer klaren und eindeutigen Vereinbarung hinsichtlich der Überlassung der Mietsache: Da es unter Fremden unüblich ist, einem Mieter die Mitbenutzung von eigener Küche, Bad und WC einzuräumen, wenn der Mietvertrag lediglich die Überlassung eines Zimmers und des halben Flures regelt, fehlt es an einer klaren und eindeutigen Vereinbarung hinsichtlich der Überlassung der Mietsache, so dass der Mietvertrag keine steuerliche Anerkennung findet (FG Hessen v. 17.2.2003, 6 K 2178/00, EFG 2003, 850, rkr.).

⇨ ***Hinweis***

***Besuchsweise Aufenthalte; unzureichende Nebenkostenabrede**: Ob einem Mietvertrag zwischen nahen Angehörigen die steuerliche Anerkennung zu versagen ist, weil die Wohnung tatsächlich nur für besuchsweise Aufenthalte genutzt worden ist, hängt von der Gesamtheit der objektiven Gegebenheiten ab. Besondere Bedeutung kommt dabei z.B. der Motivation, den näheren Umständen der Aufenthalte am Hauptwohnsitz und im Haus der Angehörigen, der Ausgestaltung der Verhältnisse und dem Verhältnis der Aufenthalte am Hauptwohnsitz und am Ort der Angehörigen zu (vgl. FG Baden-Württemberg v. 7.7.1997, 6 K 207/94). Im Streitfall wurde die Vermietung einer Einliegerwohnung durch Eheleute an ihre Eltern/Schwiegereltern steuerlich nicht anerkannt, weil diese nur 34 km vom Mietobjekt entfernt ein eigenes Haus mit Hauptwohnsitz bewohnt haben, sich in der Einliegerwohnung nicht häufig und auch nicht gelegentlich* *über einen längeren Zeitraum aufgehalten haben und die getroffene Nebenkostenabrede unzureichend und zwischen Fremden unüblich war (FG Baden-Württemberg v. 11.12.2002, 7 K 186/01, EFG 2003, 602, rkr.). Die Nebenkosten wurden pauschal und nicht kostendeckend abgerechnet.*

***Mietzahlung erforderlich**: Ein Mietverhältnis ist nur dann steuerrechtlich anzuerkennen, wenn (neben dem Überlassen der Mietsache) feststeht, dass der Mieter die Miete gezahlt und diese tatsächlich endgültig in das Vermögen des Vermieters übergegangen ist. Das Feststellen der tatsächlichen Voraussetzungen obliegt dem FG; dieses hat in seine Beurteilung das gesamte in den Streitjahren verfügbare Einkommen des Mieters einzubeziehen (BFH v. 28.1.2003 IX R 53/00, BFH/NV 2003, 768).*

***Anerkennung eines Kaufvertrags bei gemeinsamer Verfügungsbefugnis über Kaufpreis**: Wird bei der Veräußerung eines Miteigentumsanteils an einer Eigentumswohnung unter Ehegatten der Kaufpreis auf deren gemeinsames Girokonto gezahlt und sodann in der gemeinsamen Verfügungsbefugnis unterliegende Fondsanteile angelegt, so ist unter Gesamtwürdigung der Umstände dennoch bezüglich des Veräußerungsentgelts von einem Wechsel der Vermögenssphären und damit einer fremdüblichen Durchführung des Kaufvertrags auszugehen, wenn nach mündlicher oder stillschweigend vereinbarter Regelung im Innenverhältnis das Zugriffsrecht auf den Geldbetrag sowie die hiermit erworbenen Fondsanteile allein dem Verkäufer zustehen sollte (FG Düsseldorf v. 2.10.2002, 16 K 2493/00 E, DStRE 2003, 843, EFG 2003, 773, Rev., Az. des BFH: IX R 5/03).*

3.2 Gestaltungsmissbrauch

Literatur: Thürmer, Wohnungsvermietung an ein unterhaltsberechtigtes Kind, DB 2003, 1012; *Graf/Obermeier*, NWB Steuerrecht aktuell, Ausgabe 1/2003, Herne/Berlin 2003, 203; *Formel*, Fremdübliche Vermietung an Eltern kein Gestaltungsmissbrauch, EStB 2003, 125; *Günther*, Neue Gestaltungsmöglichkeiten bei der Vermietung an Angehörige, GStB 2003, 205; *Heuermann*, Vermieten als angemessenes Gestalten, BB 2003, 1465; *Brandt*, Mietvertrag mit Angehörigen ist auch anzuerkennen, wenn diese dem Vermieter ein anderes Wohnobjekt unentgeltlich überlassen, KFR F. 3 EStG § 21, 4/03, 275; *Heuermann*, Kein Missbrauch, wenn der Stpfl. im Rahmen der doppelten Haushaltsführung die Eigentumswohnung des Ehepartners mietet, KFR F. 2 AO § 42, 1/03, 323.

3.2.1 Vermietung an Ehegatten bei doppelter Haushaltsführung

a) Fall

Die Stpfl. sind Eheleute, die zur Einkommensteuer zusammen veranlagt werden. Sie bewohnen die Erdgeschosswohnung eines ihnen jeweils zu ½ gehörenden Zweifamilienhauses. Sie sind ferner Miteigentümer zu je ½ eines weiteren Zweifamilienhauses. Der Ehemann ist seit dem 1.6.1992 Geschäftsführer einer GmbH in einem ca. 100 km entfernt liegenden Ort. Dort bezog er als Zweitunterkunft zunächst eine von der GmbH zur Verfügung gestellte Wohnung und kehrte an den Wochenenden wieder in die Familienwohnung zurück. Die Ehefrau ist Hausfrau. Sie erzielt gemeinsam mit dem Ehemann Einkünfte aus der Vermietung der Dachgeschosswohnung des von ihnen zum Teil selbstgenutzten Hauses sowie aus der Vermietung des weiteren Zweifamilienhauses.

1994 erwarb die Ehefrau eine Eigentumswohnung unweit des Arbeitsorts des Klägers. Zur Finanzierung des Kaufpreises der 63,31 qm großen Wohnung (215.000 DM) nahm sie zwei Darlehen auf, gesichert durch eine Grundschuld an der Eigentumswohnung sowie durch eine Bürgschaft des Ehemannes. Ab dem 1.4.1994 vermietete die Ehefrau die Eigentumswohnung an den Ehemann. Die monatliche Miete von 12 DM/qm überwies er vereinbarungsgemäß auf das (Objekt-)Konto der Ehefrau. Von diesem Konto beglich sie die Zins- und Tilgungsleistungen für die beiden Darlehen. Sollsalden glich sie aus, indem sie im Einverständnis mit dem Ehemann von dem gemeinsamen Girokonto beider Eheleute, das im Wesentlichen aus dem Geschäftsführergehalt des Ehemannes gespeist wurde, bei Fälligkeit der Zins- und Tilgungsleistungen jeweils 6.000 DM auf ihr (Objekt-)Konto überwies.

b) Problem

Ist die Vermietung der Wohnung der Ehefrau an den Ehemann anzuerkennen?

c) Lösung

Kein Gestaltungsmissbrauch: Ein Missbrauch rechtlicher Gestaltungsmöglichkeiten i.S.d. § 42 AO liegt nicht vor, wenn ein Ehegatte dem anderen seine an dessen Beschäftigungsort belegene Wohnung im Rahmen einer doppelten Haushaltsführung zu fremdüblichen Bedingungen vermietet (BFH 11.3.2003 IX R 55/01, BStBl II 2003, 617, m. Anm. erl, StuB 2003, 619; Heuermann, BB 2003, 1465; ders., KFR F. 2 AO § 42, 1/03, 323; kk, KÖSDI 2003, 13785; Fischer, FR 2003, 777).

⇨ ***Hinweis***

***Interessante Gestaltungsmöglichkeit**: Bei dieser Gestaltung erzielt die Ehefrau – im Regelfall negative – Einkünfte aus Vermietung und Verpachtung, der Ehemann kann seine Aufwendungen im Rahmen der doppelten Haushaltsführung abziehen. Insoweit ist darauf hinzuweisen, dass das BVerfG in seiner Entscheidung v. 4.12.2002 2 BvR 400/98 und 1735/00 (BStBl II 2003, 534) in Fällen der Kettenabordnung und beiderseitiger Berufstätigkeit der Ehegatten die Beschränkung der doppelten Haushaltsführung auf zwei Jahre für verfassungswidrig erklärt hat (vgl. dazu auch BMF v. 13.6.2003, BStBl I 2003, 341, vorläufige Steuerfestsetzung).*

***Kein Gestaltungsmissbrauch trotz Bürgschaft und Finanzierung durch Ehemann**: Der BFH hat es als nicht schädlich angesehen, dass*

- *der Ehemann gegenüber der Bank für seine Ehefrau eine Bürgschaft übernommen hatte und*
- *Finanzierungsdefizite durch Überweisung von einem gemeinsamen Girokonto ausgeglichen wurden, das im Wesentlichen aus dem Geschäftsführergehalt des Ehemannes gespeist wurde.*

3.2.2 Vermietung an Eltern und unentgeltliche Überlassung

a) Fall

Die Eltern des Stpfl. sind Eigentümer eines Wohngrundstücks, das sie bis 1994 selbst nutzten. Zum 1.7.1994 erwarb der Stpfl. das benachbarte Wohngrundstück in derselben Straße und vermietete es an die Eltern, deren Haus er seitdem unentgeltlich bewohnt. Der von seinen Eltern zu zahlende Mietzins beträgt nach dem schriftlichen Mietvertrag 2.500 DM; Nebenkosten sind von ihnen selbst und unmittelbar zu tragen. Im Streitjahr 1994 erzielte der Stpfl. aus der Vermietung seines Hauses an die Eltern einen Werbungskostenüberschuss i.H.v. 88.719 DM.

b) Problem

Ist der Mietvertrag des Stpfl. mit seinen Eltern anzuerkennen?

c) Lösung

Kein Gestaltungsmissbrauch: Vermietet der Stpfl. sein Haus zu fremdüblichen Bedingungen an seine Eltern, kann er die Werbungskostenüberschüsse bei seinen Einkünften aus Vermietung und Verpachtung auch dann abziehen, wenn er selbst ein Haus seiner Eltern unentgeltlich zu Wohnzwecken nutzt; ein Missbrauch steuerrechtlicher Gestaltungsmöglichkeiten i.S.d. § 42 AO liegt insoweit nicht vor (BFH v. 14.1.2003 IX R 5/00, BStBl II 2003, 509, m. Anm. Brandt, KFR F. 3 EStG § 21, 4/03, 275; Formel, EStB 2003, 125; Günther, GStB 2003, 205; Heuermann, INF 2003, 288; ders., BB 2003, 1465; kk, KÖSDI 2003, 13668).

⇨ ***Hinweis***

***Problem: Überkreuzvermietung**: Bei vorstehend geschildertem Sachverhalt handelt es sich nicht um eine Überkreuzvermietung (wechselseitige Vermietung). Diese Vermietungen sind als rechtsmissbräuchlich anzusehen, wenn sie allenfalls geringfügig unterschiedliche Wohnungen betreffen, die von zwei Personen angeschafft oder hergestellt werden, um sie sogleich wieder („über Kreuz“) dem jeweils anderen in der Weise zu vermieten, dass sich die Vorgänge wirtschaftlich neutralisieren (vgl. BFH* *v. 19.6.1991 IX R 134/86, BStBl II 1991, 904, m.w.N.; v. 12.9.1995 IX R 54/93, BStBl II 1996, 158; zur Umsatzsteuer BFH v. 25.1.1994 IX R 97, 98/90, BStBl II 1994, 738). Denn eine derartige Überkreuzvermietung ist regelmäßig allein dadurch veranlasst, dass die Beteiligten Schuldzinsen und sonstige Belastungen als Werbungskosten bei den Einkünften aus Vermietung und Verpachtung geltend machen können, die andernfalls, bei einer Wohnnutzung der jeweils eigenen Wohnung, nicht steuermindernd anzusetzen wären (BFH v. 19.6.1991 IX R 134/86, BStBl II 1991, 904).*

***Im Streitfall keine Überkreuzvermietung**: Diese Voraussetzungen liegen im Streitfall ersichtlich nicht vor, weil für das vom Stpfl. tatsächlich zu eigenen Wohnzwecken genutzte Haus der Eltern keine Werbungskosten geltend gemacht werden und das von den Eltern genutzte Haus des Stpfl. tatsächlich – dem typischen Bild eines Mietverhältnisses entsprechend gegen Entgelt – fremdgenutzt wird.*

***Erhöhung der Barleistungen auf Grund dauernder Last und gleichzeitige Vermietung neugeschaffenen Wohnraums**: Eine Erhöhung der Barunterhaltsleistung, die bei einem Hofüberlassungsvertrag unter zeitweisem Verzicht auf die Ausübung des unentgeltlichen Wohnrechts der Altenteiler nachträglich vereinbart wird, kann an Stelle der anteiligen Wohnkosten als dauernde Last abgezogen werden. In der gleichzeitigen Vermietung neugeschaffenen Wohnraums an die Altenteiler zu einem der Barunterhaltserhöhung entsprechenden Entgelt liegt kein Missbrauch rechtlicher Gestaltungsmöglichkeiten, da keine Verpflichtung zur unentgeltlichen Überlassung dieser Räumlichkeiten besteht (FG Düsseldorf v. 10.2.2003, 7 K 2264/00 E, EFG 2003, 743, Rev., Az. des BFH: IX R 22/03).*

3.2.3 Vermietung an unterhaltsberechtigtes Kind

a) Fall

Die Stpfl. erwarben 1990 für 115.000 DM eine 54 qm große Eigentumswohnung in X, die sie ihrer dort seit dem Wintersemester 1990/91 studierenden Tochter ab 1.12.1990 vermieteten. Die monatliche Miete von 296 DM (plus 54 DM Nebenkosten) lag im Rahmen des Mietspiegels. Die Tochter überwies die Miete monatlich bei Fälligkeit von ihrem Konto auf ein Konto der Kläger. Sie erhielt ihrerseits von den Klägern eine Studienbeihilfe i.H.v. 900 DM pro Monat und in einem Monat 1.100 DM. Die Großeltern unterstützten ihre Enkelin mit monatlichen Zahlungen von 400 DM.

b) Problem

Ist das Mietverhältnis steuerrechtlich anzuerkennen?

c) Lösung

Kein Gestaltungsmissbrauch: Vermieten Eltern ihrer unterhaltsberechtigten Tochter eine ihnen gehörende Wohnung, dann ist der Mietvertrag nicht deshalb rechtsmissbräuchlich i.S.d. § 42 AO 1977, weil das Kind die Miete auch aus dem Barunterhalt der Eltern zahlt (BFH v. 17.12.2002 IX R 18/00, BFH/NV 2003, 749; IX R 58/00, BFH/NV 2003, 750; IX R 58/00, DB 2003, 1038, m. Anm. Graf/Obermeier, NWB Steuerrecht aktuell, Ausgabe 1/2003, 203, auch zu den Grenzen dieser Gestaltung; IX R 35/99, BFH/NV 2003, 611; Anschluss an BFH v. 19.10.1999 IX R 39/99, BStBl II 2000, 224 und IX R 30/98, BStBl II 2000, 223, m. Anm. Schiffer, StuB 2000, 93; P. Fischer, FR 2000, 206; Heuermann, KFR F. 3 EStG § 21, 2/00, 129).

⇨ ***Hinweis***

***Verrechnung mit Barunterhalt**: Vermieten Eltern ihrem unterhaltsberechtigten Kind eine ihnen gehörende Wohnung, dann ist der Mietvertrag nicht deshalb rechtsmissbräuchlich i.S.d. § 42 AO, weil das Kind die Miete durch Verrechnung mit dem Barunterhalt der Eltern zahlt (BFH v. 19.10.1999 IX R 30/98, BStBl II 2000, 223; H 162a EStH „Vermietung an Unterhaltsberechtigte“).*

⇨ ***Gestaltungshinweis***

***Kombination mit verbilligter Miete**: Große Steuersparmöglichkeiten ergeben sich, wenn diese Rechtsprechungsänderung mit einer verbilligten Miete nach § 21 Abs. 2 EStG kombiniert wird (vgl. dazu S. 151).*

***Alternative Gestaltung über EigZulG**: Neben der Gestaltung mit einer Vermietung besteht noch die Möglichkeit, dem Kind die Wohnung unentgeltlich zu überlassen. Die Eltern erhalten dann bei Vorliegen weiterer Voraussetzungen Eigenheimzulage (§ 4 Satz 2 EigZulG). Ob eine Vermietung oder eine unentgeltliche Überlassung günstiger ist, ist auf Grund der Umstände des Einzelfalls zu entscheiden.*

4. Absetzung für Abnutzung (AfA)

4.1 Seniorenwohnanlage

Literatur: *Steiner*, „Wohnen“ Senioren im steuerlichen Sinne?, DStZ 2003, 614.

a) Fall

Der Stpfl. erwarb mit notariellen Verträgen vom 14.10.1993 und 24.1.1994 je einen Miteigentumsanteil an einem Grundstück, verbunden mit dem Sondereigentum an Pflegezimmern. In den Verträgen ist jeweils vermerkt, dass die Verkäufer beabsichtigten, auf dem Grundbesitz ein Seniorenstift mit 49 Wohnungen, 30 Pflegezimmern, Pflegestation und sonstigen Nebeneinrichtungen sowie gewerblichen Einheiten (Restaurant, Büros usw.) zu errichten.

Die Verkäufer stellten das oben angeführte Seniorenstift im Jahre 1995 fertig. Nach den dem FA vorgelegten Unterlagen wurde in der Folgezeit mit den Bewohnern des Wohnbereichs ein Seniorenbetreuungsvertrag und mit den Bewohnern der Pflegestation ein sog. Heimvertrag abgeschlossen. Danach wurden diesen Bewohnern u.a. folgende Leistungen erbracht: Volle Verpflegung im Haus – auf Wunsch auch im Zimmer –, Zimmer- und Wäschereinigung, Nutzung der Geräte des hauswirtschaftlichen Bereichs und der Notrufeinrichtung sowie Pflege einschließlich Behandlungspflege, d.h. Pflegedienste im Zusammenhang mit ärztlichen Verordnungen, z.B. Verabreichung von Medikamenten. Die Bewohner hatten freie Arztwahl. Die ärztlichen Leistungen des Hausarztes waren nicht Gegenstand des Heimvertrags. Die Kosten für einen Platz in einem Pflegedoppelzimmer waren nach der Pflegestufe der Bewohner gestaffelt.

b) Problem

Dienen die Wohnungen Wohnzwecken i.S.v. § 7 Abs. 5 EStG mit der Folge, dass die degressive AfA anzusetzen ist?

c) Lösung

Degressive AfA: Vermietete Pflegezimmer in einem Altenpflegeheim dienen Wohnzwecken i.S.d. §§ 7 Abs. 5 Satz 1 Nr. 3 Buchst. a, 9a Satz 1 Nr. 2 EStG (FG Nürnberg v. 30.10.2002, VII 278/1999, EFG 2003, 835, Rev., Az. des BFH: IX R 7/03; v. 28.11.2002, VII 265/1999, DStRE 2003, 1017, EFG 2003, 837, Rev., Az. des BFH: IX R 9/03; a.A. FG München v. 7.6.2002, 4 K 3780/99 E, EFG 2002, 1084, Rev., Az. des BFH: IX R 35/02; FG Schleswig-Holstein v. 3.11.1999, V 1685/98, DStRE 2000, 621, EFG 2000, 166, Rev., Az. des BFH: IX R 2/00; vgl. auch BFH v. 6.3.1992 III R 84/90, BStBl II 1992, 1044, zur InvZul; BFH v. 21.4.1993 XI R 55/90, BStBl II 1994, 266, zur Umsatzsteuer; FG Münster v. 8.10.1996, 6 K 2595/94 E, EFG 1997, 463, rkr.; vgl. Steiner, DStZ 2003, 614).

⇨ ***Hinweis***

***Bescheide offen halten**: Auf Grund der unterschiedlichen FG-Rechtsprechung sollte man, wenn die degressive AfA abgelehnt wird, den Einkommensteuer-Bescheid offen halten.*

***Ferienwohnungen**: Ein Gebäude, das Ferienwohnungen enthält, die für kürzere Zeiträume an wechselnde Feriengäste vermietet werden, dient nicht Wohnzwecken i.S.d. § 7 Abs. 5 Satz 2 EStG i.d.F. des StRG 1990 ÄndG v. 30.6.1989 (BFH v. 14.3.2000 IX R 8/97, BStBl II 2001, 66; H 42a EStH „Wohnzwecke“, 3. Spiegelstrich). Entsprechendes gilt für § 7c EStG (BFH v. 21.8.2001 IX R 52/98, BFH/NV 2002, 325) und den ab 1999 aufgehobenen § 82b EStDV (BFH v. 4.9.2000 IX R 75/99, BFH/NV 2001,*

429, DStRE 2001, 396). Die degressive AfA ist allerdings anzuwenden, wenn die Ferienwohnung an Dauermieter vermietet wird.

***Hotels und Asylunterkünfte**: Nicht Wohnzwecken dienen Hotels und Asylunterkünfte (zu Asylunterkünften vgl. FG Berlin v. 25.1.2001, 4 K 1170/98, EFG 2001, 760, rkr.).*

4.2 Mittelbare Grundstücksschenkung

a) Fall

Der Stpfl. erwarb mit am 26.6.1995 notariell beurkundetem Vertrag von seinen Eltern durch Schenkung 151,85/1.000 Miteigentumsanteil an einem Grundstück. Außerdem versprachen die Eltern, dem Stpfl. bis zum 1.9.1995 einen Betrag i.H.v. 100.000 DM zu schenken. Die Schenkung erfolgte ausschließlich unter der Auflage bzw. mit dem Zweck, dass der Stpfl. diesen Betrag insgesamt für die Errichtung einer Wohnung auf dem o.g. Grundstück gemäß der ihm vorliegenden und bekannten Bauantragszeichnung des Architekten E verwende. Der Stpfl. verpflichtete sich gegenüber seinen Eltern auf seine Kosten nach den ihm bekannten Plänen und Bauzeichnungen die Wohnungseigentumsanteile mit zu errichten und die auf ihren Miteigentumsanteil entfallenden Kosten zu tragen. Geplant war die Errichtung eines Mehrfamilienhauses; dieses war Ende 1995 fertiggestellt. Die Herstellungskosten beliefen sich zum 31.12.1995 auf insgesamt 957.999,41 DM.

Der Kläger ermittelte für sich auf dieser Grundlage Herstellungskosten i.H.v. ca. 145.000 DM.

b) Problem

Ist in die AfA-Bemessungsgrundlage auch der Betrag der mittelbaren Grundstücksschenkung einzurechnen?

c) Lösung

Betrag der mittelbaren Grundstücksschenkung in die AfA-Bemessungsgrundlage einrechnen: Ist Gegenstand einer mittelbaren Grundstücksschenkung auch ein aus zugewandten Geldmitteln zu errichtendes Gebäude, so sind dessen Herstellungskosten mit der Folge dem Schenker zuzurechnen, dass der Beschenkte bei der Ermittlung seiner Einkünfte aus Vermietung und Verpachtung die hierauf entfallenden AfA als Rechtsnachfolger in Anspruch nehmen kann (§ 11d EStDV; FG Düsseldorf v. 13.11.2002, 16 K 4405/98 E, DStRE 2003, 780, rkr.).

⇨ ***Hinweis***

***Keine Eigenheimzulage bei mittelbarer Grundstücksschenkung**: Bei einer mittelbaren Grundstücksschenkung hat der Stpfl. keinen Anspruch auf Eigenheimzulage (vgl. BFH v. 29.7.1998 X R 54/95, BStBl II 1999, 128, zu § 10e EStG; BMF v. 10.2.1998, BStBl I 1998, 190, Rz. 13; Halazinsky/Obermeier/Obermeier/Teß, Grundstücksbewertung, Erbschaft- und Schenkungsteuer, 314; letztere zur Eigenheimzulage).*

⇨ ***Gestaltungshinweis***

***Teilweise Geldschenkung bei der Eigenheimzulage**: Der Verlust der Eigenheimzulage wiegt schwerer als die Steuerersparnis bei der Schenkungsteuer. Man sollte daher den Teil ohne Zweckbestimmung schenken, der ausreicht, um mit den Eigenmitteln des Beschenkten eine Bemessungsgrundlage von 51.120 € zu erreichen. Der Beschenkte erhält dann den höchstmöglichen Betrag der Eigenheimzulage; denn bei einem teilentgeltlichen Erwerb werden die Höchstbeträge nicht gekürzt (BMF v. 10.2.1998, BStBl I 1998, 190, Rz. 59 Satz 3).*

4.3 Wechsel der AfA-Methode

Literatur: *Graf/Obermeier*, NWB Steuerrecht aktuell, Ausgabe 2/2001, Herne/Berlin 2001, 248.

a) Fall

Die Stpfl. sind Eigentümer einer Eigentumswohnung. Nach Erwerb des Grundstücks am 12.12.1995 und Fertigstellung des Gebäudes zum 1.3.1997 machten sie in der Einkommensteuererklärung für 1997 AfA nach § 7 Abs. 4 EStG (lineare AfA) mit 2 v.H. geltend, indem sie auf dem Formular der Anlage V in der Zeile 35 die Kästchen vor den Auswahlmöglichkeiten „linear" und „lt. besonderem Blatt" ankreuzten und den AfA-Betrag mit 4.614 DM ansetzten. Auf dem besonderen Blatt war die AfA-Bemessungsgrundlage mit 230.680,88 DM errechnet worden. Der Einkommensteuerbescheid für 1997 erging erklärungsgemäß und wurde bestandskräftig.

In der Einkommensteuererklärung für 1998 beantragten die Stpfl. für das Objekt nunmehr die degressive AfA gem. § 7 Abs. 5 EStG mit 7 v.H. zuzüglich der Nachholung für das Jahr 1997 mit 5 v.H. Sie führten aus, dass es sich in ihrem Fall nicht um einen Wechsel der AfA-Methode, sondern um die Berichtigung eines Irrtums handele. Bei der Eingabe der entscheidenden Nummer zur Festlegung der Abschreibungsart habe sich die Sachbearbeiterin insoweit vertan, als nicht die laufende Nummer für die AfA gem. § 7 Abs. 5 EStG, sondern diejenige gem. § 7 Abs. 4 EStG eingegeben worden sei. Auf Grund dieses Irrtums habe das DATEV-Programm die falsche AfA ermittelt. Erst bei der Durchsicht der Unterlagen der Kläger zur Erstellung der Einkommensteuererklärung für 1998 sei der

Sachbearbeiterin aufgefallen, dass die Abschreibung im Vorjahr falsch eingegeben worden sei.

b) Problem

Ist ein Wechsel von der linearen zur degressiven Gebäude-AfA anzuerkennen? Kann die Wahl der linearen Gebäude-AfA wegen Irrtums angefochten werden?

c) Lösung

Kein Wechsel der AfA-Methode: Ein Wechsel von der zunächst vom Stpfl. gewählten linearen Gebäude-AfA zur degressiven Gebäude-AfA ist aus Gründen der Planmäßigkeit und Kontinuität der Abschreibungen nicht möglich, wenn das Jahr des Beginns der Absetzungsperiode bestandskräftig veranlagt worden ist. Eine Anfechtung des Wahlrechts wegen Irrtums ist nicht zulässig (FG Düsseldorf v. 5.12.2002, 8 K 4697/00 E, EFG 2003, 1227, Rev., Az. des BFH: IX R 3/03, m. Anm. Büchter-Hole, EFG 2003, 1229; gegen FG Köln v. 9.10.1997, 2 K 5347/95, EFG 1998, 552, rkr.).

⇨ ***Hinweis***

***Ausnahmefall**: Ein willkürlicher Wechsel von der linearen AfA zur degressiven AfA und umgekehrt ist nicht zulässig. Der BFH hat jedoch einen AfA-Wechsel zugelassen, wenn der Stpfl. sich von vornherein für die degressive AfA entschieden hat, sie aber deshalb nicht in Anspruch nehmen konnte, weil im Erstjahr bereits der Ersterwerber die degressive AfA angesetzt hatte (BFH v. 3.4.2001 IX R 16/98, BStBl II 2001, 599, m. Anm. Graf/Obermeier, NWB Steuerrecht aktuell, Ausgabe 2/2001, 248). Im Zweitjahr kann der Zweiterwerber dann zur degressiven AfA übergehen; denn in diesem Fall handelt es sich nicht um einen willkürlichen AfA-Wechsel.*

***Wechsel der AfA-Methode nach Nutzungs**änderung: Bei der Umwidmung eines nach § 7 Abs. 5 Satz 1 Nr. 3 EStG 1994 degressiv abgeschriebenen Gebäudes i.S.d. § 7 Abs. 4 Satz 1 Nr. 2a EStG von fremden Wohnzwecken zu fremdgewerblichen Zwecken kann der Stpfl. die weiteren AfA ebenfalls degressiv nach § 7 Abs. 5 Satz 1 Nr. 2 EStG bemessen. Entgegen der Auffassung der Finanzverwaltung (R 44 Abs. 8 Satz 2, 2. Alt. EStR) besteht in einem derartigen Fall kein Zwang zum Wechsel der AfA-Methode (Übergang zur linearen Abschreibung nach § 7 Abs. 4 Satz 1 Nr. 2a EStG; FG Hessen v. 20.3.2003, 12 K 766/99, EFG 2003, 1076, rkr.; FG München v. 25.4.2003, 10 K 4717/01, DStRE 2003, 1080, EFG 2003, 1078, Rev., Az. des BFH: IX R 32/03, m. Anm. Büchter-Hole, EFG 2003, 1079; kk, KÖSDI 2003, 13866). Diese Rechtsprechung ist nur noch für Altfälle entscheidend.*

5. Gemischt genutzte Gebäude

5.1 Errichtung oder Anschaffung

Literatur: Vgl. *Graf/Obermeier*, NWB Steuerrecht aktuell special, Sonderausgabe Januar 2003, Herne/Berlin 2003, 350; *dies.*, NWB Steuerrecht aktuell, Ausgabe 1/2003, Herne/Berlin 2003, 176; *Nagel*, Schuldzinsenabzug bei gemischter Finanzierung, EStB 2003, 326; *Paus*, Finanzierung gemischt genutzter Grundstücke, NWB F. 3, 12511; *Serafini*, Zuordnung von Fremd- und Eigenmitteln bei Erwerb gemischt genutzter Gebäude, GStB 2003, 278; *Brandt*, Darlehenszinsen als Herstellungskosten für vermietete Wohnungen nur bei nachweisbarer Verwendung abziehbar, KFR F. 3 EStG § 9, 7/03, 327.

a) Fall

Die Stpfl. schlossen im Dezember 1991 mit der Firma A einen Werkvertrag über die schlüsselfertige Errichtung eines sog. Ausbauhauses mit zwei Wohnungen. Anfang 1992 erwarben sie ein unbebautes Grundstück und bildeten hieran – noch vor Baubeginn – zwei Wohnungseigentumsrechte. Die Herstellungskosten von insgesamt 574.620 DM finanzierten die Stpfl. durch Eigenmittel und i.H.v. 392.000 DM durch Darlehen. Diese Darlehen ordneten sie mit 79.000 DM der selbstgenutzten Wohnung im Erdgeschoss sowie mit 313.000 DM der (ab April 1993) vermieteten Wohnung im Ober-(Dach-)geschoss zu und ließen entsprechende Grunddienstbarkeiten eintragen. Der Wohnung im Erdgeschoss entsprach (bei einer Wohnfläche von 111 qm) ein Miteigentumsanteil von 40/100 und der Wohnung im Obergeschoss (bei einer Wohnfläche von 94 qm) ein Miteigentumsanteil von 60/100; die Stpfl. hatten Letzterer – um die Beleihungsfähigkeit zu erhöhen – die Garage, den als Abstellraum nutzbaren Spitzboden sowie ca. 3/4 der Kellerräume zugeordnet.

In ihrer Einkommensteuererklärung des Streitjahres (1994) beantragten die Stpfl. – entsprechend der Aufteilung der Darlehen – für die selbstgenutzte Wohnung den Abzug von Schuldzinsen i.H.v. 5.549 DM nach § 10e Abs. 6a EStG; die restlichen Schuldzinsen i.H.v. 21.548 DM machten sie als Werbungskosten bei den Einkünften aus Vermietung und Verpachtung der Obergeschosswohnung geltend. Abweichend hiervon teilte das FA die Schuldzinsen im Verhältnis der Wohnflächen auf und berücksichtigte 12.464 DM (46 v.H.) bei der vermieteten Wohnung sowie von den auf die selbstgenutzte Wohnung entfallenden 14.633 DM (54 v.H.) 12.000 DM gem. § 10e Abs. 6a EStG.

b) Problem

Sind die Schuldzinsen nach dem Verhältnis der Darlehen oder dem Verhältnis der Wohnflächen aufzuteilen?

c) Lösung

Tatsächliche Verwendung zur Einkunftserzielung erforderlich: Finanziert der Stpfl. die Herstellung von Eigentumswohnungen, von denen eine dem Erzielen von Einkünften und die andere der (nichtsteuerbaren) Selbstnutzung dient, mit Eigenmitteln und Darlehen, kann er die Darlehenszinsen insoweit als Werbungskosten bei den Einkünften aus Vermietung und Verpachtung abziehen, als er das Darlehen (tatsächlich) zur Herstellung der der Einkünfteerzielung dienenden Eigentumswohnung verwendet (BFH v. 25.3.2003 IX R 22/01, DB 2003, 1604, DStR 2003, 1247, m. Anm. erl, StuB 2003, 713; Brandt, KFR F. 3 EStG § 9, 7/03, 327; kk, KÖSDI 2003, 13827; Nagel, EStB 2003, 326).

Gesonderte Zuordnung und gesonderte Zahlung: Der Werbungskostenabzug setzt voraus, dass der Stpfl. der vermieteten Eigentumswohnung die auf sie entfallenden Herstellungskosten (Sonderausstattung und Gemeinkosten) zuordnet und mit Darlehensmitteln gesondert bezahlt. Stellt der Unternehmer die Kosten des Gesamtgebäudes nur einheitlich in Rechnung, kann der Stpfl. die für die Zuordnung erforderliche Aufteilung (im Verhältnis der selbstgenutzten Wohn-/Nutzflächen des Gebäudes zu denen, die der Einkünfteerzielung dienen) selbst vornehmen und die sich danach ergebenden Herstellungskosten der vermieteten Eigentumswohnung gesondert mit Darlehensmitteln bezahlen (BFH v. 25.3.2003 IX R 22/01, DB 2003, 1604, DStR 2003, 1247; gegen BMF v. 10.12.1999, BStBl I 1999, 1130; vgl. Paus, NWB F. 3, 12511; Serafini, GStB 2003, 278).

Bei Gesamtfinanzierung nur anteiliger Werbungskostenabzug: Wird das der vermieteten Eigentumswohnung zugeordnete Darlehen einem (Eigen- und Fremdmittel umfassenden) Konto gutgeschrieben, von dem der Stpfl. alle Gebäudeerrichtungskosten bezahlt, sind die Darlehenszinsen nur anteilig als Werbungskosten abziehbar (BFH v. 25.3.2003 IX R 22/01, DB 2003, 1604, DStR 2003, 1247; IX R 38/00, BFH/NV 2003, 1049, DStRE 2003, 911).

⇨ ***Hinweis***

***Änderung der Auffassung der Finanzverwaltung**: Das BMF-Schreiben v. 10.12.1999 (BStBl I 1999, 1130) wurde bereits mit BMF-Schreiben v. 24.4.2003 (BStBl I 2003, 287; abgedruckt in Graf/Obermeier, NWB Steuerrecht aktuell, Ausgabe 1/2003, 178) aufgehoben.*

5.2 Veräußerung einer Immobilie und Umwidmung von Darlehen

Literatur: *Wischmann*, Schuldzinsenabzug nach Darlehensumwidmung, EStB 2003, 284; *Schoor*, Schuldzinsenabzug nach „Umwidmung“ von Darlehen, INF 2003, 708.

a) Fall

Zur Finanzierung ihres selbstgenutzten Einfamilienhauses hatten die Stpfl. ein dinglich durch das Grundstück gesichertes Darlehen von 210.000 DM aufgenommen. Im Streitjahr veräußerten sie ihr Einfamilienhaus für 485.000 DM. Den Kaufpreis i.H.v. 299.325 DM verwandten sie für die Anschaffung zweier Eigentumswohnungen. Das noch i.H.v. 190.794,08 DM valutierte Darlehen tilgten die Stpfl. nicht. Sie führten den Darlehensvertrag fort und sicherten die Restschuld dinglich durch die Eigentumswohnungen.

Die Stpfl. machten in ihrer Einkommensteuererklärung für das Streitjahr die Schuldzinsen aus dem Darlehen im Zusammenhang mit der Vermietung ihrer Eigentumswohnungen in vollem Umfang als Werbungskosten geltend. Das FA setzte indes nur 300/485 der Aufwendungen an, weil die Zinszahlungen nur insoweit als Werbungskosten abziehbar seien, als der Verkaufserlös des Einfamilienhauses zur Anschaffung der Eigentumswohnungen verwandt worden sei. Da sich der Kaufpreis für die Eigentumswohnungen auf ca. 300.000 DM belaufen habe, ergebe dies einen quotalen Zinsabzug von 300/485 der im Dezember des Streitjahres angefallenen Schuldzinsen.

b) Problem

Sind die Schuldzinsen in voller Höhe als Werbungskosten aus Vermietung und Verpachtung abziehbar?

c) Lösung

Schuldzinsen bei Umwidmung nur anteilig abziehbar: Veräußert ein Stpfl. seine bisher selbstgenutzte und durch ein Darlehen finanzierte Immobilie und verwendet er unter Aufrechterhaltung des Darlehens nur einen Teil des Verkaufserlöses dazu, durch die Anschaffung einer anderen Immobilie Einkünfte aus Vermietung und Verpachtung zu erzielen, so kann er aus dem fortgeführten Darlehen nicht mehr an Schuldzinsen als Werbungskosten abziehen, als dem Anteil der Anschaffungskosten der neuen Immobilie an dem gesamten Verkaufserlös entspricht (BFH v 8.4.2003 IX R 36/00, BStBl II 2003, 706, m. Anm. erl, StuB 2003, 663; kk, KÖSDI 2003, 13827; CH, GStB 2003, 354; Wischmann, EStB 2003, 284; Heuermann, INF 2003, 569).

⇨ ***Hinweis***

***Verwendung des Restkaufpreises**: Wenn die Stpfl. den Restkaufpreis angelegt und daraus Einkünfte aus Kapitalvermögen erzielt hätten, wären die entsprechenden Schuldzinsen als Werbungskosten aus Kapitalvermögen abziehbar (Heuermann, INF 2003, 569). Im Streitfall ist dies offenbar nicht geschehen; die Stpfl. haben den Rest des Veräußerungserlöses wohl zur Schuldentilgung verwendet.*

⇨ ***Gestaltungshinweis***

***Tilgung des Darlehens**: Wenn die Stpfl. das noch valutierte Darlehen i.H.v. ca. 191.000 DM getilgt hätten und zur Finanzierung der Eigentumswohnungen ein neues Darlehen aufgenommen hätten, wären sämtliche Zinsen als Werbungskosten abziehbar gewesen (erl, StuB 2003, 663).*

6. Ablösung von Stellplätzen

Literatur: *Rothenberger*, Ablösezahlungen für Stellplätze: Werbungs- oder Herstellungskosten?, EStB 2003, 288.

a) Fall

Der Stpfl. ist Eigentümer eines bebauten Grundstücks. Im Streitjahr (1994) stellte er einen Antrag auf Baugenehmigung und Nutzungsänderung, nachdem er das frühere Ladengeschäft im Untergeschoss seines Hauses als Gaststätte vermietet hatte. Nach dem im Antrag bezeichneten Bauvorhaben sollte in dem im Erdgeschoss des Hauses befindlichen Verkaufsraum ein Restaurant mit den notwendigen Nebenräumen eingerichtet und der Hauseingang auf die Nordseite verlegt werden. Der Antrag wurde baupolizeilich genehmigt. Der Kläger leistete an die Gemeinde Ablösezahlungen für Parkplätze nach der Landesbauordnung i.H.v. 52.500 DM.

b) Problem

Sind die von der Gemeinde auferlegten Ablösezahlungen für Parkplätze als Werbungskosten bei den Einkünften aus der Vermietung des Grundstücks abziehbar oder nur als nachträgliche Herstellungskosten des Gebäudes anzusehen?

c) Lösung

Auf zu Grunde liegende Baumaßnahme abstellen: Aufwendungen für die Ablösung der Verpflichtung zur Herstellung von Stellplätzen wegen (Nutzungs-)Änderung des Gebäudes (§ 39 Abs. 1 Satz 3 i.V.m. Abs. 5 LBO BW a.F. = § 37 Abs. 2 LBO BW n.F.) zählen zu den Herstellungskosten, wenn die zur Änderung führende Baumaßnahme als Herstellung i.S. von § 255 Abs. 2 HGB anzusehen ist (BFH v 6.5.2003 IX R 51/00, BStBl II 2003, 710, m. Anm. erl, StuB 2003, 707; Heuermann, INF 2003,

568; Rothenberger, EStB 2003, 288; Ergänzung zu BFH v. 8.3.1984 IX R 45/80, BStBl II 1984, 702).

⇨ ***Hinweis***

***Bei Ablösung von Stellplätzen fünf Fälle**: Die Aufwendungen für die Ablösung der Verpflichtung zur Herstellung von Stellplätzen können Herstellungskosten oder sofort abziehbare Werbungskosten sein. Es sind fünf Fälle zu unterscheiden (vgl. Heuermann, INF 2003, 568):*

- ***Zusammenhang mit Neubau**: Die Ablösung wird im Rahmen der Neuerrichtung eines Gebäudes gezahlt: Die Ablösungszahlungen zählen zu den Herstellungskosten.*

- ***Zusammenhang mit nachträglichen Herstellungskosten**: Die Baumaßnahmen im Rahmen einer Nutzungsänderung führen zu nachträglichen Herstellungskosten: Auch in diesem Fall zählen die Ablösungszahlungen zu den Herstellungskosten.*

- ***Umbaumaßnahmen durch Mieter bzw. Mietereinbauten**: Wenn der Mieter auf eigene Kosten den Umbau vornimmt, handelt es sich hinsichtlich der Ablösungszahlungen um sofort abziehbare Werbungskosten.*

- ***Zusammenhang mit Erhaltungsaufwendungen**: Sind die Umbaumaßnahmen als Erhaltungsaufwendungen anzusehen, so sind die Ablösungszahlungen sofort abziehbare Werbungskosten.*

- ***Nutzungsänderung ohne Baumaßnahmen**: Auch bei einer Nutzungsänderung ohne Baumaßnahmen handelt es sich bei den Ablösungszahlungen um sofort abziehbare Werbungskosten.*

IX. Sonstige Einkünfte (§§ 22, 23 EStG)

Seite

1. Bonusaktien der Deutschen Telekom AG

Literatur: *Egner/Mellinghoff*, Besteuerung der Telekom-Treueaktien, StuB 2003, 632.

Verwaltungsanweisungen: OFD Düsseldorf v. 25.4.2003, Besteuerung von Bonusaktien – 3. Börsengang der Deutschen Telekom AG, StuB 2003, 663.

Die OFD Düsseldorf hat mit Verf. v. 25.4.2003 (StuB 2003, 663) zur Besteuerung von Bonusaktien beim 3. Börsengang der Deutschen Telekom AG wie folgt Stellung genommen:

> Aktionäre der Deutschen Telekom AG (DTAG), die Telekom-Aktien im Rahmen des 3. Börsengangs am 19.6.2000 erworben und seither ununterbrochen bis zum 31.12.2001 einschließlich gehalten haben, bekamen nach Ablauf dieser Haltefrist Bonusaktien im Verhältnis 1 : 10 zugeteilt.
>
> Nach Abstimmung der obersten Finanzbehörden des Bundes und der Länder hat der Empfänger die Bonusaktien als Einnahmen nach § 22 Nr. 3 EStG zu versteuern. Die Einnahmen sind grds. am Tag der Einbuchung in das jeweilige Depot zu erfassen. Da die Zuteilung erst nach Ablauf der Haltefrist erfolgte, ist grds. von einem Zufluss am 1.1.2002 auszugehen. Der Börsenkurs dieser Aktien betrug am 2.1.2002 (1. Börsenhandelstag in 2002; Eröffnungskurs in Frankfurt) 19,50 €. Aus Vereinfachungsgründen ist für die Bewertung der Einnahmen von diesem Wert auszugehen, es sei denn, der Stpfl. weist einen niedrigeren Wert nach. Bei Veräußerung der Bonusaktien von einem Jahr nach Zuteilung (= Einbuchung in das Depot, grds. zum 1.1.2002) fallen Einkünfte aus privaten Veräußerungsgeschäften (§ 23 Abs. 1 Nr. 2 EStG) an. Die Anschaffungskosten entsprechen den Einnahmen (s.o.). Privatanleger, die beim Börsengang der Deutschen Post AG Aktien gekauft und diese ununterbrochen bis zum 30.11.2002 einschließlich gehalten haben, bekamen Bonusaktien im Verhältnis 1 : 15. Diese Bonusaktien sind gleichfalls als sonstige Einnahmen nach § 22 Nr. 3 EStG zu versteuern. Maßgebend für den Zeitpunkt der Besteuerung ist der Tag der Einbuchung der Bonusaktien in das jeweilige Depot (im Regelfall zum 1.12.2002/So oder 2.12.2002/Mo). Der Wert der Aktien bemisst sich grds. nach dem niedrigsten am Zuflusstag an einer deutschen Börse gehandelten Kurs. Aus Vereinfachungsgründen kann von 10,70 € ausgegangen werden (Eröffnungskurs an der Börse Frankfurt am 2.12.2002), es sei denn, der Stpfl. weist einen niedrigeren Wert nach. Wird die Bonusaktie innerhalb eines Jahres nach Anschaffung veräußert, sind Einkünfte aus einem privaten Veräußerungsgeschäft (§ 23 Abs. 1 Nr. 2 EStG) zu erfassen. Als Anschaffungszeitpunkt gilt der Einbuchungstag (s.o.). Die Anschaffungskosten entsprechen den Einnahmen (s.o.).

⇨ ***Hinweis***

Anderer Ansicht: FG Düsseldorf*: Das FG Düsseldorf hat in seinem Urteil v. 17.7.2002, 2 K 4068/01 (EFG 2002, 1382, Rev., Az. des BFH: VIII R 70/02) Folgendes entschieden:*

- ***Keine Einkünfte aus Kapitalvermögen****: Bonusaktien, die Kapitalanlegern im Zusammenhang mit dem Erwerb von Aktien aus Anlass des Börsengangs der Deutschen Telekom AG unter der Bedingung einer bestimmten Haltedauer von einem Großaktionär aus eigenen Beständen unentgeltlich zugesagt worden sind, führen nicht zu Einkünften aus Kapitalvermögen, sondern mindern die Anschaffungskosten je Aktie.*

- ***Keine sonstigen Einkünfte****: In der Zuteilung von Bonusaktien liegt auch kein zu den sonstigen Einkünften gem. § 22 Nr. 3 EStG gehörendes Entgelt für das Halten der Aktien.*

Bescheide nicht bestandskräftig werden lassen*: Angesichts der Unsicherheit sollte man Bescheide, die die Bonusaktien besteuern, nicht bestandskräftig werden lassen.*

2. Verzicht auf Nachbarrechte

a) Fall

Auf Grund der Entscheidung des OVG Münster waren die Stpfl. ermächtigt, auf Kosten der Nachbarin sämtliche im 4. Geschoss des in Ost-West-Richtung stehenden Mehrfamilienhauses mit Blickrichtung Süden ausgebauten Fenster und die Zugangsmöglichkeiten zu den im 4. Geschoss dieses Gebäudeteils an dieser Seite errichteten Balkone zumauern zu lassen. In einem Vergleich verzichteten die Stpfl. gegen Zahlung i.H.v. 125.000 DM auf ihre Rechte aus der OVG-Entscheidung.

b) Problem

Sind die Abfindungszahlungen für den Verzicht auf Nachbarrechte als Einkünfte aus sonstigen Leistungen gem. § 22 Nr. 3 EStG zu versteuern?

c) Lösung

Sonstige Einkünfte gem. § 22 Nr. 3 EStG: Erhält der Stpfl. für den Verzicht auf die Ausübung seiner nachbarrechtlichen Abwehransprüche eine Abfindungszahlung, unterliegt diese als Einnahme im Rahmen der sonstigen Einkünfte nach § 22 Nr. 3 EStG der Einkommensteuer. Die Besteuerung des Entgelts für die Hinnahme einer Nachbarrechtsbeschränkung verstößt nicht gegen die Grundrechte aus Art. 3, 6 und 14 GG (FG Münster v. 10.4.2003, 8 K 1220/99 E, EFG 2003, 1090, NZB, Az. des BFH: IX B 85/03).

Keine Gegenrechnung der Wertminderung: Die infolge der rechtswidrigen Nachbarbebauung eingetretene Wertminderung des eigenen Grundstücks kann mangels Abnutzung oder Substanzverringerung weder im Wege der AfA noch anderweitig als Werbungskosten bei der Ermittlung der sonstigen Einkünfte abgezogen werden (FG Münster v. 10.4.2003, 8 K 1220/99 E, EFG 2003, 1090, NZB, Az. des BFH: IX B 85/03).

⇨ ***Hinweis***

***Weitere Entscheidungen zu § 22 Nr. 3 EStG**: Es sind noch folgende weitere Entscheidungen zu § 22 Nr. 3 EStG ergangen:*

- ***Wettbewerbsverbot**: Ob ein Entgelt für ein umfassendes Wettbewerbsverbot im Rahmen der Veräußerung einer wesentlichen Beteiligung als unselbständiger teil des Kaufpreises zum Veräußerungsgewinn i.S.v. § 17 Abs. 2 EStG gehört oder als sonstige Leistung nach § 22 Nr. 3 EStG zu qualifizieren ist, hängt davon ab, ob der Verpflichtung zum Unterlassen von Wettbewerb eine eigenständige wirtschaftliche Bedeutung zukommt. Dem Wettbewerbsverbot kommt dann eine eigenständige wirtschaftliche Bedeutung zu, wenn es zeitlich begrenzt ist, sich in seiner wirtschaftlichen Bedeutung heraushebt und wenn dies in den getroffenen Vereinbarungen, vor allem aber in einem neben dem Kaufpreis für die Beteiligten geleisteten Entgelt, das auch verdeckt vereinbart sein kann, klar zum Ausdruck kommt. Dazu muss auszuschließen sein, dass der Wert der Beteiligung den gezahlten Kaufpreis rechtfertigt. Ein für ein umfassendes Wettbewerbsverbot gem. § 22 Nr. 3 EStG bezogenes Entgelt ist eine Entschädigung i.S.v. § 24 Nr. 1 Buchst. b EStG (BFH v. 11.3.2003 IX R 78/99, BFH/NV 2003, 1161).*

- ***Eigenprovisionen**: Erhält ein Stpfl. ein Entgelt dafür, dass er zur Entstehung eines Vermittlungsanspruchs des Versicherungsagenten beiträgt, in dem er in eigenem Namen einen Versicherungsvertrag abschließt (sog. Eigenprovision), so besteht Steuerpflicht nach § 22 Nr. 3 EStG (FG Hamburg v. 14.11.2002, V 289/01, EFG 2003, 851, Rev., Az. des BFH: IX R 17/03; v. 27.2.2003, V 166/99, EFG 2003, 1002, Rev., Az. des BFH: IX R 23/03).*

3. Private Veräußerungsgeschäfte – Aussetzung der Vollziehung bei Wertpapiergeschäften

Literatur: *Harenberg*, Aussetzung der Vollziehung bei Spekulationsgewinnen, KFR F. 3 EStG § 23, 3/03, 335; *ders.*, AdV bei Besteuerung von Spekulationsgewinnen aus Wertpapierverkäufen, GStB 2003, 326.

Verwaltungsanweisungen: OFD Hannover v. 22.8.2003, Besteuerung von Spekulationsgewinnen (privaten Veräußerungsgewinnen) aus Wertpapiergeschäften, DStR 2003, 1754.

Die OFD Hannover hat mit Verf. v. 22.8.2003 (DStR 2003, 1754) zur Besteuerung von Spekulationsgewinnen (privaten Veräußerungsgewinnen) aus Wertpapiergeschäften wie folgt Stellung genommen:

> Mit Beschluss v. 11.6.2003 IX B 16/03, hat der BFH Aussetzung der Vollziehung hinsichtlich von Steuernachforderungen auf Grund von Spekulationsgeschäften (privaten Veräußerungsgeschäften) mit Wertpapieren gewährt. Der BFH hat wegen struktureller Vollzugshindernisse betreffend der Durchsetzung des Steueranspruchs ernstliche Zweifel an der Regelmäßigkeit des § 23 Abs. 1 Satz 1 Nr. 1 Buchst. b EStG 1997 (entspricht § 23 Abs. 1 Satz 1 Nr. 2 EStG n.F.); hieraus folgen auch ernstliche Zweifel an der Rechtmäßigkeit des angefochtenen Steuerbescheids.
>
> In gleich gelagerten Rechtsbehelfsverfahren kann künftig gem. § 361 AO Aussetzung der Vollziehung gewährt werden (vgl. auch BMF v. 8.8.2003, IV D 2 – S 0338 – 53/03, DStR 2003, 1485). Die Verf. v. 11.6.2003 (S 2256 – 74 – StO 223/S 2256 – 78 – StH 215) ist damit überholt.

⇨ ***Hinweis***

***Entsprechend Entscheidung des BFH**: Die Finanzverwaltung folgt dem BFH v. 11.6.2003 IX B 16/03 (BStBl II 2003, 663, m. Anm. erl, StuB 2003, 664; Harenberg, KFR F. 3 EStG § 23, 3/03, 335; ders., GStB 2003, 326; kk, KÖSDI 2003, 13819) mit folgendem Leitsatz: Bei der im Aussetzungsverfahren nach § 69 Abs. 3 FGO gebotenen summarischen Prüfung bestehen ernstliche Zweifel an der Rechtmäßigkeit eines Steuerbescheides für das Jahr 1997, mit dem das FA Einkommensteuer auf Spekulationsgewinne aus dem Verkauf von Wertpapieren festgesetzt hat.*

***Weitere Entscheidungen**: Zu privaten Veräußerungsgeschäften sind noch weitere Entscheidungen ergangen:*

- ***Veräußerung von Bezugsrechten**: Der Gewinn aus der Veräußerung eines durch eine Kapitalerhöhung entstandenen Bezugsrechts innerhalb der Spekulationsfrist, die mit dem Erwerb der Altaktie beginnt, ist nach § 22 Nr. 2, § 23 Abs. 1 Nr. 1 Buchst. b EStG 1986 (= § 23 Abs. 1 Nr. 2 EStG n.F.) zu versteuern (BFH v. 22.5.2003 IX R 9/00, DStR 2003, 1249, m. Anm. erl, StuB 2003, 714; Götz, KFR F. 3 EStG § 23, 2/03, 333; Harenberg, GStB 2003, 364; Meurer, EStB 2003, 326; Heuermann, INF 2003, 607).*

- ***Glattstellen von Optionsgeschäften**: Erwirbt jemand an der Deutschen Terminbörse (jetzt: EUREX) Optionsrechte und stellt er sie innerhalb der Spekulationsfrist durch ein Gegengeschäft glatt, so verwirklicht er in Höhe der Differenz zwischen der bei Abschluss des Eröffnungsgeschäfts gezahlten und der bei Abschluss des Gegengeschäfts vereinnahmten Optionsprämien den Steuertatbestand des § 23 Abs. 1 Satz 1 Nr. 1 Buchst. a EStG a.F. (BFH v. 24.6.2003 IX R 2/02, DStR 2003, 1523, m. Anm. Heuermann, DB 2003, 1919; ders., INF 2003, 687; kk, KÖSDI 2003, 13864; entsprechend BMF v. 10.11.1994, BStBl I 1994, 816, Tz. 8).*

X. Kinder (§§ 31 f. EStG)

1. Günstigerprüfung im Rahmen des Familienleistungsausgleichs

Verwaltungsanweisungen: BMF v. 16.7.2003, Günstigerprüfung im Rahmen des Familienleistungsausgleichs (§ 31, § 36 Abs. 2 Satz 1 EStG) – Anwendung der Grundsätze des BFH-Urteils v. 16.12.2002 (BStBl II 2003, 593), BStBl I 2003, 385.

Das BMF hat mit Schreiben v. 16.7.2003 (BStBl I 2003, 385) zur Günstigerprüfung im Rahmen des Familienleistungsausgleichs (§ 31, § 36 Abs. 2 Satz 1 EStG) und zur Anwendung der Grundsätze des BFH-Urteils v. 16.12.2002 (BStBl II 2003, 593) wie folgt Stellung genommen:

> Im Einvernehmen mit den obersten Finanzbehörden der Länder gilt zur Anwendung der Grundsätze des BFH-Urteils v. 16.12.2002 (BStBl II 2003, 593) Folgendes:
>
> In die Günstigerprüfung nach § 31 EStG sind nur solche Zeiträume innerhalb eines Veranlagungszeitraums einzubeziehen, für die sowohl Anspruch auf die steuerlichen Freibeträge für Kinder bestand als auch Kindergeld gezahlt worden ist. Für Zeiträume, für die zwar Anspruch auf die steuerlichen Freibeträge für Kinder bestand, für die aber kein Kindergeld gezahlt worden ist, sind die steuerlichen Freibeträge für Kinder bei der Veranlagung zur Einkommensteuer stets ohne Vornahme einer Günstigerprüfung abzuziehen.
>
> Die Grundsätze des BFH v. 16.12.2002 (a.a.O.) sind abweichend vom BMF-Schreiben v. 9.3.1998 (BStBl I 1998, 347), Rdn. 7 Satz 3 in allen noch offenen Fällen der Veranlagungszeiträume 1996 bis einschließlich 1999 anzuwenden. Vom Veranlagungszeitraum 2000 an finden die Urteilsgrundsätze keine Anwendung mehr, weil die Freibeträge für Kinder seither in § 32 Abs. 6 EStG mit dem Jahresbetrag dargestellt sind. Grund für diese Änderung war nach der Gesetzesbegründung zum Familienförderungsgesetz v. 22.12.1999 (BGBl. I 1999, 2552), dass im Einkommensteuerrecht grundsätzlich das Jahresprinzip gilt (BT-Drucks. 14/1513, 15, li. Sp. oben). Damit ist die Jahresbetrachtung bei der Günstigerprüfung nach § 31 EStG vorgegeben; die Prüfung ist zusammenfassend für den gesamten Zeitraum vorzunehmen, in dem das Kind im Veranlagungszeitraum steuerlich zu berücksichtigen ist.

⇨ ***Hinweis***

***Monats- oder Jahresprinzip bei der Günstigerprüfung**: Bei der Prüfung, ob die gebotene steuerliche Freistellung eines Einkommensbetrages in Höhe des Existenzminimums eines Kindes durch das Kindergeld nicht in vollem Umfang bewirkt wurde und deswegen bei der Veranlagung zur Einkommensteuer der Kinderfreibetrag unter Verrechnung des Kindergeldes anzusetzen ist, ist auf den Kalendermonat abzustellen (BFH v. 16.12.2002 VIII R 65/99, BStBl II 2003, 593, m. Anm. erl, StuB 2003, 182; Moritz, NWB F. 3, 12523; kk, KÖSDI 2003, 13639; Greite, FR 2003, 312; Thomas, INF 2003, 165; o.V., EStB 2003, 339). Wenn also in einem Monat kein Kindergeld bezogen wurde, erhält der Stpfl. hierfür die steuerlichen Vorteile (erl, StuB 2003, 182). Dies gilt jedoch nur in den offenen Fällen der VZ 1996 bis 1999. Ab VZ 2000 ist das Jahresprinzip anzuwenden.*

2. Berücksichtigung von Kindern

Literatur: *Moritz*, Kindergeld für volljährige behinderte Kinder, KFR F. 3 EStG § 32, 1/03, 15; *Steinhauff*, Reisekosten einer Begleitperson für Schwerbehinderte auf Urlaubsreise bis zu 1.500 DM als außergewöhnliche Belastung abziehbar, KFR F. 3 EStG § 33, 1/03, 19; *Siebenhüter*, Kindergeld: Eigenes Vermögen Behinderter unbeachtlich, EStB 2002, 471; *Meurer*, Außergewöhnliche Belastungen neben Pauschbetrag, EStB 2003, 471; *Nolde*, Vermögen behinderter Kinder steht Kindergeldanspruch entgegen, FR 2003, 180.

Verwaltungsanweisungen: BfF v. 29.8.2003, Familienleistungsausgleich; I. Berücksichtigung des Vermögens bei behinderten Kindern, II. Berücksichtigung von Aufwendungen für eine Begleitperson als behinderungsbedingter Mehrbedarf , III. Erfüllung des Unterhaltserfordernisses zur Begründung eines Pflegekindschaftsverhältnisses, IV. Berücksichtigung vermisster Kinder, V. Arbeit suchende Kinder, BStBl I 2003, 428.

Das BfF hat mit Schreiben v. 29.8.2003 (BStBl I 2003, 428) zur Berücksichtigung des Vermögens bei behinderten Kindern, zur Berücksichtigung von Aufwendungen für eine Begleitperson als behinderungsbedingter Mehrbedarf, zur Erfüllung des Unterhaltserfordernisses zur Begründung eines Pflegekindschaftsverhältnisses, zur Berücksichtigung vermisster Kinder und zu Arbeit suchenden Kindern wie folgt Stellung genommen:

I. Berücksichtigung des Vermögens bei behinderten Kindern

Der BFH hat mit seinen Urteilen v. 19.8.2002 (BStBl II 2003, 88 und 91) entschieden, dass bei der Prüfung der Frage, ob ein volljähriges behindertes Kind „außerstande ist, sich selbst zu unterhalten", dessen Vermögen nicht zu berücksichtigen ist.

Die Rechtsgrundsätze dieser Urteile sind über die entschiedenen Einzelfälle hinaus für alle volljährigen behinderten Kinder anzuwenden. Eine rückwirkende Änderung einer bestandskräftigen Kindergeldfestsetzung kommt nicht in Betracht. Änderungen sind in diesen Fällen nach § 70 Abs. 3 EStG für die Zukunft vorzunehmen.

Auf Grund der vorgenannten BFH-Urteile wird die DA-FamEStG wie folgt geändert:

...

2. DA 63.3.6.3.2 wird wie folgt geändert:

a) Abs. 1 Satz 2 wird wie folgt gefasst:

„Die kindeseigenen Mittel setzen sich aus dem verfügbaren Einkommen (vgl. Satz 5) und den Leistungen Dritter (vgl. Abs. 2) zusammen; das Vermögen des Kindes gehört nicht zu den kindeseigenen Mitteln (BFH v. 19.8.2002, BStBl II 2003, 88 und 91)."

...

II. Berücksichtigung von Aufwendungen für eine Begleitperson als behinderungsbedingter Mehrbedarf

Entsprechend dem Urteil des BFH v. 4.7.2002 (BStBl II 2002, 765) können in bestimmten Fällen bei der Prüfung der Frage, ob ein volljähriges behindertes Kind außerstande ist, sich selbst zu unterhalten, die Kosten einer Begleitperson auf einer Urlaubsreise in angemessener Höhe als behinderungsbedingter Mehrbedarf berücksichtigt werden. Die Notwendigkeit der Begleitung muss jedoch nachgewiesen werden.

Die Rechtsgrundsätze dieses Urteils sind auf Fälle behinderter Kinder anzuwenden, für die nachweislich eine ständige Begleitung erforderlich ist. Die rückwirkende Änderung einer bestandskräftigen Kindergeldfestsetzung kommt nicht in Betracht. Änderungen sind nach § 70 Abs. 3 EStG für die Zukunft zulässig.

Auf Grund des vorgenannten BFH-Urteils wird die DA-FamEStG wie folgt geändert:
In DA 63.3.6.3.2 Abs. 3 werden nach Satz 4 folgende neue Sätze angefügt:

„Mehraufwendungen, die einem behinderten Kind anlässlich einer Urlaubsreise durch Kosten für Fahrten, Unterbringung und Verpflegung einer Begleitperson entstehen, können neben dem Pauschbetrag für behinderte Menschen (§ 33b Abs. 3 EStG) i.H.v. bis zu 767 € als behinderungsbedingter Mehrbedarf berücksichtigt werden, sofern die Notwendigkeit ständiger Begleitung nachgewiesen ist. Der Nachweis ist vor Antritt der Reise durch ein amtsärztliches Gutachten oder die Feststellungen im Ausweis nach SGB IX (bis 30.6.2001: dem Schwerbehindertenausweis), z.B. aus dem Vermerk "Die Notwendigkeit ständiger Begleitung ist nachgewiesen", zu erbringen (BFH-Urteil v. 4.7.2002, BStBl II 2002, 765)."

III. Erfüllung des Unterhaltserfordernisses zur Begründung eines Pflegekindschaftsverhältnisses

Der BFH hat mit Urteil v. 29.1.2003 (BStBl II 2003, 469) entschieden, dass eine Pflegeperson ein Pflegekind nur dann zu einem nicht unwesentlichen Teil auf ihre Kosten unterhält, wenn ihr tatsächliche Unterhaltsaufwendungen von zumindest 20 v.H. der gesamten Unterhaltskosten des Kindes entstehen und ihr der Aufwand insoweit nicht durch Leistungen Dritter ersetzt wird. Zur Prüfung, ob eine Pflegeperson ein im Rahmen der Familienvollzeitpflege (§ 33 Sozialgesetzbuch VIII – SGB VIII) in ihren Haushalt aufgenommenes Kind zu einem nicht unwesentlichen Teil auf ihre Kosten unterhält, ist ein Unterhaltsbedarf in Höhe der Freibeträge für Kinder i.S.d. § 32 Abs. 6 EStG anzusetzen. Unterhält danach eine Pflegeperson ein Pflegekind nicht zu einem nicht unwesentlichen Teil auf ihre Kosten, kann das Pflegekind bei ihr nicht als Kind berücksichtigt werden. Es ist dann bei den leiblichen Eltern als Kind zu berücksichtigen.

Die Rechtsgrundsätze dieses Urteils sind über den entschiedenen Einzelfall hinaus auf alle offenen Fälle anzuwenden. In bereits bestandskräftigen Fällen ist ggf. eine Änderung nach § 70 Abs. 3 EStG für die Zukunft zu veranlassen.

Auf Grund des vorgenannten BFH-Urteils wird DA-FamEStG 63.2.2.5 wird wie folgt gefasst:

„DA 63.2.2.5 Unterhaltserfordernis

(1) Das Vorliegen eines Pflegekindschaftsverhältnisses erfordert ferner, dass die Pflegeperson das Kind mindestens zu einem nicht unwesentlichen Teil auf ihre eigenen Kosten unterhält. Dies ist der Fall, wenn ihr tatsächliche Unterhaltsaufwendungen (z.B. durch entgeltliche Dienstleistungen Dritter) von zumindest 20 v.H. der gesamten angemessenen Unterhaltsaufwendungen des Kindes entstehen und ihr dieser Aufwand insoweit nicht von dritter Seite erstattet wird (z.B. durch Pflegegeld nach dem SGB VIII für Unterhalt und Erziehung). Zur Prüfung, ob eine Pflegeperson ein im Rahmen der Familienvollzeitpflege (§ 33 SGB VIII) in ihren Haushalt aufgenommenes Kind zu einem nicht unwesentlichen Teil auf ihre Kosten unterhält, ist ein Unterhaltsbedarf i.H.d. Kinderfreibetrags zuzüglich des Freibetrags für Betreuung und Erziehung oder Ausbildung (§ 32 Abs. 6 EStG) anzusetzen (BFH v. 29.1.2003, BStBl II 2003, 469). Weist die Pflegeperson Aufwendungen für die Betreuung und Erziehung oder Ausbildung des Kindes nach, die höher sind als der Freibetrag für Betreuung und Erziehung oder Ausbildung, sind diese Aufwendungen an Stelle des Freibetrags zu berücksichtigen.

Beispiel 1:

Eine Pflegeperson erhält für ein in ihrem Haushalt lebendes Pflegekind monatlich 460 € Pflegegeld und 190 € Erziehungsbeitrag vom Jugendamt. Sie macht keine über dem Freibetrag liegenden Aufwendungen für Betreuung und Erziehung oder Ausbildung für das Kind geltend.

1. Ermittlung des Unterhaltsbedarfs des Kindes im Kalenderjahr

   Freibeträge nach § 32 Abs. 6 EStG
   2 x (1.824 € + 1.080 €) 5.808 €

2. Ermittlung der Höhe der Aufwandserstattung im Kalenderjahr

   12 x (460 € + 190 €) 7.800 €

Die Pflegeperson ist nicht mit Unterhalt des Kindes belastet. Es kann deshalb nicht bei ihr als Pflegekind berücksichtigt werden.

Beispiel 2:

Eine Pflegeperson erhält für ein in ihrem Haushalt lebendes Pflegekind monatlich 460 € Pflegegeld und 190 € Erziehungsbeitrag vom Jugendamt. Sie weist Aufwendungen für die Betreuung des Kindes i.H.v. 10.000 € nach.

1. Ermittlung des Unterhaltsbedarfs des Kindes im Kalenderjahr

Kinderfreibetrag nach § 32 Abs. 6 EStG 2 x 1.824 €	3.648 €
nachgewiesene Betreuungsaufwendungen	10.000 €
gesamter Unterhaltsbedarf des Kindes	13.648 €

2. Ermittlung der Höhe der Aufwandserstattung im Kalenderjahr

12 x (460 € + 190 €)	7.800 €

Die Pflegeperson ist mit Unterhalt des Kindes i.H.v. (13.648 € ./. 7.800 € =) 5.848 € belastet, also mit 42,85 v.H. des gesamten Unterhaltsbedarfs des Kindes. Es kann deshalb bei ihr als Pflegekind berücksichtigt werden.

(2) Eigene Einkünfte oder zur Bestreitung des Unterhalts bestimmte oder geeignete Bezüge des Kindes mindern die Unterhaltsbelastung der Pflegeperson, es sei denn, sie stehen einem Kostenträger (z.B. Jugendamt oder Sozialhilfeträger) zu."

IV. Berücksichtigung vermisster Kinder

Nach dem Ergebnis der Erörterung der für die Einkommensteuer zuständigen Vertreter der obersten Finanzbehörden des Bundes und der Länder sind vermisste Kinder bis zur Vollendung des 18. Lebensjahres zu berücksichtigen.

Diese Rechtsgrundsätze sind auf alle offenen Fälle anzuwenden. Für bereits bestandskräftige Entscheidungen kommt ggf. eine Änderung nach § 70 Abs. 3 EStG für die Zukunft in Betracht.

DA 63.1.1 Abs. 4 wird wie folgt gefasst:

„(4) Vermisste Kinder sind bis zur Vollendung des 18. Lebensjahres zu berücksichtigen."

V. Arbeit suchende Kinder

Durch Art. 8 Nr. 5 des Zweiten Gesetzes für moderne Dienstleistungen am Arbeitsmarkt v. 23.12.2002 (BStBl I 2003, 3, 12) ist § 32 Abs. 4 Satz 1 Nr. 1 EStG mit Wirkung ab 1.1.2003 wie folgt gefasst worden:

„1. noch nicht das 21. Lebensjahr vollendet hat, nicht in einem Beschäftigungsverhältnis steht und bei einem Arbeitsamt im Inland als Arbeitsuchender gemeldet ist oder"

nach dem Ergebnis der Erörterung der für die Einkommensteuer zuständigen Vertreter der obersten Finanzbehörden des Bundes und der Länder steht eine geringfügige Beschäftigung i.S.v. § 8 SGB IV einer Berücksichtigung im Rahmen der vorgenannten Vorschrift nicht entgegen.

Auf Grund der vorgenannten Gesetzesänderung wird die DA-FamEStG wie folgt geändert:

1. DA 63.3.1 wird unter Aufhebung der übrigen Absätze wie folgt geändert:

„(1) Ein noch nicht 21 Jahre altes Kind kann nach § 32 Abs. 4 Satz 1 Nr. 1 EStG berücksichtigt werden, wenn es nicht in einem Beschäftigungsverhältnis steht und bei einem inländischen Arbeitsamt arbeitsuchend gemeldet ist. Eine geringfügige Beschäftigung i.S.v. § 8 SGB IV steht der Berücksichtigung nicht entgegen. Ein Kind, das in einem anderen EWR-Staat oder in der Schweiz arbeitsuchend gemeldet ist, kann ebenfalls berücksichtigt werden. DA 63.6 und DA 72.3 sind zu beachten.

(2) Geringfügige Beschäftigungen sind geringfügig entlohnte und kurzfristige Beschäftigungen. Eine geringfügig entlohnte Beschäftigung liegt vor, wenn das Arbeitsentgelt aus der Beschäftigung regelmäßig 400 € monatlich nicht übersteigt. Hierfür ist das monatliche Durchschnittseinkommen maßgeblich. Ein höheres Entgelt in einzelnen Monaten eines Kalenderjahres hat keine Auswirkungen auf die Berücksichtigungsfähigkeit, wenn im jährlichen Durchschnitt die Grenze von 400 € nicht überschritten wird. Eine kurzfristige Beschäftigung liegt vor, wenn sie innerhalb eines Kalenderjahres auf nicht mehr als zwei Monate oder bei weniger als fünf Arbeitstagen in der Woche auf insgesamt fünfzig Arbeitstage begrenzt ist. Diese Begrenzung begründet sich nach der Eigenart der Beschäftigung (z.B. Erntehelfer, Saisonkräfte, Aushilfe) oder sie wird im Voraus vertraglich festgehalten. Eine kurzfristige Beschäftigung liegt nicht mehr vor, wenn sie berufsmäßig ausgeübt wird und das erzielte Arbeitsentgelt 400 € übersteigt. Diese Grundsätze gelten auch, wenn die geringfügige Beschäftigung ausschließlich in Privathaushalten bzw. wenn an Stelle der Beschäftigung eine selbständige Tätigkeit ausgeübt wird.

(3) Der Nachweis, dass ein Kind bei einem Arbeitsamt im Inland als Arbeitsuchender gemeldet ist, hat über eine Bescheinigung des zuständigen inländischen Arbeitsamtes zu erfolgen. Es sind diesbezüglich keine weiteren Prüfungen durch die Familienkasse erforderlich.

(4) Eine Berücksichtigung ist auch dann möglich, wenn das Kind wegen Erkrankung oder eines Beschäftigungsverbotes nach §§ 3, 6 Mutterschutzgesetz (MuSchG) nicht bei einem Arbeitsamt im Inland arbeitsuchend gemeldet ist. Ist das Kind jedoch wegen der Inanspruchnahme von Elternzeit nicht arbeitsuchend gemeldet, besteht während dieser Zeit kein Anspruch auf Kindergeld für dieses Kind. Eine Berücksichtigung während einer Erkrankung bzw. eines Beschäftigungsverbotes setzt voraus, dass die Erkrankung bzw. das Beschäftigungsverbot durch eine ärztliche Bescheinigung nachgewiesen wird. Bei einer Erkrankung von mehr als sechs Monaten hat die Familienkasse nach Vorlage eines amtsärztlichen Attestes zu entscheiden, ob das Kind noch berücksichtigt werden kann (zum Inhalt des Attestes s. DA 63.3.2.7 Abs. 1, 2). Außerdem muss das Kind glaubhaft erklären, sich unmittelbar nach Wegfall der Hinderungsgründe bei dem zuständigen Arbeitsamt im Inland arbeitsuchend zu melden. Geschieht dies nicht, ist die Festsetzung ab dem Monat, der dem Monat folgt, in dem die Hinderungsgründe wegfallen, nach § 70 Abs. 2 EStG aufzuheben."

...

⇨ ***Hinweis***

Übertragung auf Kinderfreibetrag*: Das vorstehend abgedruckte Schreiben des BfF betrifft zunächst das Kindergeld. Die Grundsätze gelten aber auch für den Kinderfreibetrag.*

***Keine Berücksichtigung des Vermögens bei behinderten Kindern**: Bei Prüfung der Frage, ob ein volljähriges behindertes Kind, welches das 27. Lebensjahr vollendet oder noch nicht vollendet hat, außerstande ist, sich selbst zu unterhalten (§ 32 Abs. 4 Satz 1 Nr. 3 EStG), ist dessen Vermögen nicht zu berücksichtigen (BFH v. 19.8.2002 VIII R 17/02, BStBl II 2003, 88; VIII R 51/01, BStBl II 2003, 91, m. Anm. Moritz, KFR F. 3 EStG § 32, 1/03, 15; Greite, FR 2003, 42; Siebenhüter, EStB 2002, 471; kk, KÖSDI 2002, 13532; Bilsdorfer, SteuerStud 2003, 222; krit. Nolde, FR 2003, 180). Der BFH hat damit gegen die Finanzverwaltung entschieden. Die Finanzverwaltung folgt nun der Rechtsprechung des BFH.*

***Reisebegleiter im Urlaub bei volljährigem behinderten Kind**: Ein Körperbehinderter, bei dem die Notwendigkeit ständiger Begleitung nachgewiesen ist, kann Mehraufwendungen, die ihm auf einer Urlaubsreise durch Kosten für Fahrten, Unterbringung und Verpflegung der Begleitperson entstehen, bis zu 1.500 DM (767 €) neben dem Pauschbetrag für Körperbehinderte als außergewöhnliche Belastung abziehen (BFH v. 4.7.2002 III R 58/98, BStBl II 2002, 765, m. Anm. Steinhauff, KFR F. 3 EStG § 33, 1/03, 19; Meurer, EStB 2002, 471). Diese Kosten können als behinderungsbedingter Mehrbedarf berücksichtigt werden. Der Nachweis ist vor Antritt der Reise durch ein amtsärztliches Gutachten oder die Feststellung im Ausweis nach SGB IX zu erbringen.*

***Bei Pflegekindern mindestens 20 v.H. Kostentragung durch Pflegeeltern erforderlich**: Auf Grund der Neuregelung des Familienleistungsausgleichs ab 1996 bedarf es für die Berücksichtigung eines Kindes als Pflegekind auch bei einer Betreuung im Rahmen der sog. Familienvollzeitpflege (§ 33 SGB VIII) der Prüfung des Einzelfalls, ob die den Pflegeeltern entstandenen – und grundsätzlich nur i.H.d. tatsächlichen Aufwendungen der Pflegeeltern zu berücksichtigenden – Unterhaltskosten (einschließlich der Kosten für die Betreuung, Ausbildung und Erziehung) die Aufwandserstattungen (z.B. Pflegegeld) mit der Folge überschreiten, dass die Pflegeeltern zumindest 20 v.H. – und damit einen nicht unwesentlichen Teil (§ 32 Abs. 1 Nr. 2 EStG) – der gesamten (angemessenen) Unterhaltskosten des Pflegekindes tragen (BFH v. 29.1.2003 VIII R 71/00, BStBl II 2003, 489; zur Berücksichtigung von Pflegekindschaftsverhältnissen im Einkommensteuerrecht vgl. Hollatz, NWB F. 3, 12313). Auf die beiden Beispiele im BfF-Schreiben wird hingewiesen.*

***Vermisste Kinder**: Vermisste Kinder sind bis zur Vollendung des 18. Lebensjahres zu berücksichtigen.*

***Arbeit suchende Kinder**: Eine geringfügige Beschäftigung i.S.v. § 8 SGB IV steht einer Berücksichtigung des Kindes als Arbeit suchendes (§ 32 Abs. 4 Satz 1 Nr. 1 EStG) nicht entgegen (vgl. BFH v. 10.1.2003 VIII B 81/02, BFH/NV 2003, 897, zum früheren Rechtszustand).*

3. Berufsausbildung des Kindes

Berufsausbildung bejaht: In folgenden Fällen hat die Rechtsprechung eine Berufsausbildung des Kindes (§ 32 Abs. 4 Satz 1 Nr. 2 Buchst. a EStG) bejaht:

- **Ausbildung zum Golflehrer oder Golfprofi** (FG Rheinland-Pfalz v. 27.11.2002, 5 K 1209/01, DStRE 2003, 594, rkr.);

- **Promotionsvorbereitung** im Rahmen einer Tätigkeit als wissenschaftlicher Assistent (FG Düsseldorf v. 28.5.2003, 18 V 6587/02 A Kg, EFG 2003, 1318, Beschwerde, Az. des BFH: VIII B 151/03);

- **Beschäftigungs- und Qualifizierungsmaßnahme** einer Sozialhilfeempfängerin (FG Niedersachsen v. 8.8.2002, 11 K 65/99 Ki, DStRE 2003, 795, Rev., Az. des BFH: VIII R 75/02).

Berufsausbildung verneint: In folgenden Fällen hat die Rechtsprechung eine Berufsausbildung des Kindes (§ 32 Abs. 4 Satz 1 Nr. 2 Buchst. a EStG) verneint:

- **Freiwilliges soziales Jahr** (FG Baden-Württemberg v. 3.12.2002, 1 K 119/00, DStRE 2003, 927, Rev., Az. des BFH: VIII R 3/03);

- **Teilnahme am Ausbildungsprogramm der Organisation „Up with People“** (FG Münster v. 13.1.2003, 5 K 4696/00 Kg, EFG 2003, 783, rkr.).

4. Einkünfte und Bezüge des Kindes

4.1 Direktversicherung; Pensionskasse

Verwaltungsanweisungen: OFD Berlin v. 24.6.2003, Familienleistungsausgleich – Behandlung von Beiträgen zu einer Pensionskasse sowie nach § 40b EStG pauschal besteuerte Beiträge für eine Direktversicherung oder Zuwendungen an eine Pensionskasse bei der Ermittlung der Einkünfte und Bezüge eines volljährigen Kindes (§ 32 Abs. 4 Satz 2 EStG), DB 2003, 2147, FR 2003, 927.

Die OFD Berlin hat mit Verf. v. 24.6.2003 (DB 2003, 2147, FR 2003, 927) zur Behandlung von Beiträgen zu einer Pensionskasse sowie nach § 40b EStG pauschal besteuerten Beiträgen für eine Direktversicherung oder Zuwendungen an eine Pensionskasse bei der Ermittlung der Einkünfte und Bezüge eines volljährigen Kindes (§ 32 Abs. 4 Satz 2 EStG) wie folgt Stellung genommen:

Nach § 40b EStG zählen pauschal versteuerte Lohnteile zu Gunsten einer betrieblichen Altersversorgung nicht zu den Einkünften eines Kinds, weil der pauschal versteuerte Arbeitslohn bei einer Veranlagung zur Einkommensteuer außer Betracht bleibt (§ 40b Abs. 4 Satz 1 i.V.m. § 40 Abs. 3 Satz 3 EStG).

Nach § 3 Nr. 63 EStG steuerbefreite Beiträge an eine Pensionskasse sowie nach § 40b EStG pauschal besteuerte Beiträge für eine Direktversicherung oder Zuwendungen an eine Pensionskasse stellen Bezüge dar. Diese Bezüge bleiben bei der Prüfung, ob der Jahresgrenzbetrag überschritten wird, jedoch außer Ansatz, weil die Beiträge zum Zweck einer künftigen Altersversorgung in der Pensionskasse gebunden sind und damit zur Bestreitung des Unterhalts oder der Berufsausbildung des Kindes weder bestimmt noch geeignet sind.

Etwas anderes gilt, wenn die Beiträge zur Pensionskasse der individuellen Versteuerung zu unterwerfen sind, weil das Kind zur Inanspruchnahme der Förderung von Altersvorsorgebeiträgen mit Altersvorsorgezulage (Abschn. XI EStG) und Sonderausgabenabzug (§ 10a EStG) auf die Steuerbefreiung der Beiträge nach § 3 Nr. 63 EStG verzichtet hat (§ 3 Nr. 63 Satz 2 EStG). In diesem Fall sind die Beiträge an die Pensionskasse dem Arbeitslohn zuzurechnen und damit in die Ermittlung der Einkünfte des Kindes einzubeziehen. Einkünfte des Kindes sind bei der Prüfung, ob der Jahresgrenzbetrag nach § 32 Abs. 4 Satz 2 EStG überschritten ist, stets in vollem Umfang zu berücksichtigen, auch soweit sie zur Bestreitung des Lebensunterhalts nicht zur Verfügung stehen (R 180e Abs. 1 EStR).

⇨ ***Hinweis***

Keine Berücksichtigung der Beiträge zur Pensionskasse sowie für Direktversicherung bei Einkunftsgrenze des Kindes*: Nach § 3 Nr. 63 EStG steuerbefreite Beiträge an eine Pensionskasse und nach § 40b EStG pauschal besteuerte Beiträge für eine Direktversicherung oder Zuwendungen an eine Pensionskasse stellen zwar keine Einkünfte, wohl aber Bezüge des Kindes dar. Sie sind jedoch nicht zu berücksichtigen, weil sie zur Bestreitung des Unterhalts oder der Berufsausbildung des Kindes weder bestimmt noch geeignet sind.*

Berücksichtigung aber bei Verzicht auf Steuerfreiheit*: Bei einem Verzicht auf die Steuerfreiheit (§ 3 Nr. 63 Satz 2 EStG) zählen die Beiträge zur Pensionskasse aber zu den Einkünften des Kindes.*

Begriff der Einkünfte und Bezüge*: Der Begriff der „Einkünfte" in § 32 Abs. 4 Satz 2 EStG entspricht nicht der Legaldefinition des § 2 Abs. 2 EStG (Abweichung von BFH v. 21.7.2000 VI R 153/99, BStBl II 2000, 566). Bei der Prüfung, ob der Jahresgrenzbetrag überschritten ist, ist der Wortlaut „Einkünfte und Bezüge, die zur Bestreitung des Lebensunterhalts oder der Berufsausbildung bestimmt oder geeignet sind" dahin gehend auszulegen, dass nur die Einkünfte (und Bezüge) zu berücksichtigen sind, die nicht durch bestimmte Sonderausgaben (§§ 10 ff. EStG, etwa Sozialversicherungsbeiträge) und außergewöhnliche Belastungen (§§ 33 ff. EStG) gebunden sind (FG Niedersachsen v. 16.4.2003, 7 K 723/98 Ki, FR 2003, 856, Rev., Az. des BFH: VIII R 59/03, m. Anm. Greite, FR 2003, 865; o.V., EStB 2003, 291; Kreft, GStB 2003, 328; Bestätigung von FG*

Niedersachsen v. 20.7.1999, VII 471/98 Ki, EFG 1999, 1137). Da die Finanzverwaltung dieser Rechtsprechung nicht folgt, sollte man Einspruch einlegen. Die Finanzverwaltung ist mit einer Verfahrensruhe (§ 363 Abs. 2 Satz 2 AO) einverstanden (OFD Hannover v. 4.3.2003, DStR 2003, 550, abgedruckt in Graf/Obermeier, NWB Steuerrecht aktuell, Ausgabe 1/2003, 218).

***Berücksichtigung des Arbeitnehmer-Pauschbetrags**: Erzielt ein Kind nicht ganzjährig Einkünfte aus nichtselbständiger Arbeit und ist das Kind auch nur für einen Teil des Jahres nach § 32 Abs. 4 Satz 1 EStG 1997 zu berücksichtigen, dann ist der Arbeitnehmer-Pauschbetrag im Rahmen der Berechnung des Grenzbetrags gem. § 32 Abs. 4 Sätze 2, 6 und 7 EStG 1997 zeitanteilig auf die Monate aufzuteilen, in denen Einkünfte aus nichtselbständiger Arbeit erzielt werden (BFH v. 1.7.2003 VIII R 96/02, DStR 2003, 1479, m. Anm. Greite, FR 2003, 1034).*

4.2 Verzicht auf Arbeitslohn zu Gunsten von Flutopfern

Verwaltungsanweisungen: OFD Kiel v. 23.4.2003, Steuerliche Berücksichtigung volljähriger Kinder, Einkünfte und Bezüge des Kindes bei Verzicht auf Arbeitslohn zu Gunsten von Flutopfern, DB 2003, 1710.

Die OFD Kiel hat mit Verf. v. 23.4.2003 (DB 2003, 1710) zur steuerlichen Berücksichtigung volljähriger Kinder und zum Verzicht auf Arbeitslohn zu Gunsten von Flutopfern wie folgt Stellung genommen:

> Zu der Frage, welche Auswirkung der Lohnverzicht eines Kindes zu Gunsten der Opfer der Hochwasserkatastrophe im August 2002 in Bezug auf den Kindergeldanspruch der Eltern hat, ist im Einvernehmen mit dem BMF folgende Auffassung zu vertreten:
>
> Für ein volljähriges Kind in Berufsausbildung besteht Anspruch auf steuerliche Freibeträge für Kinder bzw. auf Kindergeld, wenn dessen Einkünfte und Bezüge, die zur Bestreitung des Unterhalts oder der Berufsausbildung bestimmt oder geeignet sind, den Grenzbetrag von 7.188 € im Kalenderjahr nicht überschreiten (§ 32 Abs. 4 Satz 2 EStG).
>
> Lohnteile, auf die ein Kind zu Gunsten einer Beihilfe des Arbeitgebers an vom Hochwasser betroffene Arbeitnehmer des Unternehmens oder zu Gunsten einer Zahlung des Arbeitgebers auf ein Spendenkonto einer spendenempfangsberechtigten Einrichtung i.S.d. § 49 EStDV verzichtet (Arbeitslohnspende i.S.d. BMF-Schreibens v. 1.10.2002, BStBl I 2002, 960), sind nicht den Einkünften und Bezügen des Kindes i.S.d. § 32 Abs. 4 Satz 2 EStG zuzurechnen.
>
> Diese Lohnteile werden steuerfrei belassen und daher nicht bei der einkommensteuerrechtlichen Einkünfteermittlung erfasst; als Bezüge stehen sie dem Kind auf Grund des gegenüber dem Arbeitgeber ausgesprochenen Verzichts nicht zur Bestreitung des Lebensunterhalts oder der Berufsausbildung zur Verfügung und bleiben daher außer Ansatz. Eine solche Arbeitslohnspende stellt auch keinen Verzicht i.S.d. § 32 Abs. 4 Satz 9 EStG dar.

⇨ ***Hinweis***

Arbeitslohnspende nicht bei Einkunftsgrenze des Kindes berücksichtigen*: Eine Arbeitslohnspende ist nicht den Einkünften und Bezügen des Kindes hinzuzurechnen. Es handelt sich auch nicht um einen schädlichen Verzicht gem. § 32 Abs. 4 Satz 9 EStG.*

Schädlicher Verzicht auf Arbeitslohn*: Ein Verzicht auf Teile der zustehenden Einkünfte i.S. von § 32 Abs. 4 Satz 7 EStG 2000 (jetzt: § 32 Abs. 4 Satz 9 EStG 2002) liegt vor, wenn ein Kind mit dem Ziel der Erhaltung des Kindergeldanspruchs Vereinbarungen trifft, die ursächlich dafür sind, dass ein Anspruch auf Weihnachtsgeld nicht geltend gemacht werden kann, der ohne diese Vereinbarung bestanden hätte (BFH v. 11.3.2003 VIII R 16/02, DStR 2003, 1289, m. Anm. Greite, FR 2003, 971; Balke, FR 2003, 972; Meurer, EStB 2003, 329; Thomas, INF 2003, 608).*

5. Haushaltsfreibetrag

Literatur: *Heidenreich*, Haushaltsfreibetrag auch für Verheiratete mit Kindern?, NWB F. 3, 12485.

Verwaltungsanweisungen: OFD Nürnberg v. 3.9.2003, Verfassungsmäßigkeit der Vorschriften über den Haushaltsfreibetrag (§ 32 Abs. 7 EStG); Veranlagungszeiträume vor 2002, DStR 2003, 1705.

Die OFD Nürnberg hat mit Verf. v. 3.9.2003 (DStR 2003, 1705) zur Verfassungsmäßigkeit der Vorschriften über den Haushaltsfreibetrag (§ 32 Abs. 7 EStG) in Veranlagungszeiträumen vor 2002 wie folgt Stellung genommen:

> Aus gegebenem Anlass wird darauf hingewiesen, dass der Vorläufigkeitsvermerk gem. § 165 Abs. 1 Satz 2 Nr. 3 AO zum Haushaltsfreibetrag erst ab dem Veranlagungszeitraum 2002 zu gewähren ist. Sollten bei den Finanzämtern Einsprüche von verheirateten Eltern vorliegen, die sich gegen die Nichtgewährung des Haushaltsfreibetrags für Veranlagungszeiträume vor 2002 richten, können diese nicht durch die Aufnahme eines Vorläufigkeitsvermerks erledigt werden.
>
> Das BVerfG hat in seinem Beschluss v. 10.11.1998, 2 BvR 1057/91, 2 BvR 1226/91 und 2 BvR 980/91, unter Buchst. D. I. 2. festgelegt (BStBl II 1999, 182, 192), dass die als verfassungswidrige erkannte Regelung zum Haushaltfreibetrag bis zum 31.12.2001 weiterhin anwendbar bleibt. Somit besteht keine rechtliche Möglichkeit und auch keine Veranlassung, Einkommensteuerfestsetzungen für die Jahre vor 2002 wegen der Frage der Verfassungsmäßigkeit des Haushaltsfreibetrags für vorläufig zu erklären.
>
> Im Entwurf zum Steueränderungsgesetz 2003 ist eine Regelung enthalten (§ 18 Abs. 6 EGAO-E), wonach Einsprüche, die die Verfassungswidrigkeit der für Veranlagungszeiträume vor 2002 geltenden Regelungen zur Abziehbarkeit des Haushaltsfreibetrags rügen, mit Wirkung zum 1.1.2004 ohne Einspruchsentscheidung als zurückgewiesen gelten; dabei soll keine Rolle spielen, ob der Einspruch zulässig oder unzulässig ist.

In Anbetracht dessen wird gebeten, die **Einsprüche für 2001 und frühere Jahre auch nicht in die Einspruchsliste einzutragen** (vgl. Vfg. v. 6.6.2003) und nicht an die Rechtsbehelfstelle abzugeben. Die Einsprüche sind weiterhin im Veranlagungsbereich gesondert aufzubewahren. Ihre statistische Erfassung (Anzahl der Zugänge und spätere Erledigung, ggf. kraft gesetzlicher Fiktion) ist weiterhin sicherzustellen. Soweit die Einsprüche in die Einspruchsliste eingetragen worden sind, verbleibt es dabei. Sie sind jedoch entsprechend zu kennzeichnen.

⇨ ***Hinweis***

Entsprechend BFH-Rechtsprechung: *Diese OFD-Verf. entspricht der Rechtsprechung des BFH. Nach BFH v. 6.3.2003 XI R 47/01 (BFH/NV 2003, 1160) ist die verfassungswidrige Versagung des Haushaltsfreibetrags für Eheleute von diesen bis zum 31.12.2001 hinzunehmen. Dies gilt auch, wenn Einkommensteuerbescheide bis einschließlich 2001 noch nicht bestandskräftig sind.*

Vorläufige Steuerfestsetzung ab 2002: *Nach BMF v. 16.7.2003 (BStBl I 2003, 382) ist sämtlichen Steuerfestsetzungen mit einer Günstigerprüfung nach § 31 EStG ein Vorläufigkeitsvermerk beizufügen. Er umfasst sowohl die Frage, ob die Abschmelzung des Haushaltsfreibetrags (§ 32 Abs. 7 EStG, ggf. i.V.m. § 52 Abs. 40a EStG) verfassungswidrig ist, als auch die Frage, ob § 32 Abs. 7 EStG Ehegatten in verfassungswidriger Weise benachteiligt (bejahend Heidenreich, NWB F. 3, 12485; verneinend FG Nürnberg v. 25.3.2003, III 290/2002, EFG 2003, 1242, Rev., Az. des BFH: VIII R 38/03).*

XI. Außergewöhnliche Belastungen (§§ 33 ff. EStG)

Seite

1. Schallschutzmaßnahmen

Literatur: *Hillmoth*, Aktuelle Einzelfragen zu außergewöhnlichen Belastungen, INF 2003, 382.

Verwaltungsanweisungen: OFD Kiel v. 4.2.2003, Aufwendungen für Schallschutzmaßnahmen als außergewöhnliche Belastung (§ 33 EStG), StuB 2003, 613.

Die Verf. der OFD Kiel v. 4.2.2003 (StuB 2003, 613) zu den Aufwendungen für Schallschutzmaßnahmen als außergewöhnliche Belastung (§ 33 EStG) lautet:

> Für die Berücksichtigung von Aufwendungen für Schallschutzmaßnahmen als außergewöhnliche Belastung gilt Folgendes:

Aufwendungen für Schallschutzmaßnahmen wegen Lärmbelästigung (z.B. Fluglärm) können nicht als außergewöhnliche Belastung anerkannt werden, weil der Gesetzgeber Grenzwerte für Lärmbelästigung festgelegt hat. Werden diese Grenzwerte überschritten, stehen dem Bürger Abwehrmöglichkeiten zur Verfügung. Werden die Grenzwerte nicht überschritten, ist die Lärmbelästigung nicht außergewöhnlich.

⇨ ***Hinweis***

Schallschutzmaßnahmen keine außergewöhnliche Belastung*: Aufwendungen für Schallschutzmaßnahmen sind nicht als außergewöhnliche Belastung abziehbar.*

2. Geringes Vermögen des Unterhaltsberechtigten

Verwaltungsanweisungen: BFM v. 20.8.2003, Berücksichtigung von Unterhaltsaufwendungen nach § 33a Abs. 1 EStG als außergewöhnliche Belastung; „Schonvermögen", BStBl I 2003, 411.

Das BMF hat mit Schreiben v. 20.8.2003 (BStBl I 2003, 411) zur Berücksichtigung von Unterhaltsaufwendungen nach § 33a Abs. 1 EStG als außergewöhnliche Belastung und zum sog. „Schonvermögen" wie folgt Stellung genommen:

Mit Urteil v. 12.12.2002 (BStBl II 2003, 655) hat der BFH entschieden, ein vom Unterhaltsempfänger und seinen Angehörigen bewohntes Dreifamilienhaus sei für die Frage, ob der Unterhaltsempfänger über kein oder nur ein geringes Vermögen verfüge (§ 33a Abs. 1 Satz 3 EStG), mit dem Verkehrswert zu berücksichtigen. Die Entscheidung des Streitfalls, der dem Verfahren zugrunde liegt, widerspricht nicht R 190 Abs. 3 Satz 3 Nr. 3 EStR, da es sich bei einem Dreifamilienhaus nicht mehr um ein „angemessenes Hausgrundstück" handelt.

Unter Bezugnahme auf das Ergebnis der Erörterungen mit den obersten Finanzbehörden der Länder bleibt i.S.d. Einheit der Rechtsordnung auch künftig entsprechend § 88 Abs. 2 Nr. 7 BSHG ein angemessenes Hausgrundstück außer Betracht, das vom Unterhaltsempfänger allein oder zusammen mit Angehörigen bewohnt wird, denen es nach seinem Tod weiter als Wohnung dienen soll.

⇨ ***Hinweis***

Dreifamilienhaus kein geringes Vermögen i.S.v. § 33a Abs. 1 Satz 3 EStG*: Ob der Unterhaltsempfänger über kein oder nur geringes Vermögen i.S.d. § 33a Abs. 1 Satz 3 EStG verfügt, ist unabhängig von der Anlageart nach dem Verkehrswert zu entscheiden (BFH v. 12.12.2002 III R 41/01, BStBl II 2003, 655, m. Anm. Kanzler, FR 2003, 420; Hog, INF 2003, 246; kk, KÖSDI 2003, 13709; Krömker, EStB 2003, 126; gegen R 190 Abs. 3 Satz 3 Nr. 3 EStR). Im Streitfall ging es um ein Dreifamilienhaus, das der Unterhaltsempfänger und seine Angehörigen bewohnten.*

***Widerspruch zu R 190 Abs. 3 Satz 3 Nr. 3 EStR**: Aus dem vorstehend genannten BFH-Urteil ergibt sich jedoch, dass sich die Ausführungen nicht nur auf ein Dreifamilienhaus beziehen, sondern allgemein anzuwenden sind. Das Rezensionsurteil widerspricht damit der Auffassung der Finanzverwaltung, die ein angemessenes Hausgrundstück nur als geringes Vermögen ansieht (R 190 Abs. 3 Satz 3 Nr. 3 EStR).*

***Nichtanwendungserlass**: Das vorstehend abgedruckte BMF-Schreiben bestätigt jedoch R 190 Abs. 3 Satz 3 Nr. 3 EStR. Es stellt daher einen Nichtanwendungserlass dar.*

***Geringes Geldvermögen: 15.500 €**: Ein Vermögen von bis zu 15.500 € ist i.d.R. gering (R 190 Abs. 3 Satz 2 EStR; BFH v. 19.5.1999 XI R 99/96, BFH/NV 2000, 22, DStRE 2000, 9; Anschluss an BFH v. 14.8.1997 III R 68/96, BStBl II 1998, 241). Der BFH hält die Grenze für großzügig bemessen und ein Vermögen von ca. 25.000 € in keinem Fall mehr für gering.*

3. Unterhaltsaufwendungen für Wehrpflichtige und Zivildienstleistende

Verwaltungsanweisungen: OFD Frankfurt/M. v. 15.4.2003, Berücksichtigung von Unterhaltsaufwendungen für Wehrpflichtige und Zivildienstleistende nach § 33a EStG, DB 2003, 1145.

Die OFD Frankfurt/M. hat mit Verf. v. 15.4.2003 (DB 2003, 1145) zur Berücksichtigung von Unterhaltsaufwendungen für Wehrpflichtige und Zivildienstleistende nach § 33a EStG wie folgt Stellung genommen:

> Unterhaltsleistungen der Eltern an ihr Wehr- oder Zivildienst leistendes Kind sind stets dem Grund nach als außergewöhnliche Belastung nach § 33a EStG abzugsfähig, da für die Zeit des gesetzlichen Grundwehr- oder Zivildiensts kein Anspruch auf einen Kinderfreibetrag oder Kindergeld besteht (§ 32 Abs. 4 EStG i.V.m. § 63 Abs. 1 EStG). Eine Ausnahme gilt jedoch für die Fälle, in denen ein Kind neben dem Zivildienst ein Studium ernsthaft und nachhaltig betreibt. Da es hier gem. § 32 Abs. 4 Satz 1 Nr. 2 Buchst. a EStG für einen Beruf ausgebildet wird, haben die Eltern einen Anspruch auf einen Kinderfreibetrag oder Kindergeld (vgl. BFH v. 14.5.2002, BStBl II 2002, 807).
>
> Allerdings entfällt der Anspruch auf einen Kinderfreibetrag bzw. auf Kindergeld nur für die Monate, in denen die Anspruchsvoraussetzungen an keinem Tag vorgelegen haben (Monatsprinzip; § 32 Abs. 4 Satz 7 EStG). Dabei ist zu beachten, dass der Wehrdienst immer am Ersten eines Monats beginnt, auch wenn der Dienst erst später (am ersten Werktag) angetreten wird. Der Zivildienst beginnt dagegen erst an dem Tag, an dem der Dienst aufgenommen wird, sodass das Kind ggf. in diesem Monat noch berücksichtigt werden kann (vgl. BfF v. 9.4.1998, BStBl I 1998, 386).

Beispiel:

Der 18-jährige S macht am 15.5.2002 sein Abitur.

a) Ab dem 2.9.2002 (Montag) leistet er den gesetzlichen Wehrdienst ab, um unmittelbar danach mit dem Studium zu beginnen.

b) Bevor er mit dem Studium beginnt, leistet er seinen Zivildienst ab, den er am 2.9.2002 aufnimmt.

Lösung a)

Januar bis Mai 2002: S wird für einen Beruf ausgebildet und ist daher steuerlich als Kind zu berücksichtigen (§ 32 Abs. 4 Satz 1 Nr. 2 Buchst. a EStG). Die Anspruchsvoraussetzungen für die Gewährung des Kinderfreibetrags bzw. von Kindergeld sind erfüllt.

Juni bis August 2002: Bis zum Beginn des Wehrdiensts befindet sich S in einer Übergangszeit i.S.d. § 32 Abs. 4 Satz 1 Nr. 2 Buchst. b EStG. Die Anspruchsvoraussetzungen für die Gewährung des Kinderfreibetrags bzw. von Kindergeld sind erfüllt.

September bis Dezember 2002: S leistet ab dem 1.9.2002 (Sonntag) seinen gesetzlichen Wehrdienst ab. Dies gilt unbeschadet dessen, dass der Wehrdienst tatsächlich erst am ersten Werktag im September begonnen werden kann. Somit sind an keinem Tag der Monate September bis Dezember 2002 die Anspruchsvoraussetzungen für die Gewährung eines Kinderfreibetrags bzw. von Kindergeld erfüllt.

Lösung b)

Januar bis Mai 2002: S wird für einen Beruf ausgebildet und ist daher steuerlich als Kind zu berücksichtigen (§ 32 Abs. 4 Satz 1 Nr. 2 Buchst. a EStG). Die Anspruchsvoraussetzungen für die Gewährung des Kinderfreibetrags bzw. von Kindergeld sind erfüllt.

Juni bis September 2002: Bis zum Beginn des Zivildiensts befindet sich S in einer Übergangszeit i.S.d. § 32 Abs. 4 Satz 1 Nr. 2 Buchst. b EStG. Die Anspruchsvoraussetzungen für die Gewährung des Kinderfreibetrags bzw. von Kindergeld sind - auch im September (1 Tag) - erfüllt.

Oktober bis Dezember 2002: In diesen Monaten erfüllt S an keinem Tag eine der Anspruchsvoraussetzungen des § 32 Abs. 1 bis 5 EStG, sodass weder ein Kinderfreibetrag noch Kindergeld zu gewähren ist.

In den Monaten, in denen kein Anspruch auf einen Kinderfreibetrag oder Kindergeld bestanden hat, können Unterhaltsleistungen im Rahmen des § 33a EStG bis zu den in § 33a Abs. 1 Satz 1 EStG genannten Jahreshöchstbeträgen (2000: 13.500 DM; 2001: 14.040 DM; 2002: 7.188 €) als außergewöhnliche Belastungen geltend gemacht werden.

Der Höchstbetrag wird jedoch um die eigenen Einkünfte und Bezüge des Kinds, die zur Bestreitung des Unterhalts bestimmt oder geeignet sind, gemindert, soweit sie den in § 33a Abs. 1 Satz 4 EStG genannten Grenzbetrag (1996 bis 2001: 1.200 DM; ab 2002: 624 €) übersteigen.

1. Eigene Bezüge eines Wehrdienstleistenden

Zu den anrechenbaren Bezügen eines Wehrdienstleistenden gehören insbesondere die

- Geldleistungen nach § 2 Wehrsoldgesetz (vgl. H 190 < Anrechnung eigener Einkünfte und Bezüge > EStH 2002).

Wehrsoldgruppe	Dienstgrad	Wehrsoldtagessatz	
		ab 1.1.1999 DM	ab 1.1.2002 €
1	Grenadier	14,50	7,41
2	Gefreiter	16,00	8,18
3	Obergefreiter	17,50	8,95
4	Hauptgefreiter	19,00	9,71
5	Stabsgefreiter, Oberstabsgefreiter, Unteroffizier, Stabsunteroffizier, Fahnenjunker	22,00	11,25
6	Feldwebel, Fähnrich, Oberfeldwebel	23,00	11,76
7	Hauptfeldwebel, Oberfähnrich, Stabsfeldwebel, Oberstabsfeldwebel, Leutnant	24,00	12,27
8	Oberleutnant	25,00	12,78
9	Hauptmann	26,00	13,29
10	Stabshauptmann, Major, Stabsarzt	27,00	13,80
11	Oberstleutnant, Oberstabsarzt, Oberfeldarzt	28,00	14,32
12	Oberst, Oberstarzt	29,00	14,83
13	General	31,00	15,85

Bei freiwilliger Wehrdienstverlängerung werden zusätzlich ab dem zehnten Dienstmonat 20,45 €/Tag, ab dem dreizehnten Dienstmonat 22,50 €/Tag und ab dem neunzehnten Dienstmonat 24,54 €/Tag gezahlt (vgl. § 8c Abs. 2 Wehrsoldgesetz, BGBl I 2002, 1519).

- Weihnachtsgeld nach § 7 Wehrsoldgesetz (vgl. H 190 < Anrechnung eigener Einkünfte und Bezüge > EStH 2002). Die besondere Zuwendung wird im Dezember gezahlt und beträgt bei Ableistung des neunmonatigen Grundwehrdienstes 172,56 €.

- Mobilitätszuschlag nach § 8d Wehrsoldgesetz
  Dieser wird Soldaten gezahlt, die Grundwehrdienst leisten und deren Standort mehr als 30 km von ihrem Wohnort entfernt ist. Er beträgt bei einer einfachen Entfernung

  – von mehr als 30 km bis 50 km 0,51 € täglich (gilt ab 1.1.2002),
  – von mehr als 50 km bis 100 km 1,53 € täglich (ab 1.1.2002),
  – von mehr als 100 km 3,07 € täglich (gilt ab 1.1.2002).

  Der Mobilitätszuschlag wird gezahlt, um Nachteile der heimatfernen Einberufung auszugleichen. Er ist aber nicht zweckgebunden, da Heimfahrten der Wehrpflichtigen mit öffentlichen Verkehrsmitteln kostenlos sind.

- unentgeltliche Verpflegung und Unterkunft
  Die Sachbezugswerte für Verpflegung und Unterkunft sind mit den in der Sachbezugsverordnung (SachBezV) festgesetzten Werten anzusetzen. Dabei ist Folgendes zu beachten:

  a) Unabhängig vom Stationierungsort des Wehrdienstleistenden ist von den in den §§ 1, 3, 7 SachBezV festgesetzten Werten auszugehen.

  b) Wehrdienstleistende Mannschaftsdienstgrade sind wie Auszubildende i.S.d. § 3 Abs. 2 Nr. 2 bzw. § 7 Abs. 2 Satz 1 SachBezV zu behandeln. Außerdem ist für diesen Personenkreis eine Wohnraumbelegung mit mehr als drei Personen anzunehmen.

  c) Bei wehrdienstleistenden Unteroffizieren und Reserveoffizieren hat eine Kürzung des Sachbezugswerts nach § 3 Abs. 2 Nr. 2 bzw. § 7 Abs. 2 Satz 2 SachBezV nicht zu erfolgen. Eine Kürzung nach § 3 Abs. 2 Nr. 3 SachBezV ist nur vorzunehmen, wenn eine Wohnraumbelegung mit mehr als einer Person nachgewiesen oder glaubhaft gemacht wird.

  d) Die Sachbezugswerte sind auch dann als eigene Bezüge anzusetzen, wenn der Wehrdienstleistende unentgeltliche Verpflegung oder Unterkunft aus privaten Gründen nicht in Anspruch genommen oder an ihrer Stelle Barvergütungen erhalten hat (z.B. an Wochenenden). Ist der Wehrdienstleistende dagegen von der Verpflichtung zur Übernachtung (Heimschlaferlaubnis) oder zur Verpflegung befreit, so sind statt dessen die Barvergütungen anzusetzen.

Beispiel:

Monatlicher Sachbezugswert für unentgeltliche Unterkunft und Verpflegung bei einem Wehrdienstleistenden im Mannschaftsdienstgrad im Veranlagungszeitraum 2001, 2002 und 2003 (alte Bundesländer)

	2001	2002	2003
Unterkunftsausgangswert gem. § 3 Abs. 1 Satz 1 SachBezV	359,00 DM	186,65 €	189,80 €
- 15 v.H. gem. § 3 Abs. 2 Nr. 2 SachBezV	- 53, 85 DM	- 28,00 €	- 28,47 €
- 60 v.H. gem. § 3 Abs. 2 Nr. 3 SachBezV	- 215,40 DM	- 111,99 €	- 113,88 €
	89,75 DM	46,66 €	47,45 €
Verpflegungsausgangswert gem. § 1 Abs. 1 Satz 1 und Abs. 3 Satz 4 SachBezV	370,40 DM	192,60 €	195,80 €

- Ersatz von Aufwendungen für den Bau oder Kauf von Eigenheimen oder eigengenutzten Eigentumswohnungen nach § 7 Abs. 2 Nr. 5 des Unterhaltssicherungsgesetzes (USG).

- Mietbeihilfe nach § 7a USG für Wehrpflichtige, die Mieter von Wohnraum sind.

Nicht anzurechnen sind zweckgebundene Bezüge, wie z.B. Erstattungen von Versicherungen und Krankenkassen oder die Ersatzleistungen nach dem USG (vgl. BFH v. 22.7.1988, BStBl II 1988, 830). Zu den anrechenbaren Bezügen gehört auch nicht das – als Überbrückungshilfe für die Zeit nach Beendigung der Dienstzeit gewährte – Entlassungsgeld nach § 9 Wehrsoldgesetz, wenn nach Beendigung des Wehrdiensts keine Unterhaltszahlungen geleistet werden (vgl. BFH v. 26.4.1991, BStBl II 1991, 716).

Bei der Ermittlung der anzurechnenden Bezüge können Fahrtkosten, die Wehrdienstleistenden für Fahrten mit dem eigenen Pkw zwischen Wohnort und Stationierungsort entstehen, nicht abgezogen werden (vgl. R 190 Abs. 5 Satz 3 EStR 2001).

2. Eigene Bezüge eines Zivildienstleistenden

Zivildienstleistenden stehen die gleichen Geld- und Sachbezüge zu wie einem Soldaten des untersten Mannschaftsdienstgrads (Grenadier), der den Grundwehrdienst leistet (§ 35 Abs. 1 Zivildienstgesetz [ZDG]). Die unter 1. genannten Grundsätze gelten daher entsprechend.

Nach § 35 Abs. 2 ZDG kann einem Dienstleistenden jedoch nach einer Dienstzeit von drei Monaten der Sold der Soldgruppe 2 (Gefreiter) und nach einer Dienstzeit von sechs Monaten der Sold der Soldgruppe 3 (Obergefreiter) gewährt werden, wenn seine Eignung, Befähigung und Leistung dies rechtfertigen.

3. Ableistung des Grundwehr- bzw. Zivildiensts im Ausland

Leistet die unterstützte Person ihren Wehrdienst im Ausland und ist sie nicht unbeschränkt einkommensteuerpflichtig, ist bei der Ermittlung der abziehbaren Aufwendungen gem. § 33a Abs. 1 Satz 5 EStG die Ländergruppeneinteilung zu beachten (vgl. ESt-Kartei OFD Frankfurt/M. § 33a EStG Fach 1 Karten 4 und 11).

➪ ***Hinweis***

***Außergewöhnliche Belastung, wenn kein Anspruch auf Kindergeld oder Kinderfreibetrag besteht**: Unterhaltsaufwendungen für Wehrpflichtige und Zivildienstleistende sind nur dann als außergewöhnliche Belastung abziehbar, wenn kein Anspruch auf Kindergeld oder Kinderfreibetrag besteht. Es gilt das Monatsprinzip. Der Anspruch auf Kindergeld oder Kinderfreibetrag entfällt nur für die Monate, in denen die Anspruchsvoraussetzungen an keinem Tag vorgelegen haben (§ 32 Abs. 4 Satz 7 EStG). In der vorstehend abgedruckten Verf. der OFD Frankfurt/M. werden die Unterschiede zwischen Wehrdienst und Zivildienst zutreffend herausgearbeitet.*

***Eigene Bezüge des Kindes**: In dieser Verf. der OFD Frankfurt/M. werden die Bezüge eines Wehrdienst- bzw. Zivildienstleistenden aufgelistet. Der Höchstbetrag der außergewöhnlichen Belastungen (derzeit 7.188 €) wird um die eigenen Einkünfte und Bezüge des Kindes, die zur Bestreitung seines Unterhalts bestimmt oder geeignet sind, gemindert, soweit sie den Grenzbetrag des § 33a Abs. 1 Satz 4 EStG (derzeit 624 €) übersteigen.*

4. Unterhaltshöchstbetrag bei Verwandtenbesuchen im Inland

Literatur: *Formel*, Unterhaltshöchstbetrag bei vorübergehenden Besuchen im Inland, EStB 2003, 330.

a) Fall

Die Stpfl. sind Eheleute. Die Eltern beider Stpfl. wohnen in Polen. Diese unterstützten ihre Eltern im Streitjahr 1998 mit jeweils 1.200 DM (zusammen 4.800 DM) und machten die Aufwendungen in der gemeinsamen Einkommensteuererklärung für 1998 als außergewöhnliche Belastung nach § 33a EStG geltend. Ferner beantragten sie den Abzug weiterer Unterhaltsaufwendungen, die ihnen bei Besuchen ihrer Eltern in Deutschland entstanden sein sollen. Die Mutter der Ehefrau hatte sich vom 10. bis 24.5. und vom 15. bis 29.11.1998, ihr Vater vom 11. bis 17.9. und vom 31.10. bis 14.11.1998, der Vater des Ehemannes vom 11. bis 17.9.1998 in Deutschland aufgehalten. Für die Besuche der Eltern der Ehefrau in Deutschland machten die Stpfl. zusätzlich Unterhaltsleistungen i.H.v. 5.000 DM (1.000 DM je Aufenthaltsmonat), für die Eltern des Ehemannes zusätzlich Unterhaltsleistungen i.H.v. 1.000 DM sowie Medikamentenaufwendungen i.H.v. 111 DM geltend. Die Unterhaltsaufwendungen anlässlich der Besuche wurden nicht nachgewiesen. Die eigenen Einkünfte der Eltern der Ehefrau wurden mit insgesamt 6.112 DM, die der Eltern des Ehemannes mit 9.012 DM angegeben. Der Bruder der Ehefrau hatte angegeben, seine Eltern ebenfalls i.H.v. 3.000 DM unterstützt zu haben.

b) Problem

In welcher Höhe können außergewöhnliche Belastungen abgezogen werden?

c) Lösung

Verhältnisse des Wohnsitzstaates auch bei Besuchen im Inland entscheidend: Es begegnet keinen verfassungsrechtlichen Bedenken, dass sich der nach § 33a Abs. 1 EStG abziehbare Unterhaltshöchstbetrag für Unterhaltsempfänger mit Wohnsitz im Ausland auch dann nach den Verhältnissen des Wohnsitzstaates richtet, wenn sich die Unterhaltsberechtigten vorübergehend zu Besuchen im Inland aufhalten.

Schätzung nicht nachgewiesener Aufwendungen: Nicht nachgewiesene Aufwendungen anlässlich solcher Besuche können in Höhe des inländischen existenznotwendigen Bedarfs je Tag geschätzt werden (BFH v. 5.6.2003 III R 10/02, BStBl II 2003, 714, m. Anm. Kanzler, FR 2003, 975; Formel, EStB 2003, 330; Dürr, INF 2003, 689).

⇨ ***Hinweis***

***Schätzung entsprechend Unterhaltshöchstbetrag**: Derzeit würde man hinsichtlich der Besuche im Inland folgendermaßen schätzen: 7.188 € (Unterhaltshöchstbetrag) : 12 (= Monatsbetrag) : 30 (= Tagesbetrag). Je Tag ist daher ein Betrag von 20 € zu schätzen.*

5. Behinderten-Pauschbetrag

a) Fall

Der 1978 geborene Sohn der Stpfl. ist auf Grund einer mehrfachen Schwerstbehinderung vollständig hilflos und auf einen Rollstuhl angewiesen. Die Minderung der Erwerbsfähigkeit beträgt 100 v.H. Entsprechend der Nachweise des Versorgungsamtes gewährte das FA für das Streitjahr 1998 einen Pauschbetrag für Körperbehinderte i.H.v. 7.200 DM (§ 33b Abs. 3 Satz 3 EStG).

b) Problem

Ist die Höhe der Behinderten-Pauschbeträge deswegen verfassungswidrig, weil der Gesetzgeber diese Beträge seit 28 Jahren nicht mehr angehoben hat?

c) Lösung

Behinderten-Pauschbetrag verfassungsgemäß: Der Gesetzgeber ist nicht gezwungen, von dem das Einkommensteuerrecht prägenden Grundsatz des Einzelnachweises Ausnahmen zuzulassen. Werden auf Grund gesetzlicher Regelungen Aufwendungen – wie in § 33b Abs. 3 EStG die Aufwendungen Schwerbehinderter – ohne Nachweis mit bestimmten Pauschbeträgen steuerlich berücksichtigt, ist der Gesetzgeber nicht gehalten, diese Pauschbeträge regelmäßig an die gestiegenen Lebenshaltungskosten anzupassen. Der Anstieg der Lebenshaltungskosten im Jahre 1998 im Vergleich zu 1975 bzw. 1994 ist daher für die Beurteilung der Verfassungsmäßigkeit des Behinderten-Pauschbetrags unerheblich (BFH v. 20.3.2003 III B 84/01, BFH/NV 2003, 1164).

⇨ ***Hinweis***

***Verfassungsbeschwerde eingelegt**: Gegen die Entscheidung des BFH wurde Verfassungsbeschwerde eingelegt (Az. des BVerfG: 2 BvR 1059/03). Man sollte daher seinen Bescheid nicht bestandskräftig werden lassen, sondern mit Einspruch dagegen vorgehen und Ruhen des Verfahrens beantragen.*

6. Weitere Hinweise zur außergewöhnlichen Belastung in ABC-Form

Alkoholiker: Es ist geklärt, dass die Aufwendungen für eine Entziehungskur stets, Kosten für eine Nachbehandlung dann Krankheitskosten sind, wenn diese medizinisch indiziert ist. Vorbeugende Maßnahmen zur Vermeidung der Trunksucht oder Verhinderung eines Rückfalls dienen dagegen der Erhaltung der Gesundheit. Aufwendungen dafür sind keine außergewöhnliche Belastung i.S.d. § 33 EStG. Ob ein trockener Alkoholiker noch oder nicht mehr krank ist, ist eine Einzelfallentscheidung, die einer Korrektur durch den BFH mangels eines über den Einzelfall hinausgehenden Interesses nicht zugänglich ist (BFH v. 25.3.2003 III B 67/02, BFH/NV 2003, 1167).

⇨ ***Hinweis***

***Teilnahme an Gruppentreffen**: Der Senat hält daran fest, dass zum Nachweis der medizinischen Notwendigkeit einer Teilnahme an Gruppentreffen suchtgefährdeter Menschen grundsätzlich die Vorlage eines vor Beginn der Maßnahme ausgestellten amtsärztlichen oder vertrauensärztlichen Zeugnisses erforderlich ist (BFH v. 21.7.1998 III R 25/97, BFH/NV 1999, 300).*

Arbeitsscheuer Unterhaltsberechtigter: Keine außergewöhnliche Belastung: Die Berücksichtigungsfähigkeit von Unterhaltsaufwendungen an eine gesetzlich unterhaltsberechtigte Person i.S.d. § 33a Abs. 1 Satz 1 EStG setzt eine zivilrechtliche Bedürftigkeit des Empfängers i.S.d. § 1602 BGB voraus (FG Köln v. 28.3.2003, 7 K 4897/02, EFG 2003, 167, Rev., Az. des BFH: III R 43/03). Eine solche Unterhaltsbedürftigkeit soll dann nicht gegeben sein, wenn der vermeintlich Unterhaltsberechtigte der ihm obliegenden Erwerbspflicht nicht nachkommt und mithin seine vermeintliche Bedürftigkeit nur darauf zurückzuführen ist, dass er es unterlässt, Einkünfte aus einer ihm möglichen Erwerbstätigkeit zu erzielen.

⇨ ***Hinweis***

***Anders das FG München**: Unterhaltsaufwendungen gegenüber einer im Haushalt der Eltern lebenden (erwachsenen) Tochter sind auch dann im Rahmen des § 33a Abs. 1 Satz 1 EStG als außergewöhnliche Belastung abziehbar, wenn die Tochter sich nicht bemüht, die eigene Arbeitskraft zur Bestreitung ihres Lebensunterhalts einzusetzen (FG München v. 20.11.2002, 1 K 4864/01, EFG 2003, 464, Rev. und NZB, Az. des BFH: III R 4/03 und III B 6/03).*

Aufhebung einer Gütergemeinschaft zur Vorbereitung der Scheidung: Die gerichtlichen und außergerichtlichen Aufwendungen für eine nach § 623 ZPO (n.F.) zusammen mit der Scheidungssache zu verhandelnde und zu entscheidende Scheidungsfolgensache (sog. Entscheidungsverbund) sind unmittelbar und untrennbar durch die Ehescheidung entstanden und deswegen als zwangsläufig i.S. von § 33 Abs. 2 Satz 1 EStG anzusehen. Entsprechendes gilt auch für Aufwendungen (Aufteilung der Gütergemeinschaft), die bereits vorab im Rahmen einer einvernehmlichen Regelung entstanden sind und durch die eine sonst notwendige Entscheidung des Familiengerichts im Rahmen des Entscheidungsverbundes ersetzt worden ist (FG Köln v. 30.4.2003, 7 K 7400/99, DStRE 2003, 924, EFG 2003, 1098; Rev., Az. des BFH: III R 36/03).

Einkünftezurechnung bei Unterstützung von in Haushaltsgemeinschaft lebenden Ehegatten: Wird eine mit ihrem Ehegatten in Haushaltsgemeinschaft gesetzlich unterhaltsberechtigte Person unterstützt, wird bei der Anrechnung der Einkünfte nach § 33a Abs. 1 Satz 4 EStG die Hälfte der gesamten Ehegatteneinkünfte berücksichtigt (FG Münster v. 18.3.2003, 13 K 7123/99 E, EFG 2003, 1010, Rev., Az. des BFH: III R 25/03).

Gleichgeschlechtliche Lebensgemeinschaft: Auch wenn der Stpfl. sich gegenüber seinem mit ihm in gleichgeschlechtlicher Lebensgemeinschaft lebenden Partner notariell zum Unterhalt verpflichtet hat, sind geleistete Unterhaltsaufwendungen für VZ vor 2002 nicht abziehbar, wenn es im Hinblick auf die Unterhaltsverpflichtung des Stpfl. zu keiner konkreten Kürzung öffentlicher Mittel gegenüber dem Unterhaltsempfänger gekommen ist (FG Köln v. 22.5.2003, 10 K 2444/02, EFG 2003, 1245, NZB, Az. des BFH: III B 104/03).

⇨ ***Hinweis***

***Rechtslage ab 2001: Höhe der Kürzung unbedeutend**: Einer gesetzlich unterhaltsberechtigten Person gleichgestellt ist eine Person bereits dann, wenn bei ihr zum Unterhalt bestimmte öffentliche Mittel mit Rücksicht auf die Unterhaltsleistungen des Stpfl. gekürzt werden. Auf die Höhe dieser Kürzung kommt es künftig nicht mehr an. Die Neuregelung führt dazu, dass für den Abzug von Unterhaltsaufwendungen an gesetzlich unterhaltsberechtigte und an gleichgestellte Personen ein einheitlicher Höchstbetrag gilt (BT-Drucks. 14/6877, 26). Die Neuregelung gilt entgegen FG Köln bereits ab 2001.*

Kraftfahrzeugkosten Behinderter: Die Fahrleistung eines Pkw von 3.061 Kilometern im Jahr ist ein außergewöhnlicher Umstand, der bei einer außergewöhnlich gehbehinderten Person eine Überschreitung der bei der Berücksichtigung außergewöhnlicher Belastungen durch Kfz-Kosten anzuwendenden Pauschsätze rechtfertigt (FG Schleswig-Holstein v. 19.5.2003, 2 K 157/02, EFG 2003, 1166, Rev., Az. des BFH: III R 31/03).

⇨ ***Hinweis***

***Tatsächliche Aufwendungen nur in krassen Ausnahmefällen außergewöhnliche Belastung**: Die tatsächlichen Aufwendungen für die Benutzung eines Pkw durch einen außergewöhnlich gehbehinderten Stpfl. kön-*

nen abweichend von den im Regelfall anzuwendenden Pauschsätzen (im Streitjahr 1994 0,52 DM/km) nur in krassen Ausnahmefällen als außergewöhnliche Belastung steuermindernd berücksichtigt werden. Ein derartiger Ausnahmefall ist nicht schon deshalb anzunehmen, weil die jährliche Fahrleistung (im Streitfall 6.960 km) weniger als die Hälfte der den Pauschsätzen zugrunde liegenden Jahresfahrleistung von 15.000 km beträgt oder ein mit einer Automatik ausgestatteter üblicher Mittelklassewagen benutzt wird (BFH 13.12.2001 III R 40/99, BStBl II 2002, 224, m. Anm. Kanzler, FR 2002, 483; Ergänzung von BFH v. 26.3.1997 III R 71/96, BStBl II 1997, 538).

***Krasser Ausnahmefall**: Das FG hat in diesem Fall einen krassen Ausnahmefall angenommen. Weiteres Beispiel: Anschaffung eines besonderen Fahrzeugs (z.B. zur Aufnahme eines Rollstuhls; Pflüger, KFR F. 3 EStG § 33, 4/97, 261).*

Künstliche heterologe Befruchtung: Kosten für eine heterologe Befruchtung können bei einer unverheirateten Frau nicht als außergewöhnliche Belastung berücksichtigt werden (FG Münster v. 17.4.2003, 12 K 6611/01 E, DStRE 2003, 1041, Rev., Az. des BFH: III R 30/03, m. krit. Anm. Siegers, EFG 2003, 1312; ebenso BFH v. 18.5.1999 III R 46/97, BStBl II 1999, 761, m. Anm. Kanzler, FR 1999, 915; Graf/Obermeier, NWB Steuerrecht aktuell, Ausgabe 3/99, 229; Abgrenzung zu BFH v. 18.6.1997 III R 84/96, BStBl II 1997, 805).

⇨ ***Hinweis***

***Anders bei künstlicher homologer Befruchtung**: Aufwendungen für eine künstliche Befruchtung, die einem Ehepaar zu einem gemeinsamen Kind verhelfen soll, das wegen Empfängnisunfähigkeit der Ehefrau sonst von ihrem Ehemann nicht gezeugt werden könnte (homologe künstliche Befruchtung), können außergewöhnliche Belastungen sein. Vor einer steuerlichen Geltendmachung von Krankheitskosten als außergewöhnliche Belastung muss der Stpfl. anderweitige Ersatzmöglichkeiten ausschöpfen; er muss sich ggf. nachprüfbare Unterlagen über die ablehnende Haltung seiner Krankenkasse besorgen. Gegen einen Ablehnungsbescheid der Krankenkasse Widerspruch einzulegen, ist ihm jedenfalls dann zumutbar, wenn dieser keine Begründung enthält (BFH v. 18.6.1997 III R 84/96, BStBl II 1997, 805, m. Anm. Bilsdorfer, SteuerStud 1998, 174).*

Medizinische Notwendigkeit: Die Kosten der Unterbringung eines Kindes in einer sozialtherapeutischen Wohngruppe können außergewöhnliche Belastungen sein. Waren sowohl das Krankheitsbild als auch die konkrete Behandlungsmethode noch nicht Gegenstand einer höchstrichterlichen Entscheidung, kann in diesem Fall von der Notwendigkeit der Einholung eines vorherigen amtsärztlichen Attests zum Nachweis der Zwangsläufigkeit dieser Aufwendungen abgesehen werden (FG Rheinland-Pfalz v. 26.5.2003, 5 K 1853/01, EFG 2003, 1244, Rev., Az. des BFH: III R 45/03).

Räumungsprozess: Kosten eines Zivilprozesses sind nur in Ausnahmefällen als außergewöhnliche Belastung abziehbar, wenn das Ereignis, durch das der Rechtsstreit veranlasst worden ist, für den Stpfl. zwangsläufig war und er deshalb dem Prozess nicht ausweichen konnte (Ständige Rechtsprechung). Kosten für einen Räumungsprozess und die nachfolgende Zwangsräumung werden nicht dadurch zu einer außergewöhnlichen Belastung, dass die zivilprozessuale Entscheidung unter Verletzung von Verfahrensvorschriften, insbesondere unter Verstoß gegen die Vorschriften über die Öffentlichkeit zustande gekommen ist (BFH v. 17.6.2003 III B 55/02, BFH/NV 2003, 1324).

Scheidungsfolgekosten: Ein erneuter Klärungsbedarf der in Übereinstimmung mit dem Schrifttum höchstrichterlich entschiedenen Rechtsfrage, dass Aufwendungen für sog. Scheidungsfolgesachen und Vermögensauseinandersetzungen nach der Scheidung grundsätzlich – abgesehen von den Ausnahmefällen bei sog. Verbundverfahren nach § 623 ZPO – nicht als außergewöhnliche Belastungen steuermindernd zu berücksichtigen sind, wird nicht mit bloßen Zweifeln an der Richtigkeit des angefochtenen finanzgerichtlichen Urteils dargetan (BFH v. 21.3.2003 III B 110/02, BFH/NV 2003, 937).

Schulgeldzahlungen: Unterhaltsleistungen (Schulgeldzahlungen) für im Ausland bei ihren Eltern lebende Enkelkinder können nicht als außergewöhnliche Belastungen abgezogen werden, wenn die Eltern im Ausland einen Anspruch auf kindergeldähnliche Leistungen haben (FG Düsseldorf v. 19.9.2002, 14 K 1407/99 E, DStRE 2003, 597, Rev., Az. des BFH: III R 32/02).

Schulkosten: Die Schulkosten für den Besuch eines schottischen Internats sind auch bei Hochbegabung weder als außergewöhnliche Belastung noch als Sonderausgaben i.S.d. § 10 Abs. 1 Nr. 9 EStG abziehbar (FG Münster v. 20.2.2003, 1 K 1545/01, EFG 2003, 1084, rkr.).

Trinkgelder: Im Rahmen von Heilbehandlungen gezahlte Trinkgelder sind nicht als außergewöhnliche Belastung nach § 33 EStG abziehbar, wenn es sich nur um mittelbare Krankheitskosten handelt, die nicht zwangsläufig entstehen. Im Übrigen kann die Höhe der Trinkgelder nicht geschätzt werden, weil es an entsprechenden Erfahrungswerten fehlt. Schließlich scheitert eine Berücksichtigung auch an § 160 AO, wenn die Empfänger der Trinkgelder nicht benannt werden (FG Münster v. 12.3.2003, 1 K 4172/02 E, EFG 2003, 1096, Rev., Az. des BFH: III R 32/03, m. Anm. Siegers, EFG 2003, 1097; a.A. FG Niedersachsen v. 15.6.2000, 5 K 491/98, EFG 2002, 1045, Rev., Az. des BFH: III R 32/01).

Vaterschaftsprozess: Kosten eines Vaterschaftsprozesses sind keine außergewöhnlichen Belastungen i.S.d. § 33 EStG (FG Münster v. 3.4.2003, 3 K 1240/01 E, EFG 2003, 1009, Rev., Az. des BFH: III R 24/03).

XII. Steuerermäßigung bei Aufwendungen für haushaltsnahe Beschäftigungsverhältnisse und für die Inanspruchnahme haushaltsnaher Dienstleistungen (§ 35a EStG)

Zweifelsfragen

Literatur: *Niermann/Plenker*, Steuerermäßigung bei haushaltsnahen Beschäftigungsverhältnissen und haushaltsnahen Dienstleistungen im Privatbereich, INF 2003, 736.

Verwaltungsanweisungen: BMF v. 14.8.2003, Zweifelsfragen zur Steuerermäßigung bei Aufwendungen für haushaltsnahe Beschäftigungsverhältnisse und für die Inanspruchnahme haushaltsnaher Dienstleistungen gem. § 35a EStG, BStBl I 2003, 408.

Das BMF hat mit Schreiben v. 14.8.2003 (BStBl I 2003, 408) zu Zweifelsfragen zur Steuerermäßigung bei Aufwendungen für haushaltsnahe Beschäftigungsverhältnisse und zur Inanspruchnahme haushaltsnaher Dienstleistungen gem. § 35a EStG wie folgt Stellung genommen:

Unter Bezugnahme auf das Ergebnis der Erörterung mit den obersten Finanzbehörden der Länder nimmt das BMF zu Zweifelsfragen zur Steuerermäßigung bei Aufwendungen für haushaltsnahe Beschäftigungsverhältnisse und für die Inanspruchnahme haushaltsnaher Dienstleistungen nach § 35a EStG wie folgt Stellung:

I. Haushaltsnahe Beschäftigungsverhältnisse oder Dienstleistungen i.S.d. § 35a EStG

1. Haushaltsnahes Beschäftigungsverhältnis (§ 35a Abs. 1 Satz 1 Nrn. 1 und 2 EStG)

Rz. 1: Haushaltsnah ist das Beschäftigungsverhältnis, wenn es eine haushaltsnahe Tätigkeit zum Gegenstand hat. Zu den haushaltsnahen Tätigkeiten gehören u.a. die Zubereitung von Mahlzeiten im Haushalt, die Reinigung der Wohnung des Stpfl., die Gartenpflege und die Pflege, Versorgung und Betreuung von Kindern, kranken, alten oder pflegebedürftigen Personen. Die Erteilung von Unterricht (z.B. Sprachunterricht), die Vermittlung besonderer Fähigkeiten, sportliche und andere Freizeitbetätigungen fallen nicht darunter.

2. Geringfügige Beschäftigung i.S.d. § 8a SGB IV (§ 35a Abs. 1 Satz 1 Nr. 1 EStG)

Rz. 2: Die Steuerermäßigung nach § 35a Abs. 1 Satz 1 Nr. 1 EStG kann der Stpfl. nur beanspruchen, wenn es sich bei dem haushaltsnahen Beschäftigungsverhältnis um eine geringfügige Beschäftigung i.S.d. § 8a SGB IV handelt. Es handelt sich nur dann um ein geringfügiges Beschäftigungsverhältnis im Sinne dieser Vorschrift, wenn der Stpfl. am Haushaltsscheckverfahren teilnimmt. Es ist jedoch zu berücksichtigen, dass nicht jedes Beschäftigungsverhältnis i.S.d. § 8a SGB IV nach § 35a Abs. 1 Satz 1 Nr. 1 EStG begünstigt ist, weil hiernach nur geringfügige Beschäftigungsverhältnisse erfasst werden, die in einem inländischen Haushalt ausgeübt werden. § 8a SGB IV setzt dagegen lediglich voraus, dass die geringfügige Beschäftigung **durch** einen privaten Haushalt begründet ist.

3. Beschäftigungsverhältnisse mit nahen Angehörigen oder zwischen Partnern einer nicht ehelichen Lebensgemeinschaft (§ 35a Abs. 1 Satz 1 Nrn. 1 und 2 EStG)

Rz. 3: Da familienrechtliche Verpflichtungen grundsätzlich nicht Gegenstand eines steuerlich anzuerkennenden Vertrags sein können, kann zwischen in einem Haushalt zusammenlebenden Ehegatten (§§ 1360, 1356 Abs. 1 BGB) oder zwischen Eltern und in deren Haushalt lebenden Kindern (§ 1619 BGB) ein haushaltsnahes Beschäftigungsverhältnis i.S.d. § 35a Abs. 1 Satz 1 Nr. 1 oder 2 EStG nicht begründet werden. Auch bei in einem Haushalt zusammenlebenden Partnern einer nicht ehelichen Lebensgemeinschaft kann regelmäßig nicht von einem begünstigten Beschäftigungsverhältnis ausgegangen werden, weil jeder Partner auch seinen eigenen Haushalt führt und es deshalb an dem für Beschäftigungsverhältnisse typischen Über- und Unterordnungsverhältnis fehlt.

4. Haushaltsnahe Dienstleistung (§ 35a Abs. 2 EStG)

Rz. 4: Zu den haushaltsnahen Dienstleistungen i.S.d. § 35a Abs. 2 EStG gehören alle Tätigkeiten, die auch Gegenstand eines haushaltsnahen Beschäftigungsverhältnisses sein können (vgl. Rz. 1). Begünstigt sind daher z.B. die Inanspruchnahme haushaltsnaher Tätigkeiten über eine Dienstleistungsagentur, die Tätigkeit eines selbständigen Fensterputzers oder Pflegedienstes, Gartenpflegearbeiten durch einen selbständigen Gärtner.

Rz. 5: Zu den haushaltsnahen Dienstleistungen gehören nur Tätigkeiten, die gewöhnlich durch Mitglieder des privaten Haushalts erledigt werden und in regelmäßigen (kürzeren) Abständen anfallen. Handwerkliche Tätigkeiten in der zu eigenen Wohnzwecken genutzten Wohnung des Stpfl. sind nur begünstigt, wenn es sich um Schönheitsreparaturen oder kleine Ausbesserungsarbeiten handelt. Sie sind insoweit nicht begünstigt, als sie zu Herstellungskosten für den Grund und Boden oder das Gebäude führen (z.B. die erstmalige Errichtung einer Gartenanlage, das Pflanzen einer Hecke oder der Einbau einer Sonnenmarkise).

Dienstleistungen, bei denen die Lieferung von Waren im Vordergrund steht (z.B. Partyservice anlässlich einer Feier), sind nicht begünstigt.

5. Haushaltsnahes Beschäftigungsverhältnis oder haushaltsnahe Dienstleistung im Haushalt des Steuerpflichtigen (§ 35a Abs. 1 und 2 EStG)

Rz. 6: Voraussetzung ist, dass das haushaltsnahe Beschäftigungsverhältnis bzw. die haushaltsnahe Dienstleistung in einem inländischen Privathaushalt ausgeübt bzw. erbracht wird. Beschäftigungsverhältnisse oder Dienstleistungen, die ausschließlich Tätigkeiten zum Gegenstand haben, die außerhalb des Privathaushalts des Arbeitgebers oder Auftraggebers ausgeübt bzw. erbracht werden, sind nicht begünstigt. Danach gehört z.B. die Tätigkeit einer Tagesmutter nur zu den begünstigten Tätigkeiten i.S.d. § 35a EStG, wenn die Betreuung im Haushalt des Arbeitgebers bzw. Auftraggebers erfolgt. Auch die Begleitung von Kindern, kranken, alten oder pflegebedürftigen Personen bei Einkäufen und Arztbesuchen sowie kleine Botengänge usw. sind nur dann begünstigt, wenn sie zu den Nebenpflichten der Haushaltshilfe, des Pflegenden oder Betreuenden im Haushalt gehören.

II. Anspruchsberechtigte

Rz. 7: Der Stpfl. kann die Steuerermäßigung nach § 35a Abs. 1 oder 2 EStG nur in Anspruch nehmen, wenn er bei einem haushaltsnahen Beschäftigungsverhältnis Arbeitgeber bzw. bei einer haushaltsnahen Dienstleistung Auftraggeber ist.

Rz. 8: Bei Wohnungseigentümergemeinschaften kommt eine Inanspruchnahme der Steuerermäßigung nicht in Betracht, wenn das Beschäftigungsverhältnis zur Wohnungseigentümergemeinschaft besteht, also im Regelfall das Gemeinschaftseigentum betrifft (z.B. bei Reinigung und Pflege von Gemeinschaftsräumen), bzw. die Wohnungseigentümergemeinschaft – handelnd durch den Verwalter – Auftraggeber der haushaltsnahen Dienstleistung ist.

Rz. 9: Auch der Mieter einer Wohnung kann die Steuerermäßigung nach § 35a Abs. 1 oder 2 EStG nur beanspruchen, wenn er bei einem haushaltsnahen Beschäftigungsverhältnis Arbeitgeber bzw. bei einer haushaltsnahen Dienstleistung Auftraggeber ist. Es genügt nicht, dass die vom Mieter zu zahlenden Nebenkosten Beträge umfassen, die für haushaltsnahe Tätigkeiten (z.B. Gartenpflege durch einen vom Vermieter bestellten selbständigen Gärtner) geschuldet werden.

III. Begünstigte Aufwendungen

1. Ausschluss der Steuerermäßigung bei Betriebsausgaben oder Werbungskosten

Rz. 10: Die Steuerermäßigung für Aufwendungen ist ausgeschlossen, wenn diese zu den Betriebsausgaben oder Werbungskosten gehören. Gemischte Aufwendungen (z.B. für eine Reinigungskraft, die auch das beruflich genutzte Arbeitszimmer reinigt) sind unter Berücksichtigung des zeitlichen Anteils der zu Betriebsausgaben oder Werbungskosten führenden Tätigkeiten an der Gesamtarbeitszeit aufzuteilen.

2. Ausschluss der Steuerermäßigung bei Berücksichtigung der Aufwendungen als außergewöhnliche Belastung; Aufwendungen für Kinderbetreuung

Rz. 11: Eine Steuerermäßigung nach § 35a EStG kommt nur in Betracht, soweit die Aufwendungen nicht vorrangig als außergewöhnliche Belastungen (z.B. nach § 33a oder § 33c EStG) berücksichtigt worden sind. Ein Wahlrecht des Stpfl. besteht insoweit nicht. Eine Steuerermäßigung der Aufwendungen für Kinderbetreuung nach § 35a EStG kann der Stpfl. darüber hinaus nur insoweit beanspruchen, als die Aufwendungen nicht bereits im Rahmen des Familienleistungsausgleichs (Kindergeld oder Freibeträge nach § 32 Abs. 6 EStG) abgegolten sind. Der Betreuungsbedarf, der Teil des Existenzminimums eines Kindes ist, wird bei allen Eltern bereits im Rahmen des Familienleistungsausgleichs mit einem pauschal bemessenen Anteil (1.548 €) steuerlich verschont. Darüber hinaus können erwerbsbedingte Kinderbetreuungskosten nach § 33c EStG bis zu einem Höchstbetrag steuermindernd geltend gemacht werden. Im Rahmen der außergewöhnlichen Belastungen (z.B. § 33a Abs. 3 EStG) können bei Vorliegen der entsprechenden Voraussetzungen auch weitere Beträge abgezogen werden, wenn sie für zum Haushalt gehörende Kinder aufgewandt werden. Der Stpfl. kann nur für Kinderbetreuungskosten, die über die vorrangig zu berücksichtigenden Beträge hinausgehen, eine Steuerermäßigung nach § 35a EStG beanspruchen.

Beispiel:

Im Rahmen eines geringfügigen Beschäftigungsverhältnisses nach § 8a SGB IV betreut eine Tagesmutter den dreijährigen Sohn erwerbstätiger Eheleute in deren Haushalt. Im Jahr 2003 betragen die Aufwendungen 3.600 €.

1. Berechnung des Abzugsbetrags nach § 33c Abs. 1 EStG:

Kinderbetreuungskosten	3.600 €
hiervon abgegolten durch den Familienleistungsausgleich	1.548 €
verbleiben	2.052 €
Höchstbetrag nach § 33c Abs. 2 EStG =	1.500 €

2. Berechnung der Steuerermäßigung nach § 35a Abs. 1 Satz 1 Nr. 1 EStG:

Kinderbetreuungskosten	3.600 €
hiervon abgegolten durch den Familienleistungsausgleich	1.548 €
nach § 33c EStG berücksichtigt	1.500 €
verbleiben	552 €
Steuerermäßigung: 10 v.H. = (gerundet)	56 €

(der zeitanteilige Höchstbetrag für 2003 – 9/12 von 510 € = 383 € – ist nicht überschritten)

3. Umfang der begünstigten Aufwendungen

Rz. 12: Zu den begünstigten Aufwendungen des Stpfl. gehört der Bruttoarbeitslohn oder das Arbeitsentgelt (bei Anwendung des Haushaltsscheckverfahrens und geringfügiger Beschäftigung i.S.d. § 8a SGB IV) sowie die vom Stpfl. getragenen Sozialversicherungsbeträge, die Lohnsteuer ggf. zuzüglich Solidaritätszuschlag und Kirchensteuer, die Umlagen nach der Lohnfortzahlungsversicherung (U 1 und U 2) und die Unfallversicherungsbeiträge, die ggf. pauschal durch die Bundesknappschaft erhoben werden.

Rz. 13: Als Nachweis dient bei geringfügigen Beschäftigungsverhältnissen nach § 35a Abs. 1 Satz 1 Nr. 1 EStG (vgl. dazu auch Rz. 2), für die das Haushaltsscheckverfahren Anwendung findet, die dem Arbeitgeber von der Einzugstelle (Bundesknappschaft) zum Jahresende erteilte Bescheinigung nach § 28h Abs. 4 SGB IV. Diese enthält den Zeitraum, für den Beiträge zur Rentenversicherung gezahlt wurden, und die Höhe des Arbeitsentgelts sowie die vom Arbeitgeber getragenen Gesamtsozialversicherungsbeiträge und Umlagen. Zusätzlich wird in der Bescheinigung die Höhe der einbehaltenen Pauschsteuer beziffert.

Rz. 14: Bei sozialversicherungspflichtigen haushaltsnahen Beschäftigungsverhältnissen nach § 35a Abs. 1 Satz 1 Nr. 2 EStG, für die das allgemeine Beitrags- und Meldeverfahren zur Sozialversicherung gilt und bei denen die Lohnsteuer pauschal oder nach Maßgabe der vorgelegten Lohnsteuerkarte erhoben wird, gelten die allgemeinen Nachweisregeln für die Steuerermäßigung.

Rz. 15: Die Höchstbeträge nach § 35a Abs. 1 Satz 1 Nrn. 1 und 2 EStG mindern sich für jeden vollen Kalendermonat, in dem die Voraussetzungen nach Satz 1 nicht vorgelegen haben, um ein Zwölftel (vgl. dazu auch Rz. 21).

Rz. 16: Bei haushaltsnahen Dienstleistungen i.S.d. § 35a Abs. 2 EStG hat der Stpfl. die Aufwendungen durch Vorlage einer Rechnung und die Zahlung auf das Konto des Erbringers der haushaltsnahen Dienstleistung durch einen Beleg des Kreditinstituts nachzuweisen (§ 35a Abs. 2 Satz 3 EStG).

Rz. 17: Für die Inanspruchnahme der Steuerermäßigung ist auf den Veranlagungszeitraum der Zahlung abzustellen (§ 11 Abs. 2 EStG).

Rz. 18: Die Höchstbeträge nach § 35a EStG können nur haushaltsbezogen in Anspruch genommen werden (§ 35a Abs. 3 EStG). Sind z.B. zwei in einem Haushalt lebende Alleinstehende Arbeitgeber haushaltsnaher Beschäftigungsverhältnisse bzw. Auftraggeber haushaltsnaher Dienstleistungen, erfolgt die Aufteilung der Höchstbeträge nach Maßgabe der jeweiligen Aufwendungen oder gemeinsamer Wahl. Dies gilt auch für Partner einer eingetragenen Lebenspartnerschaft.

IV. Mehrfache Inanspruchnahme der Steuerermäßigungen

Rz. 19: Neben der Steuerermäßigung nach § 35a Abs. 1 Satz 1 Nr. 1 EStG für ein geringfügiges Beschäftigungsverhältnis i.S.d. § 8a SGB IV kann der Stpfl. auch die Steuerermäßigung nach Nr. 2 der Vorschrift für ein sozialversicherungspflichtiges Beschäftigungsverhältnis beanspruchen. Liegen die Voraussetzungen für die Inanspruchnahme der Steuerermäßigung nach § 35a Abs. 1 Satz 1 Nr. 1 oder 2 EStG vor, ist für das hiernach förderfähige Beschäftigungsverhältnis die Steuerermäßigung nach § 35a Abs. 2 Satz 1 EStG ausgeschlossen (§ 35a Abs. 2 Satz 2 EStG).

Beispiel 1:

A beschäftigt eine Haushaltshilfe im Rahmen eines geringfügigen Beschäftigungsverhältnisses i.S.d. § 8a SGB IV. Seine Aufwendungen belaufen sich für den Zeitraum 01.04. bis 31.12.2003 auf insgesamt 4.000 €.

A kann hierfür lediglich eine Steuerermäßigung nach § 35a Abs. 1 Satz 1 Nr. 1 EStG i.H.v. 383 € (10 v.H. von 4.000 €; der zeitanteilige Höchstbetrag für 2003 i.H.v. 9/12 von 510 € = 383 € ist überschritten) beanspruchen. Eine weitere Steuerermäßigung nach § 35a Abs. 2 Satz 1 EStG (für die nicht ausgeschöpften Beträge von 4.000 € - 383 € = 3.617 €) ist für dieses Beschäftigungsverhältnis ausgeschlossen (§ 35a Abs. 2 Satz 2 EStG).

Beispiel 2:

Wie Beispiel 1, jedoch hat A außerdem im Jahr 2003 für die Gartenpflege einen selbständigen Gärtner beauftragt. Die Aufwendungen hierfür betragen 1.160 €. Die erforderlichen Belege (Rechnung, Beleg des Kreditinstituts) liegen vor.

A kann neben der Steuerermäßigung nach § 35a Abs. 1 Satz 1 Nr. 1 EStG i.H.v. 383 € (vgl. Beispiel 1) für die Gartenpflegearbeiten zusätzlich die Steuerermäßigung für haushaltsnahe Dienstleistungen (§ 35a Abs. 2 EStG) i.H.v. 232 € (20 v.H. von 1.160 €) und damit insgesamt 615 € erhalten.

V. Zeitlicher Anwendungsbereich

Rz. 20: Die Steuerermäßigungen nach § 35a EStG sind erstmals für im Veranlagungszeitraum 2003 geleistete Aufwendungen anzuwenden, soweit die den Aufwendungen zugrunde liegenden Leistungen nach dem 31.12.2002 erbracht worden sind (§ 52 Abs. 50b EStG). In 2003 geleistete Zahlungen sind danach nicht abziehbar, soweit sie auf vor dem 1.1.2003 erbrachte Leistungen entfallen. Es ist ggf. eine Aufteilung vorzunehmen.

Rz. 21: Da die Regelung für geringfügige Beschäftigung im Privathaushalt nach § 8a SGB IV erst zum 1.4.2003 in Kraft getreten ist, kann der Stpfl. die Steuerermäßigung nach § 35a Abs. 1 Satz 1 Nr. 1 EStG nur für in 2003 geleistete Aufwendungen beanspruchen, die auf nach dem 31.3.2003 erbrachte Leistungen entfallen. Der Höchstbetrag nach § 35a Abs. 1 Satz 1 Nr. 1 EStG ist daher für 2003 auf maximal 9/12 begrenzt (vgl. dazu auch das Beispiel 1 in Rz. 19).

⇨ ***Hinweis***

Haushaltsnahe Tätigkeiten (Rz. 1)*: Beispiele: Zubereitung von Mahlzeiten im Haushalt, Reinigung der Wohnung, die Gartenpflege und die Pflege, Versorgung und Betreuung von Kindern, kranken, alten oder pflegebedürftigen Personen; nicht: Erteilung von Unterricht (z.B. Sprachunterricht), Vermittlung besonderer Fähigkeiten, sportliche und andere Freizeitbetätigungen (Kurse in Reiten, Golf, Tennis oder Tanzen; Niermann/ Plenker, INF 2003, 736).*

Geringfügige Beschäftigung i.S.v. § 8a SGB IV (Rz. 2)*: Voraussetzung ist die Teilnahme am Haushaltsscheckverfahren.*

Beschäftigung naher Angehöriger und Lebenspartner (Rz. 3)*: Die Beschäftigung dieser Personen ist grundsätzlich nicht nach § 35a Abs. 1 EStG begünstigt.*

Haushaltsnahe Dienstleistungen i.S.v. § 35a Abs. 2 EStG (Rz. 4 f.)*: Beispiele: Dienstleistungsagentur, Tätigkeit eines selbständigen Fensterputzers oder Pflegedienstes, Gartenpflegearbeiten durch einen selbständigen Gärtner, handwerkliche Tätigkeiten (Schönheitsreparaturen); nicht: Herstellungskosten, Partyservice.*

Leistungen im Haushalt (Rz. 6)*: Leistungen außerhalb des Haushalts sind nicht begünstigt; anders, wenn dies zu den Nebenpflichten gehört.*

Anspruchsberechtigter (Rz. 7 ff.)*: Der Stpfl. muss Arbeitgeber oder Auftraggeber sein; nicht bei Wohnungseigentümergemeinschaften und Gemeinschaftseigentum.*

Ausschluss der Steuerermäßigung bei Betriebsausgaben oder Werbungskosten (Rz. 10)*: Bei gemischten Aufwendungen ist eine Aufteilung möglich.*

Ausschluss der Steuerermäßigung bei Kinderbetreuung (Rz. 11)*: Kinderbetreuungskosten, die über die Beträge des § 33c EStG hinausgehen, können gem. § 33a EStG abgezogen werden (Beispiel).*

Umfang der begünstigten Aufwendungen (Rz. 12)*: Bruttoarbeitslohn oder Arbeitsentgelt, vom Stpfl. getragene Sozialversicherungsbeträge, Lohnsteuer, ggf. zuzüglich Solidaritätszuschlag und Kirchensteuer, Umlagen (U 1 und U 2) und Unfallversicherungsbeiträge, ebenso steuerfreie Arbeitgeberleistungen, z.B. Fahrtkostenersatz für die Benutzung öffentlicher Verkehrsmittel (Niermann/Plenker, INF 2003, 736, 737).*

Nachweis (Rz. 13, 14 und 16)*: Bei geringfügigen Beschäftigungsverhältnissen Bescheinigung der Bundesknappschaft gem. § 28h Abs. 4 SGB IV, im Übrigen nach allgemeinen Nachweisregeln; bei haushaltsnahen Dienstleistungen (§ 35a Abs. 2 EStG) Vorlage der Rechnung und Beleg des Kreditinstituts (§ 35a Abs. 2 Satz 3 EStG).*

Monatsprinzip (Rz. 15)*: Bei haushaltsnahen Beschäftigungsverhältnissen gilt das Monatsprinzip (§ 35a Abs. 1 Satz 2 EStG).*

Abflussprinzip (Rz. 17)*: Es ist auf den VZ der Zahlung abzustellen. Bei Dienstleistungen am Jahresende kann es vorteilhaft sein, die Zahlung auf zwei VZ zu verteilen (Niermann/Plenker, INF 2003, 736, 738).*

Haushaltsbezogene Betrachtungsweise (Rz. 18)*: Die Höchstbeträge können bei einem Haushalt jeweils nur einmal in Anspruch genommen werden (§ 35a Abs. 3 EStG).*

Mehrfache Inanspruchnahme (Rz. 19)*: Für unterschiedliche Beschäftigungsverhältnisse können § 35a Abs. 1 Nr. 1 und Nr. 2 EStG gleichzeitig in Anspruch genommen werden. Für ein hauswirtschaftliches Beschäftigungsverhältnis ist die gleichzeitige Inanspruchnahme des § 35a Abs. 1 und Abs. 2 EStG ausgeschlossen (§ 35a Abs. 2 Satz 2 EStG). Bei Beschäftigung einer zusätzlichen Person ist § 35a Abs. 1 neben Abs. 2 EStG anzuwenden.*

Inanspruchnahme bei Einkommensteuer-Vorauszahlungen und im Lohnsteuer-Ermäßigungsverfahren*: § 35a EStG mindert die Vorauszahlungen bzw. die abzuführende Lohnsteuer, wenn ein Ermäßigungsantrag gestellt wird. Es wird das Vierfache der Steuerermäßigungen nach § 35a EStG eingetragen (§ 39a Abs. 1 Nr. 5 Buchst. c EStG).*

Zeitlicher Anwendungsbereich (Rz. 20 f.)*: § 35a EStG gilt erstmals für den VZ 2003, § 35a Abs. 1 Nr. 1 EStG (geringfügiges Beschäftigungsverhältnis) erstmals ab 1.4.2003. Zu beachten ist das Monatsprinzip, so dass insoweit der Höchstbetrag auf 9/12 begrenzt ist.*

XIII. Bauabzugssteuer (§§ 48 ff. EStG)

Erteilung von Freistellungsbescheinigungen; Anrechnung des Steuerabzugsbetrags in Insolvenzfällen

Literatur: *Kreft*, Aktuelle Rechtsprechung zur Freistellung von der Bauabzugssteuer, GStB 2003, 213; *Diebold*, Der Verwaltungserlass zum Bausteuerabzug, DB 2003, 1134; *Nöcker*, Die Freistellungsbescheinigung bei der Bauabzugssteuer – Ein Erfahrungsbericht aus der Praxis, StuB 2003, 494; *Gundlach/Frenzel/Schirrmeister*, Der Anspruch des Insolvenzverwalters auf einen Freistellungsbescheid gem. § 48b EStG, DStR 2003, 823; *Diebold*, Erstattung des Bausteuerabzugs – Entstehung, Fälligkeit, Durchführung, DStZ 2003, 413; *Fuhrmann*, Erste Praxiserfahrungen mit der „Bauabzugssteuer", KÖSDI 2003, 13771; *Holthaus*, Erteilung einer Freistellungsbescheinigung von der Bauabzugssteuer nach § 48b EStG, INF 2003, 579.

Verwaltungsanweisungen: BMF v. 4.9.2003, Steuerabzug von Vergütungen für im Inland erbrachte Bauleistungen (§ 48 ff. EStG); Erteilung von Freistellungsbescheinigungen nach § 48b EStG und Anrechnung des Steuerabzugsbetrags in Insolvenzfällen, BFH v. 13.11.2002 (BStBl II 2003, 716), BStBl I 2003, 431.

Das BMF hat mit Schreiben v. 4.9.2003 (BStBl I 2003, 431) zum Steuerabzug von Vergütungen für im Inland erbrachte Bauleistungen (§ 48 ff. EStG), zur Erteilung von Freistellungsbescheinigungen nach § 48b EStG, Anrechnung des Steuerabzugsbetrags in Insolvenzfällen und zur Anwendung des BFH-Beschlusses v. 13.11.2002 (BStBl II 2003, 716) wie folgt Stellung genommen:

Unter Bezugnahme auf das Ergebnis der Erörterung mit den obersten Finanzbehörden der Länder wird das Schreiben v. 27.12.2002 – IV A 5 – S 2272 –1/02 – (BStBl I 2002, 1399 ff.) zum Steuerabzug von Vergütungen für im Inland erbrachte Bauleistungen (§§ 48 ff. EStG) auf Grund des o.g. BFH-Beschlusses wie folgt geändert:

In Rz. 33 wird der erste Absatz wie folgt neu gefasst:

Über diese im Gesetz ausdrücklich erwähnten Versagungsgründe hinaus kann auch dann eine Gefährdung des zu sichernden Steueranspruchs vorliegen, wenn z.B. **nachhaltig** Steuerrückstände bestehen oder unzutreffende Angaben in Steueranmeldungen bzw. Steuererklärungen festgestellt werden oder der Leistende diese **wiederholt** nicht oder nicht rechtzeitig abgibt. Gegebenenfalls kann in diesen Fällen eine Freistellungsbescheinigung mit einer kurzen Geltungsdauer oder auftragsbezogen erteilt werden. Im Rahmen der Verfahren nach der Insolvenzordnung über das Vermögen des Leistenden ist die Erteilung einer Freistellungsbescheinigung nicht grundsätzlich ausgeschlossen. So ist einem Insolvenzverwalter, bei dem davon auszugehen ist, dass er seine steuerlichen Pflichten erfüllt, grundsätzlich eine Freistellungsbescheinigung auszustellen. Einem vorläufigen Insolvenzverwalter mit Verfügungsbefugnis (§ 22 Abs. 1 InsO), bei dem davon auszugehen ist, dass er seine steuerlichen Pflichten erfüllt, ist eine Bescheinigung auszustellen, wenn erkennbar ist, dass das Insolvenzverfahren auch tatsächlich eröffnet wird. Unternehmer bleibt der Inhaber der Vermögensmasse, für die der Amtsinhaber (z.B. Insolvenzverwalter) tätig wird (Abschn. 16 Abs. 5 Satz 1 UStR 2000).

In Rz. 88 wird der zweite Absatz wie folgt neu gefasst und danach ein neuer Absatz eingefügt:

Steuerabzugsbeträge, die auf Bauleistungen beruhen, die vor Eröffnung des Insolvenzverfahrens ausgeführt wurden und vor der Insolvenzeröffnung durch den Leistungsempfänger an das FA gezahlt wurden, sind auf Steuern anzurechnen, die vor Eröffnung des Verfahrens begründet wurden (Insolvenzforderungen nach § 38 InsO). Bei der Anrechnung ist die Reihenfolge des § 48c Abs. 1 EStG zu beachten. Sofern sich danach keine Anrechnungsmöglichkeiten ergeben, sind die verbliebenen Beträge mit anderen Insolvenzforderungen aufzurechnen (§ 94 InsO).

Steuerabzugsbeträge, die auf Bauleistungen beruhen, die vor Eröffnung des Insolvenzverfahrens ausgeführt wurden und nach der Insolvenzeröffnung durch den Leistungsempfänger an das FA gezahlt wurden, sind an die Insolvenzmasse auszukehren (BFH v. 13.11.2002, BStBl II 2003, 716).

⇨ ***Hinweis***

Entsprechend BFH-Rechtsprechung: *Die Finanzverwaltung folgt mit vorstehend abgedrucktem Schreiben der Rechtsprechung des BFH. In seinem Beschluss v. 13.11.2002 I B 147/02 (BStBl II 2003, 716, m. Anm. erl, StuB 2003, 86; kk, KÖSDI 2003, 13602; Apitz, EStB 2003, 53) hat der BFH folgende Leitsätze aufgestellt:*

- ***Bauabzugssteuer nach Eröffnung des Insolvenzverfahrens***: *Wird Bauabzugssteuer an das FA abgeführt, nachdem über das Vermögen des leistenden Bauunternehmers das Insolvenzverfahren eröffnet wurde, so kann das FA den abgeführten Betrag nicht außerhalb des Insolvenzverfahrens vereinnahmen. Vielmehr steht dem Steuergläubiger auch in diesem Fall für seinen Steueranspruch gegenüber dem Bauunternehmer nur die nach Insolvenzrecht zu ermittelnde Verteilungsquote zu.*

- ***Keine Versagung der Freistellungsbescheinigung nach Eröffnung des Insolvenzverfahrens***: *Ist über das Vermögen eines Bauunternehmers das Insolvenzverfahren eröffnet worden, so darf dem Insolvenzverwalter eine Freistellungsbescheinigung gem. § 48b EStG regelmäßig nicht versagt werden.*

- ***Erlass einer einstweiligen Anordnung***: *Eine Regelungsanordnung i.S.d. § 114 Abs. 1 Satz 2 FGO kann erlassen werden, wenn zwar nicht die Existenz des Antragstellers von der Gewährung einstweiligen Rechtsschutzes abhängt, aber die Rechtslage klar und eindeutig für die begehrte Regelung spricht und eine abweichende Beurteilung in einem etwa durchzuführenden Hauptverfahren zweifelsfrei auszuschließen ist. In diesem Fall steht auch der Gesichtspunkt einer Vorwegnahme der Entscheidung in der Hauptsache dem Erlass einer einstweiligen Anordnung nicht entgegen.*

XIV. Eigenheimzulage; (§ 10e EStG)

1. Anschaffung vom Ehegatten (§ 2 Abs. 1 Satz 3 EigZulG)

a) Fall

Die Stpfl. sind seit dem 10.12.1993 verheiratet.

Mit notariellem Kaufvertrag vom 16.11.1993 erwarb der Stpfl. von seiner Ehefrau das mit einem Zweifamilienhaus bebaute Grundstück zum Preis von 330.000 DM. Nach dem Vertrag sollten Besitz, Gefahr, Lasten und Nutzen „mit Zahlung des gesamten Kaufpreises ..." auf den Stpfl. übergehen. Dieser zahlte den Restkaufpreis i.H.v. 191.510,33 DM am 21.1.1994, also erst nach der Eheschließung.

b) Problem

Handelt es sich um einen Kauf vom Ehegatten, der die Eigenheimzulage ausschließt (§ 2 Abs. 1 Satz 3 EigZulG)?

c) Lösung

Anschaffung mit Erwerb des wirtschaftlichen Eigentums: Ein Grundstück ist mit der Übertragung des wirtschaftlichen Eigentums i.S. von § 10e Abs. 1 EStG angeschafft. Das ist der Zeitpunkt, zu dem nach der Vereinbarung im notariellen Kaufvertrag Eigenbesitz, Gefahr, Lasten und Nutzen auf den Erwerber übergehen (BFH v. 4.6.2003 X R 49/01, DB 2003, 1824, m. Anm. kk, KÖSDI 2003, 13868; Krömker, EStB 2003, 328).

⇨ ***Hinweis***

Keine Wohneigentumsförderung bei Übergang des wirtschaftlichen Eigentums nach Eheschließung*: Im Streitfall wurde der notarielle Kaufvertrag am 16.11.1993, also vor der Eheschließung (10.12.1993) abgeschlossen, das wirtschaftliche Eigentum ging aber erst nach der Eheschließung über (21.1.1994). Da damit eine Anschaffung vom Ehegatten gegeben ist, ist eine Wohneigentumsförderung ausgeschlossen.*

Übertragung auf Eigenheimzulage*: Diese Rechtsprechung ist zu § 10e Abs. 1 Satz 8 EStG ergangen. Sie kann auf die Eigenheimzulage übertragen werden (§ 2 Abs. 1 Satz 3 EigZulG).*

⇨ ***Gestaltungshinweis***

Früherer Übergang des wirtschaftlichen Eigentums*: Die Wohneigentumsförderung wäre möglich gewesen, wenn das wirtschaftliche Eigentum vor der Eheschließung übergegangen wäre. In geeigneten Fällen könnte auch die Heirat verschoben werden.*

2. Einkunftsgrenze (§ 5 EigZulG)

a) Fall

Die Stpfl. erwarben mit notariellem Vertrag vom Juni 1996 ein bebautes Grundstück zum Kaufpreis von 920.000 DM. Besitz, Nutzen und Lasten gingen zum 1.10.1996 auf die Stpfl. über. Sie nutzten das Haus ab 18.7.1997 zu eigenen Wohnzwecken.

b) Problem

Auf welche Jahre kommt es für die Einkunftsgrenze an?

c) Lösung

Für Erstjahr Förderzeitraum entscheidend: Erstjahr i.S.d. § 5 Satz 1 EigZulG ist das Jahr des achtjährigen Förderzeitraums, in welchem unter Einbeziehung des Vorjahres erstmals der Gesamtbetrag der Einkünfte den maßgebenden Grenzbetrag nicht überschreitet (BFH v. 20.3.2003 III R 55/00, DStR 2003, 1656, m. Anm. kk, KÖSDI 2003, 13903).

Erstmalige Nutzung zu eigenen Wohnzwecken nicht entscheidend: Bezieht der Anspruchsberechtigte die Wohnung erst in einem auf das der Herstellung oder Anschaffung folgenden Jahr, hat er daher unter den weiteren Voraussetzungen des EigZulG Anspruch auf die Eigenheimzulage, wenn der Gesamtbetrag der Einkünfte im Jahr der Anschaffung oder Herstellung und im vorangegangenen Jahr die maßgebende Grenze nicht übersteigt. Auf die Höhe der Einkünfte im Jahr der erstmaligen Nutzung der Wohnung zu eigenen Wohnzwecken kommt es nicht an (BFH v.

20.3.2003 III R 55/00, DStR 2003, 1656, m. Anm. kk, KÖSDI 2003, 13903).

⇨ ***Hinweis***

Abweichung von der Auffassung der Finanzverwaltung*: Das Rezensionsurteil weicht von der Auffassung der Finanzverwaltung ab (BMF v. 10.2.1998, BStBl I 1998, 190, Tz. 29). Danach soll Erstjahr das Jahr sein, in dem in der Person des Anspruchsberechtigten erstmals alle Voraussetzungen für die Inanspruchnahme der Eigenheimzulage vorliegen.*

Übergangsregelung*: Die Rechtsprechung des BFH kann teils positiv (vgl. Rezensionsurteil), teils negativ sein. Im letzteren Fall muss die Finanzverwaltung eine Vertrauensschutzregelung erlassen (vgl. kk, KÖSDI 2003, 13903).*

3. Förderzeitraum (§ 3 EigZulG)

Literatur: *Steinhauff*, Beginn des Förderzeitraums auch bei mängelbehafteter Wohnung im Anschaffungsjahr, KFR F. 13 EigZulG § 3, 1/03, 317.

a) Fall

Die Stpfl. erwarben durch Vertrag vom September 1997 eine 1975 erbaute Eigentumswohnung je zur ideellen Hälfte (Kaufpreis 390.000 DM). Besitz, Nutzen und Lasten gingen zum 22.12.1997 auf die Stpfl. über. Sie nutzten die Wohnung seit dem 1.6.1998 zu eigenen Wohnzwecken. Die Stpfl. begründen die erst Monate nach der Besitzübergabe erfolgte Eigennutzung damit, dass die Wohnung im Zeitpunkt der Besitzübergabe auf Grund erheblicher Mängel nicht bewohnbar gewesen sei.

Nach den Darlegungen der Stpfl. war die Wohnung über einen Zeitraum von ca. zwei Jahren angeboten und nicht verkauft worden. Im Hinblick auf die massiven Schäden und Mängel an der Wohnung hätten sie eine Minderung des Kaufpreises von 460.000 DM auf 390.000 DM erreicht. Trotz des damit verbundenen Ausfalls habe der erstrangige Hypothekengläubiger, die Landesbank A, dem Verkauf zugestimmt.

b) Problem

Wann beginnt der Förderzeitraum für die Eigenheimzulage?

c) Lösung

Beginn des Förderzeitraums mit Übergang des wirtschaftlichen Eigentums, auch bei reparaturbedürftiger Wohnung: Der Förderzeitraum für die Eigenheimzulage beginnt nach § 3 EigZulG auch bei Anschaffung einer mit Mängeln behafteten Wohnung im Jahr des Übergangs der wirtschaftlichen Verfügungsmacht und nicht erst in dem Jahr, in dem die

Mängel behoben worden sind (BFH v. 29.1.2003 III R 53/00, BStBl II 2003, 565, m. Anm. Steinhauff, KFR F. 13 EigZulG § 3, 1/03, 317; Hilbertz, EStB 2003, 250; kritisch kk, KÖSDI 2003, 13790).

⇨ ***Hinweis***

Rechtsprechungsänderung zum anschaffungsnahen Aufwand bedeutungslos*: Der BFH hat mit zwei Urteilen v. 12.9.2001 IX R 39/97 (BStBl II 2003, 569) und IX R 52/00 (BStBl II 2003, 574) seine Rechtsprechung zum anschaffungsnahen Aufwand geändert (vgl. Teil B). Diese Rechtsprechungsänderung wirkt sich nicht auf die Frage des Beginns des Förderzeitraums aus.*

⇨ ***Gestaltungshinweis***

Späterer Übergang des wirtschaftlichen Eigentums*: Der Stpfl. hat die Möglichkeit, dieses negative Ergebnis zu vermeiden, indem er einen späteren Übergang des wirtschaftlichen Eigentums wählt. Im Streitfall hätte er lediglich einen Übergang der Nutzen und Lasten zum 1.1.1998 wählen müssen.*

⇨ ***Hinweis***

Anschaffung eines Rohbaus*: Wenn eine noch nicht fertiggestellte Wohnung angeschafft und der Bau fertig gestellt wird, handelt es sich um einen Herstellungs- und nicht um einen Anschaffungsfall. Der Förderzeitraum beginnt in dem Jahr, in dem die Wohnung fertig gestellt wird (Hilbertz, EStB 2003, 250).*

4. Folgeobjekt- und Zweitobjektförderung (§§ 6 f. EigZulG)

Verwaltungsanweisungen: OFD Frankfurt/M. v. 26.6.2003, Beginn des Förderzeitraums bei Wechsel von der Folgeobjektförderung zur Zweitobjektförderung, DB 2003, 1931.

Die OFD Frankfurt/M. hat mit Verf. v. 26.6.2003 (DB 2003, 1931) zum Beginn des Förderzeitraums bei Wechsel von der Folgeobjektförderung zur Zweitobjektförderung wie folgt Stellung genommen:

> Bei einem Wechsel von der Folgeobjekt- zur Zweitobjektförderung ist nach Rz. 52 Satz 3 des BMF-Schreibens v. 10.2.1998 (BStBl I 1998, 190) ein weiterer Zulagenbescheid nach § 11 Abs. 1 EigZulG für die restlichen Jahre des Förderzeitraums für das Zweitobjekt zu erlassen.
>
> War die Folgeobjektförderung für ein früheres Jahr ausgeschlossen, in dem die Ehegatten noch das Erstobjekt zu eigenen Wohnzwecken genutzt hatten (Kumulierungsverbot nach § 7 Satz 3 zweiter Halbsatz EigZulG; Rz. 51 des BMF-Schreibens v. 10.2.1998, BStBl I 1998, 190) kann auch für dieses Jahr die EigZul. noch nachträglich

nach § 11 Abs. 1 EigZulG festgesetzt werden, denn die gleichzeitige Förderung des Erst- und des Zweitobjekts ist – vom räumlichen Zusammenhang abgesehen – nicht ausgeschlossen.

Da es sich für die betreffenden Jahre um die erstmalige Festsetzung der Eigenheimzulage handelt, sind die Änderungsvorschriften der AO nicht anwendbar.

Es ist allerdings die Festsetzungsfrist nach § 11 Abs. 1 Satz 4 und 5 EigZulG (Rz. 103 des BMF-Schreibens v. 10.2.1998, BStBl I 1998, 190) zu beachten.

Beispiel:

Das 1994 angeschaffte Erstobjekt ist in 1997 wieder veräußert worden. Die Steuerbegünstigung nach § 10e Abs. 1 EStG ist für die Jahre 1994 bis 1997 gewährt worden. Für die 1997 angeschaffte/hergestellte und zu eigenen Wohnzwecken genutzte Wohnung wurde zunächst die Folgeobjektförderung beantragt und für den Förderzeitraum 1998 bis 2001 ein Zulagenbescheid erlassen. Im Jahr 2002 beantragen die Ehegatten den Wechsel von der Folgeobjekt- zur Zweitobjektförderung.

Auf Grund des beantragten Förderwechsels umfasst der Förderzeitraum des Zweitobjekts die Jahre 1997 bis 2004, sodass die Festsetzungsfrist noch nicht abgelaufen ist – und für die Jahre 2002 bis 2004 ein weiterer Zulagenbescheid nach § 11 Abs. 1 EigZulG zu erlassen ist.

⇨ ***Hinweis***

***Unklare Verwaltungsanweisung**: Während nach dem 2. Absatz der OFD-Verf. auch für 1997 die Eigenheimzulage noch nachträglich festgesetzt werden kann, ist im Beispiel ausgeführt, dass nur für die Jahre 2002 bis 2004 ein weiterer Zulagenbescheid zu erlassen ist. U.E. muss der zweite Zulagenbescheid auch das Jahr 1997 erfassen.*

5. Genossenschaftsförderung (§ 17 EigZulG)

Verwaltungsanweisungen: OFD Berlin v. 29.4.2003, Eigenheimzulage: Erwerb von Genossenschaftsanteilen gem. § 17 EigZulG, DStR 2003, 1258.

Die OFD Berlin hat mit Verf. v. 29.4.2003 (DStR 2003, 1258) zum Erwerb von Genossenschaftsanteilen bei der Eigenheimzulage wie folgt Stellung genommen:

Nachdem der BFH mit seinem Urteil v. 15.1.2002 (BStBl II 2002, 724) entschieden hat, dass die Eigenheimzulagenförderung nach § 17 EigZulG die Selbstnutzung einer Genossenschaftswohnung nicht voraussetzt, haben einige bereits bestehende oder neu gegründete Wohnungsbaugenossenschaften diese Entscheidung und eine eventuell bevorstehende Neuregelung des Eigenheimzulagengesetzes zum Anlass genommen, massiv neue Genossenschaftsmitglieder zu werben.

Bei der Bearbeitung von Eigenheimzulagenanträgen nach § 17 EigZulG wird gebeten zu klären, ob die betreffenden Wohnungsbaugenossenschaften die Anforderungen des § 17 EigZulG erfüllen (BMF v. 10.2.1998, BStBl I 1998, 190, Rz. 106 und 107 und BMF v. 11.5.1999, BStBl I 1999, 490).

Auf Bund-Länder-Ebene wurde von Berlin bereits angeregt, eine bundesweite Übersicht mit sämtlichen in Frage kommenden Genossenschaften einzurichten, aus welcher dann ersichtlich ist, welche Genossenschaften die Anforderungen des § 17 EigZulG erfüllen/nicht erfüllen bzw. noch überprüft werden müssen.

Bis dahin wird gebeten, insbesondere zur Klärung, ob bereits bei Gründung der Genossenschaft Wohnungsbestand vorhanden war bzw. das Handeln der Genossenschaft auf Herstellung oder Anschaffung von Wohnungen ausgerichtet ist, formlose Anfragen an das für die betreffende Genossenschaft zuständige FA zu richten. Auf eine Anfrage kann verzichtet werden, wenn die Genossenschaft ihrem Mitglied das Vorhandensein von Wohnungsbestand bescheinigt. Sofern die übrigen Voraussetzungen vorliegen, soll die Eigenheimzulage in den Fällen, in denen kein Wohnungsbestand bei Gründung vorhanden war, nach § 165 Abs. 1 AO vorläufig festgesetzt werden (BMF v. 10.2.1998, a.a.O. Rz. 107 Satz 2).

Vor einer Festsetzung und Auszahlung der Eigenheimzulage ist außerdem zu prüfen, ob:

- die neuen Genossenschaftsanteile in einem einheitlichen Vorgang angeschafft worden sind (Objektbeschränkung; BMF v. 10.2.1998, a.a.O., Rz. 109),
- bei einer Fremdfinanzierung der – jeweilige – Kreditbetrag im entsprechenden Förderzeitraum an die Genossenschaft ausgezahlt worden ist (Bemessungsgrundlage ist die geleistete Einlage; BMF v. 10.2.1998, a.a.O., Rz. 113, 2),
- im Fall der Abtretung - insbesondere im Hinblick auf den Abtretungsempfänger - die Abtretung wirksam ist (§ 46 AO und AEAO Nr. 2 zu § 46). Auf § 22 Abs. 4 Satz 2 GenG, wonach die Genossenschaft den Genossen keinen Kredit zum Zweck der Leistung von Einzahlungen auf den Genossenschaftsanteil gewähren darf, wird in diesem Zusammenhang hingewiesen.

⇨ ***Hinweis***

***Genaue Überprüfung der Genossenschaften**: Es soll insbesondere durch eine Anfrage an das für die betreffende Genossenschaft zuständige FA geprüft werden, ob bereits bei Gründung Wohnungsbestand vorhanden war bzw. das Handeln der Genossenschaft auf Herstellung oder Anschaffung von Wohnungen ausgerichtet ist.*

⇨ ***Gestaltungshinweis***

***Beitritt zur Genossenschaft nur bei Wohnungsbestand**: Ein sicherer Weg, die Genossenschaftsförderung zu erhalten, ist eine Bestätigung der Genossenschaft, dass Wohnungsbestand vorhanden ist. In einem solchen Fall sieht die Finanzverwaltung von vorgenannter Prüfung ab.*

6. Kinderzulage/Baukindergeld (§ 9 Abs. 5 EigZulG; § 34f EStG)

6.1 Doppelte Haushaltszugehörigkeit

Verwaltungsanweisungen: OFD Frankfurt/M. v. 21.5.2003, Haushaltszugehörigkeit von Kindern bei nicht verheirateten, dauernd getrennt lebenden oder geschiedenen Elternteilen: Gewährung der Kinderzulage und der Steuerermäßigung nach § 34 f EStG bei doppelter Haushaltszugehörigkeit eines Kindes, LEXinform 577652.

Die OFD Frankfurt/M. hat mit Verf. v. 21.5.2003 (LEXinform 577652) zur Haushaltszugehörigkeit von Kindern bei nicht verheirateten, dauernd getrennt lebenden oder geschiedenen Elternteilen und zur Gewährung der Kinderzulage und der Steuerermäßigung nach § 34f EStG bei doppelter Haushaltszugehörigkeit eines Kindes wie folgt Stellung genommen:

Der BFH hat mit Urteilen v. 14.4.1999 X R 11/97, BStBl II 1999, 594; X R 121/95, BFH/NV 2000, 16, entschieden, dass auch Kinder getrennt lebender Eltern, denen des Sorgerecht gemeinsam zusteht, im Regelfall dem Haushalt zuzuordnen sind, in dem sie sich überwiegend aufhalten und wo sich der Mittelpunkt ihres Lebens befindet. Lediglich in Ausnahmefällen kann auch eine gleichzeitige Zugehörigkeit zu den Haushalten beider Elternteile bestehen. Dies setzt jedoch voraus, dass das Kind tatsächlich zeitweise beim Vater und zeitweise bei der Mutter lebt und nach den tatsächlichen Umständen des einzelnen Falls als in beide Haushalte eingegliedert anzusehen ist. Lediglich besuchsweise Aufenthalte des Kindes bei dem zum Barunterhalt verpflichteten Elternteil begründen keine auf Dauer angelegte Haushaltszugehörigkeit.

Eine gleichzeitige Zugehörigkeit zu den Haushalten beider Elternteile kann dann anzunehmen sein, wenn das Kind grundsätzlich jederzeit sowohl beim Vater als auch bei der Mutter wohnen kann und es sich tatsächlich in etwa gleichmäßig im Laufe des Jahres abwechselnd bei beiden Elternteilen aufhält. Dabei sprechen folgende Indizien für ein jederzeitiges Wohnen bei beiden Elternteilen.

- In beiden Wohnungen sind entsprechend ausgestattete Unterkunftsmöglichkeiten für das Kind vorhanden.
- Die regelmäßig vom Kind besuchten Einrichtungen (Schule, Vereine, Konfirmanden-/Kommunionunterricht o.a., Sport- und Freizeitstätten etc.) müssen von beiden Wohnungen aus ohne Schwierigkeiten für das Kind zu erreichen sein.
- Die Beaufsichtigung von Kleinkindern und jüngeren Schulkindern muss jederzeit gewährleistet sein.

Besteht zwischen den Elternteilen eine Vereinbarung über eine umschichtige Betreuung bzw. einen wechselnden Aufenthalt des Kindes, so ist die tatsächliche Durchführung dieser Vereinbarung mit der Folge einer doppelten Haushaltszugehörigkeit ohne weitere Prüfung anzuerkennen, wenn nachgewiesen wird, dass sich die Eltern nicht nur den Betreuungsunterhalt, sondern folgerichtig auch den entsprechenden Barunterhalt für des Kind teilen.

Liegt eine doppelte Haushaltszugehörigkeit des Kindes vor, so sind bei der weiteren Prüfung folgende Fallgruppen zu unterscheiden:

1. Nur ein Elternteil erhält die Steuerbegünstigung nach § 10e EStG bzw. einen Fördergrundbetrag nach dem EigZulG:

   Baukindergeld bzw. Kinderzulage sind – soweit die Voraussetzungen vorliegen – für diesen Elternteil in voller Höhe zu gewähren.

2. Beide Elternteile erhalten die Steuerbegünstigung nach § 10e EStG gleichzeitig für jeweils eigene Objekte (Alleineigentum oder Miteigentum):

   Das Baukindergeld ist jedem Elternteil in vollem Umfang zu gewähren. Nach § 34f Abs. 4 Satz 2 EStG ist die doppelte Gewährung dieser Steuerermäßigung nur in Bezug auf dasselbe Objekt, nicht aber hinsichtlich desselben Kindes ausgeschlossen. Nach R 213 Abs. 4 Satz 3 EStR kann im Fall der besonderen Veranlagung nach § 26c EStG jeder Ehegatte die Steuerermäßigung nach § 34f EStG in Anspruch nehmen, wenn die Voraussetzungen dafür in seiner Person erfüllt sind. Bei der besonderen Veranlagung nach § 26c EStG werden Ehegatten so behandelt, als ob sie diese Ehe nicht geschlossen hätten. Folglich ist R 213 Abs. 4 Satz 3 EStR auf nicht verheiratete, geschiedene oder dauernd getrennt lebende Eltern analog anzuwenden.

3. Beide Eltern erhalten Fördergrundbeträge nach dem EigZulG gleichzeitig für jeweils eigene Objekte (keine Miteigentumsanteile an derselben Wohnung):

   Jeder der zusammenlebenden Ehegatten erhält die volle Kinderzulage, wenn die Ehegatten jeweils Alleineigentümer eines Objektes sind. Insoweit sind Ehegatten unverheiratet zusammenlebenden, dauernd getrennt lebenden oder geschiedenen Eltern gleichgestellt.

4. Ein Elternteil erhält für ein eigenes Objekt die Steuerbegünstigung nach § 10e EStG und der andere erhält gleichzeitig für ein eigenes Objekt einen Fördergrundbetrag nach dem EigZulG (keine Miteigentumsanteile an derselben Wohnung):

   Sowohl Baukindergeld als auch die Kinderzulage sind jeweils in voller Höhe zu gewähren. Denn nach § 9 Abs. 5 Satz 5 EigZulG steht der Kinderzulage die Steuerermäßigung nach § 34f EStG gleich.

5. Beide Elternteile erhalten Fördergrundbeträge nach dem EigZulG gleichzeitig für eigene Miteigentumsanteile an derselben Wohnung:

   Nach § 9 Abs. 5 Satz 3 EigZulG ist bei jedem Anspruchsberechtigten die Kinderzulage zur Hälfte anzusetzen, es sei denn, ein Elternteil kann einen Fördergrundbetrag für seinen Miteigentumsanteil nicht in Anspruch nehmen (vgl. ESt-Kartei EigZulG Karte 1, Rz. 88).

⇨ *Hinweis*

***Indizien für doppelte Haushaltszugehörigkeit**: Die Finanzverwaltung folgt der Rechtsprechung des BFH, die eine doppelte Haushaltszugehörigkeit des Kindes für möglich hält. In vorstehender Verf. stellt die Finanzverwaltung Indizien auf, bei deren Vorliegen eine doppelte Haushaltszugehörigkeit angenommen werden kann.*

***Doppelte Eigenheimzulage**: Eine doppelte Eigenheimzulage wird gewährt, wenn die Ehegatten jeweils Alleineigentümer eines Objekts sind (Tz. 3.). Bei Miteigentumsanteilen an derselben Wohnung ist grundsätzlich die Kinderzulage nur zur Hälfte anzusetzen (Tz. 5.).*

6.2 Doppelte Objektförderung

Verwaltungsanweisungen: OFD Erfurt v. 21.7.2003, Kinderzulage bei gleichzeitiger Eigenheimförderung zweier Objekte bei Ehegatten, die die Voraussetzungen des § 26 Abs. 1 EStG erfüllen, DStR 2003, 1755.

Die OFD Erfurt hat mit Verf. v. 21.7.2003 (DStR 2003, 1755) zur Kinderzulage bei gleichzeitiger Eigenheimförderung zweier Objekte bei Ehegatten, die die Voraussetzungen des § 26 Abs. 1 EStG erfüllen, wie folgt Stellung genommen:

Zur Gewährung der Kinderzulage bei gleichzeitiger Eigenheimzulage-Förderung zweier Objekte wird auf Folgendes hingewiesen:

Die Eigenheimzulage umfasst den Fördergrundbetrag und die Kinderzulage (§ 9 Abs. 1 EigZulG). Ehegatten, die die Voraussetzungen des § 26 Abs. 1 EStG erfüllen, können die Eigenheimzulage für insgesamt zwei Objekte beanspruchen. Besteht kein „schädlicher" räumlicher Zusammenhang zwischen den beiden Objekten, können sie den Fördergrundbetrag für zwei Objekte gleichzeitig erhalten (§ 6 Abs. 1 Satz 2 EigZulG).

Für jedes Kind, das zum inländischen Haushalt des Anspruchsberechtigten gehört oder gehört hat, für das der Anspruchsberechtigte oder sein Ehegatte im jeweiligen Kalenderjahr des Förderzeitraums einen Freibetrag nach § 32 Abs. 6 EStG oder Kindergeld erhält, wird eine Kinderzulage i.H.v. 767 € gewährt (§ 9 Abs. 5 Satz 1 und 2 EigZulG). Der Anspruchsberechtigte kann die Kinderzulage im Kalenderjahr jedoch nur für eine Wohnung in Anspruch nehmen (§ 9 Abs. 5 Satz 4 EigZulG)

Die führt bei Ehegatten, die die Voraussetzungen des § 26 Abs. 1 EStG erfüllen, zu folgenden Auswirkungen:

Fall 1:

Die Eheleute A und B sind jeweils Alleineigentümer eines in verschiedenen Orten belegenden Objekts. Beide Objekte haben sie im Kalenderjahr 01 angeschafft. Das dem A gehörende Objekt bewohnen sie selbst; das der B gehörende Objekt wird deren Mutter unentgeltlich zu Wohnzwecken überlassen. Im Haushalt von A und B lebt ihr steuerlich zu berücksichtigendes Kind.

Jeder Ehegatte hat für sein Objekt Anspruch auf den Fördergrundbetrag für den Förderzeitraum 01 – 08. Zusätzlich kann jeder Ehegatte die Kinderzulage i.H.v. 767 € beanspruchen, da das Kind jeweils zum Haushalt des Anspruchsberechtigten gehört. Die Eheleute erhalten damit im Ergebnis sowohl den Fördergrundbetrag als auch die Kinderzulage zweimal.

Fall 2:

Wie Fall 1, nur beide Objekte stehen im Alleineigentum von B.

B kann für beide Objekte den Fördergrundbetrag beanspruchen. Da einem Anspruchsberechtigten gem. § 9 Abs. 5 Satz 4 EigZulG die Kinderzulage im Kalenderjahr jedoch nur für ein Objekt zu gewähren ist, besteht in den Kalenderjahren 01 – 08 nur ein Kinderzulageanspruch i.H.v. 767 €. Die Eheleute erhalten in diesem Fall in den Kalenderjahren 01 – 08 zwar zweimal den Fördergrundbetrag, jedoch nur eine Kinderzulage.

Fall 3:

Wie Fall 1, nur sind die Eheleute A und B jeweils Miteigentümer der Objekte.

Die Ehegatten haben für beide Objekte – die Miteigentumsanteile an einem Objekt gelten bei Vorliegen der Voraussetzungen des § 26 Abs. 1 EStG als ein Objekt (§ 6 Abs. 2 Satz 2 EigZulG) – Anspruch auf den Fördergrundbetrag. Da sie allerdings jeweils gemeinsam Anspruchsberechtigte für die beiden Objekte sind, kann wegen § 9 Abs. 5 Satz 4 EigZulG die Kinderzulage nur einmal i.H.v. 767 € gewährt werden. Das Ergebnis entspricht damit dem von Fall 2.

Fall 4:

Wie Fall 1, nur sind die Eheleute A und B Miteigentümer des selbst bewohnten Objekts; das der Mutter von B überlassene Objekt steht im Alleineigentum von B.

Die Eheleute haben gemeinsam Anspruch auf den Fördergrundbetrag für das im Miteigentum stehende Objekt. Daneben hat B für ihr im Alleineigentum befindliches Objekt Anspruch auf den Fördergrundbetrag.

Nach einem Beschluss auf Bund/Länder-Ebene hat B für ihr Allein-Objekt Anspruch auf die Kinderzulage i.H.v. 767 €, für das im Miteigentum befindliche Objekt hat A zusätzlich Anspruch auf die halbe Kinderzulage i.H.v. 384 € (= ½ von 767 €). Die Eheleute erhalten damit im Ergebnis den Fördergrundbetrag in den Kalenderjahren 01 – 08 zweimal, die Kinderzulage eineinhalbmal.

Es wird gebeten, die vorgenannte Auffassung in allen offenen Fällen zu vertreten.

⇨ ***Hinweis***

***Doppelte Kinderzulage nur bei jeweiligem Alleineigentum eines Ehegatten**: Nur in einem der vier aufgeführten Fälle erhalten die Ehegatten jeweils eine volle Kinderzulage, und zwar dann, wenn beide Ehegatten jeweils Alleineigentümer eines Objekts sind (Fall 1). Wenn ein Ehegatte Alleineigentümer beider Objekte oder beide Ehegatten jeweils Miteigentümer beider Objekte sind, wird insgesamt die Kinderzulage nur einmal gewährt (Fälle 2 und 3). Wenn bei einem Objekt ein Ehegatte Alleineigentümer ist, die Eheleute beim anderen Objekt Miteigentümer sind, erhalten die Eheleute die Kinderzulage 1 ½ mal (Fall 4).*

7. Miteigentum (§ 9 Abs. 2 Satz 3 EigZulG)

a) Fall

Die Stpfl. ist Miteigentümerin eines Grundstücks zur Hälfte. Die andere Grundstückshälfte gehört ihrer Tochter. Für das auf dem Grundstück als sog. Niedrigenergiehaus errichtete Einfamilienhaus beantragte die Stpfl. die Baugenehmigung. Das Einfamilienhaus wird von ihr und ihrem Ehemann seit Mai 1998 bewohnt. Zur Finanzierung nahmen die Eheleute Darlehen auf.

Im Juni 1997 hatten die Stpfl. und ihre Tochter vertraglich vereinbart, die Baukosten im Innenverhältnis je hälftig zu tragen und entsprechend auch den Kredit bei der Bausparkasse monatlich zu tilgen.

b) Problem

Erhält die Stpfl. nur die halbe Eigenheimzulage, obwohl die Tochter nicht anspruchsberechtigt ist?

c) Lösung

Eigenheimzulage nur entsprechend Miteigentumsanteil: Dem Miteigentümer einer zu eigenen Wohnzwecken genutzten Wohnung steht die Eigenheimzulage nur entsprechend seinem Miteigentumsanteil zu, auch wenn der andere Miteigentümer mangels Eigennutzung keinen Anspruch auf Eigenheimzulage hat (BFH v. 5.6.2003 III R 47/01, DStR 2003, 1480, m. Anm. Dürr, INF 2003, 723; Anschluss an BFH v. 4.4.2000 IX R 25/98, BStBl II 2000, 652).

Ebenso Ökoförderung: Die Zusatzförderungen nach § 9 Abs. 3 und 4 EigZulG stehen als Teil des einheitlichen Fördergrundbetrags einem Miteigentümer ebenfalls nur anteilig zu (BFH v. 5.6.2003 III R 47/01, DStR 2003, 1480, m. Anm. Dürr, INF 2003, 723).

⇨ ***Hinweis***

***Entsprechend Meinung der Finanzverwaltung**: Dass der Miteigentümer eine Eigenheimzulage nur in Höhe seines Miteigentumsanteils erhält, entspricht der Meinung der Finanzverwaltung (BMF v. 10.2.1998, BStBl I 1998, 190, Rz. 64, 80 und 83).*

8. Nachholung von Abzugsbeträgen (§ 10e Abs. 3 EStG)

Verwaltungsanweisungen: BMF v. 7.7.2003, Steuerbegünstigung nach § 10e EStG; Nachholung von Abzugsbeträgen nach § 10e Abs. 3 Satz 1 EStG, BStBl I 2003, 384.

Das BMF hat mit Schreiben v. 7.7.2003 (BStBl I 2003, 384) zur Steuerbegünstigung nach § 10e EStG (Nachholung von Abzugsbeträgen nach § 10e Abs. 3 Satz 1 EStG) wie folgt Stellung genommen:

> Nach den BFH-Urteilen v. 26.2.2002 X R 45/00 (BStBl II 2003, 577) und v. 29.11.2000 (BStBl II 2002, 132) ist alleinige Voraussetzung für die Nachholung von Abzugsbeträgen nach § 10e Abs. 3 Satz 1 EStG, dass der Stpfl. ihm zustehende Abzugsbeträge nicht ausgenutzt hat und sie bis zum Ende des Abzugszeitraums beansprucht. Die Selbstnutzung im Nachholungsjahr ist danach nicht erforderlich. Im Einvernehmen mit den obersten Finanzbehörden wird deshalb das BMF-Schreiben v. 12.2.2002 (BStBl I 2002, 241) aufgehoben.

⇨ ***Hinweis***

***Anwendung der BFH-Rechtsprechung**: Mit BMF v. 7.7.2003 wendet die Finanzverwaltung die BFH-Rechtsprechung an. Zu BFH v. 26.2.2002 X R 45/00 (BStBl II 2003, 577) wurde folgender Leitsatz veröffentlicht: „Die Befugnis, den Abzug nicht ausgenutzter Grundförderbeträge nach § 10e Abs. 1 und 2 EStG innerhalb des Abzugszeitraums nachzuholen, hängt nicht davon ab, dass der Stpfl. im Jahr der Nachholung noch zur Inanspruchnahme eines Abzugsbetrags berechtigt ist (Bestätigung des BFH v. 29.11.2000 X R 13/99, BStBl II 2002, 132).“*

***Aufhebung des Nichtanwendungserlasses**: Mit dem vorstehend abgedruckten BMF-Schreiben v. 7.7.2003 (BStBl I 2003, 384) wurde der Nichtanwendungserlass (BMF v. 12.2.2002, BStBl I 2002, 241) zu BFH v. 29.11.2000 X R 13/99 (BStBl II 2002, 132) aufgehoben.*

***Keine Übertragung auf die Eigenheimzulage**: Das BMF-Schreiben kann nicht auf die Eigenheimzulage übertragen werden, weil dort keine Nachholung vorgesehen ist.*

9. Objektbeschränkung (§ 6 EigZulG)

9.1 Hinzuerwerb vom Ehegatten infolge Erbfalls

Verwaltungsanweisungen: OFD Frankfurt/M. v. 30.6.2003, Weiterführung der Eigenheimzulage nach Hinzuerwerb eines Miteigentumsanteils vom Ehegatten infolge Erbfalls, DB 2003, 1767, FR 2003, 927.

Die OFD Frankfurt/M. hat mit Verf. v. 30.6.2003 (DB 2003, 1767, FR 2003, 927) zur Weiterführung der Eigenheimzulage nach Hinzuerwerb eines Miteigentumsanteils vom Ehegatten infolge Erbfalls wie folgt Stellung genommen:

> § 6 Abs. 2 Satz 3, 1. Halbsatz EigZulG regelt, dass ein Ehegatte, der infolge Erbfalls einen Miteigentumsanteil am geförderten Objekt hinzuerwirbt, den auf diesen Anteil entfallenden Fördergrundbetrag nach § 9 Abs. 2 bis 4 EigZulG weiter in der bisherigen Höhe in Anspruch nehmen kann, sofern die Voraussetzungen des § 6 Abs. 2 Satz 2 EigZulG vorliegen (die Ehegatten waren beide Miteigentümer des Objekts und erfüllen noch im Todeszeitpunkt die Voraussetzungen für die Zusammenveranlagung des § 26 Abs. 1 EStG).
>
> In diesem Fall bildet der bisherige Miteigentumsanteil des überlebenden Ehegatten zusammen mit dem hinzuerworbenen Anteil ein Objekt. Der hinzuerwerbende Ehegatte braucht dabei nicht Alleineigentümer zu werden. Er kann die auf diese Anteile entfallende Zulage weiterhin in der bisherigen Höhe erhalten, wenn bei ihm noch kein Objektverbrauch eingetreten ist (vgl. ESt.-Kartei EigZulG Karte 1 Rz. 45 Satz 1, 3 und 4).

Beispiel:

Ehegatten sind zu je ½ Miteigentümer eines begünstigten Objekts. Sie leben im Güterstand der Zugewinngemeinschaft und haben zwei Kinder. Während des Förderzeitraums verstirbt einer der Ehegatten. Auf Grund gesetzlicher Erbfolge erhalten der überlebende Ehegatte die Hälfte und die beiden Kinder je ein Viertel des Miteigentumsanteils des verstorbenen Ehegatten.

Fraglich ist, in welcher Höhe der Miteigentumsanteil der jeweiligen Miterben – insbesondere der durch den überlebenden Ehegatten erworbene – zulagenbegünstigt ist.

Hierzu wird – entgegen anders lautenden Meinungen in der Literatur – die Auffassung vertreten, dass lediglich 75 v.H. förderungsfähig sind. Der überlebende Ehegatte kann die Zulage – außer für seinen ursprünglichen halben Miteigentumsanteil – nur für den von ihm infolge Erbfalls tatsächlich hinzuerworbenen Miteigentumsanteil beanspruchen (hier also die Hälfte des Miteigentumsanteils des verstorbenen Ehegatten, mithin insgesamt drei Viertel).

⇨ ***Hinweis***

Zutreffende Verwaltungsanweisung*: Wenn der überlebende Ehegatte nur einen Teil des Miteigentumsanteils des verstorbenen Ehegatten erbt, kann er nur insoweit eine zusätzliche Förderung erhalten.*

9.2 Unentgeltliche Überlassung (§ 4 Satz 2 EigZulG)

Verwaltungsanweisungen: OFD Koblenz v. 4.7.2003, Unentgeltliche Überlassung eines in räumlichem Zusammenhang belegenen Objekts an das minderjährige gemeinsame Kind, DStR 2003, 1348.

Die OFD Koblenz hat mit Verf. v. 4.7.2003 (DStR 2003, 1348) zur unentgeltlichen Überlassung eines in räumlichem Zusammenhang belegenen Objekts an das minderjährige gemeinsame Kind wie folgt Stellung genommen:

Nach dem BFH-Urteil v. 28.6.2002 IX R 37/01 (BStBl II 2003, 119) ist der Zulagenanspruch für eine in räumlichem Zusammenhang zur selbst bewohnten Wohnung liegende, unentgeltlich an Angehörige überlassene Wohnung nicht durch die für Eheleute geltende Objektbeschränkung in § 6 Abs. 1 Satz 2 EigZulG ausgeschlossen.

Bei der Überlassung einer Wohnung an ein minderjähriges Kind ist die gleichzeitige Doppelförderung der Familienwohnung und der in räumlichem Zusammenhang dazu stehenden überlassenen Wohnung nicht möglich, da den Eltern nach § 1626 BGB die elterliche Sorge für das minderjährige Kind obliegt und deshalb von einer Haushaltszugehörigkeit des Kindes auszugehen ist (FG Berlin v. 11.10.2002, 3 K 3081/02).

Im Übrigen wird gebeten, stets darauf zu achten, dass für eine Doppelförderung zwei Wohnungen i.S.d. BewG vorhanden sein müssen, also die Voraussetzungen in R 175 Abs. 2 ErbStR gegeben sind (eigene Küche, eigenes Bad/WC, eigener Zugang, Abgeschlossenheit).

⇨ ***Hinweis***

Doppelte Eigenheimzulage für Ehegatten auch bei räumlichem Zusammenhang*: Der Anspruch auf Eigenheimzulage für eine in räumlichem Zusammenhang zur selbstbewohnten Wohnung liegende, unentgeltlich an Angehörige überlassene Wohnung ist nicht durch die für Eheleute geltende Objektbeschränkung in § 6 Abs. 1 Satz 2 EigZulG ausgeschlossen (BFH v. 28.6.2002 IX R 37/01, BStBl II 2003, 119, m. Anm. Werner/Janssen, NWB F. 3, 12091; erl, StuB 2002, 876; Skerhut, KFR F. 13 EigZulG § 6, 1/02, 437; kk, KÖSDI 2002, 13416; Meurer, EStB 2002, 391; Serafini, GStB 2002, 352; Schneider/Hoffmann, Stbg 2003, 26). Die Finanzverwaltung folgt der Rechtsprechung des BFH.*

Keine Eigenheimzulage bei Dachausbau für minderjährige Tochter*: Werden in einem Haus mit drei Wohnungen im Erdgeschoss von den Eltern und die Wohnung im zweiten Obergeschoss von ihrer minderjährigen Tochter bewohnt, so handelt es sich bei den Wohnungen trotz fehlender Möglichkeit einer Verbindung um zwei im räumlichen Zusammenhang belegene Objekte i.S.v. § 6 Abs. 1 Satz 2 EigZulG (FG Berlin v. 11.10.2002, 3 K 3081/02, EFG 2003, 505, rkr.). Begründet wurde dieses Ergebnis mit der Minderjährigkeit der Tochter. Wenn sie volljährig gewesen wäre, wäre eine Eigenheimzulage möglich gewesen (vgl. BFH v. 28.6.2002 IX R 37/01, BStBl II 2003, 119).*

10. Vermögensübergabe gegen wiederkehrende Leistungen

Verwaltungsanweisungen: OFD Hannover v. 14.8. 2003, (Teil-)Entgeltlicher Erwerb bei einer Vermögensübergabe gegen wiederkehrende Leistungen und Eigenheimzulage, DStR 2003, 1662.

Die OFD Hannover hat mit Verf. v. 14.8.2003 (DStR 2003, 1662) zum (teil-)entgeltlichen Erwerb bei einer Vermögensübergabe gegen wiederkehrende Leistungen und Eigenheimzulage wie folgt Stellung genommen:

> Nach Rz. 13 des BMF-Schreibens v. 23.12.1996 (BStBl I 1996, 1508, EStH 2001 Anh. 13 IV) gehörte zu den Erträgen des übergebenen Vermögens auch der Nutzungswert der vom Übernehmer eigengenutzten Wohnung, so dass eine ihrem Wesen nach ertragsbringende Wirtschaftseinheit übertragen wurde und damit eine Vermögensübertragung gegen Versorgungsleistungen vorlag. In diesen Fällen handelte es sich um einen unentgeltlichen Vorgang. Folglich konnte keine Eigenheimzulage gewährt werden.
>
> Der BFH hat dagegen mit Urteil v. 10.11.1999 X R 10/99 (BStBl II 2002, 653) entschieden, dass zu den Erträgen des übergebenen Vermögens nicht der Nutzungswert der vom Übernehmer zu eigenen Wohnzwecken genutzten Wohnung gehört. Sie stellt damit auch keine existenzsichernde Wirtschaftseinheit dar (ESt-Kartei § 22 EStG Nr. 15 Rz. 10 und 13).

Damit liegt in den Fällen, in denen das gegen wiederkehrende Leistungen übertragene Vermögen vom Übernehmer zu eigenen Wohnzwecken genutzt wird und im Übrigen keine Erträge abwirft, ein (teil-)entgeltlicher Erwerb vor, so dass ein nach § 2 Abs. 1 Satz 1 EigZulG begünstigter Anschaffungsvorgang gegeben ist. Die Anschaffungskosten des Übernehmers bemessen sich nach dem Barwert der wiederkehrenden Leistungen (ESt-Kartei § 22 Nr. 15 Rz. 42/43). Bei teilentgeltlichem Erwerb ist der Förderhöchstbetrag nach § 9 Abs. 2 EigZulG nicht zu kürzen. Die Gewährung der Eigenheimzulage hat zur Folge, dass in solchen Fällen der Abzug der wiederkehrenden Leistungen als Sonderausgaben ausscheidet.

Übergangsregelung:

Für Grundstücksübertragungen mit Vertragsabschluss vor dem 1.11.2002 können Übergeber und Übernehmer übereinstimmend an der bisherigen steuerrechtlichen Beurteilung festhalten (ESt-Kartei § 22 Nr. 15 Rz. 59 Abs. 3).

Wird eine vom späteren Übernehmer zu eigenen Wohnzwecken genutzte Wohnung zusammen mit einer existenzsichernden Wirtschaftseinheit gegen wiederkehrende Leistungen in einem Übergabevertrag übertragen, sind die wiederkehrenden Leistungen nicht aufzuteilen. Maßgebend bleibt in der weiteren Beurteilung vielmehr die übertragene existenzsichernde Wirtschaftseinheit. In diesen Fällen ist im Rahmen einer „Gesamtbetrachtung" zu prüfen, ob die wiederkehrenden Leistungen dem Grunde nach insgesamt als Sonderausgaben abzugsfähig sind oder ob es sich insgesamt um Unterhaltsleistungen oder um ein Entgelt für die übertragenen Wirtschaftsgüter handelt. Sind die wiederkehrenden Leistungen als Sonderausgaben abzugsfähig, liegt hinsichtlich der vom Übernehmer zu eigenen Wohnzwecken genutzten Wohnung kein nach dem EigZulG begünstigter Anschaffungsvorgang vor.

⇨ ***Hinweis***

Folge der BFH-Rechtsprechung zu dauernden Lasten*: Die vorstehend abgedruckte OFD-Verf. ist die Folge der Rechtsprechung des X. Senats zu den dauernden Lasten. Wenn im Rahmen einer Vermögensübergabe gegen wiederkehrende Leistungen ein zu eigenen Wohnzwecken genutztes Objekt übergeht, handelt es sich um ein (teil-)entgeltliches Rechtsgeschäft. Dies hat zur Folge, dass in einem solchen Fall die Eigenheimzulage gewährt werden muss. Bei einem teilentgeltlichen Erwerb ist der Höchstbetrag nicht zu kürzen.*

Übergangsregelung*: Die bisherige steuerliche Behandlung kann weitergeführt werden, wenn der Vertrag vor dem 1.11.2002 abgeschlossen worden ist und beide Parteien übereinstimmend an der bisherigen Beurteilung festhalten wollen.*

Gesamtbetrachtung bei Übertragung mehrerer Wirtschaftsgüter*: Wenn zusätzlich zur Wohnung noch eine existenzsichernde Wirtschaftseinheit übertragen wird, ist eine Gesamtbetrachtung anzustellen.*

XV. Gewerbesteuer

1. Auflösung einer Ansparrücklage

Verwaltungsanweisungen: Koordinierter Ländererlass v. 23.5.2003, Ermittlung des Gewerbeertrags (§ 7 GewStG) bei der Auflösung einer Ansparrücklage gem. § 7g EStG nach Eintritt der Gewerbesteuerpflicht, BStBl I 2003, 331.

Der Koordinierte Ländererlass v. 23.5.2003 (BStBl I 2003, 331) hat zur Ermittlung des Gewerbeertrags (§ 7 GewStG) bei der Auflösung einer Ansparrücklage gem. § 7g EStG nach Eintritt der Gewerbesteuerpflicht wie folgt Stellung genommen:

> Nach § 7g Abs. 3 EStG können Stpfl. mit kleinen und mittleren Betrieben für die künftige Anschaffung oder Herstellung von neuen beweglichen Wirtschaftsgütern des Anlagevermögens gewinnmindernde Rücklagen bilden. Die Rücklage darf 40 v.H. der voraussichtlichen Anschaffungs- oder Herstellungskosten des begünstigten Wirtschaftsguts nicht überschreiten und den Betrag von 154.000 € (vor dem 1.1.2002: 300.000 DM) nicht übersteigen. Sobald für das begünstigte Wirtschaftsgut Abschreibungen vorgenommen werden, ist die Rücklage nach § 7g Abs. 4 Satz 1 EStG i.H.v. 40 v.H. der tatsächlichen Anschaffungs- oder Herstellungskosten gewinnerhöhend aufzulösen. Zu dieser Regelung gilt gewerbesteuerlich Folgendes:
>
> Werden die Rücklagen bereits vor der Betriebseröffnung (= Beginn der Gewerbesteuerpflicht) gebildet, wirken sich die Ansparabschreibungen gewerbesteuerlich nicht aus. Die gewinnerhöhende Auflösung der Rücklage nach Betriebseröffnung unterliegt jedoch der Gewerbesteuer.
>
> Im Hinblick auf den Sinn und Zweck des § 7g EStG zur Vermeidung von Härten bestehen keine Bedenken dagegen, die gewinnerhöhende Auflösung der Rücklagen auf Antrag aus Billigkeitsgründen nach § 163 AO nicht in den Gewerbeertrag einzubeziehen, soweit die Bildung der Rücklage den Gewerbeertrag nicht gemindert hat.
>
> Entsprechendes gilt für nach § 7g Abs. 7 EStG gebildete Rücklagen bei Existenzgründern.
>
> Dieser Erlass ist in allen noch nicht bestandskräftigen Fällen anzuwenden. Er ergeht im Einvernehmen mit den obersten Finanzbehörden der anderen Länder.

⇨ ***Hinweis***

***Antrag auf abweichende Steuerfestsetzung (§ 163 AO)**: Die Bildung einer Rücklage vor Beginn der Gewerbesteuerpflicht wirkt sich gewerbesteuerlich nicht aus. Wird jedoch die Rücklage gewinnerhöhend aufgelöst,* *so unterliegt dieser Vorgang der Gewerbesteuer. Auf Antrag ist diese Gewinnerhöhung nicht in den Gewerbeertrag einzubeziehen.*

***Bei bestandskräftiger Steuerfestsetzung Erlass (§ 227 AO)**: Der Koordinierte Ländererlass betrifft die abweichende Festsetzung von Steuern aus Billigkeitsgründen (§ 163 AO). Diese Möglichkeit sollte auch genutzt werden. Ist jedoch der Bescheid bereits bestandskräftig, so kommt ein Erlass (§ 227 AO) in Betracht (Aweh, EStB 2003, 255).*

2. Halbeinkünfteverfahren bei Personengesellschaft

Verwaltungsanweisungen: OFD Düsseldorf v. 28.7.2003, Beteiligungen über eine Personengesellschaft, StuB 2003, 761.

Die OFD Düsseldorf hat mit Verf. v. 28.7.2003 (StuB 2003, 761) zum Halbeinkünfteverfahren bei Beteiligungen über eine Personengesellschaft wie folgt Stellung genommen:

> Zu der Frage, ob die einkommensteuerliche bzw. körperschaftsteuerliche Steuerbefreiung nach § 3 Nr. 40 EStG bzw. § 8b Abs. 6 KStG gem. § 7 GewStG bei der Ermittlung des Gewerbeertrags bei einer Mitunternehmerschaft Anwendung findet, hat das BMF zwischenzeitlich in Rz. 57 des BMF-Schreibens v. 28.4.2003 (BStBl I 2003, 292) Stellung genommen. Hiernach sind die vorgenannten Steuerbefreiungen gewerbesteuerlich irrelevant. Zu einer gewerbesteuerlichen Steuerbefreiung kommt es demzufolge auf der Ebene der Mitunternehmerschaft nicht. Folglich hat auch die durch das UntStFG v. 20.12.2001 (BStBl I 2002, 36, 50) ins GewStG eingefügte Rechtsnorm des § 8 Nr. 5 GewStG in Bezug auf Mitunternehmerschaften keine Bedeutung.

⇨ ***Hinweis***

***Zutreffende Verwaltungsanweisung**: Wenn bei der Ermittlung des Gewerbeertrags einer Mitunternehmerschaft keine Steuerbefreiung gem. § 3 Nr. 40 EStG bzw. § 8b Abs. 6 KStG gewährt wird, kommt auch eine Hinzurechnung gem. § 8 Nr. 5 GewStG nicht in Betracht.*

3. Aktivierte Bauzeitzinsen

a) Fall

Die Stpfl., eine GmbH, nahm anlässlich der Errichtung diverser Gebäude, Betriebsvorrichtungen und sonstiger Wirtschaftsgüter Darlehen auf, für die sie während der Bauzeit Zinsen zahlte. Unter Inanspruchnahme des Wahlrechts nach R 33 Abs. 7 Sätze 3 und 4 EStR 1993 aktivierte sie diese Bauzeitzinsen bei den Herstellungskosten der errichteten Wirtschaftsgüter und nahm hierauf u.a. in den Streitjahren 1994 und 1996 Abschreibungen vor.

b) Problem

Sind die Beträge, welche anteilig auf die Bauzeitzinsen infolge der Absetzung für Abnutzung (AfA) entfallen, als Dauerschuldentgelte gem. § 8 Nr. 1 GewStG bei der Ermittlung der Gewerbeerträge den Gewinnen der Stpfl. hälftig hinzurechnen?

c) Lösung

Aktivierte Bauzeitzinsen keine Dauerschuldzinsen: Die gem. R 33 Abs. 7 EStR 1993 in die Herstellungskosten von Wirtschaftsgütern als Anlagevermögen einbezogenen und aktivierten Bauzeitzinsen sind dem Gewinn weder in dem Erhebungszeitraum der Aktivierung noch in jenen Erhebungszeiträumen als Dauerschuldentgelte hinzuzurechnen, in denen gewinnmindernde AfA oder Teilwertabschreibungen von den Herstellungskosten vorgenommen werden (BFH v. 30.4.2003 I R 19/02, DB 2003, 1826, DStR 2003, 1435; Fortführung des BFH v. 10.3.1993 I R 59/92, BFH/NV 1993, 561).

⇨ ***Hinweis***

***Voraussetzungen für Hinzurechnung der Dauerschuldzinsen**: Gem. § 8 Nr. 1 GewStG wird dem Gewinn aus Gewerbebetrieb die Hälfte der Entgelte für Schulden hinzugerechnet, die wirtschaftlich mit der Gründung oder dem Erwerb des Betriebs (Teilbetriebs) oder eines Anteils am Betrieb oder mit einer Erweiterung oder Verbesserung des Betriebs zusammenhängen oder der nicht nur vorübergehenden Verstärkung des Betriebskapitals dienen (sog. Dauerschulden). Die genannten Entgelte dürfen gem. § 8 Nr. 1 Satz 1 GewStG nur dann wieder hinzugerechnet werden, wenn sie bei der Ermittlung des Gewinns abgesetzt worden sind.*

***Umqualifizierung der Zinsen**: Die Bauzeitzinsen werden zu Herstellungskosten umqualifiziert. Bei den darauf vorgenommenen AfA lebt der ursprüngliche Charakter als Zinsen nicht (auch nicht anteilig) wieder auf (erl, StuB 2003, 761).*

***Abweichung von Auffassung der Finanzverwaltung**: Mit dem Rezensionsurteil weicht der BFH von der Auffassung der Finanzverwaltung ab (OFD München v. 12.6.2000, DStR 2000, 1395; FM Sachsen v. 12.6.2001, DStR 2001, 1348).*

XVI. Erbschaftsteuer

Seite

1. Anzeigepflicht bei Verträgen zu Gunsten Dritter

Literatur: *O.V.*, Mitteilungen von Banken im Erbfall, ErbBstg 2003, 140.

Verwaltungsanweisungen: OFD Hannover v. 7.3.2003, Anzeigepflicht nach § 33 ErbStG bei Verträgen zu Gunsten Dritter, DStR 2003, 979.

Die OFD Hannover hat mit Verf. v. 7.3.2003 (DStR 2003, 979) zur Anzeigepflicht nach § 33 ErbStG bei Verträgen zu Gunsten Dritter wie folgt Stellung genommen:

Eine Anzeigepflicht besteht für die Geldinstitute auch dann, wenn der Konto- oder Depotinhaber durch einen Vertrag zu Gunsten Dritter (§§ 328, 331 BGB) mit seinem Geldinstitut vereinbart hat, dass im Zeitpunkt seines Todes die für ihn verwahrten Vermögensgegenstände auf einen Dritten übergehen (§ 33 Abs. 1 ErbStG, § 1 Abs. 3 ErbStDV). Ungeachtet einer solchen Vereinbarung stand dem Konto- oder Depotinhaber zur Zeit seines Todes die Verfügungsmacht über das Guthaben bzw. Depotvermögen zu.

⇨ ***Hinweis***

Anzeigepflicht der Vermögensverwahrer, Vermögensverwalter und Versicherungsunternehmen (§ 33 ErbStG)*: Wer sich geschäftsmäßig mit der Verwahrung oder Verwaltung fremden Vermögens befasst, hat diejenigen in seinem Gewahrsam befindlichen Vermögensgegenstände und diejenigen gegen ihn gerichteten Forderungen, die beim Tod eines Erblassers zu dessen Vermögen gehörten oder über die dem Erblasser zurzeit seines Todes die Verfügungsmacht zustand, dem für die Verwaltung der Erbschaftsteuer zuständigen FA schriftlich anzuzeigen (vgl. o.V., ErbBstg 2003, 140).*

Schließfächer (§ 1 Abs. 3 ErbStDV)*: Befinden sich am Todestag des Erblassers bei dem Anzeigepflichtigen Wirtschaftsgüter in Gewahrsam, die vom Erblasser verschlossen oder unter Mitverschluss gehalten wurden (z.B. in Schließfächern), genügt die Mitteilung über das Bestehen eines derartigen Gewahrsams und, soweit er dem Anzeigepflichtigen bekannt ist, die Mitteilung des Versicherungswerts.*

***Vertrag zu Gunsten Dritter**: Diese Verpflichtungen bestehen auch dann, wenn der Erblasser einen Vertrag zu Gunsten Dritter abgeschlossen hat (OFD Hannover v. 7.3.2003, DStR 2003, 979). Die Anzeigepflicht kann also nicht durch einen Vertrag zu Gunsten Dritter umgangen werden.*

2. Gesamtgläubigerschaft

Verwaltungsanweisungen: Koordinierter Ländererlass, FM Baden-Württemberg v. 25.6.2003, Beurteilung der Gesamtgläubigerschaft i.S.d. § 428 BGB (§§ 10, 25 ErbStG), DB 2003, 1478, DStR 2003, 1485.

Das FM Baden-Württemberg hat mit Erlass v. 25.6.2003 (DB 2003, 1478, DStR 2003, 1485) zur Beurteilung der Gesamtgläubigerschaft i.S.d. § 428 BGB (§§ 10, 25 ErbStG) wie folgt Stellung genommen:

Zu den Fragen,

- unter welchen Voraussetzungen in Fällen, in denen ein Eigentümer schenkweise einen Vermögensgegenstand gegen das Einräumen von Renten- bzw. Nutzungsrechten für sich und einen Dritten als Gesamtgläubiger überträgt, auch eine sofort zu besteuernde Schenkung des Eigentümers an den Dritten vorliegt und

- ob in Fällen, in denen der Schenker und dessen Ehegatte Gesamtgläubiger eines eingeräumten Nutzungsrechts sind, das erst mit dem Tod des Längerlebenden erlöschen soll, beim Tod des erstversterbenden Ehegatten die nach § 25 Abs. 1 Satz 2 ErbStG gestundete Steuer teilweise fällig wird,

wird folgende Auffassung vertreten.

Im Fall einer Gesamtgläubigerschaft ist die Schenkung des anteiligen Renten- und Nutzungsrechts an den Dritten ausgeführt (§ 9 ErbStG), wenn diesem im Innenverhältnis zwischen dem Schenker und dem Dritten ein eigener Anspruch zusteht und er gegenüber dem bisherigen Eigentümer nicht zum vollen Ausgleich verpflichtet ist. In diesem Zeitpunkt tritt die Bereicherung des Dritten auf Kosten des bisherigen Eigentümers ein. Soweit keine anderen Vereinbarungen ersichtlich sind oder nachgewiesen werden, kann von einer – sofortigen – Berechtigung der Gesamtgläubiger zu gleichen Teilen ausgegangen werden (vgl. § 430 BGB). Steht dem Dritten nach dem im Innenverhältnis Vereinbarten erst zu einem späteren Zeitpunkt, z.B. mit dem Tod eines weiteren Gesamtgläubigers, ein Leistungsanspruch zu, ist sein Erwerb aufschiebend bedingt oder befristet und erst zu einem späteren Zeitpunkt zu berücksichtigen.

Erwirbt ein Beschenkter Vermögen und räumt er in diesem Zusammenhang ein lebenslängliches Nutzungsrecht zu Gunsten des Schenkers und eines Dritten, der nicht sein Ehegatte ist, als Gesamtgläubiger ein, ist die Nutzungslast in den als Nutzungsauflage abzugsfähigen Anteil des Dritten und den dem Abzugsverbot des § 25 ErbStG unterliegenden Anteil des Schenkers aufzuteilen. Die auf den Kapitalwert des anteiligen Anspruchs entfallende Steuer wird bis zum Erlöschen des Anspruchs des Schenkers zinslos gestundet. Erlischt der Anspruch des Schenkers, z.B. im Fall seines Todes, wird die gestundete Steuer fällig (§ 25 Abs. 1 Satz 2 ErbStG). Der Teil des Anspruchs des Schenkers geht ersatzlos unter. Auf den Dritten geht nichts über (vgl. BFH v. 7.2.2001, BStBl II 2001, 245).

Dies gilt entsprechend auch in den Fällen, in denen Gesamtgläubiger eines Nutzungsrechts neben dem Schenker dessen Ehegatte ist, sodass die Belastung insgesamt dem Abzugsverbot des § 25 ErbStG unterliegt und die darauf entfallende Steuer bis zum Erlöschen des Anspruchs zinslos zu stunden ist. Beim Tod eines der Gesamtgläubiger oder Erlöschen seines Anspruchs aus anderen Gründen fällt die Stundung insoweit weg, als sie auf den dieser Person zuzurechnenden Teil des Kapitalwerts der gesamten Belastung entfällt. Hinsichtlich des der anderen Person zuzurechnenden Anteils der Belastung gilt die Stundung fort.

Beispiel:

Vater V schenkt einem Kind ein Mietwohngrundstück unter Vorbehalt des Nießbrauchs für sich selbst bzw. Einräumung eines Nießbrauchs zu Gunsten seiner Ehefrau E als Gesamtgläubiger bis zum Tod des Längstlebenden. Der gesamte Jahreswert der Nutzung beträgt 36.000 €. Auf den Zeitpunkt der Steuerentstehung ergeben sich folgende Kapitalwerte der Belastung bzw. der Teilbeträge:

Berechtigter	Lebensalter	Vervielfältiger lt. Anlage 9	Jahreswert	Kapitalwert	Summe	Anteil
V	62	9,889	18.000	178.002	178.002	39,39 v.H.
E	58	12,553	18.000	225.954		
		12,553 - 9,889 = 2.664	18.000	47.952	273.906	60,61 v.H.
Summe					451.908	100,00 v.H.

Bei einem angenommenen Steuersatz von 19 v.H. errechnet sich ein Stundungsbetrag von insgesamt 451.900 € (abgerundet) x 19 v.H. = 85.861 €, der anteilig mit 39,39 v.H. bzw. 60,61 v.H. auf die einzelnen Ansprüche der Gesamtgläubiger entfällt.

Wenn V stirbt, wird der gestundete Betrag i.H.v. (85.861 € x 39,39 v.H. =) 33.820 € fällig. Der Restbetrag i.H.v. (85.861 € - 33.820 € =) 52.041 € bleibt weiter gestundet.

⇨ ***Hinweis***

***Besteuerung bei Nutzungs- und Rentenlast**: Der Erwerb von Vermögen, dessen Nutzungen dem Schenker oder dem Ehegatten des Erblassers (Schenkers) zustehen oder das mit einer Rentenverpflichtung oder mit der Verpflichtung zu sonstigen wiederkehrenden Leistungen zu Gunsten dieser Personen belastet ist, wird ohne Berücksichtigung dieser Belastungen besteuert. Die Steuer, die auf den Kapitalwert dieser Belastungen entfällt, ist jedoch bis zu deren Erlöschen zinslos zu stunden. Die gestundete Steuer kann auf Antrag des Erwerbers jederzeit mit ihrem Barwert nach § 12 Abs. 3 des Bewertungsgesetzes abgelöst werden. Veräußert der Erwerber das belastete Vermögen vor dem Erlöschen der Belastung ganz oder teilweise, so endet insoweit die Stundung mit dem Zeitpunkt der Veräußerung (§ 25 ErbStG). Der Erlass des FM Baden-Württemberg v. 25.6.2003 (DB 2003, 1478, DStR 2003, 1485) betrifft den Fall, in dem der Alleineigentümer-Ehegatte bei der Übertragung des Grundstücks auch seinem Ehegatten einen Nießbrauch einräumen lässt.*

3. Kontrollmitteilungen

Verwaltungsanweisungen: Koordinierter Ländererlass v. 18.6.2003, Kontrollmitteilungen für die Steuerakten des Erblassers und des Erwerbers, BStBl I 2003, 392.

Der Koordinierte Ländererlass v. 18.6.2003 (BStBl I 2003, 392) über die Kontrollmitteilungen für die Steuerakten des Erblassers und des Erwerbers lautet:

> Im Hinblick auf die besondere Bedeutung, die den Kontrollmitteilungen der Erbschaftsteuer-Finanzämter zukommt, ist wie folgt zu verfahren:
>
> **a) Kontrollmitteilungen für die Steuerakten des Erblassers**
>
> Das für die Erbschaftsteuer zuständige FA hat dem FA, das für die Besteuerung des Erblassers nach dem Einkommen zuständig ist, den ermittelten Nachlass mitzuteilen, wenn dessen **Reinwert** (hinterlassene Vermögenswerte abzüglich Erblasserschulden mit Ausnahme einer Zugewinnausgleichsverpflichtung) mehr als 250.000 € oder das zum Nachlass gehörende **Kapitalvermögen** (Wertpapiere und Anteile, Guthaben, Forderungen, Ansprüche auf Renten oder andere wiederkehrende Bezüge, Zahlungsmittel) mehr als 50.000 € beträgt. Den Kontrollmitteilungen sollen Zweitschriften der Anzeigen der Geldinstitute nach § 33 ErbStG i.V.m. § 1 ErbStDV beigefügt werden. Zusätzlich anzugeben sind Erwerbe auf Grund eines Vertrags zu Gunsten Dritter (§ 3 Abs. 1 Nr. 4 ErbStG) mit Ausnahme von Ansprüchen aus Lebensversicherungsverträgen.
>
> **b) Kontrollmitteilungen für die Steuerakten des Erwerbers**
>
> Das für die Erbschaftsteuer zuständige FA hat dem FA, das für die Besteuerung des Erwerbers nach dem Einkommen zuständig ist, den Erwerb mitzuteilen, wenn dessen erbschaftsteuerlicher **Bruttowert** (Anteil an den hinterlassenen Vermögenswerten ohne Abzug der Erblasserschulden zuzüglich Wert der sonstigen Erwerbe) mehr als 250.000 € oder das zum Erwerb gehörende **Kapitalvermögen** (Wertpapiere und Anteile, Guthaben, Forderungen, Ansprüche auf Renten oder andere wiederkehrende Bezüge, Zahlungsmittel) mehr als 50.000 € beträgt. Für Schenkungen von Kapitalvermögen gilt die Wertgrenze von 50.000 € entsprechend.
>
> Die Kontrollmitteilungen sind unabhängig davon zu erteilen, ob es zu einer Steuerfestsetzung gekommen ist. Es bleibt den Erbschaftsteuer-Finanzämtern unbenommen, auch in anderen Fällen bei gegebenem Anlass, z.B. wenn eine Schenkung erst im Rahmen einer Außenprüfung oder Fahndung aufgedeckt wurde, Kontrollmitteilungen zu übersenden. Dieser Erlass ist im Einvernehmen mit den obersten Finanzbehörden der anderen Länder ergangen. Er tritt zum 1.7.2003 an die Stelle des Bezugserlasses.

⇨ ***Hinweis***

***Kontrollmitteilungen für Steuerakten des Erblassers**: In folgenden Fällen sind Kontrollmitteilungen für die Steuerakten des Erblassers zu fertigen:*

- *Reinwert mehr als 250.000 € oder*
- *Kapitalvermögen mehr als 50.000 €.*

***Kontrollmitteilungen für Steuerakten des Erwerbers**: In folgenden Fällen sind Kontrollmitteilungen für die Steuerakten des Erwerbers zu fertigen:*

- *Bruttowert mehr als 250.000 € oder*
- *Kapitalvermögen mehr als 50.000 € (ebenso bei Schenkungen von Kapitalvermögen).*

4. Lebenspartnerschaftsgesetz

Verwaltungsanweisungen: Koordinierter Ländererlass, FM Baden-Württemberg v. 23.7.2003, Beendigung des Vermögensstandes einer Ausgleichsgemeinschaft nach § 6 Lebenspartnerschaftsgesetz (LPartG), DStR 2003, 1486.

Die obersten Finanzbehörden der Länder haben mit Erl. (FM Baden-Württemberg) v. 23.7.2003 (DStR 2003, 1486) zur Beendigung des Vermögensstandes einer Ausgleichsgemeinschaft nach § 6 Lebenspartnerschaftsgesetz (LPartG) wie folgt Stellung genommen:

Zu der Frage, wie eine bei Beendigung des Vermögensstandes der Ausgleichsgemeinschaft gem. § 6 Abs. 2 Lebenspartnerschaftsgesetz (LPartG) entstandene Ausgleichsforderung erbschaft- und schenkungsteuerlich zu behandeln ist, wird gebeten, folgende Auffassung zu vertreten:

1. Die Lebenspartnerschaft endet zu Lebzeiten der Partner

Die Ausgleichsforderung stellt keine freigebige Zuwendung i.S.d. § 7 Abs. 1 Nr. 1 ErbStG dar. Nach § 6 Abs. 2 LPartG i.V.m. §§ 1371 bis 1390 BGB besteht eine rechtliche Verpflichtung der Partner, den Überschuss, den sie während der Dauer des Vermögensstandes erzielt haben, auszugleichen. Da die Forderung kraft Gesetzes entsteht, liegt keine Freigebigkeit vor. Eine solche Ausgleichsforderung fällt auch nicht unter die übrigen Tatbestände des § 7 ErbStG.

2. Die Lebenspartnerschaft endet mit dem Tod eines der Partner und der überlebende Partner wird Erbe

Der gesetzliche Erbteil des überlebenden Partners erhöht sich um ein Viertel; damit wird der Ausgleich des Überschusses, den die Partner während der Dauer des Vermögensstands erzielt haben, verwirklicht (§ 6 Abs. 2 LPartG i.V.m. § 1371 Abs. 1 BGB). Eine fiktive steuerfreie Ausgleichsforderung, wie sie Ehegatten im Güterstand der Zugewinngemeinschaft nach § 5 Abs. 1 Satz 1 ErbStG zusteht, kommt nicht in Betracht. § 5 ErbStG gilt nicht für Lebenspartnerschaften. Hierin kann auch keine planwidrige Gesetzeslücke gesehen werden, denn der Gesetzgeber hat bislang bewusst darauf verzichtet, die im Erbschaftsteuer- und Schenkungsteuergesetz für Ehegatten geltenden Regelungen auch auf Lebenspartnerschaften zu übertragen.

3. Die Lebenspartnerschaft endet durch Tod eines Partners und der überlebende Partner wird weder Erbe noch steht ihm ein Vermächtnis zu

Der überlebende Partner kann gegenüber den Erben sowohl den kleinen Pflichtteil als auch einen Ausgleichsanspruch nach § 6 Abs. 2 LPartG geltend machen. Hierbei unterliegt nur der Erwerb des kleinen Pflichtteils nach § 3 Abs. 1 Nr. 1 ErbStG der Erbschaftsteuer. Der Ausgleichsanspruch fällt nicht unter einen der in § 3 ErbStG aufgeführten Tatbestände. Entsprechendes gilt auch, wenn der überlebende Partner die Erbschaft ausschlägt und stattdessen den Ausgleichsanspruch nach § 6 Abs. 2 LPartG und den kleinen Pflichtanteil geltend macht.

Der Erlass ergeht im Einvernehmen mit den obersten Finanzbehörden der anderen Länder.

⇨ ***Hinweis***

***Möglichkeiten bei Lebenspartnerschaft**: Die Lebenspartner können den Vermögensstand der Ausgleichsgemeinschaft vereinbaren oder einen Lebenspartnerschaftsvertrag (§ 7 LPartG) abschließen (§ 6 Abs. 1 LPartG).*

***Ausgleichsgemeinschaft entsprechend Zugewinngemeinschaft**: Die Ausgleichsgemeinschaft bei der Lebenspartnerschaft ist der Zugewinngemeinschaft nachgebildet. Deshalb gelten auch die §§ 1371 bis 1390 BGB entsprechend (§ 6 Abs. 2 Satz 4 LPartG).*

***Ende der Lebenspartnerschaft zu Lebzeiten der Partner**: Die Ausgleichsforderung unterliegt nicht der Erbschaftsteuer.*

***Überlebender Partner wird Erbe**: Der gesetzliche Erbteil erhöht sich zum Ausgleich des Überschusses um ein Viertel. Die Ausgleichsforderung ist nicht gem. § 5 ErbStG steuerfrei. Dies ist der Unterschied zur Zugewinngemeinschaft.*

***Überlebender wird nicht Erbe bzw. schlägt das Erbe aus**: Der überlebende Partner kann gegenüber dem Erben den kleinen Pflichtteil und den Ausgleichsanspruch gem. § 6 Abs. 2 LPartG geltend machen. Der Ausgleichsanspruch unterliegt nicht der Erbschaftsteuer.*

⇨ ***Gestaltungshinweis***

***Erbausschlagung**: Wenn der Ausgleichsanspruch relativ hoch ist, sollte man aus steuerlichen Gründen an eine Erbausschlagung denken, da der Ausgleichsanspruch nicht der Erbschaftsteuer unterliegt.*

5. Mehrfacher Erwerb desselben Vermögens

Verwaltungsanweisungen: FM Saarland v. 20.5.2003, Ermäßigung der Steuer bei mehrfachem Erwerb desselben Vermögens nach § 27 ErbStG, DStR 2003, 1301.

Das FM Saarland hat mit Erlass v. 20.5.2003 (DStR 2003, 1301) zur Ermäßigung der Steuer bei mehrfachem Erwerb desselben Vermögens nach § 27 ErbStG wie folgt Stellung genommen:

Nach § 27 Abs. 3 ErbStG darf die Steuerermäßigung bei mehrfachem Erwerb desselben Vermögens den Betrag nicht überschreiten, der sich bei Anwendung des maßgebenden Ermäßigungssatzes nach § 27 Abs. 1 ErbStG auf die Steuer ergibt, die der Vorerwerber für den Erwerb desselben Vermögens entrichtet hat. Zu der Frage, wie diese Begrenzung zu berücksichtigen ist, wenn das begünstigte Vermögen beim nachfolgenden Erwerb mehreren Erwerbern anfällt, vertreten die für die Erbschaftsteuer zuständigen Vertreter der obersten Finanzbehörden der Länder folgende Auffassung:

Die Summe der Ermäßigungsbeträge der einzelnen Erwerber nach Abs. 1 darf nicht höher sein als der sich nach Abs. 3 ergebende Höchstbetrag. Ist dies der Fall, ist der Höchstbetrag der Ermäßigung auf die einzelnen Erwerber entsprechend ihrem jeweiligen Anteil am mehrfach erworbenen Vermögen zu verteilen.

Zur Verdeutlichung dient folgendes vereinfachtes Beispiel (ohne Berücksichtigung von Erbfallkosten): Beim Tod des M zu Beginn des Jahres 2003 geht ein Wertpapierdepot im Stichtagswert von 1.000.000 € auf die Ehefrau E über. Im gleichen Jahr stirbt E und wird von den Kindern K1 und K2 zu je ½ beerbt. Der Wert des Depots beträgt unverändert 1.000.000 €.

Besteuerung der E:

Erwerb	1.000.000 €
./. persönlicher Freibetrag	307.000 €
./. Versorgungsfreibetrag	256.000 €
steuerpflichtiger Erwerb	437.000 €
Steuer 15 v.H.	65.550 €

Besteuerung der K1 und K2:

Erwerb jeweils	500.000 €
./. persönlicher Freibetrag	205.000 €
steuerpflichtiger Erwerb	295.000 €
Steuer 15 v.H.	44.250 €

Da die Steuer in vollem Umfang auf das mehrfach erworbene Vermögen entfällt, ergibt sich jeweils ein Ermäßigungsbetrag nach § 27 Abs. 1 und 2 ErbStG i.H.v. 50 v.H. von 44.250 € = 22.125 € und eine Summe der Ermäßigungsbeträge von 44.250 €.

Als Höchstbetrag der Steuerermäßigung nach § 27 Abs. 3 ErbStG errechnet sich ein Betrag von 50 v.H. von 65.550 € = 32.775 €.

Die Steuerermäßigung ist demnach für K1 und K2 jeweils auf ½ von 32.775 € = 16.388 € (aufgerundet) begrenzt.

Das automatisierte Erbschaftsteuerfestsetzungsverfahren AUSTER wird entsprechend angepasst.

⇨ ***Hinweis***

***Mehrfacher Erwerb desselben Vermögens**: Fällt Personen der Steuerklasse I von Todes wegen Vermögen an, das in den letzten zehn Jahren vor dem Erwerb bereits von Personen dieser Steuerklasse erworben worden ist und für das nach diesem Gesetz eine Steuer zu erheben war, ermäßigt sich der auf dieses Vermögen entfallende Steuerbetrag. Der Ermäßigungsbetrag richtet sich zum einen nach dem zeitlichen Abstand zum erstmaligen Erwerb (§ 27 Abs. 1 ErbStG mit Tabelle), zum anderen nach einem Höchstbetrag gem. § 27 Abs. 3 ErbStG).*

***Mehrere Erwerber bei Zweiterwerb**: Der Erl. des FM Saarland beschäftigt sich mit der Frage, wie hoch die Ermäßigung ist, wenn das Vermögen beim nachfolgenden Erwerb auf mehrere Erben übergeht. Das Beispiel des FM Saarland ist zutreffend gerechnet.*

6. Verfassungswidrigkeit

Literatur: Vgl. *Graf/Obermeier*, NWB Steuerrecht aktuell, Ausgabe 2/2002, Herne/Berlin 2002, 306; *dies.*, NWB Steuerrecht aktuell, Ausgabe 3/2002, Herne/Berlin 2002, 281; *Daragan*, Nochmals: Vorläufige Festsetzung der Erbschaft- und Schenkungsteuer: Ende des schutzwürdigen Vertrauens in die geltende Rechtslage?, BB 2003, 82; *Schothöfer*, Schenken oder Abwarten? – Zum praktischen gestalterischen Umgang mit der unsicheren Rechtslage im Erbschaftsteuerrecht, DB 2003, 1409.

a) Fall

Die Stpfl. ist Alleinerbin ihrer in 1999 verstorbenen Schwester (Erblasserin). Diese hatte am 28.1.1999 eine Eigentumswohnung zu einem Kaufpreis von 92.000 DM gekauft. In dem Vertrag wurde die Auflassung erklärt und zu Gunsten der Erblasserin eine Auflassungsvormerkung bewilligt und eingetragen. Die Auflassungsvormerkung wurde am 4.5.1999 in das Grundbuch eingetragen.

b) Problem

Handelt es sich um einen Sachleistungsanspruch, der mit 92.000 DM zu bewerten ist?

c) Lösung

Keine Aussetzung der Vollziehung wegen möglicher Verfassungswidrigkeit: Soweit der II. Senat des BFH in seinem Vorlagebeschluss v. 22.5.2002 II R 61/99 (BStBl II 2002, 598) § 19 Abs. 1 ErbStG i.d.F. des JStG 1997 i.V.m. weiteren Vorschriften des ErbStG und BewG wegen Verstoßes gegen den Gleichheitssatz (Art. 3 Abs. 1 GG) für verfassungswidrig hält, kommt eine Aussetzung der Vollziehung der auf diesen Vorschriften beruhenden Steuerbescheide nicht in Betracht (BFH v. 17.7.2003 II B 20/03, DB 2003, 2107, DStR 2003, 1617, m. Anm. erl, StuB 2003, 858).

XVII. Körperschaftsteuer

Seite

1. Gesellschafter-Geschäftsführerbezüge

Literatur: *Woring*, Abgrenzung zwischen Umsatztantieme und durch Umsatzgrenzen ausgelöste Festvergütungen, KFR F. 4 KStG § 8, 2/03, 23; *Peltner C.*, Angemessenheit gewinnabhängiger Tantiemevereinbarung für Gesellschafter-Geschäftsführer, KFR F. 4 KStG § 8, 4/03, 143; *Schäfer*, Zur Angemessenheit von Vergütungen an Gesellschafter-Geschäftsführer nach dem BMF-Schreiben v. 14.10.2002, StuB 2002, 289; *Engelsing*, Angemessenheitsprüfung einer Gewinntantieme im Zusagezeitpunkt – Anmerkung zum BFH-Urteil v. 10.7.2002 I R 37/01, StuB 2003, 361.

a) Fall

Alleiniger Gesellschafter und Geschäftsführer der X-GmbH war im Streitjahr 1994 S. In dem seit 1992 geltenden (geänderten) Geschäftsführer-Anstellungsvertrag war dem S zunächst ein Festgehalt i.H.v. 39.000 DM monatlich sowie eine Tantieme zugesagt worden, die sich auf 25 v.H. des 2 Mio. DM übersteigenden Gewinns vor Ertragsteuer belaufen sollte. Im Streitjahr 1994 wurde das Festgehalt erhöht, und zwar ab 1.9. auf 60.000 DM monatlich; ferner wurde S eine Weihnachtsgratifikation in Höhe eines Monatsgehalts zugesagt und die Gratifikation für 1994 auf 46.000 DM festgelegt. Darüber hinaus war S schon im Jahr 1989 eine Pension i.H.v. 45 v.H. der ihm zuletzt gezahlten monatlichen Bezüge zugesagt worden; die fiktive Jahresnettoprämie für die Pensionszusage belief sich im Streitjahr auf 116.586 DM. Die X-GmbH hatte in den Jahren seit 1989 drei (1989), vier (1990), fünf (1992), sechs (1993), acht (1994 und 1995), neun (1996 und 1997) und zehn (1998) Mitarbeiter. Sie erzielte Umsätze von ca. 12 Mio. DM (1990 und 1996) bis ca. 35,5 Mio. DM (1993) – im Streitjahr einen solchen i.H.v. 34.955 000 DM – und Handelsbilanzgewinne von ca. 500.000 DM (1996 und 1997) bis 3.517.184 DM (Streitjahr). Die Gesamtvergütung des S einschließlich der fiktiven Jahresnettoprämie für die zugesagte Pension und einer Tantieme i.H.v. 1.811.217 DM betrug 2.528.965 DM. S war zugleich Gesellschafter und Geschäftsführer der O-GmbH, die ein Unternehmen im Bereich Hochbau betrieb. In dieser Eigenschaft erhielt er ein Festgehalt von 6.000 DM monatlich sowie ebenfalls eine Tantieme; außerdem hatte ihm auch die O-GmbH eine Pensionszusage erteilt. Die laufenden Bezüge des S für seine Tätigkeit bei der O-GmbH beliefen sich im Streitjahr auf 158.808 DM, seine Gesamtbezüge einschließlich des Betrags für die Nutzung eines Kraftfahrzeugs und der Jahresnettoprämie für die Pension auf 213.609 DM.

b) Problem

Ist die Gesamtvergütung noch angemessen?

c) Lösung

Unangemessene Gesamtausstattung: Verspricht eine Kapitalgesellschaft ihrem Gesellschafter-Geschäftsführer eine Gewinntantieme, so führt dies zu einer vGA, soweit die Gesamtausstattung des Gesellschafter-Geschäftsführers unter Berücksichtigung der Tantiemeleistungen unangemessen hoch ist (BFH v. 4.6.2003 I R 24/02, BFH/NV 2003, 1501).

Zeitpunkt der Gehaltsvereinbarung maßgebend: Die Angemessenheit der Gesamtausstattung eines Gesellschafter-Geschäftsführers muss grundsätzlich anhand derjenigen Umstände und Erwägungen beurteilt werden, die im Zeitpunkt der Gehaltsvereinbarung vorgelegen haben und angestellt worden sind (BFH v. 4.6.2003 I R 24/02, BFH/NV 2003, 1501).

Schätzung der angemessenen Bezüge: Die Höhe der angemessenen Bezüge ist im Einzelfall durch Schätzung zu ermitteln. Dabei ist zu berücksichtigen, dass der Bereich des Angemessenen sich auf eine Bandbreite von Beträgen erstrecken kann. Unangemessen sind nur diejenigen Bezüge, die den oberen Rand dieser Bandbreite übersteigen (BFH v. 4.6.2003 I R 24/02, BFH/NV 2003, 1501).

Angemessenheitsprüfung durch FG: Die Entscheidung darüber, wie ein ordentlicher Geschäftsleiter eine gewinnabhängige Vergütung bemessen und ggf. nach oben begrenzt hätte, obliegt im gerichtlichen Verfahren grundsätzlich dem FG. Dessen Würdigung ist im Revisionsverfahren nur eingeschränkt überprüfbar (BFH v. 4.6.2003 I R 24/02, BFH/NV 2003, 1501).

Deckelung einer Tantieme: Steht im Zeitpunkt des Vertragsschlusses ein sprunghafter Gewinnanstieg ernsthaft im Raum, so kann es bei Vereinbarung einer gewinnabhängigen Vergütung geboten sein, diese auf einen bestimmten Höchstbetrag zu begrenzen (BFH v. 4.6.2003 I R 24/02, BFH/NV 2003, 1501).

Tätigkeit für andere Unternehmen: Arbeitet ein Gesellschafter-Geschäftsführer zusätzlich für weitere Unternehmen, so ist dies bei der Bestimmung des angemessenen Gehalts i.d.R. mindernd zu berücksichtigen (BFH v. 4.6.2003 I R 24/02, BFH/NV 2003, 1501).

Aufteilungsmaßstab 75:25 nicht zwingend: Ist die Gesamtausstattung eines Gesellschafter-Geschäftsführers angemessen, so muss nicht schon deshalb eine vGA vorliegen, weil die Vergütung zu mehr als 25 v.H. aus variablen Anteilen besteht (BFH v. 4.6.2003 I R 24/02, BFH/NV 2003, 1501).

Tantieme mehr als 50 v.H. des Jahresgewinns: Die Zahlung einer Gewinntantieme zu Gunsten eines Gesellschafter-Geschäftsführers ist insoweit, als sie 50 v.H. des Jahresgewinns übersteigt, i.d.R. vGA. Bemessungsgrundlage dieser Regelvermutung ist der steuerliche Gewinn vor Abzug der Steuern und der Tantieme (BFH v. 4.6.2003 I R 24/02, NWB BFH-/FG-Datenbank online).

⇨ ***Hinweis***

***Mehrere Geschäftsführer bei kleinerer GmbH**: Die als angemessen anzusehende Gesamtausstattung bezieht sich regelmäßig auf die Gesamtgeschäftsführung. Bei Bestellung mehrerer Gesellschafter-Geschäftsführer müssen deswegen insbesondere bei sog. kleineren GmbH ggf. Vergütungsabschläge vorgenommen werden, die von den Unterschieden in den Aufgabenstellungen, in der zeitlichen Beanspruchung und in der für den Betrieb der GmbH zu tragenden Verantwortung abhängen. In Ausnahmefällen können auch Gehaltszuschläge gerechtfertigt sein. Es kann jedoch auch bei einer kleineren GmbH nicht pauschal von den Vergleichswerten ausgegangen werden, die sich für einen Geschäftsführer und einen leitenden Angestellten ergeben (BFH v. 4.6.2003 I R 38/02, BFH/NV 2003, 1503).*

***Mögliche Anpassung durch die Gesellschaft**: Hielt eine Tantiemevereinbarung im Zeitpunkt ihres Abschlusses einem Fremdvergleich stand und erhöhte sich die Bemessungsgrundlage für die Tantieme später in unerwartetem Maße, so führt die entsprechende Erhöhung der Tantieme nur dann zu einer vGA, wenn die Gesellschaft die Vereinbarung zu ihren Gunsten hätte anpassen können und darauf aus im Gesellschaftsverhältnis liegenden Gründen verzichtete (BFH v. 10.7.2002 I R 37/01, DB 2003, 20, BFH/NV 2003, 269).*

***Ungeklärte Vermögenszuwächse**: Der Gesellschafter-Geschäftsführer einer Kapitalgesellschaft ist gehalten, die gesetzlichen Pflichten und Obliegenheiten der Kapitalgesellschaft zu erfüllen (vgl. § 34 Abs. 1 AO). Unterbleibt dies und spricht der festgestellte Sachverhalt dafür, dass die Tatbestandsvoraussetzungen einer vGA erfüllt sind, wird die Feststellungslast des FA gemindert. Es gelten die allgemeinen Grundsätze zur Beweisrisikoverteilung. Das gilt jedoch nicht für solche ungedeckten Einnahmen, die bei dem Gesellschafter-Geschäftsführer selbst festgestellt werden. Die Frage nach der Herkunft derartiger Mittel fällt in den persönlichen Wissensbereich des Geschäftsführers; dieses Wissen kann der Gesellschaft nicht ohne weiteres als eigenes zugerechnet werden (BFH v. 26.2.2003 I R 52/02, DStR 2003, 1387).*

2. Risikogeschäfte

Verwaltungsanweisungen: BMF v. 20.5.2003, Durch das Gesellschaftsverhältnis veranlasste Durchführung von Risikogeschäften mit einer Kapitalgesellschaft, BStBl I 2003, 333.

Das BMF hat mit Schreiben v. 20.5.2003 (BStBl I 2003, 333) zu durch das Gesellschaftsverhältnis veranlasste Durchführung von Risikogeschäften mit einer Kapitalgesellschaft wie folgt Stellung genommen:

> Das BMF-Schreiben v. 19.12.1996 (BStBl I 1997, 112) legt in seinen Rz. 1 und 2 im Zusammenhang mit sog. Risikogeschäften Kriterien für die Abgrenzung der Gesellschafter- von der Gesellschaftssphäre fest. Dabei ist die Übernahme risikobehafteter Geschäfte nicht von vornherein als im Geschäftsleben unüblich anzusehen. Etwas anderes gilt allerdings dann, wenn ein ordentlicher und gewissenhafter Geschäftsleiter das Geschäft nicht eingegangen wäre. Diese Voraussetzung ist insbesondere erfüllt, wenn das Geschäft nach Art und Umfang der Geschäftstätigkeit der Gesellschaft völlig unüblich, mit hohen Risiken verbunden und nur aus privaten Spekulationsabsichten des Gesellschafter-Geschäftsführers zu erklären ist.
>
> Im Urteil v. 8.8.2001 I R 106/99 (BStBl II 2003, 487) hat der BFH dagegen entschieden, dass es Sache der Gesellschaft sei, Risikogeschäfte mit den damit verbundenen Chancen und Verlustgefahren wahrzunehmen. Dies gelte selbst dann, wenn sich die damit zum Ausdruck kommende Risiko- und Spekulationsbereitschaft mit den Absichten des Gesellschafter-Geschäftsführers decken sollten. Der Umstand, dass die Durchführung nach Art und Umfang der Geschäftstätigkeit der Gesellschaft völlig unüblich oder mit hohem Risiko verbunden sei, könne die Veranlassung der Geschäfte durch das Gesellschaftsverhältnis nicht begründen.
>
> Nach dem Ergebnis einer Erörterung mit den obersten Finanzbehörden der Länder sind die Grundsätze des BFH-Urteils über den entschiedenen Einzelfall hinaus nicht anzuwenden. Die Grundsätze des BMF-Schreibens v. 19.12.1996 (a.a.O.) gelten für die Abgrenzung der Gesellschafter- von der Gesellschaftssphäre bei Risikogeschäften weiter. Die Umstände des Einzelfalls sind im Rahmen der Feststellungslast möglichst umfassend zu werten.

⇨ ***Hinweis***

***Nichtanwendungsschreiben**: Die Finanzverwaltung wendet das Urteil des BFH v. 8.8.2001 I R 106/99 (BStBl II 2003, 487) nicht an.*

***Devisentermingeschäfte**: Tätigt eine Kapitalgesellschaft Risikogeschäfte (Devisentermingeschäfte), so rechtfertigt dies im Allgemeinen nicht die Annahme, die Geschäfte würden im privaten Interesse des (beherrschenden) Gesellschafters ausgeübt. Die Gesellschaft ist grundsätzlich darin frei, solche Geschäfte und die damit verbundenen Chancen, zugleich aber auch Verlustgefahren wahrzunehmen (BFH v. 8.8.2001 I R 106/99, BStBl II 2003, 487).*

***Private Veranlassung der Verlustverlagerung**: Ziel des Tatbestandes der vGA ist die Abgrenzung zur Gesellschaftersphäre, nicht die Vermeidung betrieblicher Risiken. Die Übernahme der Risiken wird sich deswe-*

gen allenfalls bei ersichtlich privater Veranlassung als Verlustverlagerung zu Ungunsten der Gesellschaft darstellen, beispielsweise dann, wenn die Gesellschaft sich verpflichtet, Spekulationsverluste zu tragen, Spekulationsgewinne aber an den Gesellschafter abzuführen, oder wenn sie sich erst zu einem Zeitpunkt zur Übernahme der in Rede stehenden Geschäfte entschließt, in dem sich die dauerhafte Verlustsituation bereits konkret abzeichnet. Entsprechendes mag gelten, wenn die Gesellschaft nur aus Gründen der Verlustübernahme oder ausschließlich zur Befriedigung einer Spielleidenschaft des Gesellschafters errichtet wird (BFH v. 8.8.2001 I R 106/99, BStBl II 2003, 487, m.w.N.).

3. Mantelkauf (§ 8 Abs. 4 KStG)

Verwaltungsanweisungen: OFD Koblenz v. 18.6.2003, Verfassungsmäßigkeit des § 8 Abs. 4 KStG i.d.F. des Gesetzes zur Fortsetzung der Unternehmenssteuerreform, DStR 2003, 1396.

Die OFD Koblenz hat mit Verf. v. 18.6.2003 (DStR 2003, 1396) zur Verfassungsmäßigkeit des § 8 Abs. 4 KStG i.d.F. des UntStFG wie folgt Stellung genommen:

> Das FM hat mit Erlass v. 5.6.2003 Folgendes bestimmt:
>
> In einem Vorlagebeschluss v. 18.7.2001 (I R 38/99, BStBl II 2002, 27) hat der BFH erhebliche Zweifel an der Verfassungsmäßigkeit der ersatzlosen Streichung von § 12 Abs. 2 Satz 4 UmwStG durch das Gesetz zur Fortsetzung der Unternehmenssteuerreform v. 29.10.1997 (BStBl I 1997, 928) zum Ausdruck gebracht.
>
> Die Vorlage stellt dabei u.a. auch in Frage, ob § 12 Abs. 3 Satz 2 UmwStG formell verfassungsgemäß zustande gekommen ist. Nach einem weiteren Beschluss des BFH v. 19.12.2001 (I R 58/01, BStBl II 2002, 395) bestehen wegen des sachlichen und formalen Zusammenhangs für § 8 Abs. 4 KStG die gleichen verfassungsrechtlichen Bedenken.
>
> Es wird deshalb im Einvernehmen mit dem BMF und den obersten Finanzbehörden der anderen Länder für angezeigt gehalten, Einsprüche, die sich hierauf stützen, ruhen zu lassen (§ 363 Abs. 2 AO). Das gilt sowohl für entsprechende Einspruchsverfahren wegen § 8 Abs. 4 KStG, als auch für Verfahren wegen § 12 Abs. 3 Satz 2 UmwStG.
>
> Bei Anträgen auf Aussetzung der Vollziehung ist auf Grund des Vorlagebeschlusses des BFH das Vorliegen „ernstlicher Zweifel“ i.S.d. § 361 AO grundsätzlich zu bejahen.

⇨ ***Hinweis***

***Verfahren vor dem BVerfG**: Das Az. des BVerfG zum Vorlagebeschluss des BFH v. 18.7.2001 I R 38/99 (BStBl II 2002, 27) lautet: 2 BvL 12/02. Vgl. auch Graf/Obermeier, NWB Steuerrecht aktuell, Ausgabe 2/2002, 328.*

4. Gesellschafter-Fremdfinanzierung (§ 8a KStG)

Literatur: *Hemmelrath/Abele*, Lankhost-Hohorst: Das Ende von § 8a KStG?, NWB Blickpunkt Steuern 3/2003, 801; *Janssen*, § 8a KStG gemeinschaftswidrig, KFR F. 4 KStG § 8a, 1/03, 83; *Hinder/Heidbüchel*, Unterkapitalisierungsvorschrift des § 8a Abs. 1 Satz 1 Nr. 2 KStG a.F. als Diskriminierung ausländischer Muttergesellschaften – Anmerkung zum EuGH-Urteil v. 12.12.2002 Rs. C-324/00, StuB 2003, 363.; *Prinz*, Schnelle Reaktion der Finanzverwaltung auf die Lankhorst-Hohorst-Entscheidung des EuGH zur Europarechtswidrigkeit des § 8a KStG, FR 2003, 649.

Verwaltungsanweisungen: FM Nordrhein-Westfalen v. 26.5.2003, Gesellschafter-Fremdfinanzierung (§ 8a KStG); EuGH v. 12.12.2002 (Lankhorst-Hohorst) zur Unvereinbarkeit von § 8a Abs. 1 Nr. 2 KStG mit Art. 43 EG, FR 2003, 686.

Das FM Nordrhein-Westfalen hat mit Erl. v. 26.5.2003 (FR 2003, 686) zur weiteren Anwendbarkeit von § 8a KStG wie folgt Stellung genommen:

Mit Urteil v. 12.12.2002 (EuGH v. 12.12.2002 Rs. C-324/00, FR 2003, 182), hat der EuGH entschieden, dass Art. 43 EG n.F. dahin auszulegen ist, dass er einer Maßnahme wie der in § 8a Abs. 1 Nr. 2 KStG enthaltenen entgegensteht.

Nach dem Ergebnis der Erörterungen der KSt-Referatsleiter der obersten Finanzbehörden des Bundes und der Länder findet § 8a KStG als Folge dieses EuGH-Urteils keine Anwendung mehr, wenn der Anteilseigner i.S.d. § 8a Abs. 3 KStG von der Niederlassungsfreiheit nach Art. 43 Abs. 1 Satz 2 EG n.F. geschützt ist. § 8a KStG ist daher nicht mehr anzuwenden, wenn der zuvor bezeichnete Anteilseigner:

- Staatsangehöriger eines Mitgliedstaats der Europäischen Union oder eine nach den Rechtsvorschriften eines Mitgliedstaats gegründete Gesellschaft i.S.v. Art. 48 Abs. 2 EG n.F. **und**
- in einem anderen Mitgliedstaat der europäischen Gemeinschaft ansässig ist.

Dem o.a. EuGH-Urteil entgegenstehende Steuerfestsetzungen sind zu ändern, soweit dies nach allgemeinen verfahrensrechtlichen Vorschriften (§ 169 Abs. 1 Satz 1, § 172 Abs. 1 AO) zulässig ist, insbesondere, soweit sie noch nicht bestandskräftig sind, vorläufig oder unter dem Vorbehalt der Nachprüfung ergangen sind.

⇨ ***Hinweis***

Grundsatz*: Art. 43 EG ist dahin auszulegen, dass er einer Maßnahme wie der in § 8a Abs. 1 Nr. 2 KStG enthaltenen entgegensteht (EuGH v. 12.12.2002 Rs. C-324/00, DB 2002, 2690; vgl. Graf/Obermeier, NWB Steuerrecht aktuell, Ausgabe 1/2003, 252).*

Anwendung des § 8a KStG entfällt*: In allen noch offenen Verfahren können nichtanrechnungsberechtigte Gesellschafter aus EU-Staaten auf der Grundlage der EuGH-Entscheidung die Aufhebung der auf § 8a KStG beruhenden Steuerfestsetzungen verlangen. Dies gilt auch für § 8a KStG n.F. (vgl. Janssen, KFR F. 4 KStG § 8a, 1/03, 83). Dieser Auffassung hat sich die Finanzverwaltung jetzt angeschlossen.*

5. Auflösung und Abwicklung von Körperschaften

Literatur: *Dötsch/Pung*, Auflösung und Abwicklung von Kapitalgesellschaften: Das Einführungsschreiben des BMF v. 26.8.2003, DB 2003, 1922.

Verwaltungsanweisungen: BMF v. 26.8.2003, Körperschaftsteuerliche Behandlung der Auflösung und Abwicklung von Körperschaften und Personenvereinigungen nach der Änderung durch das Gesetz zur Fortentwicklung des Unternehmenssteuerrechts (UntStFG), BStBl I 2003, 434.

Das BMF hat mit Schreiben v. 26.8.2003 (BStBl I 2003, 434) zur steuerlichen Behandlung der Auflösung und Abwicklung einer Körperschaft und Personenvereinigung nach In-Kraft-Treten des Gesetzes zur Fortentwicklung des Unternehmenssteuerrechts (UntStFG) v. 20.12.2001 wie folgt Stellung genommen:

Nach dem Ergebnis der Erörterung mit den obersten Finanzbehörden der Länder gilt für die steuerliche Behandlung der Auflösung und Abwicklung einer Körperschaft und Personenvereinigung nach In-Kraft-Treten des Gesetzes zur Fortentwicklung des Unternehmenssteuerrechts v. 20.12.2001 (BGBl I 2001, 3858 – UntStFG) Folgendes:

A. Bedeutung des Besteuerungszeitraums

Rz 1: Im Abwicklungszeitraum gibt es keine Wirtschaftsjahre im steuerrechtlichen Sinne. Für Zwecke der §§ 27, 37 und 38 KStG n.F. (= KStG 2002) tritt an die Stelle des Wirtschaftsjahrs der Besteuerungszeitraum.

Rz. 2: Auf den Schluss jedes Besteuerungszeitraums ist eine Steuerbilanz aufzustellen.

Rz. 3: Umfasst der Abwicklungszeitraum mehrere Besteuerungszeiträume, ist auf den Schluss eines jeden Besteuerungszeitraums, für den neues Recht gilt (siehe Rz. 4 ff.), das Körperschaftsteuerguthaben (§ 37 KStG n.F.), der Teilbetrag EK 02 (§ 38 KStG n.F.) und das steuerliche Einlagekonto (§ 27 KStG n.F.) gesondert festzustellen. Die abschließenden gesonderten Feststellungen für den letzten Besteuerungszeitraum sind auf den Zeitpunkt vor der Schlussverteilung des Vermögens vorzunehmen.

B. Systemübergreifende Liquidation

I. Grundsatz

Rz. 4: Endet bei der Liquidation einer unbeschränkt steuerpflichtigen Körperschaft der Besteuerungszeitraum nach dem 31.12.2000, richtet sich die Besteuerung für diesen Zeitraum nach den Vorschriften des KStG n.F. (§ 34 Abs. 14 Satz 1 KStG n.F.).

Rz. 5: Auch für den auf die Zeit vor dem 1.1.2001 entfallenden Teil des Besteuerungszeitraums ist das KStG n.F. anzuwenden. Ob das verteilte Vermögen bei der Körperschaft zu einer Minderung oder Erhöhung der Körperschaftsteuer führt, richtet sich nach § 40 Abs. 4 i.V.m. den §§ 37 und 38 KStG n.F. Bereits unter Zugrundelegung der früheren Rechtslage ausgestellte Steuerbescheinigungen sind zurückzufordern und auf der Grundlage des EStG bzw. KStG n.F. neu zu erteilen.

Rz. 6: Der Feststellung der Endbestände nach § 36 Abs. 7 KStG n.F. sind die Bestände zum Schluss des letzten vor Liquidationsbeginn endenden Wirtschaftsjahres bzw. zum Schluss des letzten Besteuerungszeitraums, für das noch das KStG a.F. (= KStG 1999) gilt, zu Grunde zu legen.

II. Antrag i.S.d. § 34 Abs. 14 KStG n.F.

Rz. 7: Hat die in Liquidation befindliche Körperschaft, deren Besteuerungszeitraum vor dem 1.1.2001 beginnt und nach dem 31.12.2000 endet, gem. § 34 Abs. 14 Satz 2 KStG n.F. bis zum 30.6.2002 (Ausschlussfrist) den Antrag gestellt, auf die Zeit bis zum 31.12.2000 das KStG a.F. anzuwenden, so endet auf den 31.12.2000 ein Besteuerungszeitraum, für den ein steuerlicher Zwischenabschluss zu fertigen ist (§ 34 Abs. 14 Satz 3 KStG n.F.).

Rz. 8: In den in Rz. 7 genannten Fällen unterliegt das Einkommen des am 31.12.2000 endenden Besteuerungszeitraums noch dem KStG a.F. Für Liquidationsraten, andere Ausschüttungen und sonstige Leistungen, die in diesem Besteuerungszeitraum erfolgen, ist noch die Körperschaftsteuer-Ausschüttungsbelastung nachdem Vierten Teil des KStG a.F. herzustellen (§ 34 Abs. 14 Satz 5 KStG n.F.). Diese Auskehrungen verringern gem. § 36 Abs. 2 KStG n.F. die Endbestände der auf den 31.12.2000 festzustellenden Teilbeträge des verwendbaren Eigenkapitals.

Rz. 9: Die Feststellung der Endbestände nach § 36 Abs. 7 KStG n.F. erfolgt auf den 31.12.2000.

C. Gewinnausschüttungen für vor dem Abwicklungszeitraum endende Wirtschaftsjahre

Rz. 10: Eine Ausschüttung kann auch dann auf einem den gesellschaftsrechtlichen Vorschriften entsprechenden Gewinnverteilungsbeschluss für ein abgelaufenes Wirtschaftsjahr beruhen, wenn die Körperschaft nach Beginn der Liquidation beschließt, Gewinne für vor dem Abwicklungszeitraum endende Wirtschaftsjahre auszuschütten (BFH v. 12.9.1973, BStBl II 1974, 14, v. 17.7.1974, BStBl II 1974, 692 und v. 22.10.1998, I R 15/98, BFH/NV 1999, 829).

Rz. 11: Erfolgt eine solche Gewinnausschüttung in Besteuerungszeiträumen, die bereits unter das KStG n.F. fallen, ist § 34 Abs. 12 Satz 1 Nr. 1 KStG n.F. nicht anzuwenden, da es während des Abwicklungszeitraums keine Wirtschaftsjahre gibt (vgl. Rz. 1). Für diese Ausschüttungen gilt der Vierte Teil des KStG a.F. daher nicht mehr.

D. Auswirkungen der Liquidation auf das steuerliche Einlagekonto und den Sonderausweis

Rz. 12: Bei der Vermögensverteilung gilt das übrige Eigenkapital als vor dem Nennkapital ausgezahlt.

Rz. 13: Die Vermögensverteilung ist, soweit sie nicht als Nennkapitalrückzahlung zu beurteilen ist, eine Leistung i.S.d. § 27 Abs. 1 Satz 3 KStG. Bei Abschlagszahlungen auf den Liquidationserlös ist auf den ausschüttbaren Gewinn zum Schluss des der Leistung vorangegangenen Besteuerungszeitraums bzw. Wirtschaftsjahrs abzustellen. Bei der Schlussauskehrung ist der ausschüttbare Gewinn maßgeblich, der sich auf den Zeitpunkt vor dieser Auskehrung ergibt. Das ist grundsätzlich der Zeitpunkt, auf den die Liquidationsschlussbilanz erstellt wird.

Rz. 14: Soweit die Vermögensverteilung als Nennkapitalrückzahlung zu behandeln ist, wird in Höhe dieses Betrags zunächst der Sonderausweis verringert (§ 28 Abs. 2 Satz 1 KStG n.F.). Wegen des Zeitpunktes, auf den der maßgebliche Bestand des Sonderausweises zu ermitteln ist, gilt Rz. 13 entsprechend. Insoweit gilt die Rückzahlung des Nennkapitals als Gewinnausschüttung, die bei den Anteilseignern zu kapitalertragsteuerpflichtigen Bezügen i.S.d. § 20 Abs. 1 Nr. 2 EStG führt (§ 28 Abs. 2 Satz 2 KStG n.F.).

Rz. 15: Soweit die Nennkapitalrückzahlung einen Sonderausweis übersteigt bzw. wenn ein Sonderausweis nicht besteht, führt der Rückzahlungsbetrag zu einer betragsmäßig identischen Erhöhung und Verringerung des steuerlichen Einlagekontos (§ 28 Abs. 2 Satz 1 2. Halbsatz und Satz 2 2. Halbsatz KStG). Eine Steuerbescheinigung i.S.d. § 27 Abs. 3 KStG ist den Anteilseignern insoweit nicht auszustellen.

E. Körperschaftsteuerminderung bzw. -erhöhung in Liquidationsfällen

Rz. 16: Unabhängig davon, ob das Vermögen der Körperschaft als Abschlagszahlung auf den Liquidationserlös oder im Rahmen der Schlussverteilung ausgekehrt wird, mindert oder erhöht sich die Körperschaftsteuer um den Betrag, der sich nach den §§ 37 und 38 KStG n.F. ergeben würde, wenn das verteilte Vermögen einschließlich des Nennkapitals als in dem Zeitpunkt der Verteilung für eine Ausschüttung verwendet gelten würde (§ 40 Abs. 4 Satz 1 KStG n. F.).

Rz. 17: Wegen des Zeitpunktes, auf den die maßgeblichen Bestände des KSt-Guthabens, des Teilbetrags EK 02 und des ausschüttbaren Gewinns zu ermitteln sind, gelten die Ausführungen zu Rdnr. 13 entsprechend. Für die Anwendung des § 40 Abs. 4 Satz 3 KStG n.F. gilt die Liquidation auf den Stichtag der Erstellung der Liquidationsschlussbilanz als beendet.

F. Zusammenfassendes Beispiel

Rz. 18 Beispiel:

Die A GmbH (Wirtschaftsjahr = Kalenderjahr) wird zum 30.6.2002 aufgelöst. Der der Schlussauskehrung zu Grunde liegende Liquidationsschlussbestand wird auf den 31.8.2003 ermittelt. Für die Zeit vom 1.1.2002 bis zum 30.6.2002 bildet die GmbH ein Rumpfwirtschaftsjahr. Zum 31.12.2001 und zum 30.6.2002 betragen das KSt-Guthaben 25.000 € und der Teilbetrag EK 02 30.000 €. Das Nennkapital zu den Stichtagen beträgt 90.000 € und der Sonderausweis 40.000 €.

Das übrige Eigenkapital lt. Steuerbilanz beträgt

a) zum 30.6.2002 = 410.000 €
b) zum 31.8.2003 = 648.500 €

Der Gewinn des Rumpfwirtschaftsjahrs 2002 wird am 15.8.2003 i.H.v. 75.000 € offen ausgeschüttet.

Lösung:

Anwendung des § 28 Abs. 2 und des § 40 Abs. 4 KStG n.F.

	Einlage-konto	KSt-Guthaben	EK 02	Nenn-kapital	Sonder-ausweis
Bestände zum 30.6.2002	0	**25.000**	**30.000**	**90.000**	**40.000**
Offene Gewinnausschüttung für das Rumpf.-Wj. 2002 75.000					
KSt-Minderung: 1/6 von 75.000		– 12.500			
Keine Verwendung von EK 02[2]			0		
Bestände vor Schlussverteilung (= letzte gesonderte Feststellung)	**0**	**12.500**	**30.000**	**90.000**	**40.000**
Nullstellung des Nennkapitals gem. § 28 Abs. 2 Satz 1 KStG n.F.	+ 50.000			– 90.000	– 40.000
Zwischensumme	**50.000**	**12.500**	**30.000**	**0**	**0**
Verteiltes Vermögen (= übriges Eigenkapital und Nennkapital) 738.500					
Unmittelbarer Abzug beim Einlagekonto gem. § 28 Abs. 2 Satz 2 Hs 2 KStG n.F. – 50.000	– 50.000				
Zwischensumme	**0**	**12.500**	**30.000**	**0**	**0**
Leistung gem. § 27 Abs. 1 Satz 3 KStG n.F. (= Verteiltes Vermögen abzüglich Nennkapital) 648.500					
Verwendung Einlagekonto (höchstens verbleibender Bestand) – 0					
Zwischensumme	**0**	**12.500**	**30.000**	**0**	**0**
Leistungen i.S.d. **§ 40 Abs. 4 i.V.m. §§ 37, 38 KStG n.F.** (= verteiltes Vermögen) 738.500					
KSt-Minderung (§ 37 KStG n.F.) 1/6 von 738.500; höchstens jedoch Bestand des KSt-Guthabens		– 12.500			
KStG-Erhöhung (§ 38 KStG n.F.) Verwendung des EK 02[3] 738.500 – 618.500 = 120.000 höchstens 7/10 des Bestandes			– 21.000		
KSt-Erhöhung = 3/7 von 21.000			– 9.000		

[2] Differenzberechnung: Ausschüttbarer Gewinn zum 30.6.2002 abzüglich EK 02 zum 30.6.2002: 410.000 € – 30.000 € = 380.000 €. Da die Ausschüttung kleiner ist als 380.000 €, gilt EK 02 nicht als verwendet.

[3] Differenzberechnung: Ausschüttbarer Gewinn vor Schlussverteilung abzüglich EK 02 vor Schlussverteilung: 648.500 € – 30.000 € = 618.500 €; das verteilte Vermögen i.H.v. 738.500 € übersteigt 618.500 € um 120.000 €. Für die Berechnung der KSt-Erhöhung

gilt: 120.000 € x 3/7 = 51.428 €, höchstens jedoch 7/10 x 30.000 € (Bestand des EK 02) = 21.000 €.

G. Behandlung der Nennkapitalrückzahlung bei den Anteilseignern

Rz. 19: Bei den Anteilseignern, richtet sich die steuerliche Behandlung der Nennkapitalrückzahlung nach § 17 Abs. 4 EStG bzw. – soweit ein Sonderausweis vorhanden ist – nach § 20 Abs. 1 Nr. 2 Satz 2 EStG, unabhängig davon, ob die Leistung bei der Körperschaft zu einer Minderung bzw. einer Erhöhung der Körperschaftsteuer führt oder nicht.

⇨ ***Hinweis***

***Körperschaftsteuerminderung bei systemübergreifender Liquidation**: Eine Körperschaftsteuerminderung ist bei systemübergreifender Liquidation nur durch eine Schlussauskehrung, nicht aber durch offene Gewinnausschüttungen während des Abwicklungszeitraums für Vorjahre und im Regelfall auch nicht Abschlagszahlungen auf den Liquidationsüberschuss zu erreichen.*

***Halbeinkünfteverfahren bei Gesellschafter ab VZ 2001**: Bei einer systemübergreifenden Liquidation findet nach Auffassung von Dötsch/Pung (DB 2003, 1922) auf Anteilseignerseite bereits das Halbeinkünfteverfahren Anwendung.*

6. Organschaft

Literatur: *Dötsch/Pung*, Organschaftsbesteuerung: Einführungsschreiben des BMF und weitere aktuelle Entwicklungen, DB 2003, 1970.

Verwaltungsanweisungen: BMF v. 26.8.2003, Körperschaftsteuerliche und gewerbesteuerliche Organschaft unter Berücksichtigung der Änderungen durch das Steuersenkungs- (StSenkG) und das Unternehmenssteuerfortentwicklungsgesetz (UntStFG), BStBl I 2003, 437.

Das BMF hat mit Schreiben v. 26.8.2003 (BStBl I 2003, 437) zur körperschaftsteuerlichen und gewerbesteuerlichen Organschaft unter Berücksichtigung der Änderungen durch StSenkG und das UntStFG wie folgt Stellung genommen:

Unter Bezugnahme auf das Ergebnis der Erörterungen mit den obersten Finanzbehörden der Länder gilt zur Anwendung der Änderungen der Organschaftsregelungen durch das StSenkG v. 23.10.2000 (BGBl I 2000, 1433, BStBl I 2000, 1428) und durch das UntStFG v. 20.12.2001 (BGBl I 2001, 3858, BStBl I 2002, 35) Folgendes [1)]

A. Organträger

Rz. 1: Nach § 14 Abs. 1 Satz 1 i.V.m. Abs. 1 Nr. 2 Satz 1 KStG kann Organträger nur noch ein einziges gewerbliches Unternehmen mit Geschäftsleitung im Inland sein. Eine Organschaft zu mehreren Organträgern ist nicht zulässig (vgl. Rz. 15 ff.).

I. Begriff des gewerblichen Unternehmens

Rz. 2: Ein gewerbliches Unternehmen liegt vor, wenn die Voraussetzungen für einen Gewerbebetrieb i.S.d. § 2 GewStG erfüllt sind.

Rz. 3: Eine eigene gewerbliche Tätigkeit des Organträgers ist nicht mehr erforderlich. Organträger kann auch eine gewerblich geprägte Personengesellschaft i.S.d. § 15 Abs. 3 Nr. 2 EStG[2)] oder ein Unternehmen sein, das Gewerbebetrieb kraft Rechtsform ist.

Rz. 4: Die Tätigkeit einer Kapitalgesellschaft gilt nach § 2 Abs. 2 GewStG stets und in vollem Umfang als Gewerbebetrieb, so dass auch eine bloß vermögensverwaltende Kapitalgesellschaft und eine dauerdefizitäre Kapitalgesellschaft als Organträger in Betracht kommen.

Rz. 5: Dies gilt nicht für einen dauerdefizitären Betrieb gewerblicher Art. Auf Grund fehlender Gewinnerzielungsabsicht erfüllt er nicht die allgemeinen Voraussetzungen für das Vorliegen eines Gewerbebetriebes i.S.v. § 2 Abs. 1 Satz 2 GewStG.

II. Wegfall des Begriffs „Inländisches“ Unternehmen

Rz. 6: Der Organträger musste bisher seinen Sitz und seine Geschäftsleitung im Inland haben. Auf diesen doppelten Inlandsbezug beim Organträger verzichtet § 14 Abs. 1 Nr. 2 KStG. Es reicht künftig aus, wenn sich die Geschäftsleitung des Organträgers im Inland befindet.

III. Zeitliche Anwendung

Rz. 7: Die obigen Voraussetzungen gelten für die körperschaftsteuerliche Organschaft erstmals ab dem Veranlagungszeitraum 2001 (§ 34 Abs. 9 Nr. 2 KStG) und für die gewerbesteuerliche Organschaft erstmals ab dem Erhebungszeitraum 2002 (§ 36 Abs. 1 GewStG).

B. Organgesellschaft

Rz. 8: Bisher reichte es für die gewerbesteuerliche Organschaft aus, wenn sich die Geschäftsleitung der Organgesellschaft im Inland befindet. Ab dem Erhebungszeitraum 2002 ist nach § 2 Abs. 2 Satz 2 GewStG i.V.m. § 14 Abs. 1 Satz 1 KStG und § 36 Abs. 1 GewStG auch der inländische Sitz (doppelter Inlandsbezug) erforderlich. Eine ausländische Kapitalgesellschaft kann danach nicht Organgesellschaft sein, selbst wenn sie im Inland einen Gewerbebetrieb unterhält.

C. Gewinnabführungsvertrag und Eingliederungsvoraussetzungen

I. Körperschaftsteuerliche Organschaft

Rz. 9: Ab dem Veranlagungszeitraum 2001 sind die Organschaftsvoraussetzungen der wirtschaftlichen und organisatorischen Eingliederung weggefallen (§ 34 Abs. 9 Nr. 2 KStG). Die körperschaftsteuerliche Organschaft setzt künftig nur noch einen Gewinnabführungsvertrag i.S.d. § 291. Abs. 1 Aktiengesetz und die finanzielle Eingliederung der Organgesellschaft voraus.

II. Gewerbesteuerliche Organschaft

Rz. 10: Für die gewerbesteuerliche Organschaft werden bis zu dem Erhebungszeitraum 2001 unverändert die finanzielle, wirtschaftliche und organisatorische Eingliederung gefordert (§ 36 Abs. 2 GewStG).

III. Angleichung der Voraussetzungen für die körperschaftsteuerliche und gewerbesteuerliche Organschaft

Rz. 11: Ab dem Erhebungszeitraum 2002 stimmen die Voraussetzungen für die gewerbesteuerliche Organschaft mit denen der körperschaftsteuerlichen Organschaft überein (§ 36 Abs. 2 GewStG). Bereits bestehende gewerbesteuerliche Organschaften ohne Gewinnabführungsvertrag enden mit dem Erhebungszeitraum 2001, wenn nicht mit Wirkung ab 2002 ein Gewinnabführungsvertrag abgeschlossen und tatsächlich durchgeführt wird.

Rz. 12: Die Rückbeziehung der finanziellen Eingliederung und damit die rückwirkende Begründung eines Organschaftsverhältnisses ist nicht zulässig. Rz. Org. 05 des BMF-Schreibens v. 25.3.1998 (BStBl I 1998, 268) gilt für die finanzielle Eingliederung entsprechend.

IV. Additionsverbot

Rz. 13: Sowohl für die körperschaftsteuerliche als auch für die gewerbesteuerliche Organschaft, dürfen ab dem Veranlagungs-/Erhebungszeitraum 2001 für das Vorliegen einer finanziellen Eingliederung i.S.v. § 14 Abs. 1 Nr. 1 KStG mittelbare und unmittelbare Beteiligungen zusammengerechnet werden, wenn die Beteiligung an jeder vermittelnden Gesellschaft die Mehrheit der Stimmrechte gewährt.

Rz. 14: Beispiel für die finanzielle Eingliederung:

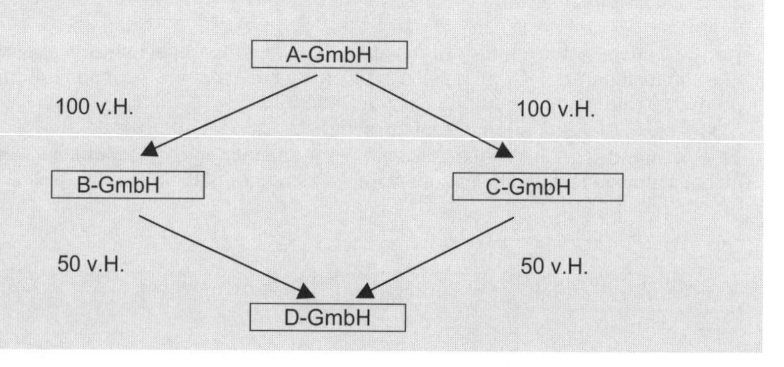

Die B-GmbH und die C-GmbH sind in die A-GmbH auf Grund unmittelbarer Beteiligung von jeweils 100 v.H. finanziell eingegliedert. Die A-GmbH ist an der D-GmbH nicht unmittelbar beteiligt.

Die Zusammenrechnung der mittelbaren Beteiligung über die B-GmbH (50 v.H.) und die C-GmbH (50 v.H.) führt aber zur finanziellen Eingliederung der D-GmbH in die A-GmbH.

D. Mehrmütterorganschaft

Rz. 15: Die bislang gewohnheitsrechtlich anerkannte Mehrmütterorganschaft ist durch § 14 Abs. 2 Satz 1 i.V.m. § 34 Abs. 9 Nr. 4 KStG erstmals gesetzlich geregelt worden.[3)]

I. Qualifizierung der Willensbildungs-GbR als Organträger

Rz 16: Schließen sich mehrere gewerbliche Unternehmen zum Zwecke der einheitlichen Willensbildung gegenüber einer Kapitalgesellschaft zu einer Gesellschaft bürgerlichen Rechts (Willensbildungs-GbR) zusammen, ist die Willensbildungs-GbR Organträger. Sie ist kraft Gesetzes als gewerbliches Unternehmen anzusehen (§ 14 Abs. 2 KStG).

Rz. 17: Voraussetzung für die Begründung eines Organschaftsverhältnisses ist in diesen Fällen, dass den Gesellschaftern der GbR die Mehrheit der Stimmrechte an der Organgesellschaft zusteht und ihr Wille in der Organgesellschaft tatsächlich durchgeführt wird. Vom Beginn des Wirtschaftsjahrs der Organgesellschaft muss die GbR ununterbrochen bestehen und jeder ihrer Gesellschafter an der Organgesellschaft ununterbrochen beteiligt sein (§ 14 Abs. 2 Satz 2 KStG). Weitere Voraussetzung für eine Organschaft ist ein Gewinnabführungsvertrag zwischen der Organgesellschaft und der Willensbildungs-GbR. Veräußert ein Gesellschafter der Willensbildungs-GbR während des Wirtschaftsjahrs der Organgesellschaft seine Anteile an der Organgesellschaft oder scheidet er während des Wirtschaftsjahrs der Organgesellschaft aus der Willensbildungs-GbR aus, ist vom Zeitpunkt der Veräußerung oder des Ausscheidens an die Voraussetzung der finanziellen Eingliederung nicht mehr erfüllt. Damit entfällt die Anwendung des § 14 KStG für dieses Wirtschaftsjahr.

Rz. 18: Für den Veranlagungszeitraum 2000 und früher setzt eine Mehrmütterorganschaft voraus, dass die Organgesellschaft wirtschaftlich und organisatorisch in das Unternehmen des Organträgers eingegliedert ist (§ 14 Abs. 2 Nr. 1 bis 5 KStG i.V.m. § 34 Abs. 9 Nr. 1 KStG). Eine Ergebniszurechnung bei den an der Willensbildungsgesellschaft beteiligten Muttergesellschaften ist gesetzlich ausgeschlossen.

II. Auswirkungen der Mehrmütterorganschaft auf gewerbesteuerliche Verluste

Rz. 19: Nach § 2 Abs. 2 Satz 3 GewStG [4)] ist in Fällen der Mehrmütterorganschaft die Willensbildungs-GbR Organträger. Der Gewerbeertrag der Organgesellschaft ist der Willensbildungs-GbR zuzurechnen. Eine Berücksichtigung bei den an der Willensbildungs-GbR beteiligten Gesellschaftern (Muttergesellschaften) ist ausgeschlossen. Die Entscheidungen des BFH zur Mehrmütterorganschaft v. 9.6.1999 (BStBl II 2000, 695 und BFH-NV 2000, 347) finden keine Anwendung.[5)]

Rz. 20: Bei Beendigung der Mehrmütterorganschaft durch Ausscheiden des vorletzten Gesellschafters aus der Willensbildungs-GbR geht ein noch nicht berücksichtigter

Verlustabzug i.S.d. § 10a GewStG weder ganz noch anteilig auf den verbleibenden Gesellschafter über, da zwischen dem verbleibenden Gesellschafter und der GbR keine Unternehmensidentität besteht.

E. Steuerfreie Beteiligungserträge der Organgesellschaft

Rz. 21: Es entspricht der Systematik des Halbeinkünfteverfahrens, wenn ausgeschüttete Gewinne im Organkreis steuerfrei bleiben, soweit sie letztlich auf eine Kapitalgesellschaft entfallen, und lediglich der Halbeinkünftebesteuerung unterliegen, soweit sie letztlich auf eine natürliche Person entfallen.

I. Bruttomethode

Rz. 22: Nach § 15 Nr. 2 KStG finden bei der Ermittlung des Einkommens der Organgesellschaft § 8b Abs. 1 bis 6 KStG keine Anwendung. Die Vorschriften des § 8b KStG sowie des § 3 Nr. 40 und des § 3c EStG sind bei der Ermittlung des Einkommens des Organträgers anzuwenden, wenn die Organgesellschaft Dividendeneinnahmen oder Veräußerungserlöse erzielt oder wenn in dem beim Organträger zuzurechnenden Einkommen Gewinnminderungen i.S.d. § 8b Abs. 3 KStG oder mit solchen Bezügen zusammenhängende Ausgaben i.S.d. § 3c EStG enthalten sind (sog. Bruttomethode).[6)]

II. Fremdfinanzierungsaufwendungen

Rz. 23: Fremdfinanzierungsaufwendungen für den Erwerb einer Beteiligung durch die Organgesellschaft stehen im Zusammenhang mit den nach § 8b Abs. 1 KStG steuerfreien Beteiligungserträgen und unterliegen damit dem Abzugsverbot des § 3c Abs. 1 EStG. § 8b Abs. 1 bis 6 KStG ist aber nicht auf der Ebene der Organgesellschaft, sondern erst bei der Ermittlung des Einkommens des Organträgers anzuwenden (§ 15 Nr. 2 Sätze 1 und 2 KStG).

Rz. 24: Finanziert der Organträger die Beteiligung an der Organgesellschaft fremd, sind die Aufwendungen in voller Höhe abziehbar. Eine Anwendung des § 3c EStG scheidet aus, da die Aufwendungen im Zusammenhang mit Gewinnabführungen und nicht mit nach § 8b KStG steuerfreien Einnahmen stehen. Dies gilt nicht, wenn eine Organgesellschaft für ein Geschäftsjahr in vertraglicher Zeit vorvertragliche Rücklagen auflöst und hieraus eine Gewinnausschüttung leistet. Insoweit handelt es sich um nach § 8b Abs. 1 KStG steuerfreie Beteiligungserträge.

III. Organträger ist eine Kapitalgesellschaft

Rz. 25: Ist Organträger eine Kapitalgesellschaft, gilt für die steuerliche Behandlung der steuerfreien Beteiligungserträge der Organgesellschaft Folgendes:

Beispiel:

Die A-GmbH ist 100%ige Tochtergesellschaft der B-GmbH. Es besteht ein Organschaftsverhältnis. Die A-GmbH erzielt Dividendeneinnahmen i.H.v. 10.000 €, auf die Betriebsausgaben i.H.v. 1.000 € entfallen.

Bei der Ermittlung des der B-GmbH gem. § 14 KStG zuzurechnenden Einkommens werden § 8b Abs. 1 KStG und § 3c Abs. 1 EStG nicht berücksichtigt (§ 15 Nr. 2 KStG). Das zuzurechnende Einkommen beträgt 9.000 €.

10.000 €	Betriebseinnahmen
./. 1.000 €	Betriebsausgaben
9.000 €	

In der Steuererklärung macht die A-GmbH als Organgesellschaft folgende Angaben:

Einkommen:	9.000 €
nachrichtlich:	
inländische Bezüge i.S.d. § 8b Abs. 1 KStG:	10.000 €
Betriebsausgaben nach § 3c Abs. 1 EStG:	1.000 €

Bei der B-GmbH als Organträger werden nach § 15 Nr. 2 Satz 2 KStG vom zuzurechnenden Einkommen nach § 14 KStG i.H.v. 9.000 € nun die steuerfreien Bezüge nach § 8b Abs. 1 KStG i.H.v. 10.000 € gekürzt und die damit im Zusammenhang stehenden Betriebsausgaben i.S.v. § 3c Abs. 1 EStG hinzugerechnet. Das verbleibende zuzurechnende Einkommen beträgt 0 €.

IV. Organträger ist eine natürliche Person

Rz. 26: Ist Organträger eine natürliche Person, gilt für die steuerliche Behandlung der steuerfreien Beteiligungserträge der Organgesellschaft Folgendes:

Beispiel:

Die 100%ige Beteiligung an der A-GmbH ist Betriebsvermögen des gewerblichen Einzelunternehmens des B. Es besteht ein Organschaftsverhältnis. Die A-GmbH erzielt Dividendeneinnahmen i.H.v. 10.000 €, auf die Betriebsausgaben i.H.v. 1.000 € entfallen.

Das dem Organträger gem. § 14 KStG zuzurechnende Einkommen beträgt 9.000 € (wie Beispiel zu Rz. 25).

Die Angaben in der Steuererklärung der A-GmbH als Organgesellschaft entsprechen dem Beispiel zu Rz. 25.

Bei Organträger B werden nach § 15 Nr. 2 Satz 2 KStG vom zuzurechnenden Einkommen nach § 14 KStG i.H.v. 9.000 € die nach § 3 Nr. 40 Buchst. d EStG steuerfreien Bezüge i.H.v. 5.000 € abgezogen und nach § 3c Abs. 2 EStG die Hälfte der damit im Zusammenhang stehenden Betriebsausgaben hinzugerechnet. Das dem Organträger B verbleibende zuzurechnende Einkommen beträgt 4.500 €.

V. Organträger ist eine Personengesellschaft

Rz. 27: Ist der Organträger eine Personengesellschaft, werden steuerfreie Beteiligungserträge der Organgesellschaft bei Gesellschaftern, die Kapitalgesellschaften sind, entsprechend Beispiel zu Rz. 25 und bei Gesellschaftern, die natürliche Personen sind, entsprechend Beispiel zu Rz. 26 behandelt.

VI. Auswirkungen der Bruttomethode des § 15 Nr. 2 KStG auf die Gewerbesteuer

Rz. 28: Die Bruttomethode nach § 15 Nr. 2 KStG ist auch bei der Gewerbesteuer anzuwenden. Dabei ist nach § 15 Nr. 2 Satz 2 KStG die Anwendung der Vorschriften § 8b KStG, § 3 Nr. 40 EStG und § 3c EStG auf der Ebene des Organträgers nachzuholen.

1. Veräußerungsgewinne

Rz. 29: Gewinne aus der Veräußerung von Anteilen an in- und ausländischen Körperschaften sind im Steuerbilanzgewinn der Organgesellschaft enthalten. § 8b Abs. 2 KStG findet auf der Ebene der Organgesellschaft keine Anwendung (§ 15 Nr. 2 Satz 1 KStG). Die Voraussetzungen einer Kürzungsvorschrift nach § 9 GewStG liegen nicht vor. § 8b Abs. 2 KStG ist nach § 15 Nr. 2 Satz 2 KStG bei der Ermittlung des Einkommens des Organträgers anzuwenden.

Beispiel:

Die O-GmbH hat einen Gewinn aus Gewerbebetrieb i.H.v. 100.000 €. Darin enthalten ist ein Gewinn aus der Veräußerung von Anteilen an der E-AG i.H.v. 10.000 €. Es besteht ein Organschaftsverhältnis mit der M-AG als Organträger.

Lösung:

Nach § 15 Nr. 2 Satz 1 KStG ist bei der O-GmbH § 8b Abs. 2 KStG nicht anzuwenden. Der Steuerbilanzgewinn beträgt 100.000 €. Dieser Betrag stellt auch den Gewerbeertrag der O-GmbH dar, weil auf Veräußerungsgewinne eine gewerbesteuerliche Kürzungsvorschrift nicht anzuwenden ist.

Auf der Ebene der M-AG ist § 8b Abs. 2 KStG anzuwenden. Es ergibt sich ein Gewerbeertrag i.H.v. 90.000 €.

2. Dividendeneinnahmen aus Schachtelbeteiligungen

Rz. 30: Auf Dividendeneinnahmen der Organgesellschaft ist § 8b Abs. 1 KStG nicht anzuwenden (§ 15 Nr. 2 Satz 1 KStG). Die Dividendeneinnahmen unterliegen im Organkreis nicht der Gewerbesteuer, wenn die Voraussetzungen einer Kürzung nach § 9 Nr. 2a oder Nr. 7 GewStG erfüllt sind. In diesem Fall sind sie bei der Ermittlung des Gewerbeertrags der Organgesellschaft abzüglich der damit im Zusammenhang stehenden Ausgaben zu kürzen.

Beispiel:

Die O-GmbH hat einen Gewinn aus Gewerbebetrieb i.H.v. 100.000 €. Darin enthalten sind Dividenden aus der 15%igen Beteiligung an der E-AG i.H.v. 10.000 €. Es besteht ein Organschaftsverhältnis mit der M-AG als Organträger.

Lösung:

Nach § 15 Nr. 2 KStG ist bei der O-GmbH der Gewinn in voller Höhe von 100.000 € anzusetzen, weil § 8b Abs. 1 KStG bei ihr nicht zu berücksichtigen ist. Dieser Gewinn ist Ausgangsgröße für die Ermittlung des Gewerbeertrags. Bei der Ermittlung des Gewerbeertrags ist der Gewinn i.H.v. 100.000 € nach § 9 Nr. 2a GewStG um die darin enthaltenen Einnahmen aus der Schachteldividende zu kürzen. Der Gewerbeertrag beträgt 90.000 €.

Der M-AG ist als Organträger ein Gewerbeertrag der O-GmbH i.H.v. 90.000 € zuzurechnen. Es ist keine Korrektur vorzunehmen, da in dem zugerechneten Betrag keine Einnahmen i.S.d. § 8b Abs. 1 KStG enthalten sind.

Rz. 31: Bei mehreren Beteiligungen im Organkreis ist die 10%-Grenze des § 9 Nr. 2a und Nr. 7 GewStG für jede Beteiligung getrennt zu betrachten.

3. Dividendeneinnahmen aus Streubesitz

Rz. 32: Auf Dividendeneinnahmen der Organgesellschaft ist § 8b Abs. 1 KStG nicht bei der Ermittlung des Einkommens der Organgesellschaft, sondern erst auf der Ebene des Organträgers anzuwenden (§ 15 Nr. 2 Satz 1 und 2 KStG). Die Dividendeneinnahmen sind jedoch nach § 8 Nr. 5 GewStG wieder hinzuzurechnen.

Beispiel:

Die O-GmbH hat einen Gewinn aus Gewerbebetrieb i.H.v. 100.000 €. Darin enthalten sind Dividenden aus einer 5%igen Beteiligung an der E-AG i.H.v. 10.000 €. Es besteht ein Organschaftsverhältnis mit der M-AG als Organträger.

Lösung:

Nach § 15 Nr. 2 KStG ist bei der O-GmbH der Gewinn in voller Höhe von 100.000 € anzusetzen, weil § 8b Abs. 1 KStG bei ihr nicht zu berücksichtigen ist. Bei der Ermittlung des Gewerbeertrags ist eine Kürzung nicht vorzunehmen, weil die Voraussetzungen des § 9 Nr. 2a GewStG bei Nicht-Schachtelbeteiligungen nicht vorliegen. Der Gewinn aus Gewerbebetrieb und der Gewerbeertrag betragen 100.000 €.

Auf der Ebene M-AG ist § 8b Abs. 1 KStG anzuwenden. Durch die Hinzurechnung nach § 8 Nr. 5 GewStG auf der Ebene des Organträgers bleibt es bei einem Gewerbeertrag von 100.000 €.

4. Entgelte für Dauerschulden

Rz. 33: Sind bei der Organgesellschaft in den mit nach § 8b KStG steuerfreien Einnahmen im Zusammenhang stehenden Ausgaben (§ 3c EStG) Entgelte für Dauerschulden enthalten, ist § 3c EStG auf der Ebene des Organträgers nur noch insoweit anzuwenden, wie nicht schon eine Hinzurechnung in Höhe der Hälfte der Entgelte für Dauerschuldzinsen nach § 8 Nr. 1 GewStG bei der Organgesellschaft erfolgt ist.

5. Organträger ist eine Personengesellschaft

Rz. 34: Ist Organträger eine Personengesellschaft, finden die Vorschriften zu § 8b KStG und § 3 Nr. 40 EStG bei der Gewerbesteuer keine Anwendung, da die Personengesellschaft eigenes Gewerbesteuersubjekt i.S.d. § 2 GewStG ist.

Beispiel:

Die O-GmbH ist Organgesellschaft einer Personengesellschaft, an der zu 50 v.H. eine natürliche Person und zu 50 v.H. eine Kapitalgesellschaft beteiligt sind. Die O-GmbH hat einen Gewinn aus Gewerbebetrieb i.H.v. 100.000 €. Darin enthalten ist ein Gewinn aus der Veräußerung von Anteilen an der E-AG i.H.v. 10.000 €.

Lösung:

Der Gewinn aus der Veräußerung der Anteile an der E-AG ist auf der Ebene der O-GmbH nicht nach § 8b Abs. 2 KStG steuerfrei (§ 15 Nr. 2 KStG). Auf der Ebene der Personengesellschaft als Organträger ist weder § 8b KStG noch § 3 Nr. 40 EStG anwendbar, so dass der Gewerbeertrag (einschließlich des Veräußerungsgewinns von 10.000 €) in voller Höhe von 100.000 € der Gewerbesteuer unterliegt.

F. Unterschiedliches Recht bei Organgesellschaft und Organträger

Rz. 35: Beim Übergang vom Anrechnungsverfahren zum Halbeinkünfteverfahren bei der Körperschaftsteuer kann es zu einem Zusammenfallen von altem Recht (KStG a.F.)[7)] und neuem Recht (KStG n.F.) innerhalb des Organkreises kommen, wenn das Wirtschaftsjahr bei der Organgesellschaft und dem Organträger nicht identisch ist.

Zu unterscheiden sind zwei Fallgruppen:

I. Fallgruppe 1: Abweichendes Wirtschaftsjahr bei der Organgesellschaft

Rz. 36: Unterliegt der Organträger dem KStG n.F. und ist für die Ermittlung des ihm zuzurechnenden Organeinkommens noch das KStG a.F. anzuwenden, ist auf das zu versteuernde Einkommen des Organträgers ein Steuersatz v. 25 v.H. anzuwenden.

Beispiel:

Im Jahr 2001 ermittelt der Organträger, bei dem das Wj. das Kj. ist, sein Einkommen nach neuem Recht. Die Organgesellschaft ermittelt hingegen das Organeinkommen für das Wj. 2000/2001 noch nach altem Recht. Dieses Organeinkommen wird dem Organträger für den VZ 2001 zugerechnet. Auf das zu versteuernde Einkommen des Organträgers ist ein Steuersatz von 25 v.H. anzuwenden.

II. Fallgruppe 2: Abweichendes Wirtschaftsjahr beim Organträger

Rz. 37: Unterliegt der Organträger dem KStG a.F. und ist für die Ermittlung des ihm zuzurechnenden Organeinkommens schon das KStG n.F. anzuwenden, ist auf das zu versteuernde Einkommen des Organträgers ein. Steuersatz von 40 v.H. anzuwenden.

Beispiel:

Der Organträger ermittelt sein Einkommen für das Wj. 2000/2001 noch nach altem Recht. Für die Organgesellschaft gilt bereits neues Recht. Das nach neuem Recht ermittelte Organeinkommen wird dem Organträger für den VZ 2001 zugerechnet. Auf das zu versteuernde Einkommen des Organträgers ist ein Steuersatz von 40 v.H. anzuwenden.

Rz. 38: Bezieht die Organgesellschaft Beteiligungserträge nach neuem Recht, findet § 15 Nr. 2 Satz 2 KStG n.F. und damit § 8b KStG, § 3 Nr. 40 und § 3c EStG beim Organträger Anwendung (§ 34 Abs. 10 KStG).

G. Körperschaftsteuererhöhung nach § 37 Abs. 3 KStG

Rz. 39: Vereinnahmt eine Körperschaft Bezüge i.S.d. § 8b Abs. 1 KStG, die bei der leistenden Körperschaft zu einer Körperschaftsteuerminderung geführt haben, führt dies bei der Empfängerin der Bezüge nach § 37 Abs. 3. KStG zu einer Körperschaftsteuererhöhung. In Organschaftsfällen ist für Bezüge der Organgesellschaft die Körperschaftsteuererhöhung beim Organträger vorzunehmen (§ 37 Abs. 3 Satz 2 KStG).

H. Organschaftliche Mehr- und Minderabführungen (§ 27 Abs. 6 KStG)

Rz. 40: Veränderungen des steuerlichen Einlagekontos bei Mehr- und Minderabführungen einer Organgesellschaft sind in § 27 Abs. 6 KStG geregelt. Ist die Kapitalgesellschaft Organgesellschaft i.S.d. § 14 KStG oder des § 17 KStG und übersteigt das dem Organträger zuzurechnende Einkommen den abgeführten Gewinn

- wegen der Einstellung von Beträgen aus dem Jahresüberschuss in die gesetzliche Rücklage (§ 300 Nr. 1 des Aktiengesetzes),
- in den Fällen des § 14 Abs. 1 Nr. 4 KStG wegen Einstellung von Beträgen aus dem Jahresüberschuss in die Gewinnrücklagen,
- wegen der Verpflichtung zum Ausgleich vorvertraglicher Verluste (§ 301 des Aktiengesetzes) oder
- wegen von der Handelsbilanz abweichender Bewertung von Aktiv- oder Passivposten in der Steuerbilanz,

ist der Unterschiedsbetrag (Minderabführung) bei der Organgesellschaft auf dem steuerlichen Einlagekonto zu erfassen.

Rz. 41: Unterschreitet das dem Organträger zuzurechnende Einkommen den abgeführten Gewinn

- wegen der Auflösung der in Satz 1 genannten Gewinnrücklagen oder
- wegen von der Handelsbilanz abweichender Bewertung von Aktiv- oder Passivposten in der Steuerbilanz,

mindert der Unterschiedsbetrag (Mehrabführung) das steuerliche Einlagekonto.

Rz. 42: Zur Verwendung des steuerlichen Einlagekontos bei Mehr- und Minderabführungen wird auf das BMF-Schreiben v. 4.6.2003 zum steuerlichen Einlagekonto (BStBl I 2003, 366) verwiesen.

I. Organschaftsausgleichsposten

Rz. 43: Nach der Umstellung des Körperschaftsteuersystems vom Anrechnungs- auf das Halbeinkünfteverfahren gilt für die steuerliche Behandlung von Ausgleichsposten bei der Organschaft Folgendes:

Der Ausgleichsposten ist ein Korrekturposten zum Beteiligungsbuchwert. Auch nach der Systemumstellung sind die organschaftlichen Ausgleichsposten in voller Höhe zu bilden, unabhängig davon, ob das Organschaftseinkommen bzw. Teile davon beim Organträger voll steuerpflichtig oder insgesamt oder hälftig steuerfrei sind. Die Aus gleichsposten sind aber begrenzt auf die Höhe des Prozentsatzes der Beteiligung des Organträgers an der Organgesellschaft.

Rz. 44: Wird beispielsweise ein beim Organträger gebildeter passiver Ausgleichsposten im Rahmen einer Veräußerung der Organbeteiligung aufgelöst, so erhöht sich der - nach § 8b Abs. 2 KStG steuerfreie - Veräußerungsgewinn. Der passive Ausgleichsposten repräsentiert stille Reserven in der Organgesellschaft, die handelsrechtlich bereits an den Organträger abgeführt worden sind.

Rz. 45: Nach § 8b Abs. 2 Satz 2 KStG tritt die Steuerfreiheit jedoch nicht ein, soweit in den vorangegangenen Jahren bereits steuerwirksame Teilwertabschreibungen vorgenommen worden sind. In Höhe dieser Teilwertabschreibungen bleibt der Veräußerungsgewinn, zu dem auch die Auflösung eines Ausgleichspostens gehört, steuerpflichtig.

Fußnoten:

[1] Die Änderungen sind in dem KStG 2002 i.d.F. der Bekanntmachung v. 15.10.2002 (BGBl I 2002, 4144, BStBl I 2002, 1169) – KStG n.F. – und in dem GewStG 2002 i.d.F. der Bekanntmachung v. 15.10.2002 (BGBl I 2002, 4167, BStBl I 2002, 1192) - GewStG n.F. – enthalten. Das KStG 2002 ist zuletzt durch das Steuervergünstigungsabbaugesetz (StVergAbG) v. 16.5.2003 (BGBl I 2003, 660) geändert worden. Das GewStG 2002 ist zuletzt durch das Kleinunternehmerförderungsgesetz (KleinUntFG) v. 31.7.2003 (BGBl I 2003, 1550) geändert worden. Auf die Änderungen wird an geeigneter Stelle durch Fußnoten hingewiesen. Die Gesetzeszitate dieses Schreibens beziehen sich noch auf die Gesetzesfassungen der Bekanntmachungen v. 15.10.2002.

[2] Ab dem VZ 2003 kann eine Personengesellschaft nur dann Organträger sein, wenn sie eine Tätigkeit i.S.d. § 15 Abs. 1 Nr. 1 EStG ausübt (§ 14 Abs. 1 Satz 1 Nr. 2 KStG i.d.F. des StVergAbG, vgl. Fn. 1).

[3] Durch das StVergAbG (vgl. Fn. 1) ist das Rechtsinstitut der Mehrmütterorganschaft mit Wirkung ab dem VZ 2003 gestrichen worden.

[4] Satz 3 wurde durch das StVergAbG aufgehoben (vgl. a. Fn. 3).

[5] BMF-Schreiben v. 4.12.2000, BStBl I 2000, 1571.

[6] Durch das StVergAbG (vgl. Fn. 1) ist klargestellt worden, dass die Bruttomethode auch angewendet wird, soweit die Organgesellschaft einen Übernahmegewinn i.S.v. § 4 Abs. 7 UmwStG oder Erträge aus ausländischen Beteiligungen, die durch ein DBA-Schachtelprivileg freigestellt sind, erzielt.

[7] KStG a.F. = KStG 1999.

⇨ *Hinweis*

***Änderungen durch das StVergAbG**: Zu den Änderungen durch das StVergAbG v. 16.5.2003 (BGBl I 2003, 660) vgl. Graf/Obermeier, NWB Steuerrecht aktuell, Ausgabe 1/2003, 23.*

***Gewerbliche Tätigkeit des Organträgers**: Nach Auffassung von Dötsch/ Pung (DB 2003, 1970) fordert § 14 Abs. 1 Satz 1 Nr. 2 Satz 2 KStG nicht, dass die gewerbliche Tätigkeit des Organträgers während des gesamten Wj. vorliegt.*

XVIII. Umsatzsteuer

1. Geschäftsführungs- und Vertretungsleistungen der Gesellschafter an die Gesellschaft

Literatur: *Kieker/Schiller*, Umsatzsteuerrechtliche Behandlung der Geschäftsführungs- und Vertretungsleistungen eines Gesellschafters an seine Personengesellschaft, NWB F. 7, 6059; *Weimann*, Führung der Geschäfte einer Personengesellschaft als Umsatz des Geschäftsführers an die Gesellschaft, DB 2003, 238; *Oellerich*, Neuer Umsatzsteuerabzug und neue Umsatzsteuerpflicht des Gesellschafter-Geschäftsführers einer Personengesellschaft, DStR 2003, 1333.

Verwaltungsanweisungen: BMF v. 21.11.2002, Umsatzsteuerrechtliche Behandlung der Geschäftsführungs- und Vertretungsleistungen der Gesellschafter an die Gesellschaft; BFH v. 6.6.2002 V R 43/01, BStBl I 2003, 68; BMF v. 17.6.2003, Umsatzsteuerrechtliche Behandlung der Geschäftsführungs- und Vertretungsleistungen der Gesellschafter an die Gesellschaft; BFH v. 6.6.2002 V R 43/01, BStBl I 2003, 378.

Das BMF hat mit Schreiben v. 17.6.2003 (BStBl I 2003, 378) nochmals zur umsatzsteuerrechtlichen Behandlung der Geschäftsführungs- und Vertretungsleistungen der Gesellschafter an die Gesellschaft wie folgt Stellung genommen:

> Mit BMF-Schreiben v. 13.12.2002 zur umsatzsteuerrechtlichen Behandlung der Geschäftsführungs- und Vertretungsleistungen der Gesellschafter an die Gesellschaft im Zusammenhang mit dem BFH-Urteil v. 6.6.2002 (V R 43/01, BStBl II 2003, 36) ist bestimmt worden, dass die diesem BFH-Urteil entgegenstehenden Regelungen der Abschnitte 1 Abs. 8 Satz 1, 17 Abs. 1 Sätze 10 und 11 sowie 18 Abs. 4 Satz 1 der Umsatzsteuer-Richtlinien 2000 ab dem 1.7.2003 nicht mehr anzuwenden sind.
>
> Unter Bezugnahme auf das Ergebnis der Erörterungen mit den obersten Finanzbehörden der Länder gilt nunmehr, dass die o.g. Abschnitte der Umsatzsteuer-Richtlinien 2000 ab dem 1.1.2004 (anstatt dem 1.7.2003) nicht mehr anzuwenden sind.

⇨ ***Hinweis***

***Rechtsprechungsänderung**: Ein Leistungsaustausch setzt (lediglich) voraus, dass ein Leistender und ein Leistungsempfänger vorhanden sind und der Leistung eine Gegenleistung (Entgelt) gegenübersteht, also ein un-*

mittelbarer Zusammenhang zwischen Leistung und Gegenleistung besteht. Die umsatzsteuerrechtliche Behandlung von Leistungen der Gesellschafter an die Gesellschaft richtet sich danach, ob es sich um Leistungen handelt, die als Gesellschafterbeitrag durch die Beteiligung am Gewinn und Verlust der Gesellschaft abgegolten werden oder um Leistungen, die gegen (Sonder-)Entgelt ausgeführt werden und damit auf einen Leistungsaustausch gerichtet sind. Geschäftsführungs- und Vertretungsleistungen, die eine GmbH als Gesellschafterin für eine GbR auf Grund eines Geschäftsbesorgungsvertrages gegen Vergütung ausführt, sind umsatzsteuerbar (BFH v. 6.6.2002 V R 43/01, BStBl II 2003, 36).

***Übergangsfrist**: Die Finanzverwaltung setzt die Rechtsprechung erst ab 1.1.2004 um. Bestehende Regelungen sollten einer kritischen Überprüfung unterzogen und ggf. angepasst werden (vgl. Kieker/Schiller, NWB F. 7, 6059 mit Prüfschema). Verkompliziert die neue Rechtsprechung dagegen die bestehenden Vertragsgebilde unnötig und empfiehlt es sich deshalb die bisherige Rechtslage de facto fortzuführen, gilt es, die Selbständigkeit und den Leistungsaustausch zu vermeiden (vgl. Weimann, DB 2003, 238).*

***Aufnahme eines Gesellschafters in eine Personengesellschaft**: Eine Personengesellschaft erbringt bei der Aufnahme eines Gesellschafters gegen Zahlung einer Bareinlage an diesen keine Dienstleistung gegen Entgelt i.S.d. Art. 2 Nr. 1 der 6. Richtlinie 77/388/EWG des Rates v. 17.5.1977 zur Harmonisierung der Rechtsvorschriften der Mitgliedstaaten über die Umsatzsteuern - Gemeinsames Mehrwertsteuersystem: einheitliche steuerpflichtige Bemessungsgrundlage (EuGH v. 26.6.2003 Rs. C-442/01, DB 2003, 1611).*

2. Kulturelle (musikalische) Leistungen von Einzelkünstlern (§ 4 Nr. 20 UStG)

Verwaltungsanweisungen: BMF v. 31.7.2003, Umsatzsteuerbefreiung nach § 4 Nr. 20 UStG; Urteil des EuGH v. 3.4.2003 zur Anwendung der Steuerbefreiung gem. Art. 13 Teil A Abs. 1 Buchst. n der 6. EG-Richtlinie für kulturelle (musikalische) Leistungen von Einzelkünstlern Rs. C-144/00, BStBl I 2003, 424.

Das BMF hat mit Schreiben v. 31.7.2003 (BStBl I 2003, 424) zur Umsatzsteuerbefreiung nach § 4 Nr. 20 UStG für kulturelle (musikalische) Leistungen von Einzelkünstlern wie folgt Stellung genommen:

> Mit Urteil v. 3.4.2003 in der Rs. C-144/00 (BStBl II 2003, 679) hat der EuGH entschieden, dass Art. 13 Teil A Abs. 1 Buchst. n der 6. EG-Richtlinie dahin auszulegen ist, dass der Begriff der „anderen ... anerkannten Einrichtungen" als Einzelkünstler auftretende Solisten nicht ausschließt.

Unter Bezugnahme auf die Erörterungen mit den obersten Finanzbehörden der Länder gilt Folgendes:

Das Urteil des EuGH ist bei der Anwendung des § 4 Nr. 20 UStG auch in allen noch offenen Fällen zu berücksichtigen. Auch Leistungen von Einzelkünstlern können daher unter den Voraussetzungen des § 4 Nr. 20 Buchst. a UStG steuerfrei sein. Gleichermaßen kann die Veranstaltung von Theatervorführungen und Konzerten nach § 4 Nr. 20 Buchst. b UStG steuerfrei sein, wenn die Darbietungen von Einzelkünstlern erbracht werden.

⇨ ***Hinweis***

***Entscheidung des EuGH**: Art.13 Teil A Abs. 1 Buchst. n der 6. Richtlinie 77/388/EWG des Rates v. 17.5.1977 zur Harmonisierung der Rechtsvorschriften der Mitgliedstaaten über die Umsatzsteuern – Gemeinsames Mehrwertsteuersystem: einheitliche steuerpflichtige Bemessungsgrundlage ist dahin auszulegen, dass der Begriff der anderen ... anerkannten Einrichtungen als Einzelkünstler auftretende Solisten nicht ausschließt. Aus der Überschrift des Art. 13 Teil A dieser Richtlinie als solche ergeben sich keine Einschränkungen der Möglichkeiten der Steuerbefreiung nach dieser Bestimmung (EuGH v. 3.4.2003 Rs. C-144/00, BStBl II 2003, 679).*

3. Verzicht auf Steuerbefreiung von Vermietungsumsätzen (§§ 9 Abs. 2, 27 Abs. 2 UStG)

a) Fall

A erwarb im Jahre 1994 ein ehemaliges Eisenbahnverwaltungsgebäude in der Bahnhofstraße. Am 20.12.1994 schloss A einen Generalunternehmervertrag über die schlüsselfertige Erstellung eines Büro- und Schulungszentrums sowie mehrerer Wohnungen auf dem zuvor erworbenen Grundstück. Als Werklohn waren 5.277.500 DM vereinbart. Nach Fertigstellung der Umbauarbeiten des Gebäudes „Bahnhofstraße“ vermietete A dieses an einen Arzt, an eine GmbH, die Schulungen durchführte, und an den Hausmeister; Arzt und GmbH hatten steuerfreie Umsätze. A machte für die Streitjahre 1994 bis 1996 Vorsteuerbeträge i.H.v. insgesamt 633.470,65 DM geltend. Dabei verzichtete sie im Wesentlichen auf die Steuerfreiheit der Mietumsätze an die GmbH und den Arzt. Allerdings behandelte sie 10 v.H. der monatlichen Mieten für die Nutzung des Anbaus und der Pausenhalle des Nebengebäudes „Bahnhofstraße“ und die Vermietung der Hausmeisterwohnung in der Bahnhofstraße als umsatzsteuerfrei nach § 4 Nr. 12 Buchst. a UStG.

b) Problem

Ist durch die umfassende Sanierung eines Altbaus nach dem 11.11.1999 ein anderes „neues“ Wirtschaftsgut entstanden, für welches der Verzicht auf die Steuerbefreiung der Vermietungsumsätze nach § 9 Abs. 2 UStG ausgeschlossen ist?

c) Lösung

Grundlegender Umbau eines Altbaus: Der grundlegende Umbau eines Altbaus steht dann der Errichtung eines (neuen) Gebäudes i.S.d. Übergangsregelung in § 27 Abs. 2 UStG gleich

- wenn die neu eingefügten Gebäudeteile dem Gesamtgebäude das bautechnische Gepräge eines neuen Gebäudes geben oder

- wenn der Altbau durch den Umbau eine wesentliche Funktions- und Zweckveränderung erfährt.

Vor dem 11.11.1993 errichtete Altbauten: Für vermietete Altbauten, die vor dem 11.11.1993 errichtet worden sind, ist der Verzicht auf die Steuerbefreiung von Vermietungsumsätzen nach § 9 Abs. 2 UStG 1993 ohne zeitliche Beschränkung auch dann möglich, wenn der Vermieter den Altbau nach dem 11.11.1993 erworben und Herstellungsaufwendungen getätigt hat, die zu sonstigen nachträglichen Herstellungskosten geführt haben (BFH v. 5.6.2003 V R 32/02, NWB BFH-/FG-Datenbank online).

⇨ ***Hinweis***

***Erhaltungsaufwendungen nach dem 10.11.1993**: Hat der Vermieter nach dem 10.11.1993 Erhaltungsaufwendungen für den Altbau getätigt, ändert dies nichts daran, dass mit der Errichtung des Gebäudes vor dem 11.11.1993 begonnen worden ist (BFH v. 5.6.2003 V R 32/02, NWB BFH-/ FG-Datenbank online).*

***Nachträgliche Herstellungskosten**: Hat der Vermieter – wie im Streitfall – nach dem 10.11.1993 Aufwendungen für den Altbau getätigt, die zu Herstellungskosten des Gebäudes führen, ist zu unterscheiden, ob es sich um nachträgliche Herstellungskosten handelt, weil sie zu einer über den ursprünglichen Zustand hinausgehenden wesentlichen Verbesserung des Gebäudes führen, oder ob sie zur Herstellung eines neuen Gebäudes (Neubaus) führen. Nur im zuletzt genannten Fall ist mit der Errichtung des Gebäudes nach dem 10.11.1993 begonnen worden (BFH v. 5.6.2003 V R 32/02, NWB BFH-/FG-Datenbank online).*

***Neues Gebäude durch grundlegenden Umbau**: Der grundlegende Umbau eines Altbaus steht dann der Errichtung eines (neuen) Gebäudes gleich, wenn die neu eingefügten Gebäudeteile dem Gesamtgebäude das bautechnische Gepräge eines neuen Gebäudes geben. Das ist insbesondere dann der Fall, wenn verbrauchte Teile, die für die Nutzungsdauer bestimmend sind, ersetzt werden. Demgegenüber kann von einem Neubau nicht gesprochen werden, wenn wesentliche Elemente wie z.B. Fundamente, tragende Außen- und Innenwände, Geschossdecken und die*

Dachkonstruktion erhalten bleiben (vgl. z.B. BFH v. 31.3.1992 IX R 175/87, BStBl II 1992, 808 und v. 25.11.1993 IV R 68/92, BFH/NV 1994, 705). Diese Voraussetzungen für die Annahme eines Neubaus waren im Streitfall unstreitig nicht erfüllt (BFH v. 5.6.2003 V R 32/02, NWB BFH-/ FG-Datenbank online).

***Wesentliche Funktions- und Zweckänderung**: Darüber hinaus kommt die Errichtung eines Neubaus durch den grundlegenden Umbau eines Altbaus auch dann in Betracht, wenn der Altbau durch den Umbau eine wesentliche Funktions- und Zweckveränderung erfährt. Dies kann z.B. der Fall beim Umbau einer einfachen Scheune in eine Pferdeklinik (vgl. BFH v. 26.1.1978 V R 137/75, BStBl II 1978, 280) oder beim Umbau einer Mühle zu einem Wohnhaus sein. Eine derartige Funktionsänderung sieht der V. Senat im Streitfall nicht. Durch den Umbau ist zwar nach den Feststellungen des FG aus dem ehemaligen Verwaltungsgebäude ein moderner Gebäudekomplex mit zeitgemäß hergerichteten Schulungs-, Arzt- und Wohnräumen entstanden. Die Nutzung als Schulungszentrum und Arztpraxis unterscheidet sich jedoch nicht so grundlegend von der früheren Nutzung zu Eisenbahnverwaltungszwecken, dass von einer wesentlichen Funktions- und Zweckänderung gesprochen werden kann; die Umbaumaßnahmen führten nicht zu einer räumlichen Umgestaltung des von Arzt und GmbH genutzten Gebäudeteils (BFH v. 5.6.2003 V R 32/02, NWB BFH-/FG-Datenbank online).*

4. Vorsteuerabzug (§ 15 UStG)

Literatur: *Rondorf*, Vorsteuerabzug und Umsatzbesteuerung bei ganz oder teilweise unternehmerisch genutzten Gebäuden, NWB F. 7, 5961; *Sikorski*, Die Umsatzsteuerpflicht der privaten Verwendung einer dem Unternehmen zugeordneten Wohnung, NWB. F. 7, 6075.

a) Fall

Herr Seeling ist Inhaber eines Baumpflege- und Gartenbaubetriebs, der der Regelbesteuerung unterliegt. Im Jahr 1995 errichtete er ein Gebäude, das er insgesamt seinem Unternehmen zuordnete und seit Fertigstellung teilweise unternehmerisch und teilweise für eigene Wohnzwecke nutzt. In seiner Umsatzsteuererklärung für 1995 beantragte Herr Seeling den vollen Abzug der im Zusammenhang mit der Herstellung des Gebäudes angefallenen Mehrwertsteuer als Vorsteuer. Im Hinblick auf die private Nutzung einer Wohnung im Gebäude erklärte er steuerpflichtigen Eigenverbrauch.

b) Problem

Darf Herr Seeling, die Mehrwertsteuer vollständig als Vorsteuer abziehen, die im Zusammenhang mit der Herstellung eines von ihm insgesamt seinem Unternehmen zugeordneten Gebäudes angefallen ist, von dem er einen Teil für private Zwecke nutzt?

c) Lösung

Nachfolgeentscheidung zum EuGH v. 8.5.2003 Rs C-269/00 – Seeling: Ein Unternehmer, der ein Gebäude errichtet, das er teilweise unternehmerisch und teilweise nichtunternehmerisch (zu eigenen Wohnzwecken) nutzt, darf das Gebäude insgesamt seinem Unternehmen zuordnen und die auf das gesamte Gebäude – einschließlich des nichtunternehmerisch genutzten Teils – entfallenden Vorsteuerbeträge nach Maßgabe des § 15 Abs. 1 UStG abziehen (BFH v. 24.7.2003 V R 39/99, NWB BFH-/FG-Datenbank online).

Verwendung für privaten Bedarf – Rechtsprechungsänderung: Die (teilweise) Verwendung des dem Unternehmen zugeordneten Gebäudes für den privaten Bedarf des Unternehmers ist keine steuerfreie Grundstücksvermietung i.S.d. § 4 Nr. 12 Satz 1 Buchst. a UStG und schließt deshalb den Vorsteuerabzug nicht gem. § 15 Abs. 2 Nr. 1 UStG aus (BFH v. 24.7.2003 V R 39/99, NWB BFH-/FG-Datenbank online).

Eigenverbrauch: Die nichtunternehmerische Verwendung des Gebäudes unterliegt als steuerpflichtiger Eigenverbrauch der Umsatzbesteuerung (BFH v. 24.7.2003 V R 39/99, NWB BFH-/FG-Datenbank online).

⇨ ***Hinweis***

***Abweichung vom Vorlagebeschluss**: Der EuGH hat zwar – insoweit abweichend von der Vorlagefrage des Senats – auf nicht näher bezeichnete „nationale Rechtsvorschriften“ abgestellt. Seine Aussage gilt aber ebenso für die Auslegung nationaler Rechtsvorschriften, die – wie hier § 1 Abs. 1 Nr. 2 Satz 2 Buchst. b, § 4 Nr. 12 Satz 1 Buchst. a UStG – Gemeinschaftsrecht umsetzen. Diese Auslegung ist richtlinienkonform vorzunehmen; sie hat sich, soweit wie möglich, am Wortlaut und Zweck der Richtlinie auszurichten und die dazu ergangenen Erkenntnisse des EuGH zu berücksichtigen (BFH v. 24.7.2003 V R 39/99, NWB BFH-/FG-Datenbank online).*

***Private Nutzung eines Grundstücks**: Die Art. 6 Abs. 2 Unterabs. 1 Buchst. a und 13 Teil B Buchst. b der 6. Richtlinie 77/388/EWG des Rates v. 17.5.1977 zur Harmonisierung der Rechtsvorschriften der Mitgliedstaaten über die Umsatzsteuern – Gemeinsames Mehrwertsteuersystem: einheitliche steuerpflichtige Bemessungsgrundlage sind so auszulegen, dass sie nationalen Rechtsvorschriften entgegenstehen, wonach die Verwendung eines Teils eines insgesamt dem Unternehmen zugeordneten Betriebsgebäudes für den privaten Bedarf des Stpfl. als eine – als Vermietung oder Verpachtung eines Grundstücks i.S.d. Art. 13 Teil B Buchst. b – steuerfreie Dienstleistung behandelt wird (EuGH v. 8.5.2003 Rs. C-269/00, Seeling, DStR 2003, 873 mit Anm. Zugmair).*

Voller Vorsteuerabzug bei Zuordnung zu seinem Unternehmen: *Entscheidet sich der Stpfl. dafür, dass Investitionsgüter, die sowohl für unternehmerische als auch für private Zwecke verwendet werden, als Gegenstände des Unternehmens behandelt werden, so ist die beim Erwerb dieser Gegenstände geschuldete Vorsteuer grundsätzlich vollständig und sofort abziehbar. Daher ist ein Stpfl., der sich dafür entscheidet, ein Gebäude insgesamt seinem Unternehmen zuzuordnen, und später einen Teil dieses Gebäudes für seinen privaten Bedarf verwendet, zum Abzug der auf die gesamten Herstellungskosten dieses Gebäudes entrichteten Vorsteuerbeträge berechtigt und dementsprechend verpflichtet, die Mehrwertsteuer auf den Betrag der Ausgaben für diese Verwendung zu zahlen (EuGH v. 8.5.2003 Rs. C-269/00, Seeling, DStR 2003, 873 mit Anm. Zugmair).*

Finanzierungsvorteil: *Wird ein auch zu privaten Zwecken verwendetes Grundstück insgesamt dem Unternehmen zugeordnet, so kann die gesamte Vorsteuer aus den Anschaffungs- oder Herstellungskosten gem. § 15 UStG abgezogen werden. Soweit eine private (unentgeltliche) Verwendung erfolgt, ist diese gem. § 3 Abs. 9a Satz 1 Nr. 1 UStG einer sonstigen Leistung gleichgestellt. Durch den vollen Vorsteuerabzug ergibt sich ein Finanzierungseffekt, da die private Nutzung nur auf der Grundlage der Kosten umsatzversteuert werden muss (vgl. hierzu auch das Beispiel bei Zugmair, DStR 2003, 876).*

Häusliches Arbeitszimmer: *Vgl. hierzu auch den Vorlagebeschluss des BFH an den EuGH v. 29.8.2002 V R 40/01 (DStR 2003, 246, abgedruckt in Graf/Obermeier, NWB Steuerecht aktuell, Ausgabe 1/2003, 286).*

5. Änderung der Bemessungsgrundlage (§ 17 UStG)

a) Fall

A bestellte Ende 1993 für das von ihr betriebene Sägewerk bei der M-GmbH eine von dieser an Ort und Stelle zu montierende Sägewerksmaschine zum Preis von 770.000 DM zzgl. 15 v.H. MwSt = insgesamt 885.500 DM. Als Zahlungsweise war die Zahlung eines Betrages i.H.v. 130.000 DM zzgl. MwSt bei Auftragsvergabe sowie die Zahlung des Restbetrages i.H.v. 640.000 DM zzgl. MwSt nach Inbetriebnahme vereinbart. A leistete die Anzahlung i.H.v. 130.000 DM zzgl. MwSt vereinbarungsgemäß und machte die gezahlte Vorsteuer in der Umsatzsteuer Voranmeldung für Dezember 1993 geltend. Die Sägewerksmaschine wurde zwischen Frühjahr 1994 und Frühjahr 1995 geliefert und montiert. Die Vorsteuern aus der Restforderung der Beigeladenen von 640.000 DM, mithin 96.000 DM, machte A nach Inbetriebnahme der Maschine in der Umsatzsteuer-Voranmeldung für April 1995 geltend, ohne diese Restforderung zu begleichen. Nach Inbetriebnahme der Maschine traten mehrere schwerwiegende Mängel auf. Zur Vermeidung einer gerichtlichen Auseinandersetzung schlossen A und die M-GmbH sodann am 15.3.1996 einen Vergleich. Darin wurde festgestellt, dass alle wechselseitigen Forderungen aus dem Vertrag über die Lieferung und Montage der Sägewerksmaschine erledigt seien. Es bestehe Einigkeit, dass die Maschine in das Eigentum der A übergegangen sei.

b) Problem

Ist die umsatzsteuerrechtliche Bemessungsgrundlage das tatsächlich vereinnahmte Entgelt?

c) Lösung

Grundsatz: Eine Lieferung oder sonstige Leistung eines Unternehmers wird „letztendlich" nur mit der Bemessungsgrundlage besteuert, die sich auf Grund der von ihm wirklich vereinnahmten Gegenleistung ergibt. Umsatzsteuerrechtlich macht es keinen Unterschied, ob der Besteller eines Werks, das sich als mangelhaft erweist, das Werk behält und statt der Minderung Schadensersatz wegen Nichterfüllung gem. § 635 BGB verlangt (BFH v. 16.1.2003 V R 72/01, BStBl II 2003, 620).

⇨ ***Hinweis***

***Schadensersatz**: Ebenso wenig kommt es für die Beurteilung des hier gegebenen Sachverhalts darauf an, wie die Rechtslage wäre, wenn die A zunächst die von ihr geschuldete Vergütung in voller Höhe gezahlt und erst danach auf Grund aufgetretener Mängel von der M-GmbH Schadensersatz verlangt hätte (BFH v. 16.1.2003 V R 72/01, BStBl II 2003, 620).*

6. Differenzbesteuerung (§ 25a UStG)

Verwaltungsanweisungen: OFD Koblenz v. 20.8.2003, Differenzbesteuerung bei Gebrauchtfahrzeugen, die ein Autohaus beim agenturweisen Verkauf in Zahlung genommen hat, DB 2003, 2096.

Die OFD Koblenz hat mit Verf. v. 20.8.2003 (DB 2003, 2096) zur Differenzbesteuerung bei Gebrauchtwagenfahrzeugen, die ein Autohaus beim agenturweisen Verkauf von Neufahrzeugen in Zahlung genommen hat, wie folgt Stellung genommen:

> Bei der Differenzbesteuerung nach § 25a UStG kann der Anrechnungspreis eines in Zahlung genommenen Gebrauchtfahrzeugs dann als Einkaufspreis angesetzt werden, wenn der Unternehmer bei der Lieferung des Neufahrzeugs den Listenpreis ansetzt und keinen verdeckten Preisnachlass berücksichtigt (Abschn. 276a Abs. 10 UStR 2000).

Bei agenturweisem Verkauf des Neufahrzeugs ist diese Regelung nicht anwendbar. Der vom Agenten zu Lasten seiner Provision gewährte Nachlass mindert das Entgelt für den Verkauf des Neufahrzeugs nur dann, wenn der Lieferer dem Preisnachlass zustimmt (Abschn. 151 Abs. 4 UStR 2000).

Der Provisionsverzicht des Agenten beeinflusst aber nicht den nach Abschn. 153 Abs. 4 UStR 2000 zu ermittelnden Einkaufspreis für das Gebrauchtfahrzeug.

Beispiel:

Das Autohaus A ist gleichzeitig Niederlassung eines Automobilherstellers. Für den Verkauf eines Neufahrzeugs berechnet der Hersteller dem Kunden K den Listenpreis von 25.000 € zzgl. 4.000 € Umsatzsteuer. A erhält vom Hersteller eine Provision von 5.000 €. K zahlt für das Neufahrzeug 22.500 € und gibt sein Gebrauchtfahrzeug, dessen gemeiner Wert 4.500 € beträgt, für 6.500 € in Zahlung. A verkauft das Gebrauchtfahrzeug nach 3 Monaten für 4.750 € und erzielt damit eine positive Marge von 250 €.

Zur Ermittlung des gemeinen Werts wird auf Abschn. 153 Abs. 4 Satz 5 Nr. 1 bis 3 UStR 2000 verwiesen.

⇨ ***Hinweis***

Agenturverkauf*: Der Provisionsverzicht des Agenten mindert nicht den zu ermittelnden Einkaufspreis für das Gebrauchtfahrzeug.*

Garantieleistung*: Die sog. Garantieleistung eines Autoverkäufers, durch die der Käufer eines Neuwagens gegen Zahlung eines Aufpreises nach Ablauf der Werksgarantie zwei Jahre lang Reparaturansprüche gegenüber dem Verkäufer und Reparaturkostenersatzansprüche gegenüber einem Versicherer hat, oder der Käufer eines Gebrauchtwagens zusätzlich zu eventuellen Gewährleistungsansprüchen aus dem Kauf gegen Zahlung eines Aufpreises weitere Reparaturansprüche gegenüber dem Verkäufer und Reparaturkostenersatzansprüche gegenüber einem Versicherer erhält, ist keine unselbständige Nebenleistung zur Fahrzeuglieferung; sie ist eine eigenständige, nach § 4 Nr. 8 Buchst. g und/oder nach § 4 Nr. 10 Buchst. b UStG steuerfreie Leistung (BFH v. 16.1.2003 V R 16/02, BStBl II 2003, 445).*

XIX. Abgabenordnung

1. Steuergeheimnis (§ 30 AO)

a) Fall

Gegen U ist bei dem zuständigen Regierungspräsidium ein Gewerbeuntersagungsverfahren nach § 35 GewO anhängig. Die Einleitung hat das FA im November 1997 angeregt und dem Regierungspräsidium dabei eine Aufstellung der angeblichen Steuerrückstände des U übersandt. Später hat das FA dem Regierungspräsidium dazu auf dessen Anfrage mitgeteilt, die Steuern seien nach Zurückweisung von Anträgen auf AdV vollstreckbar; sie entfielen auf die Einkünfte des U aus Gewerbebetrieb, nicht auf dessen Ehefrau. Auf weitere Anfrage des Regierungspräsidiums hat das FA im Juni 1998 die Rückstände aktuell neu beziffert und mitgeteilt, dass ein Teilbetrag streitbefangen ist.

b) Problem

Ist die Offenbarung der Steuerrückstände rechtswidrig, weil sie das Steuergeheimnis verletzt und auch Steuerfestsetzungen betrifft, die keinen Bestand haben könnten?

c) Lösung

Offenlegung von Steuerrückständen gegenüber Gewerbebehörden: Das Steuergeheimnis wird grundsätzlich nicht verletzt, wenn die Offenbarung von erheblichen Steuerrückständen gegenüber den Gewerbebehörden dazu dienen kann, diesen die Erfüllung der ihnen durch § 35 GewO auferlegten Aufgabe zu ermöglichen (BFH v. 29.7.2003 VII R 39, 43/02, NWB BFH-/FG-Datenbank online).

Nicht bestandskräftige Steuerfestsetzungen: Eine Mitteilung auch über nicht bestandskräftig festgesetzte Steuerforderungen ist danach grund sätzlich zulässig und nicht unverhältnismäßig (BFH v. 29.7.2003 VII R 39, 43/02, NWB BFH-/FG-Datenbank online; Bestätigung BFH v. 10.2.1987 VII R 77/84, BStBl II 1987, 545).

⇨ ***Hinweis***

***Keine Offenbarung ungeeigneter Tatsachen**: Die Finanzbehörde hat nur die Offenbarung von solchen Tatsachen zu unterlassen, die eindeutig von vornherein nicht geeignet sind, alleine oder i.V.m. anderen Tatsachen eine Gewerbeuntersagung zu rechtfertigen. Dabei muss die Finanzbehörde die Maßstäbe anlegen, die von den Verwaltungsbehörden und -gerichten aufgestellt worden sind; ihr ist nicht gestattet, selbst zu beurteilen, ob die Voraussetzungen des § 35 GewO tatsächlich vorliegen (BFH v. 29.7.2003 VII R 39, 43/02, NWB BFH-/FG-Datenbank online, Bestätigung BFH v. 10.2.1987 VII R 77/84, BStBl II 1987, 545).*

***Betroffene Steuern**: Die Offenbarungsbefugnis wegen zwingenden öffentlichen Interesses (§ 30 Abs.4 Nr. 5 AO) beschränkt sich auf die Mitteilung der Rückstände derjenigen Steuern, die mit der Ausübung des Gewerbes, das untersagt werden soll, im Zusammenhang stehen. Dabei ist der Grundsatz der Verhältnismäßigkeit zu beachten (BFH v. 10.2.1987 VII R 77/84, BStBl II 1987, 545).*

2. Verlängerung der Abgabefrist (§ 109 AO)

a) Fall

Steuerberater S beantragte mit Schreiben v. 30.9.1999 beim FA in X wegen der in seiner Praxis zurzeit bestehenden Arbeitsüberlastung die Frist für die Abgabe der Steuererklärungen 1998 bis zum 28.2.2000 für die in der Anlage beigefügten Einzelanträge zu verlängern. Darunter befand sich auch ein Antrag für die persönliche Steuererklärung zur gesonderten Gewinnfeststellung des S. Mit Schreiben v. 6.10.1999 teilte ihm das FA mit, dass es die Frist für die Abgabe der Feststellungserklärung des Klägers bis längstens 31.12.1999 verlängere, dem weiter gehenden Antrag könne nicht entsprochen werden. Gegen diese teilweise Ablehnung seines Antrages legte S am 28.7.2000 Einspruch ein, den er nicht begründete.

b) Problem

Kann ein Steuerberater sich bei seiner eigenen Steuererklärung auf die allgemeinen Fristverlängerungsregelungen der Finanzverwaltung für steuerberatende Berufe berufen?

c) Lösung

Eigene Steuererklärung des Steuerberaters: Das FA ist nicht verpflichtet, auf Grund der gleich lautenden Erlasse der obersten Finanzbehörden der Länder über Steuererklärungsfristen (hier v. 4.1.1999, BStBl I 1999, 152) einem Steuerberater die Frist zur Abgabe der eigenen Steuererklärung zu verlängern (BFH v. 29.1.2003 XI R 82/00, BStBl II 2003, 550).

⇨ ***Hinweis***

***Allgemeine berufliche Belastung nicht ausreichend**: Der Kläger hat in seinem Antrag keine näheren Gründe angeführt, die eine Verlängerung für ihn als Stpfl. rechtfertigen könnten. Dann konnte das FA auch keine weiteren Erwägungen zur Begründung der teilweisen Ablehnung anstellen, zumal die Fristverlängerung bis Ende 1999 angesichts des gesetzlichen Abgabetermins (Ende Mai 1999) bereits sehr weitgehend war. Die vom Kläger angeführte allgemeine berufliche Belastung allein gebot jedenfalls keine weitere Verlängerung. Es widerspräche dem Gleichbehandlungsgebot des Art. 3 GG, den steuerlich nicht vertretenen Kläger hinsichtlich seiner persönlichen Erklärungsfristen nur deshalb besser zu stellen als andere beruflich ebenso belastete Stpfl., weil er steuerlich beratend tätig ist (BFH v. 29.1.2003 XI R 82/00, BStBl II 2003, 550).*

***Kein Vergleich mit steuerlich beratenen Stpfl.**: Der Kläger kann sich auch nicht mit denjenigen Stpfl. vergleichen, die, aus welchen Gründen auch immer, steuerliche Beratung in Anspruch nehmen und für deren Steuererklärungen flexiblere Erklärungsfristen vorzusehen sind. Aus den nämlichen Gründen ist der Kläger auch nicht so zu stellen, als würde er sich selbst steuerlich vertreten. Aus der ausdrücklich nur bis zum 31.12.1999 gewährten Fristverlängerung kann der Kläger schließlich nicht den behaupteten Vertrauenstatbestand für eine weitere Verlängerung herleiten (BFH v. 29.1.2003 XI R 82/00, BStBl II 2003, 550).*

3. Drei-Tage-Fiktion des § 122 AO

Literatur: *Brandt*, Keine Anwendung der Drei-Tage-Fiktion nach § 122 AO an Sonnabenden, Sonn- und Feiertagen, KFR F. 2 AO § 122, 1/03, 35.

a) Fall

Der Einkommensteuerbescheid 2002 wird vom FA am Mittwoch, den 15.10.2003 zur Post gegeben. Er kommt am 16.10.2003 beim zum Empfang bevollmächtigten Steuerberater des Stpfl. an.

b) Problem

Beginnt die Frist für einen Einspruch wegen der Zugangsfiktion des § 122 AO erst am Montag, den 20.10.2003 zu laufen und endet daher die Rechtsbehelfsfrist abweichend von der bisherigen Rechtslage statt am 18.11.2003 erst am 20.11.2003?

c) Lösung

Rechtsprechungsänderung: Die Drei-Tages-Frist zwischen der Aufgabe eines Verwaltungsakts zur Post und seiner vermuteten Bekanntgabe (§ 122 Abs. 2 Nr. 1 AO) verlängert sich, wenn das Fristende auf einen

Sonntag, gesetzlichen Feiertag oder Sonnabend fällt, bis zum nächstfolgenden Werktag (BFH v. ~~23.9.2003~~ IX R 68/98, NWB BFH-/FG-Datenbank online).

Aufhebung des Vorlagebeschlusses an den Großen Senat des BFH: Der Vorlagebeschluss ist aufzuheben, weil während der Anhängigkeit des Verfahrens beim Großen Senat (Az. GrS 1/02) der Grund für seine Anrufung entfallen ist. Der erkennende Senat hatte mit seinem Vorlagebeschluss v. 17.9.2002 IX R 68/98 (BStBl II 2003, 2) dem Großen Senat gem. § 11 Abs. 2 FGO folgende Rechtsfrage zur Entscheidung vorgelegt:

Verlängert sich die Dreitagesfrist zwischen der Aufgabe eines Verwaltungsakts zur Post und seiner vermuteten Bekanntgabe (§ 122 Abs. 2 Nr. 1 AO), wenn das Fristende auf einen Sonntag, gesetzlichen Feiertag oder Sonnabend fällt, bis zum nächstfolgenden Werktag?

Abweichen von der Rechtsprechung mehrerer BFH-Senate: Der erkennende Senat bejaht diese Rechtsfrage. Die Anrufung des Großen Senats war seinerzeit gem. § 11 Abs. 3 FGO geboten, weil der erkennende Senat mit seiner Auffassung von der Rechtsprechung mehrerer Senate abweicht und nur der II. und der XI. Senat, nicht aber der III., der IV. und der X. Senat der Abweichung zugestimmt hatten.

Beitritt BMF und Zustimmung betroffener BFH-Senate: Das BMF ist gem. § 122 Abs. 2 AO dem Verfahren vor dem Großen Senat beigetreten und hat sich der Auffassung des vorlegenden Senats angeschlossen. Nunmehr haben auch der III., der IV. und der X. Senat der Abweichung von ihrer Rechtsprechung zugestimmt. Damit sind die Voraussetzungen des § 11 Abs. 3 Satz 1 FGO für die Anrufung des Großen Senats nicht mehr gegeben.

⇨ ***Hinweis***

***Nachweis des Zugangs eines schriftlichen Verwaltungsaktes**: Die Finanzbehörde kann den Nachweis des Zugangs eines schriftlichen Verwaltungsakts nach § 122 Abs. 2 AO nicht nach den Grundsätzen des Anscheinsbeweises (prima-facie-Beweis) führen. Es gelten vielmehr die allgemeinen Beweisregeln, insbesondere die des Indizienbeweises (BFH v. 12.3.2003 X R 17/99, BFH/NV 2003, 1031, Anschluss an BFH v. 14.3.1989 VII R 75/85, BStBl II 1989, 534).*

***Wahrung der Festsetzungsfrist durch FA**: Die Festsetzungsfrist ist nicht gem. § 169 Abs. 1 Satz 3 Nr. 1 AO gewahrt, wenn der Steuerbescheid, der vor Ablauf der Festsetzungsfrist den Bereich der für die Steuerfestsetzung zuständigen Finanzbehörde verlassen hat, dem Empfänger nicht zugeht (BFH v. 25.11.2002 GrS 2/01, BStBl II 2003, 548).*

***Steuererklärung nach Schätzung als Einspruch**: Geht in einem Schätzungsfall nach Erlass des Steuerbescheides innerhalb der Einspruchsfrist* *die Steuererklärung ohne weitere Erklärung ein, so ist dies im Zweifel als Einlegung eines Einspruchs gegen den Schätzungsbescheid – und nicht als (bloßer) Antrag auf schlichte Änderung des Schätzungsbescheides – zu werten (BFH v. 27.2.2003 V R 87/01, BStBl II 2003, 505).*

4. Vorläufige Steuerfestsetzung (§ 165 AO)

4.1 Grundsätze

Verwaltungsanweisungen: BMF v. 12.6.2003, Vorläufige Steuerfestsetzung im Hinblick auf anhängige Musterverfahren (§ 165 Abs. 1 AO); Ruhenlassen von außergerichtlichen Rechtsbehelfsverfahren (§ 363 Abs. 2 AO), BStBl I 2003, 338.

Das BMF hat mit Schreiben v. 12.6.2003 (BStBl I 2003, 338) folgende Grundsätze für einen reibungslosen Verfahrensablauf aufgestellt:

Wegen der großen Zahl von Rechtsbehelfen, die im Hinblick auf anhängige Musterverfahren eingelegt werden, gilt unter Bezugnahme auf das Ergebnis der Erörterung mit den obersten Finanzbehörden der Länder im Interesse der betroffenen Bürger und eines reibungslosen Verfahrensablaufs Folgendes:

I. Vorläufige Steuerfestsetzungen

1. Erstmalige Steuerfestsetzungen

Erstmalige Steuerbescheide sind hinsichtlich der in der Anlage zu diesem Schreiben aufgeführten Punkte nach § 165 Abs. 1 Satz 2 Nr. 3 AO vorläufig zu erlassen.

In die Bescheide ist folgender Erläuterungstext aufzunehmen:

> „Die Festsetzung der Einkommensteuer ist im Hinblick auf vor dem BVerfG, dem BFH bzw. dem EuGH anhängige Verfahren vorläufig hinsichtlich ...
>
> Die Vorläufigkeitserklärung erfasst nur die Frage, ob die angeführten gesetzlichen Vorschriften mit höherrangigem Recht vereinbar sind. Sie erfolgt aus verfahrenstechnischen Gründen und ist nicht dahin zu verstehen, dass die Regelungen als verfassungswidrig oder als gegen Europäisches Gemeinschaftsrecht verstoßend angesehen werden. Änderungen dieser Regelungen werden von Amts wegen berücksichtigt; ein Einspruch ist insoweit nicht erforderlich.“

2. Geänderte Steuerfestsetzungen

Bei Änderungen von Steuerfestsetzungen, die noch nicht nach Nr. 1 vorläufig ergangen sind, ist wie folgt zu verfahren:

a) Werden Steuerfestsetzungen nach § 164 Abs. 2 AO geändert oder wird der Vorbehalt der Nachprüfung nach § 164 Abs. 3 AO aufgehoben, sind die Steuerfestsetzungen im selben Umfang wie erstmalige vorläufig vorzunehmen. In die Bescheide ist derselbe Erläuterungstext wie bei erstmaligen Steuerfestsetzungen aufzunehmen.

b) Werden Steuerfestsetzungen nach anderen Vorschriften geändert oder berichtigt, ist die Vorläufigkeitserklärung nur bei Korrekturen zu Ungunsten des Stpfl. vorzunehmen, soweit die Änderung reicht.

In die Bescheide ist folgender Erläuterungstext aufzunehmen:

„Die Festsetzung der Einkommensteuer ist im Hinblick auf vor dem BVerfG, dem BFH bzw. dem EuGH anhängige Verfahren vorläufig hinsichtlich ...

Die Vorläufigkeitserklärung erfasst nur die Frage, ob die angeführten gesetzlichen Vorschriften mit höherrangigem Recht vereinbar sind. Die Festsetzung ist nur vorläufig, soweit die Änderung reicht. Dies gilt auch, wenn die Festsetzung gegenüber der vorangegangenen in weiteren Punkten vorläufig ist. Die Vorläufigkeitserklärung erfolgt aus verfahrenstechnischen Gründen und ist nicht dahin zu verstehen, dass die Regelungen als verfassungswidrig oder als gegen Europäisches Gemeinschaftsrecht verstoßend angesehen werden. Änderungen dieser Regelungen werden von Amts wegen berücksichtigt; ein Einspruch ist insoweit nicht erforderlich."

3. Endgültigkeitserklärung

Nach Beseitigung der Ungewissheit ist die vorläufige Steuerfestsetzung innerhalb der zweijährigen Frist des § 171 Abs. 8 Satz 2 AO nur auf Antrag des Stpfl. für endgültig zu erklären, wenn sie nicht aufzuheben oder zu ändern ist (§ 165 Abs. 2 Satz 3 AO).

II. Einspruchsfälle

Zulässige Einsprüche sind wie folgt zu behandeln:

1. Einspruchsverfahren gegen Steuerfestsetzungen, die noch nicht nach Abschnitt I vorläufig ergangen sind, können weiter (stillschweigend) ruhen. Wird eine vorläufige Steuerfestsetzung nach Abschnitt I begehrt, soll dem Einspruch insoweit abgeholfen werden. Dies gilt entsprechend bei einem rechtzeitig gestellten Antrag auf schlichte Änderung (§ 172 Abs. 1 Satz 1 Nr. 2 Buchst. a AO).

2. Wird gegen eine nach Abschnitt I vorläufig ergangene Steuerfestsetzung Einspruch eingelegt und zur Begründung auf die im Bescheid aufgeführten Vorläufigkeitsgründe verwiesen oder richtet sich der Einspruch gegen die vorläufige Festsetzung, ist der Einspruch zurückzuweisen.

III. Rechtshängige Fälle

In Fällen, in denen Verfahren bei einem FG oder beim BFH anhängig sind, sind rechtzeitig vor der Entscheidung des Gerichts die Steuerfestsetzungen hinsichtlich der in der Anlage zu diesem Schreiben aufgeführten Punkte entsprechend Abschnitt I vorläufig vorzunehmen (§ 172 Abs. 1 Satz 1 Nr. 2 Buchst. a AO i.V.m. § 132 AO). Dies gilt nicht, wenn die Klage oder das Rechtsmittel unzulässig ist oder die Klage sich gegen eine Einspruchsentscheidung richtet, in der der Einspruch als unzulässig verworfen ist. Ist Gegenstand des Verfahrens ein Änderungsbescheid, gilt dies unter den Voraussetzungen des Abschnitts I Nr. 2 Buchst. b), soweit die Änderung reicht. Die geänderte Steuerfestsetzung wird nach § 68 FGO Gegenstand des Verfahrens.

IV. Aussetzung der Vollziehung

Soweit Rechtsbehelfe mit Zweifeln an der Verfassungsmäßigkeit der in der Anlage zu diesem Schreiben aufgeführten Punkte begründet werden, kommt eine Aussetzung der Vollziehung der angefochtenen Steuerbescheide nicht in Betracht, sei es, weil ernstliche Zweifel an der Rechtmäßigkeit des angefochtenen Verwaltungsaktes nicht bestehen, sei es, weil das öffentliche Interesse an einer geordneten Haushaltsführung gegenüber Zweifeln an der Verfassungsmäßigkeit eines formell verfassungsmäßig zustande gekommenen Gesetzes höher zu bewerten ist.

Dieses Schreiben tritt an die Stelle der BMF-Schreiben v. 10.4.1995 (BStBl I 1995, 264 und v. 25.3.2003 (BStBl I 2003, 238).

⇨ ***Hinweis***

***Anlage**: Auf einen Abdruck der Anlage wurde verzichtet, da diese durch das nachfolgend abgedruckte BMF-Schreiben v. 24.9.2003 (www.bundesfinanzministerium.de) bereits wieder überholt ist.*

***Verweigerung des Ruhens des Verfahrens**: Bei einer Erledigung des Rechtsstreits in der Hauptsache auf Grund übereinstimmender Erklärungen der Beteiligten können dem FA die Kosten des Verfahrens auferlegt werden, wenn es einen wegen Vorliegen von Musterverfahren sachgemäßen Antrag des Klägers auf Ruhen des Verfahrens ablehnt. Die volle Kostenlast kann in einem solchen Fall auch dann billigem Ermessen entsprechen, wenn das BVerfG eine verfassungswidrige Norm weiterhin für anwendbar erklärt hat und der Kläger deshalb nicht obsiegen kann (BFH v. 29.4.2003 VI R 140/90, BStBl II 2003, 719).*

4.2 Doppelte Haushaltsführung

Verwaltungsanweisungen: BMF v. 13.6.2003, Vorläufige Steuerfestsetzung (§ 165 Abs. 1 AO) hinsichtlich der Anwendung des § 9 Abs. 1 Satz 3 EStG bzw. des § 4 Abs. 5 Satz 1 Nr. 6a EStG (zeitliche Begrenzung des Abzugs der Aufwendungen für doppelte Haushaltsführung), BStBl I 2003, 341.

Das BMF hat mit Schreiben v. 13.6.2003 (BStBl I 2003, 341) zur vorläufigen Steuerfestsetzung bei doppelter Haushaltsführung wie folgt Stellung genommen:

Das BVerfG hat mit Beschluss v. 4.12.2002, 2 BvR 400/98 und 2 BvR 1735/00 (BStBl II 2003, 534) entschieden, dass § 9 Abs. 1 Satz 3 Nr. 5 Satz 3 EStG (zeitliche Begrenzung des Abzugs von Aufwendungen für eine doppelte Haushaltsführung) mit Art. 3 Abs. 1 GG unvereinbar ist, soweit die Vorschrift Fälle der fortlaufend verlängerten Abordnung an denselben Beschäftigungsort („Kettenabordnung") erfasst, und unvereinbar mit Art. 3 Abs. 1 i.V.m. Art. 6 Abs. 1 GG ist, soweit sie für beiderseits berufstätige Ehegatten Geltung beansprucht. Der Gesetzgeber ist verpflichtet, rückwirkend eine verfassungskonforme Rechtslage herzustellen.

Unter Bezugnahme auf das Ergebnis der Erörterung mit den obersten Finanzbehörden der Länder gilt Folgendes:

1. Vorläufige Steuerfestsetzung

Falls Aufwendungen für eine doppelte Haushaltsführung nach bisheriger Rechtslage wegen Überschreitens der Zweijahresfrist gem. § 9 Abs. 1 Satz 3 Nr. 5 Satz 3 EStG bzw. gem. § 4 Abs. 5 Satz 1 Nr. 6a EStG nicht als Werbungskosten bzw. Betriebsausgaben abgezogen werden können, ist die Einkommensteuer insoweit nach § 165 Abs. 1 Satz 2 Nr. 2 AO vorläufig festzusetzen. Hierbei ist § 9 Abs. 1 Satz 3 Nr. 5 Satz 3 EStG bzw. § 4 Abs. 5 Satz 1 Nr. 6a EStG nicht anzuwenden, wenn ein Fall der fortlaufend verlängerten Abordnung an denselben Beschäftigungsort („Kettenabordnung") oder ein Fall beiderseits berufstätiger Ehegatten vorliegt.

Der Vorläufigkeitsvermerk ist personell anzuweisen. In den Bescheid ist folgende Erläuterung aufzunehmen:

> „Die Festsetzung der Einkommensteuer ist im Hinblick auf den Beschluss des BVerfG v. 4.12.2002, 2 BvR 400/98, 2 BvR 1735/00, und die ausstehende gesetzliche Neuregelung vorläufig nach § 165 Abs. 1 Satz 2 Nr. 2 AO hinsichtlich der Anwendung des § 9 Abs. 1 Satz 3 Nr. 5 Satz 3 EStG bzw. des § 4 Abs. 5 Satz 1 Nr. 6a EStG (zeitliche Begrenzung des Abzugs der Aufwendungen für eine doppelte Haushaltsführung). Soweit nach der gesetzlichen Neuregelung die Steuerfestsetzung zu ändern ist, wird die Änderung von Amts wegen vorgenommen; ein Einspruch ist insoweit nicht erforderlich."

Bei Änderungen von Steuerfestsetzungen, die noch nicht vorläufig ergangen sind, ist entsprechend Abschnitt I 2 des BMF-Schreibens v. 12.6.2003 (BStBl I 2003, 338) zu verfahren.

2. Rechtsbehelfsfälle

Richtet sich ein zulässiger Rechtsbehelf (Einspruch, Klage, Nichtzulassungsbeschwerde, Revision) gegen die Versagung des Abzugs der Aufwendungen für eine doppelte Haushaltsführung wegen Überschreitens der Zweijahresfrist gem. § 9 Abs. 1 Satz 3 Nr. 5 Satz 3 EStG bzw. § 4 Abs. 5 Satz 1 Nr. 6a EStG, ist nach einem entsprechenden Antrag oder mit Zustimmung des Stpfl. die Festsetzung der Einkommensteuer entsprechend Nr. 1 für vorläufig zu erklären. Die Zustimmung zur vorläufigen Steuerfestsetzung kann unterstellt werden, wenn sich aus dem Vortrag des Stpfl. ergibt, dass es Ziel seines Rechtsbehelfs ist, die Veranlagung bis zu einer gesetzlichen Neuregelung „offen zu halten". Falls der Stpfl. keine gegenteilige Erklärung abgibt und eine Aussetzung der Vollziehung (Nr. 3) nicht in Betracht kommt, kann davon ausgegangen werden, dass durch die vorläufige Steuerfestsetzung dem Rechtsbehelf insoweit abgeholfen ist.

3. Aussetzung der Vollziehung

Auf Antrag des Stpfl. ist bei Anhängigkeit eines zulässigen Rechtsbehelfs Aussetzung der Vollziehung zu gewähren, wenn ein Fall der „Kettenabordnung" oder der beiderseits berufstätigen Ehegatten vorliegt und nicht nach Nr. 1 Satz 2 dieses Schreibens verfahren wurde.

⇨ ***Hinweis***

***Einzelfallprüfung bei Vorläufigkeitsvermerk**: Der Vorläufigkeitsvermerk wird nicht programmgesteuert, sondern nur im Einzelfall durch den Bearbeiter angewiesen. Es sind hierbei zwei Fallgestaltungen zu unterscheiden:*

- *Wird die Zwei-Jahres-Frist überschritten, ist die Veranlagung in diesem Punkt vorläufig durchzuführen;*
- *in Fällen der „Kettenabordnung" und beiderseits berufstätiger Ehegatten sind darüber hinaus die Aufwendungen für die doppelte Haushaltsführung als Werbungskosten oder Betriebsausgaben zu berücksichtigen.*

***Erledigung der Hauptsache**: Nach Erledigung des Rechtsstreits in der Hauptsache kann ein weiterer Vorläufigkeitsvermerk in den Bescheid, den das FA seiner vor dem FG gegebenen Zusage entsprechend erlässt, nicht mehr aufgenommen werden (BFH v. 14.5.2003 XI R 21/02, NWB BFH-/ FG-Datenbank online).*

***AdV**: AdV wird nur im Fall der „Kettenabordnung" oder beiderseits berufstätiger Ehegatten gewährt.*

4.3 Allgemeiner Vorläufigkeitskatalog

Verwaltungsanweisungen: BMF v. 16.7.2003, Vorläufige Steuerfestsetzung im Hinblick auf anhängige Musterverfahren (§ 165 Abs. 1 AO); Ruhenlassen von außergerichtlichen Rechtsbehelfen (§ 363 Abs. 2 AO), BStBl I 2003, 382; BMF v. 8.8.2003, Vorläufige Steuerfestsetzung im Hinblick auf anhängige Musterverfahren (§ 165 Abs. 1 AO); Ruhenlassen von außergerichtlichen Rechtsbehelfen (§ 363 Abs. 2 AO), BStBl I 2003, 382; BMF v. 24.9.2003, Vorläufige Steuerfestsetzung im Hinblick auf anhängige Musterverfahren (§ 165 Abs. 1 AO); Ruhenlassen von außergerichtlichen Rechtsbehelfen (§ 363 Abs. 2 AO), www.bundesfinanzministerium.de.

Das BMF hat mit Schreiben v. 24.9.2003 (www.bundesfinanzministerium.de) zur vorläufigen Steuerfestsetzung im Hinblick auf anhängige Musterverfahren (§ 165 Abs. 1 AO) und zum Ruhenlassen von außergerichtlichen Rechtsbehelfsverfahren (§ 363 Abs. 2 AO) bei der Einkommensteuer wie folgt Stellung genommen:

> Unter Bezugnahme auf das Ergebnis der Erörterung mit den obersten Finanzbehörden der Länder wird die Anlage zum BMF-Schreiben v. 12.6.2003 (BStBl I 2003, 338), zuletzt neu gefasst durch BMF-Schreiben v. 8.8.2003 (BStBl I 2003, 402), mit sofortiger Wirkung wie folgt gefasst:

Festsetzungen der Einkommensteuer sind hinsichtlich folgender Punkte vorläufig vorzunehmen:

1. Beschränkte Abziehbarkeit von Vorsorgeaufwendungen (§ 10 Abs. 3 EStG)

2. Besteuerung der Einkünfte aus privaten Veräußerungsgeschäften i.S.d. § 23 Abs. 1 Satz 1 Nr. 2 EStG für VZ ab 2000

3. Besteuerung der Einkünfte aus Termingeschäften i.S.d. § 23 Abs. 1 Satz 1 Nr. 4 EStG für VZ ab 2000

4. Anwendung des § 32 Abs. 7 EStG (Haushaltsfreibetrag) für VZ ab 2002

5. Anwendung des § 32c EStG für die VZ 1994 bis 2000

6. Anwendung des Mindeststeuersatzes bei beschränkt Stpfl. (§ 50 Abs. 3 Satz 2 EStG).

In den Fällen der Nr. 1 ist auf Antrag des Stpfl. Aussetzung der Vollziehung zu gewähren, soweit strittig ist, ob der zusammenveranlagten Ehegatten für Vorsorgeaufwendungen zustehende Vorwegabzug (§ 10 Abs. 3 Nr. 2 EStG) um 16 v.H. des Arbeitslohns des Ehegatten zu kürzen ist, für den keine Zukunftssicherungsleistungen i.S.d. § 3 Nr. 62 EStG erbracht werden und der auch nicht zum Personenkreis des § 10c Abs. 3 Nr. 1 oder 2 EStG gehört (BFH v. 14.4.2003, BStBl II 2003, 708).

Der Vorläufigkeitsvermerk gem. Nrn. 2 und 3 ist Einkommensteuerbescheiden nur beizufügen, wenn die Summe der im Veranlagungszeitraum erzielten Einkünfte aus privaten Veräußerungsgeschäften i.S.d. § 23 Abs. 1 Satz 1 Nr. 2 EStG bzw. aus Termingeschäften i.S.d. § 23 Abs. 1 Satz 1 Nr. 4 EStG positiv ist; Bescheiden über die gesonderte Feststellung des verbleibenden Verlustvortrags i.S.d. § 23 Abs. 3 Satz 9 i.V.m. § 10d Abs. 4 EStG ist er nicht beizufügen. Wird mit einem Rechtsbehelf die Verfassungswidrigkeit der Besteuerung der Einkünfte aus privaten Veräußerungsgeschäften i.S.d. § 23 Abs. 1 Satz 1 Nr. 2 EStG bzw. aus Termingeschäften i.S.d. § 23 Abs. 1 Satz 1 Nr. 4 EStG geltend gemacht, ist abweichend von Abschnitt IV auf Antrag des Stpfl. Aussetzung der Vollziehung zu gewähren (BFH v. 11.6.2003, BStBl II 2003, 663); dies gilt auch für VZ vor 2000.

Der Vorläufigkeitsvermerk gem. Nr. 4 ist sämtlichen Einkommensteuerfestsetzungen mit einer Günstigerprüfung nach § 31 EStG beizufügen. Er umfasst sowohl die Frage, ob die Abschmelzung des Haushaltsfreibetrags (§ 32 Abs. 7 EStG, ggf. i.V.m. § 52 Abs. 40a EStG) verfassungswidrig ist, als auch die Frage, ob § 32 Abs. 7 EStG Ehegatten in verfassungswidriger Weise benachteiligt.

Der Vorläufigkeitsvermerk gem. Nr. 5 ist auch Bescheiden über die gesonderte (und ggf. einheitliche) Feststellung von Einkünften beizufügen. **Abweichend von Abschnitt IV ist auf Antrag des Stpfl. Aussetzung der Vollziehung zu gewähren, soweit in dem angefochtenen Bescheid die einem Organträger zugerechneten Einkommen oder Einkommensteile der Organgesellschaft nicht in die Tarifbegrenzung nach § 32c EStG einbezogen worden sind (BFH v. 3.3.1998, BStBl II 1998, 608, und v. 11.6.2003, BStBl II 2003, 661).**

In den Fällen der Nr. 6 kann nach Maßgabe des BMF-Schreibens v. 27.8.2001 (BStBl I 2003, 594) in anhängigen Rechtsbehelfsverfahren auf Antrag des Stpfl. Aussetzung der Vollziehung gewährt werden.

Soweit in den vorgenannten Fällen eine Aussetzung der Vollziehung in Betracht kommt, sind abweichend von Abschnitt II 2 einschlägige Einsprüche nicht zurückzuweisen, sondern ruhen zu lassen, falls nicht der Stpfl. ausdrücklich eine Einspruchsentscheidung begehrt.

⇨ ***Hinweis***

***Haushaltsfreibetrag ab VZ 2002**: Mit BMF-Schreiben v. 16.7.2003 (BStBl I 2003, 382) wurde die Anwendung des § 32 Abs. 7 EStG (Haushaltsfreibetrag) in den Vorläufigkeitskatalog (Nr. 4) aufgenommen.*

***Private Veräußerungsgeschäfte**: Mit Schreiben v. 8.8.2003 (BStBl I 2003, 402) hat das BMF die Gewährung von AdV bei Rechtsbehelfen wegen möglicher Verfassungswidrigkeit des § 23 EStG auch für VZ vor 2000 angeordnet.*

***Beschränkte Abziehbarkeit von Vorsorgeaufwendungen**: Die Änderung gegenüber dem BMF-Schreiben v. 8.8.2003 (BStBl I 2003, 402) betrifft insbesondere die Anweisung an die Finanzämter in Fällen des beschränkten Abzugs von Vorsorgeaufwendungen des zusammenveranlagten Ehegatten ohne eigene Zukunftsleistungen gem. § 3 Nr. 62 EStG und Anspruchs auf Versorgung AdV zu gewähren.*

***Für AdV zwingend Einspruch notwendig**: Der Stpfl. bzw. sein Berater müssen daher in diesen Fällen weiterhin Einspruch einlegen, um in den Genuss einer AdV zu kommen. Gleichzeitig ist Ruhen des Verfahrens zu beantragen und darauf hinzuweisen, dass mit der Aufnahme eines Vorläufigkeitsvermerks der Einspruch nicht erledigt ist. In diesen Fällen sind die Finanzämter angewiesen über den Einspruch nicht zu entscheiden und das Verfahren ruhen zu lassen (vgl. letzter – fett gedruckter – Absatz des vorstehend abgedruckten BMF-Schreibens).*

Teil E:
Wichtige anhängige Verfahren

Vorbemerkung: Dieser Teil enthält eine Zusammenstellung wichtiger anhängiger Verfahren beim EuGH, BVerfG und BFH. Aufgelistet sind alle Verfahren ab den Ausgaben 2/2002 dieser Reihe. Bereits erledigte Verfahren sind in dieser Aufstellung nicht mehr enthalten.

• Außergewöhnliche Belastung (§§ 33 ff. EStG)

Arbeitsscheuer Unterhaltsberechtigter: FG Köln v. 28.3.2003, 7 K 4897/02, EFG 2003, 167, Rev., Az. des BFH: III R 43/03; FG München v. 20.11.2002, 1 K 4864/01, EFG 2003, 464, Rev. und NZB, Az. des BFH: III R 4/03 und III B 6/03 = Graf/Obermeier, Ausgabe 2/2003, 195.

Asbestverseuchung/ärztliches Attest: FG Baden-Württemberg v. 20.6.2001, 12 K 358/00, EFG 2002, 140, Rev., Az. des BFH: III R 26/01 = Graf/Obermeier, Steuererklärungen 2002, 103.

Aufhebung Gütergemeinschaft: FG Köln v. 30.4.2003, 7 K 7400/99, DStRE 2003, 924, EFG 2003, 1098; Rev., Az. des BFH: III R 36/03 = Graf/Obermeier, Ausgabe 2/2003, 195.

Behinderten-Pauschbetrag/Heimunterbringung: FG München v. 13.11.2002, 1 K 3810/02, DStRE 2003, 468, EFG 2003, 399, Rev., Az. des BFH: III R 38/02 = Graf/Obermeier, Ausgabe 1/2003, 221.

Behinderten-Pauschbetrag/Verfassungsmäßigkeit: BFH v. 20.3.2003 III B 84/01, BFH/NV 2003, 1164, Verfassungsbeschwerde, Az. des BVerfG: 2 BvR 1059/03 = Graf/Obermeier, Ausgabe 2/2003, 194.

Besuchsfahrten/Angehörige: FG München v. 11.12.2001, 6 K 666/97, EFG 2003, 231, Rev., Az. des BFH: IX R 31/02 = Graf/Obermeier, Ausgabe 1/2003, 233.

Diätverpflegung: FG Düsseldorf v. 15.11.2002, 1 K 3306/01 E, DStRE 2003, 278, NZB, Az. des BFH: III B 139/02 = Graf/Obermeier, Ausgabe 1/2003, 234.

Ehescheidung/Pensionsanwartschaften: FG Berlin v. 28.9.1999, 7 K 7167/98, DStRE 2002, 1295, EFG 2002, 1373, Rev., Az. des BFH: VI R 33/02 = Graf/Obermeier, Steuererklärungen 2002, 104.

Einkünftezurechnung/Unterstützung von Ehegatten: FG Münster v. 18.3.2003, 13 K 7123/99 E, EFG 2003, 1010, Rev., Az. des BFH: III R 25/03 = Graf/Obermeier, Ausgabe 2/2003, 196.

Erpressungsgelder: FG Köln v. 19.12.2001, 4 K 2149/00, DStRE 2002, 1134, NZB, Az. des BFH: III B 20/02 = Graf/Obermeier, Steuererklärungen 2002, 105.

Gleichgeschlechtliche Lebensgemeinschaft: FG Köln v. 22.5.2003, 10 K 2444/02, EFG 2003, 1245, NZB, Az. des BFH: III B 104/03 = Graf/Obermeier, Ausgabe 2/2003, 196.

Kraftfahrzeugkosten Behinderter: FG Schleswig-Holstein v. 19.5.2003, 2 K 157/02, EFG 2003, 1166, Rev., Az. des BFH: III R 31/03 = Graf/Obermeier, Ausgabe 2/2003, 196.

Künstliche heterologe Befruchtung: FG Münster v. 17.4.2003, 12 K 6611/01 E, DStRE 2003, 1041, Rev., Az. des BFH: III R 30/03 = Graf/Obermeier, Ausgabe 2/2003, 197.

Kur/Attest: FG Baden-Württemberg v. 13.12.2001, 14 K 217/00, DStRE 2002, 885, EFG 2002, 467, Rev., Az. des BFH: III R 5/02 = Graf/Obermeier, Ausgabe 2/2002, 245.

Kur/Trinkgelder/Ausland: FG Niedersachsen v. 15.6.2000, 5 K 491/98, EFG 2002, 1045, Rev., Az. des BFH: III R 32/01 = Graf/Obermeier, Ausgabe 3/2002, 276.

Medizinische Notwendigkeit: FG Rheinland-Pfalz v. 26.5.2003, 5 K 1853/01, EFG 2003, 1244, Rev., Az. des BFH: III R 45/03 = Graf/Obermeier, Ausgabe 2/2003, 197.

Schulgeldzahlungen: FG Düsseldorf v. 19.9.2002, 14 K 1407/99 E, DStRE 2003, 597, Rev., Az. des BFH: III R 32/02 = Graf/Obermeier, Ausgabe 2/2003, 198.

Strafverteidigung/Sohn: FG München v. 29.7.2002, 11 K 5564/00, DStRE 2002, 1372, EFG 2002, 1448, Rev., Az. des BFH: III R 23/02 = Graf/Obermeier, Steuererklärungen 2002, 113.

Unterhaltszahlungen/gleichgestellte Personen: FG Köln v. 19.9.2002, 3 K 5313/00, EFG 2003, 392, Rev., Az. des BFH: III R 50/02 = Graf/Obermeier, Ausgabe 1/2003, 230.

Unterhaltszahlungen/Halbteilungsgrundsatz: FG Münster v. 28.9.2001, 11 K 7225/99 E, EFG 2002, 27, Rev., Az. des BFH: X R 61/01 = Graf/Obermeier, Steuererklärungen 2002, 115.

Unterhaltszahlungen/Unterhaltshöchstbetrag/zumutbare Belastung: FG Münster v. 28.9.2001, 11 K 7225/99 E, EFG 2002, 27, Rev., Az. des BFH: X R 61/01 = Graf/Obermeier, Steuererklärungen 2002, 116.

Trinkgelder: FG Münster v. 12.3.2003, 1 K 4172/02 E, EFG 2003, 1096, Rev., Az. des BFH: III R 32/03 = Graf/Obermeier, Ausgabe 2/2003, 198.

Vaterschaftsprozess: FG Münster v. 3.4.2003, 3 K 1240/01 E, EFG 2003, 1009, Rev., Az. des BFH: III R 24/03 = Graf/Obermeier, Ausgabe 2/2003, 198.

Wiederbeschaffung von Hausrat/Brandschaden: FG München v. 22.11.2001, 15 K 5567/99, EFG 2002, 466, Rev., Az. des BFH: III R 2/02 = Graf/Obermeier, Ausgabe 2/2002, 251 und Ausgabe 3/2002, 276.

• Eigenheimzulage

Objektbeschränkung/räumlicher Zusammenhang zwischen eigengenutzter und unentgeltlich überlassener Wohnung: FG Münster v. 5.11.2001, 1 K 1735/99 EZ, DStRE 2002, 628, EFG 2002, 384, Rev., Az. des BFH: IX R 6/02 = Graf/Obermeier, Ausgabe 2/2002, 303.

Übergangsregelung/steuerfreie Entnahme: FG Köln v. 9.11.2001, 7 K 3441/99, EFG 2002, 199, Rev., Az. des BFH: IV R 7/02 = Graf/Obermeier, Ausgabe 2/2002, 305.

• Einkünfte aus Gewerbebetrieb (§§ 15 ff. EStG)

Abfärbung i.S.d. § 15 Abs. 3 EStG/geringe gewerbliche Einkünfte: FG Münster v. 7.12.2001, 3 K 4979/95, EFG 2002, 129, Rev., Az. des BFH: IX R 53/01 = Graf/Obermeier, Ausgabe 2/2002, 165.

Anteile an Kapitalgesellschaften/wesentliche Beteiligung/Bürgschaftsinanspruchnahme: FG Saarland v. 5.12.2002, 1 K 361/02, EFG 2003, 323, NZB, Az. des BFH: IV B 5/03 = Graf/Obermeier, Ausgabe 1/2003, 127.

Betriebsaufspaltung/personelle Verflechtung/Einstimmigkeitsabrede: FG Nürnberg v. 5.12.2001, III 117/1999, EFG 2002, 570, NZB, Az. des BFH: IV B 57/02 = Graf/Obermeier, Ausgabe 3/2002, 195.

Gewerblicher Grundstückshandel/Baureifmachung/Veräußerung eines Objekts: FG Niedersachsen v. 23.8.2000, 13 K 202/97, EFG 2001, 1437, Rev., Az. des BFH: X R 19/01 = Graf/Obermeier, Ausgabe 2/2002, 85.

Gewerblicher Grundstückshandel/Voraussetzungen/Bilanzierung: FG Nürnberg v. 27.3.2002, III 154/1999, EFG 2002, 1033, NZB, Az. des BFH: III B 69/02 = Graf/Obermeier, Ausgabe 3/2002, 198.

Gewerblicher Grundstückshandel/Zebragesellschaften/Vorlage an Großen Senat: BFH v. 30.10.2002 IX R 80/98, BStBl II 2003, 167 = Graf/Obermeier, Ausgabe 1/2003, 74.

• Einkünfte aus Kapitalvermögen (§ 20 EStG)

Ausländische Lebensversicherung/Steuerfreiheit: FG Rheinland-Pfalz v. 8.11.2001, 6 K 1796/00, EFG 2002, 193, Rev., Az. des BFH: VIII R 47/01 = Graf/Obermeier, Steuererklärungen 2002, 309.

Beratungskosten/geplanter Erwerb einer AG-Beteiligung: FG Baden-Württemberg v. 15.11.2001, 6 K 144/98, EFG 2002, 900, DStRE 2002, 739, Rev., Az. des BFH: VIII R 4/02 = Graf/Obermeier, Steuererklärungen 2002, 309.

Bonusaktien der Deutschen Telekom AG/Kapitalerträge: FG Düsseldorf v. 17.7.2002, 2 K 4068/01 E, EFG 2002, 1382, Rev., Az. des BFH: VIII R 70/02 = Graf/Obermeier, Ausgabe 3/2002, 234.

Einkunftserzielungsabsicht/fremd- und eigenfinanzierte Wertpapiere: FG Niedersachsen v. 2.10.2001, 13 K 66/96, DStRE 2002, 262, EFG 2002, 141, Rev., Az. des BFH: VIII R 43/01 = Graf/Obermeier, Ausgabe 2/2002, 72.

Finanzinnovationen (Reverse Floater)/verfassungsrechtliche Problematik: FG Rheinland-Pfalz v. 28.10.2002, 1 K 1807/99, DStRE 2003, 394, EFG 2003, 314, Rev., Az. des BFH: VIII R 97/02 = Graf/Obermeier, Ausgabe 1/2003, 172.

Optionsanleihen/Aufteilung des Kaufpreises/steuerpflichtige Kapitalerträge/Wert des Optionsrechts: FG Baden-Württemberg v. 13.12.2001, 6 K 115/99, EFG 2002, 907, DStRE 2002, 872, Rev., Az. des BFH: VIII R 9/02 = Graf/Obermeier, Steuererklärungen 2002, 312.

Schuldzinsen/Bürgschaftsinanspruchnahme: FG Niedersachsen v. 19.3.2002, 13 K 180/99, DStRE 2002, 1483, Rev., Az. des BFH: VIII R 30/02 = Graf/Obermeier, Steuererklärungen 2002, 313.

Schuldzinsen/Erwerb von Aktien des Arbeitgebers: FG Rheinland-Pfalz v. 26.9.2001, 1 K 1197/01, DStRE 2002, 603, Rev., Az. des BFH: VI R 153/01 = Graf/Obermeier, Steuererklärungen 2002, 313.

Zurechnung von Kapitalerträgen/unentgeltlich erworbener Sparkassenbrief/Verzicht auf Erbanspruch: FG Niedersachsen v. 19.2.2002, 13 K 532/98, DStRE 2002, 871, NZB, Az. des BFH: VIII B 77/02 = Graf/Obermeier, Steuererklärungen 2002, 315.

• Einkünfte aus nichtselbständiger Arbeit (§ 19 EStG)

Abfindung/Dienstwagen: FG Berlin v. 12.11.2001, 9 K 9111/00, DStRE 2002, 553, Rev., Az. des BFH: XI R 1/02; a.A. FG Baden-Württemberg v. 20.6.2000, 1 K 80/99, EFG 2000, 1126, Rev., Az. des BFH: XI R 80/00; FG Düsseldorf v. 23.4.2001, 7 K 7144/97 E, EFG 2001, 894, Rev., Az. des BFH: XI R 34/01; FG Niedersachsen v. 21.5.2001, 15 K 800/98, DStRE 2001, 1155, Rev., Az. des BFH: XI R 37/01 = Graf/Obermeier, Ausgabe 2/2002, 176.

Arbeitszimmer/außerhäusliches/Anmietung von Verwandten: FG Rheinland-Pfalz v. 22.11.2001, 6 K 1024/00, EFG 2002, 250, Rev., Az. des BFH: VI R 44/02 = Graf/Obermeier, Ausgabe 2/2002, 181.

Arbeitszimmer/außerhäusliches/Übernachtung: FG München v. 14.12.2001, 1 K 1209/00, EFG 2002, 390, NZB, Az. des BFH: VI B 9/02 = Graf/Obermeier, Ausgabe 2/2002, 181.

Arbeitszimmer/Diakon: FG Köln v. 25.1.2002, 7 K 8000/00, EFG 2002, 527, Rev., Az. des BFH: VI R 20/02 = Graf/Obermeier, Ausgabe 2/2002, 181.

Arbeitszimmer/Hobbyraum: FG München v. 4.5.2001, 8 K 3781/99, EFG 2002, 323, Rev., Az. des BFH: VI R 130/01 = Graf/Obermeier, Ausgabe 2/2002, 182.

Arbeitszimmer/Key-Account-Manager: FG Nürnberg v. 16.4.2002, I 261/2001, EFG 2002, 1087, Rev., Az. des BFH: VI R 54/02 = Graf/ Obermeier, Ausgabe 3/2002, 223.

Arbeitszimmer/Schulleiter: FG Münster v. 8.11.2000, 14 K 4010/99 E, EFG 2002, 322, Rev., Az. des BFH: VI R 150/01 = Graf/Obermeier, Ausgabe 2/2002, 182.

Arbeitszimmer/ungestörter Arbeitsplatz: FG Rheinland-Pfalz v. 22.10.2001, 5 K 2934/99, EFG 2002, 388, Rev., Az. des BFH: VI R 1/02 = Graf/Obermeier, Ausgabe 2/2002, 181.

Arbeitszimmer/Vermietung/kein Gestaltungsmissbrauch: FG Düsseldorf v. 23.11.2001, 8 K 7672/00 E, EFG 2002, 173, Rev., Az. des BFH: IX R 72/01 = Graf/Obermeier, Ausgabe 2/2002, 180.

Aufbaustudium/Auslandsreise/Mexiko: FG Berlin v. 14.5.2002, 5 K 5345/00, EFG 2002, 1084, Rev., Az. des BFH: VI R 62/02 = Graf/ Obermeier, Ausgabe 3/2002, 226.

Computer/Peripheriegeräte: FG Rheinland-Pfalz v. 24.9.2001, 5 K 1249/00, EFG 2001, 1595, Rev., Az. des BFH: VI R 135/01 = Graf/Obermeier, Ausgabe 2/2002, 183.

Computer/Regelabzug 50 v.H.: FG Rheinland-Pfalz v. 22.11.2001, 6 K 1024/00, EFG 2002, 250, NZB, Az. des BFH: VI B 3/02 = Graf/Obermeier, Ausgabe 2/2002, 183.

Doppelte Haushaltsführung/Leiharbeitnehmer: FG Sachsen-Anhalt v. 5.3.2002, 4 K 30010/99, EFG 2002, 1027, NZB, Az. des BFH: VI B 71/02 = Graf/Obermeier, Ausgabe 3/2002, 222.

Doppelte Haushaltsführung/Neubeginn der Zweijahresfrist: FG Niedersachsen v. 26.4.2001, 11 K 224/99, EFG 2002, 14, Rev., Az. des BFH: VI R 112/01 = Graf/Obermeier, Ausgabe 2/2002, 184.

Doppelte Haushaltsführung/Umzugskostenpauschale: FG Münster v. 23.1.2002, 8 K 2060/99 E, EFG 2002, 608, vorläufig nrkr. = Graf/Obermeier, Ausgabe 3/2002, 221.

Doppelte Haushaltsführung/Verpflegungsmehraufwendungen: FG Brandenburg v. 12.12.2001, 2 K 1668/00, EFG 2002, 321, Rev., Az. des BFH: VI R 7/02 = Graf/Obermeier, Ausgabe 2/2002, 185.

Doppelte Haushaltsführung/Promotion/Änderung der Rechtsprechung: FG Köln v. 20.2.2003, 10 K 3534/99, EFG 2003, 989, Rev., Az. des BFH: VI R 28/03 = Graf/Obermeier, Ausgabe 2/2003, 143.

Geldwerter Vorteil/Gestellung eigener Markenkleidung/leitende Mitarbeiter: FG München v. 26.4.2002, 7 K 4528/00, DStRE 2002, 1111, Rev., Az. des BFH: VI R 60/02 = Graf/Obermeier, Ausgabe 3/2002, 226.

Pilot/regelmäßige Arbeitsstätte: FG Rheinland-Pfalz v. 16.12.2002, 5 K 1806/02, EFG 2003, 605, NZB, Az. des BFH: VI B 43/03 = Graf/Obermeier, Ausgabe 2/2003, 226.

Sonntags-, Feiertags- und- Nachtarbeitzuschläge/Einzelnachweis/Betreuer: FG Schleswig-Holstein v. 26.2.2002, V 82/02, EFG 2002, 601, Rev., Az. des BFH: VI R 37/02 = Graf/Obermeier, Ausgabe 3/2002, 227.

Umschulung/Fahrlehrer: FG Münster v. 7.4.2003, 4 K 394/00 E, EFG 2003, 988, Rev., Az. des BFH: VI R 31/03 = Graf/Obermeier, Ausgabe 2/2003, 135.

• Einkünfte aus selbständiger Arbeit (§ 18 EStG)

Ähnlichkeit mit Krankengymnasten/Rechtsprechungsänderung/Anfrage an XI. Senat: BFH v.20.3.2003 IV R 69/00, noch nicht veröffentlicht = Graf/Obermeier, Ausgabe 1/2003, 130.

Arzt/Einkunftserzielungsabsicht/Schlussphase: FG Münster v. 7.5.2002, 1 K 3882/00, EFG 2002, 1157, Rev., Az. des BFH: IV R 43/02 = Graf/Obermeier, Ausgabe 3/2002, 208.

Arbeitszimmer/Betriebsstätte/Mehrheit von Räumen: FG München v. 25.2.2003, 2 K 38/02, EFG 2003, 833, Rev., Az. des BFH: IV R 30/03 = Graf/Obermeier, Ausgabe 2/2003, 127.

Personalberater und Personalvermittler: FG Schleswig-Holstein v. 13.12.2001, II 553/98, EFG 2002, 325, Rev., Az. des BFH: IV R 72/02 = Graf/Obermeier, Ausgabe 2/2002, 173.

Rechtsanwalt/Insolvenzverwalter: BFH v. 12.12.2001 XI R 56/00, BStBl II 2002, 202, Verfassungsbeschwerde, Az. des BVerfG: 1 BvR 437/02 = Graf/Obermeier, Ausgabe 3/2002, 209.

Unternehmensberater mit einem Wirtschaftsingenieur vergleichbarer Ausbildung: FG Rheinland-Pfalz v. 8.1.2002, 2 K 2286/99, NWB BFH-/FG-Datenbank online, Rev., Az. des BFH: IV R 21/02 = Graf/Obermeier, Ausgabe 3/2002, 209.

Veräußerung/Begünstigung des Veräußerungsgewinns/Einstellung der Tätigkeit/ gewisse Zeit: BFH v. 10.6.1999 IV R 11/99, BFH/NV 1999, 1594, Verfassungsbeschwerde, Az. des BVerfG: 2 BvR 1877/99 = Graf/Obermeier, Ausgabe 2/2003, 129.

• Einkünfte aus Vermietung und Verpachtung (§ 21 EStG)

Absetzung für Abnutzung/außerordentliche Gebäudeabschreibung wegen Mängeln: FG München v. 16.5.2002, 11 K 679/02, EFG 2002, 1159, Rev., Az. des BFH: IX R 30/02 = Graf/Obermeier, Steuererklärungen 2002, 333.

Absetzung für Abnutzung/kein Wechsel der AfA-Methode: FG Düsseldorf v. 5.12.2002, 8 K 4697/00 E, EFG 2003, 1227, Rev., Az. des BFH: IX R 3/03; FG München v. 25.4.2003, 10 K 4717/01, DStRE 2003, 1080, EFG 2003, 1078, Rev., Az. des BFH: IX R 32/03 = Graf/Obermeier, Ausgabe 2/2003, 163.

Absetzung für Abnutzung/Seniorenwohnanlage/degressive AfA: FG Nürnberg v. 30.10.2002, VII 278/1999, EFG 2003, 835, Rev., Az. des BFH: IX R 7/03; v. 28.11.2002, VII 265/1999, DStRE 2003, 1017, EFG 2003, 837, Rev., Az. des BFH: IX R 9/03 = Graf/Obermeier, Ausgabe 2/2003, 160.

Angehörige/Fremdvergleich/Anerkennung Kaufvertrag/gemeinsame Verfügungsbefugnis über Kaufpreis: FG Düsseldorf v. 2.10.2002, 16 K 2493/00 E, DStRE 2003, 843, EFG 2003, 773, Rev., Az. des BFH: IX R 5/03 = Graf/Obermeier, Ausgabe 2/2003, 156.

Angehörige/Vermietung an Eltern/Erhöhung dauernde Last/Vermietung neugeschaffenen Wohnraums/kein Gestaltungsmissbrauch: FG Düsseldorf v. 10.2.2003, 7 K 2264/00 E, EFG 2003, 743, Rev., Az. des BFH: IX R 22/03 = Graf/Obermeier, Ausgabe 2/2003, 159.

Anschaffungsnaher Aufwand/ehemalige DDR: FG Hessen v. 15.8.2002, 5 K 4799/00, EFG 2003, 520, NZB, Az. des BFH: IX B 28/03 = Graf/Obermeier, Ausgabe 2/2003, 43.

Einkunftserzielungsabsicht/Verkaufsbemühungen: FG Berlin v. 12.12.2000, 7 K 7333/98, EFG 2002, 252, Rev., Az. des BFH: IX R 56/01 = Graf/Obermeier, Ausgabe 2/2003, 154.

Angehörige/Fremdvergleich/Mietvertrag auf Lebenszeit: FG München v. 24.10.2001, 1 K 4935/98, EFG 2002, 329, Rev., Az. des BFH: IX R 73/01 = Graf/Obermeier, Ausgabe 2/2002, 209.

Angehörige/Fremdvergleich/Mietvorauszahlung: FG Thüringen v. 18.7.2001, III 1503/98, EFG 2002, 829, NZB, Az. des BFH: IX B 14/02 = Graf/Obermeier, Steuererklärungen 2002, 335.

Angehörige/Fremdvergleich/ungewöhnliche Gestaltung: FG Düsseldorf v. 28.11.2001, 18 K 9791/97 E, EFG 2002, 398, NZB, Az. des BFH: IX B 12/02 = Graf/Obermeier, Ausgabe 2/2002, 209.

Angehörige/Gestaltungsmissbrauch/Nießbrauchsverzicht gegen dauernde Last mit gleichzeitiger Vermietung: FG Hessen v. 11.9.2001, 11 K 5604/97, DStRE 2002, 955, Rev., Az. des BFH: IX R 60/01 = Graf/Obermeier, Steuererklärungen 2002, 335.

Angehörige/Gestaltungsmissbrauch/Übertragung eines Wohnhauses gegen dauernde Last mit gleichzeitiger (Rück)Vermietung einer Wohnung: FG Köln v. 17.5.2001, 15 K 4884/93, DStRE 2002, 1137, Rev., Az. des BFH: IX R 41/01 = Graf/ Obermeier, Steuererklärungen 2002, 336.

Arbeitszimmer/Vermietung an Arbeitgeber: FG Niedersachsen v. 17.10.2001, 3 K 148/99, EFG 2002, 969, Rev., Az. des BFH: VI R 25/02 = Graf/Obermeier, Steuererklärungen 2002, 339.

Damnum/Rückfluss von Werbungskosten: FG Hamburg v. 27.6.2001, VII 6/98, DStRE 2001, 1325, EFG 2001, 1605, Rev., Az. des BFH: IX R 44/01 = Graf/Obermeier, Ausgabe 2/2002, 74.

Einbringung eines Grundstücks in GbR/Bemessungsgrundlage für Abschreibung/ Schuldzinsen: FG Hessen v. 18.9.2001, 1 K 4061/99, DStRE 2002, 734, EFG 2002, 12, Rev., Az. des BFH: IX R 68/01 = Graf/Obermeier, Steuererklärungen 2002, 342.

Einkunftserzielungsabsicht/Veräußerungsabsicht: FG Berlin v. 12.12.2000, 7 K 7333/98, EFG 2002, 252, Rev., Az. des BFH: IX R 56/01 = Graf/Obermeier, Steuererklärungen 2002, 343.

Gemischt genutzte Gebäude/Aufnahme gesonderter Darlehen: FG Nürnberg v. 5.2.2002, I 93/2000, DStRE 2002, 735, EFG 2002, 752, Rev., Az. des BFH: IX R 33/02 = Graf/Obermeier, Steuererklärungen 2002, 351.

Gemischt genutzte Gebäude/Erwerbsfälle/gesonderte Finanzierung: FG Düsseldorf v. 26.11.2001, 14 K 7133/00 E, DStRE 2002, 546, Rev., Az. des BFH: IX R 17/02; FG Nürnberg v. 5.2.2002, I 93/2000, DStRE 2002, 735, Rev., Az. des BFH: IX R 50/02 = Graf/Obermeier, Ausgabe 2/2002, 70 und Ausgabe 3/2002, 250.

Grundstücksgemeinschaften/Vermietung an Ehemann der Gesellschafterin: FG Baden-Württemberg v. 27.6.2001, 12 K 421/00, DStRE 2002, 349, EFG 2002, 533, Rev., Az. des BFH: IX R 42/01 = Graf/Obermeier, Ausgabe 2/2002, 201.

Planungskosten/Wertsteigerung: FG Berlin v. 12.12.2000, 7 K 7333/98, EFG 2002, 252, Rev., Az. des BFH: IX R 56/01 = Graf/Obermeier, Steuererklärungen 2002, 356.

Räumungskosten/sofort abziehbare Werbungskosten: FG Köln v. 20.9.2001, 10 K 5793/96, DStRE 2002, 198, EFG 2002, 8, Rev., Az. des BFH: IX R 57/01 = Graf/Obermeier, Steuererklärungen 2002, 356.

Restitutionsfälle/Ausgleichszahlungen für Instandsetzungsaufwendungen: FG Berlin v. 15.7.2002, 9 K 9338/99, EFG 2002, 1517, NZB, Az. des BFH: IX B 181/02 = Graf/Obermeier, Steuererklärungen 2002, 357.

Seniorenwohnanlage/AfA: FG Münster v. 7.6.2002, 4 K 3780/99 E, EFG 2002, 1084, Rev., Az. des BFH: IX R 35/02 = Graf/Obermeier, Ausgabe 3/2002, 254.

Vorfälligkeitsentschädigung/Finanzierung Werbungskosten: FG Köln v. 22.3.2002, 14 K 2424/01, DStRE 2002, 737, Rev., Az. des BFH: IX R 20/02 = Graf/Obermeier, Ausgabe 3/2002, 245.

Vorfälligkeitsentschädigung/Übertragung der Finanzierung/Ersatzobjekt: FG Köln v. 3.5.2001, 10 K 4320/96, DStRE 2001, 904, Rev., Az. des BFH: IX R 34/01 = Graf/ Obermeier, Ausgabe 2/2002, 75.

Zuschüsse/Erlass: FG Nürnberg v. 11.7.2001, III 225/2000, DStRE 2002, 1242, Rev., Az. des BFH: IX R 12/02 = Graf/Obermeier, Steuererklärungen 2002, 361.

• Gewinn (§§ 4 ff. EStG)

Schuldzinsen/Überentnahmen/Bagatellgrenze/Personengesellschaften: FG Münster v. 27.9.2002, 11 K 5882/01, EFG 2003, 74, Rev., Az. des BFH: VIII R 90/02 = Graf/Obermeier, Ausgabe 1/2003, 109.

Schuldzinsen//Unterentnahmen vor 1999/Neuregelung ab VZ 2001/Verfassungswidrigkeit: FG Niedersachsen v. 12.8.2003, 12 V 557/02, noch nicht veröffentlicht = Graf/Obermeier, Ausgabe 2/2003, 103.

Schuldzinsen/Überentnahmen/Gewinnbegriff: FG Münster v. 20.2.2002, 8 K 6392/01, EFG 2002, 900, NZB, Az. des BFH: XI B 72/02 = Graf/Obermeier, Ausgabe 3/2002, 172.

Sonder- und Ansparabschreibung/Ansparrücklage/Leasinggeber: FG München v. 16.10.2002, 1 K 1642/01, EFG 2003, 382, Rev., Az. des BFH: X R 38/02 = Graf/ Obermeier, Ausgabe 1/2003, 114.

Sonder- und Ansparabschreibung/Ansparrücklage/Nachweis der Begünstigung: FG München v. 16.10.2002, 1 K 1642/01, EFG 2003, 382, Rev., Az. des BFH: X R 38/02 = Graf/Obermeier, Ausgabe 1/2003, 114.

Verträge mit Angehörigen/Ehegatten-Arbeitsverhältnis/Abfluss des Arbeitslohns: FG Düsseldorf v. 24.10.2002, 11 K 2985/00, EFG 2003, 515, Rev., Az. des BFH: IV R 68/02 = Graf/Obermeier, Ausgabe 1/2003, 107.

Verträge mit Angehörigen/Ehegatten-Arbeitsverhältnis/Anerkennung durch Arbeitsgericht: FG Rheinland-Pfalz v. 13.8.2002, 2 K 2660/99, LEXinform 814766, Rev., Az. des BFH: X R 4/03 = Graf/Obermeier, Ausgabe 1/2003, 108.

Verträge mit Angehörigen/Ehegatten-Arbeitsverhältnis/Tantiemevereinbarung: FG Nürnberg v. 29.1.2003, III 210/2001, NWB BFH-/FG-Datenbank online, vorläufig nrkr. = Graf/Obermeier, Ausgabe 1/2003, 107.

Verträge mit Angehörigen/Mietvertrag über betriebliche Räume: FG Saarland v. 5.2.2003, 1 K 337/99, NWB BFH-/FG-Datenbank online, vorläufig nrkr. = Graf/Obermeier, Ausgabe 1/2003, 107.

• Kinder (§§ 31 f. EStG)

Ausbildung/Arbeitsgelegenheit nach § 19 BSHG als Berufsausbildung: FG Niedersachsen v. 8.8.2002, 11 K 65/99 Kl, EFG 2003, 331, Rev., Az. des BFH: VIII R 75/02 = Graf/Obermeier, Ausgabe 1/2003, 217.

Ausbildung/Beurlaubung: FG Baden-Württemberg v. 27.8.2002, 2 K 40/00, DStRE 2003, 398, EFG 2002, 1618, Rev., Az. des BFH: VIII R 77/02 = Graf/Obermeier, Steuererklärungen 2002, 138.

Ausbildung/freiwilliges soziales Jahr keine Berufsausbildung: FG Baden-Württemberg v. 3.12.2002, 1 K 18/00, EFG 2003, 543, Rev., Az. des BFH: III R 3/03 = Graf/Obermeier, Ausgabe 2/2003, 181.

Ausbildung/Promotionsvorbereitung: FG Düsseldorf v. 28.5.2003, 18 V 6587/02 A Kg, EFG 2003, 1318, Beschw., Az. des BFH: VIII B 151/03 = Graf/Obermeier, Ausgabe 2/2003, 181.

Ausbildung/Qualifizierungsmaßnahme: FG Niedersachsen v. 8.8.2002, 11 K 65/99 Ki, DStRE 2003, 795, Rev., Az. des BFH: VIII R 75/02 = Graf/Obermeier, Ausgabe 2/2003, 181.

Ausbildung/Vollzeiterwerbstätigkeit keine Ausbildung: FG Köln v. 25.4.2002, 2 K 5912/00, 155, Rev., Az. des BFH: VI R 84/01 = Graf/ Obermeier, Ausgabe 2/2002, 230.

Behinderung/außerstande, sich selbst zu unterhalten/Lebensbedarf des Kindes: FG Köln v. 10.4.2002, 2 K 8998/98, EFG 2002, 1395, Rev., Az. des BFH: VIII R 18/02; FG Hessen v. 7.5.2002, 9 K 3425/00, DStRE 2002, 130, Rev., Az. des BFH: VIII R 56/02 = Graf/Obermeier, Steuererklärungen 2002, 141.

Behinderung/Vermögen des Kindes: FG Münster v. 25.6.2002, 6 K 7313/00 Kg, EFG 2002, 1396, Rev., Az. des BFH: VIII R 59/02 = Graf/Obermeier, Steuererklärungen 2002, 143.

Einkunftsgrenze des Kindes/Barschenkung keine Bezüge: FG München v. 20.2.2002, 9 K 1901/01, Rev., Az. des BFH: VIII R 21/02 = Graf/Obermeier, Ausgabe 3/2002, 269.

Einkunftsgrenze des Kindes/Einkünfte/Bezüge: FG Niedersachsen v. 16.4.2003, 7 K 723/98 Ki, FR 2003, 856, Rev., Az. des BFH: VIII R 59/03 = Graf/Obermeier, Ausgabe 2/2003, 182.

Einkunftsgrenze des Kindes/Jahresbetrag/stark schwankende Einkünfte/Bezüge: FG Schleswig-Holstein v. 31.1.2002, III 129/01, EFG 2002, 923, Rev., Az. des BFH: VIII R 20/02 = Graf/Obermeier, Steuererklärungen 2002, 150.

Einkunftsgrenze des Kindes/Rentennachzahlung/Zuflussprinzip: FG Sachsen-Anhalt v. 27.3.2002, 4 K 20242/99, DStRE 2002, 371, Rev., Az. des BFH: VI R 85/01 = Graf/ Obermeier, Steuererklärungen 2002, 152.

Haushaltsfreibetrag nach dem 31.12.2001/Verfassungsmäßigkeit: FG Nürnberg v. 25.3.2003, III 290/2002, EFG 2003, 1242, Rev., Az. des BFH: VIII R 38/03 = Graf/Obermeier, Ausgabe 2/2003, 185.

Pflegekind/Pflegegeld: FG Münster v. 16.3.2001, 11 K 3560/99 Kg, EFG 2001, 758, Rev., Az. des BFH: VI R 55/01 = Graf/Obermeier, Steuererklärungen 2002, 151.

Pflegekind/Unterhaltsbedarf: FG Düsseldorf v. 26.4.2002, 14 K 2432/00 Kg, DStRE 2002, 14, Rev., Az. des BFH: VI R 78/01 = Graf/Obermeier, Steuererklärungen 2002, 151.

Pflegekind/volljähriges Kind: FG Köln v. 5.6.2002, 10 K 238/01, DStRE 2002, 1127, EFG 2002, 1310, Rev., Az. des BFH: VIII R 50/02 = Graf/Obermeier, Steuererklärungen 2002, 151.

Übergangszeit zwischen zwei Ausbildungsabschnitten/Einkünfte und Bezüge: FG Saarland v. 12.6.2001, 2 K 61/01, DStRE 2002, 679, Rev., Az. des BFH: VIII R 81/01, vormals VI R 92/01 = Graf/Obermeier, Steuererklärungen 2002, 154.

Übergangszeit zwischen zwei Ausbildungsabschnitten/taggenau oder nach vollen Monaten berechnen?: FG Köln v. 28.1.2000, 7 K 7624/98, EFG 2002, 626, Rev., Az. des BFH: VIII R 105/01; v. 8.3.2001, 3 K 5500/99, DStRE 2001, 863, EFG 2001, 983, Rev., Az. des BFH: VI R 60/01; a.A. – auf vier volle Monate abstellen – FG Düsseldorf v. 13.10.2000, 14 K 5248/99 Kg, EFG 2001, 80, Rev., Az. des BFH: VI R 174/00 = Graf/Obermeier, Steuererklärungen 2002, 154.

Übertragung des Kinderfreibetrags/Erklärung gegenüber Finanzamt nicht notwendig: FG Köln v. 22.2.2002, 10 K 7501/96, DStRE 2002, 821, EFG 2002, 910, Rev., Az. des BFH: VI R 38/02 = Graf/Obermeier, Steuererklärungen 2002, 154.

Vollzeiterwerbstätigkeit/keine Ausbildung: FG Köln v. 25.4.2002, 2 K 5912/00, DStRE 2002, 155, Rev., Az. des BFH: VI R 84/01 = Graf/Obermeier, Steuererklärungen 2002, 156.

• Körperschaftsteuer

Gesellschafter-Geschäftsführer/ungeklärte Vermögenszuwächse/Schätzung: FG Rheinland-Pfalz v. 9.4.2002, 2 K 2734/00, EFG 2002, 1145, Rev., Az. des BFH: I R 52/02 = Graf/Obermeier, Ausgabe 3/2002, 291.

Invaliditätsrente/Rückstellung/betrieblicher Anlass: FG München v. 19.3.2002, 6 K 1001/99, EFG 2002, 941, NZB, Az. des BFH: I B 78/02 = Graf/Obermeier, Ausgabe 3/2002, 291.

Pensionszusage/Liquidation/Abfindung: FG Düsseldorf v. 18.3.2002, 17 K 4226/99, EFG 2002, 831, Rev., Az. des BFH: XI R 11/02 = Graf/ Obermeier, Ausgabe 3/2002, 286.

Tantieme/Aufbauphase/Übergang von Einzelunternehmen auf GmbH: FG Schleswig-Holstein v. 16.1.2002, I 141/99, EFG 2002, 495, Rev., Az. des BFH: I R 16/02 = Graf/ Obermeier, Ausgabe 2/2002, 313.

Tantieme/Verlustvorträge/Nichtberücksichtigung: FG Saarland v. 5.2.2003, 1 K 118/01, EFG 2003, 565, Rev., Az. des BFH: I R 22/03 = Graf/Obermeier, Ausgabe 1/2003, 249.

• Sonderausgaben (§§ 10 ff. EStG)

Dauernde Last/Wertsicherungsklausel/fehlende Durchführung: FG Münster v. 5.2.2002, 6 K 6565/99 E, StEd 2002, 291, Rev., Az. des BFH: X R 12/02 = Graf/Obermeier, Ausgabe 2/2002, 153.

Realsplitting/Unterhaltszahlungen ins Ausland/keine Besteuerung im Ausland/ Vorlage an EuGH: BFH v. 22.7.2003 XI R 5/02, DStR 2003, 1783 = Graf/Obermeier, Ausgabe 2/2003, 109.

Verlustabzug/Erbe/Rechtsprechungsänderung/Anfrage I. und VIII. Senat: BFH v. 10.4.2003 XI R 54/99, DStR 2003, 1614.

Vorwegabzug/Beschränkung/1987/Verfassungsbeschwerde: BFH v. 16.10.2002 XI R 61/00, BStBl II 2003, 179, Verfassungsbeschwerde, Az. des BVerfG: 2 BvR 274/03 = Graf/Obermeier, Ausgabe 1/2003, 116.

Vorwegabzug/Kürzung/Ehegatten/Zusammenrechnung: FG Köln v. 11.12.2002, 14 K 3670/02, EFG 2003, 611, Rev., Az. des BFH: XI R 11/03 = Graf/Obermeier, Ausgabe 1/2003, 117.

Vorwegabzug/Kürzung/Ehegatten/Zusammenrechnung/Zweifel: FG Münster v. 14.1.2003, 12 V 6514/02, EFG 2003, 524, Beschw., Az. des BFH: XI B 27/03; FG Schleswig-Holstein v. 27.1.2003, 3 V 236/02, EFG 2003, 524, Beschw., Az. des BFH: XI B 29/03 = Graf/Obermeier, Ausgabe 1/2003, 117 und 118.

Vorwegabzug/Kürzung/mehrere Gesellschafter-Geschäftsführer: FG Köln v. 13.3.2003, 6 K 5158/99, EFG 2003, 1060, Rev., Az. des BFH: XI R 29/03 = Graf/Obermeier, Ausgabe 2/2003, 115.

• Sonstige Einkünfte (§§ 22 f. EStG)

Eigenprovisionen: FG Hamburg v. 14.11.2002, V 289/01, EFG 2003, 851, Rev., Az. des BFH: IX R 17/03; v. 27.2.2003, V 166/99, EFG 2003, 1002, Rev., Az. des BFH: IX R 23/03 = Graf/Obermeier, Ausgabe 2/2003, 172.

Freundschaftsdienst/gelegentliche Vermittlung eines Veräußerungsgeschäfts steuerpflichtig: FG Hessen v. 30.1.2002, 13 K 2224/01, DStRE 2002, 1120, EFG 2002, 829, Rev., Az. des BFH: IX R 13/02 = Graf/Obermeier, Steuererklärungen 2002, 380.

Private Veräußerungsgeschäfte/Bonus-Aktien der Deutschen Telekom AG: FG Düsseldorf v. 17.7. 2002, 2 K 4068/01 E, EFG 2002, 1382, Rev., Az. des BFH: VIII R 70/02 = Graf/Obermeier, Ausgabe 3/2002, 257.

Private Veräußerungsgeschäfte/Eigennutzung einer Wohnung nur bei tatsächlichem Bezug: FG Köln v. 22.11.2002, 14 K 3507/01, DStRE 2003, 463, Rev., Az. des BFH: IX R 18/03 = Graf/Obermeier, Ausgabe 1/2003, 210.

Private Veräußerungsgeschäfte/Erwerb eines Erbanteils keine Anschaffung: FG Niedersachsen v. 23.10.2001, 8 K 655/99, DStRE 2003, 397, EFG 2003, 317, Rev., Az. des BFH: IX R 5/02 = Graf/Obermeier, Ausgabe 1/2003, 211.

Private Veräußerungsgeschäfte/rückwirkende Verlängerung der Spekulationsfrist bei Grundstücken nicht verfassungswidrig: FG Baden-Württemberg v. 27.8.2002, 2 K 244/01, EFG 2002, 1614, Rev., Az. des BFH: IX R 46/02 = Graf/Obermeier, Steuererklärungen 2002, 384.

Private Veräußerungsgeschäfte/rückwirkende Verlängerung der Spekulationsfrist bei Grundstücken/Verfassungswidrigkeit/Vorlagebeschluss an BVerfG: FG Köln v. 25.7.2002, 13 K 460/01, EFG 2002, 1236, Az. des BVerfG: 2 BvL 14/02 = Graf/Obermeier, Ausgabe 3/2002, 256.

Private Veräußerungsgeschäfte/Veräußerung nach Entnahme/Entnahme vor dem 1.1.1999/Anwendungsregelung/Verfassungswidrigkeit: FG Düsseldorf v. 19.12.2001, 9 K 77/66 E, EFG 2002, 464, Rev., Az. des BFH: IX R 8/02 = Graf/Obermeier, Ausgabe 2/2002, 223.

Private Veräußerungsgeschäfte/Verlustrücktrag/Freigrenze: FG Rheinland-Pfalz v. 12.11.2002, 2 K 1545/02, EFG 2003, 463, Rev., Az. des BFH: IX R 13/03 = Graf/Obermeier, Ausgabe 1/2003, 211.

Private Veräußerungsgeschäfte/Wertpapiergeschäfte/Vorlagebeschluss an BVerfG: BFH v. 16.7.2002 IX R 62/99, BStBl II 2003, 74 = Graf/Obermeier, Ausgabe 1/2003, 212.

Private Veräußerungsgeschäfte/Zufallserfindung: FG Hamburg v. 24.7.2002, VI 212/00, DStRE 2002, 1493, Rev., Az. des BFH: XI R 26/02 = Graf/Obermeier, Steuererklärungen 2002, 388.

Provisionsabtretung zu Gunsten des Versicherungsnehmers nicht steuerpflichtig: FG München v. 7.6.2002, 8 K 2742/01, DStRE 2003, 340, EFG 2003, 463, Rev., Az. des BFH: IX R 62/02 = Graf/Obermeier, Steuererklärungen 2002, 209.

Verzicht auf Nachbarrechte: FG Münster v. 10.4.2003, 8 K 1220/99 E, EFG 2003, 1090, NZB, Az. des BFH: IX B 85/03 = Graf/Obermeier, Ausgabe 2/2003, 171.

Weitergabe von Informationen/Tippprovision: FG Berlin v. 19.3.2002, 9 K 9101/01, DStRE 2003, 531, Rev., Az. des BFH: IX R 53/02 = Graf/Obermeier, Ausgabe 1/2003, 209.

• Steuerpflicht (§§ 1 ff. EStG)

Beschränkte Steuerpflicht/Mindeststeuer/Berücksichtigung des Grundfreibetrages: FG Düsseldorf v. 25.4.2002, 11 K 5753/99 E, EFG 2002, 916, Rev., Az. des BFH: I R 34/02 = Graf/Obermeier, Ausgabe 3/2002, 160.

Beschränkte Steuerpflicht/Mindeststeuer/Verstoß gegen EU-Recht: FG Düsseldorf v. 25.4.2002, 11 K 5753/99, EFG 2002, 916, Rev., Az. des BFH: I R 34/02 = Graf/ Obermeier, Ausgabe 3/2002, 128.

Mindestbesteuerung gem. § 2 Abs. 3 EStG/außerordentliche Einkünfte/verfassungsrechtliche Bedenken: FG Sachsen-Anhalt v. 8.4.2002, 4 V 18/01, EFG 2002, 1017, Beschw., Az. des BFH: XI B 112/02 = Graf/ Obermeier, Ausgabe 3/2002, 164.

Mindestbesteuerung/eingeschränkte Verlustverrechnung/verfassungsrechtliche Bedenken/"echte Verluste": FG Hessen v. 4.12.2001, 11 V 3177/01, StEd 2002, 291, Beschw., Az. des BFH: XI B 7/02; FG Berlin v. 4.3.2002, 6 B 6333/01, EFG 2002, 597, Beschw., Az. des BFH: XI B 76/02) = Graf/Obermeier, Ausgabe 2/2002, 129.

Negative Einkünfte mit Auslandsbezug/gemeinschaftswidrig/Vorlage an EuGH: BFH v. 13.11.2002 I R 13/02, BFH/NV 2003, 680 = Graf/Obermeier, Ausgabe 1/2003, 105.

• Umsatzsteuer

Geldspielautomaten/Vorlage an EuGH: BFH v. 29.8.2002 V R 40/01, DStR 2003, 246 = Graf/Obermeier, Ausgabe 1/2003, 286.

Rechnung/Bedeutung bei Steuerschuldnerschaft/Vorlage an EuGH: BFH v. 22.11.2001 V R 61/00, DStR 2002, 851 = Graf/Obermeier, Ausgabe 2/2002, 339.

Vorsteuer/Abzug einer Vorgründungsgesellschaft/Vorlage an EuGH: BFH v. 23.1.2002 V R 84/99, DB 2002, 1030 = Graf/Obermeier, Ausgabe 2/2002, 339.

Vorsteuer/Abzug/Zeitpunk/Vorlage an EuGH: BFH v. 21.3.2002 V R 33/01, StuB 2002, 512 = Graf/Obermeier, Ausgabe 2/2002, 339.

Vorsteuer/Abzug/gemischt genutzte Gebäude/häusliches Arbeitszimmer/Vorlage an EuGH: BFH v. 29.8.2002 V R 40/01, DStR 2003 = Graf/Obermeier, Ausgabe 1/2003, 286.

Vorsteuer/Abzug/Bewirtungsrechnungen/Verstoß gegen Aufzeichnungspflichten: FG Berlin v. 27.2.2002, 6 K 5026/00, EFG 2003, 378, Rev., Az. des BFH: V R 497/02 = Graf/Obermeier, Ausgabe 1/2003, 274.

Teil F: Zusammenstellung aktueller Rechtsprechung und Verwaltungsanweisungen

I. Aktuelle Rechtsprechung

Vorbemerkung: In dieses Urteilsregister werden Entscheidungen des EuGH, des BVerfG, des BFH und rechtskräftige Entscheidungen der Finanzgerichte eines Jahrgangs aufgenommen. Wichtige anhängige Verfahren sind in Teil E aufgelistet.

• Abgabenordnung

Abgabefrist/Verlängerung/Steuerberater/eigene Steuererklärung: BFH v. 29.1.2003 XI R 82/00, BStBl II 2003, 550 = Graf/Obermeier, Ausgabe 2/2003, 265.

Drei-Tages-Fiktion/Rechtsprechungsänderung: BFH v. 23.9.2003 IX R 68/98, NWB BFH-/FG-Datenbank online = Graf/Obermeier, Ausgabe 2/2003, 267.

Verwaltungsakt/Zugang/Nachweis: BFH v. 12.3.2003 X R 17/99, BFH/NV 2003, 1031 = Graf/Obermeier, Ausgabe 2/2003, 267.

Festsetzungsfrist/Wahrung durch Finanzamt/Zugang: BFH v. 25.11.2002 GrS 2/01, BStBl II 2003, 548 = Graf/Obermeier, Ausgabe 2/2003, 267.

Schätzungsbescheid/Steuererklärung als Einspruch: BFH v. 27.2.2003 V R 87/01, BStBl II 2003, 505 = Graf/Obermeier, Ausgabe 2/2003, 268.

Steuergeheimnis/Gewerbeuntersagungsverfahren: BFH v. 29.7.2003 VII R 39, 43/02, NWB BFH-/FG-Datenbank online = Graf/Obermeier, Ausgabe 2/2003, 264.

• Außergewöhnliche Belastung (§§ 33 ff. EStG)

Alkoholiker: BFH v. 25.3.2003 III B 67/02, BFH/NV 2003, 1167 = Graf/Obermeier, Ausgabe 2/2003, 195.

Altenwohnheim/krankheitsbedingte Unterbringung: BFH v. 18.4.2002 III R 15/00, BStBl II 2003, 70 = Graf/Obermeier, Ausgabe 1/2003, 220.

Krebsnachbehandlung für Vater: BFH v. 12.12.2002 III R 25/01, BStBl II 2003, 299 = Graf/Obermeier, Ausgabe 1/2003, 234.

Pflegepauschbetrag: BFH v. 20.2.2003 III R 9/02, BStBl II 2003, 476 = Graf/Obermeier, Ausgabe 1/2003, 234.

Räumungsprozess: BFH v. 17.6.2003 III B 55/02, BFH/NV 2003, 1324 = Graf/Obermeier, Ausgabe 2/2003, 198.

Scheidungsfolgekosten: BFH v. 21.3.2003 III B 110/02, BFH/NV 2003, 937 = Graf/Obermeier, Ausgabe 2/2003, 198.

Schuldentilgung für Ehegatten: FG Niedersachsen v. 3.12.2002, 3 K 508/00, EFG 2003, 622, rkr. = Graf/Obermeier, Ausgabe 1/2003, 234.

Schulkosten: FG Münster v. 20.2.2003, 1 K 1545/01, EFG 2003, 1084, rkr. = Graf/Obermeier, Ausgabe 2/2003, 198.

Unterhaltshöchstbetrag/Verwandtenbesuche im Inland: BFH v. 5.6.2003 III R 10/02, BStBl II 2003, 714 = Graf/Obermeier, Ausgabe 2/2003, 193.

Unterhaltszahlungen/gleichgestellte Personen/Unterhalt für Schwester nicht abziehbar, wenn keine Haushaltsgemeinschaft: BFH v. 23.10.2002 III R 57/99, BStBl II 2003, 187 = Graf/Obermeier, Ausgabe 1/2003, 229.

Unterhaltszahlungen/Vermögen des Unterhaltsberechtigten/Eigenheim kein geringes Vermögen: BFH v. 12.12.2002 III R 41/01, DB 2003, 533, DStR 2003, 363 = Graf/Obermeier, Ausgabe 1/2003, 230.

Zumutbare Belastung/Verfassungsmäßigkeit: BFH v. 10.1.2003 III B 26/02, BFH/NV 2003, 616 = Graf/Obermeier, Ausgabe 1/2003, 234.

• Bauabzugssteuer (§§ 48 ff. EStG)

Insolvenz/einstweilige Anordnung: BFH v. 13.11.2002 I B 147/02, BStBl II 2003, 716 = Graf/Obermeier, Ausgabe 2/2003, 207.

Darlegung bei einstweiliger Anordnung: BFH v. 23.10.2002 I B 132/02, BFH/NV 2003, 313 = Graf/Obermeier, Ausgabe 1/2003, 236.

• Eigenheimzulage

Anschaffung vom Ehegatten: BFH v. 4.6.2003 X R 49/01, DB 2003, 1824 = Graf/Obermeier, Ausgabe 2/2003, 208.

Einkunftsgrenze: BFH v. 20.3.2003 III R 55/00, DStR 2003, 1656 = Graf/Obermeier, Ausgabe 2/2003, 209.

Förderzeitraum/Reparaturbedürftigkeit: BFH v. 29.1.2003 III R 53/00, BStBl II 2003, 565 = Graf/Obermeier, Ausgabe 2/2003, 211.

Kinderzulage/Anspruch auf Kinderfreibeträge oder Kindergeld an einem Monat ausreichend: BFH v. 14.5.2002 IX R 33/00, BStBl II 2003, 236 = Graf/Obermeier, Ausgabe 1/2003, 239.

Kinderzulage/Haushaltszugehörigkeit/auswärtige Unterbringung zum Studium: BFH v. 23.4.2002 IX R 52/99, BStBl II 2003, 234 = Graf/Obermeier, Ausgabe 1/2003, 240.

Kinderzulage/Haushaltszugehörigkeit zum Zeitpunkt der Anschaffung genügt: BFH v. 23.4.2002 IX R 101/00, BStBl II 2003, 235 = Graf/Obermeier, Ausgabe 1/2003, 240.

Kinderzulage/keine auf Dauer angelegte Haushaltszugehörigkeit erforderlich: BFH v. 13.9.2001 IX R 15/99, BStBl II 2003, 232 = Graf/Obermeier, Ausgabe 1/2003, 239.

Miteigentum: BFH v. 5.6.2003 III R 47/01, DStR 2003, 1480 = Graf/Obermeier, Ausgabe 2/2003, 218.

Nachholung von Abzugsbeträgen: BFH v. 26.2.2002 X R 45/00, BStBl II 2003, 577 = Graf/Obermeier, Ausgabe 2/2003, 219.

Objektbeschränkung/räumlicher Zusammenhang/Dachausbau für minderjährige Tochter: FG Berlin v. 11.10.2002, 3 K 3081/02, EFG 2003, 505, rkr. = Graf/Obermeier, Ausgabe 1/2003, 239, 241.

Objektbeschränkung/räumlicher Zusammenhang/doppelte Eigenheimzulage: BFH v. 28.6.2002 IX R 37/01, BStBl II 2003, 119 = Graf/Obermeier, Ausgabe 1/2003, 239, 241.

Verfassungswidrigkeit bei Altbauten/keine Zweifel an der Verfassungsmäßigkeit: BFH v. 28.11.2002 IX B 131/02, BFH/NV 2003, 298; BVerfG v. 5.3.2003 1 BvR 98/03, StEd 2003, 251 = Graf/Obermeier, Ausgabe 1/2003, 241.

• Einkünfte aus Gewerbebetrieb (§§ 15 ff. EStG)

Anteile an Kapitalgesellschaften/wesentliche Beteiligung/Aktien mit Veräußerungssperre als Entgelt: BFH v. 22.1.2003 VIII B 61/01, noch nicht veröffentlicht = Graf/Obermeier, Ausgabe 1/2003, 127.

Anteile an Kapitalgesellschaften/wesentliche Beteiligung/Hinzuerwerb durch Erben: BFH v. 23.1.2003 VIII R 121/01, noch nicht veröffentlicht = Graf/Obermeier, Ausgabe 1/2003, 127.

Betriebsaufspaltung/Besitzgesellschaft/Beherrschung/Alleingeschäftsführer: BFH v. 1.7.2003 VIII R 24/01, DStR 2003, 1431 = Graf/Obermeier, Ausgabe 2/2003, 121.

Betriebsübertragung/Ehegatten/Vermögensauseinandersetzung: BFH v. 31.7.2002 X R 48/99, BFH/NV 2003, 542 = Graf/Obermeier, Ausgabe 1/2003, 125.

Betriebsverpachtung/Betriebsgrundstück/andere Branche: BFH v. 28.8.2003 IV R 20/02, DStR 2003, 1785 = Graf/Obermeier, Ausgabe 2/2003, 124.

Gewerblicher Grundstückshandel/Aufgabe: BFH v. 23.1.2003 IV R 75/00, BFH/NV 2003, 710, DB 2003, 916, DStR 2003, 636 = Graf/Obermeier, Ausgabe 1/2003, 75.

Gewerblicher Grundstückshandel/Drei-Objekt-Grenze/Nutzung zu eigenen Wohnzwecken/kein Zählobjekt: BFH v. 16.10.2002 X R 74/99, BStBl II 2003, 245 = Graf/Obermeier, Ausgabe 1/2003, 70.

Gewerblicher Grundstückshandel/Drei-Objekt-Grenze/Nutzung zu eigenen Wohnzwecken/Notveräußerung: BFH v. 18.9.2002 X R 28/00, BStBl II 2003, 133 = Graf/Obermeier, Ausgabe 1/2003, 71.

Gewerblicher Grundstückshandel/Einbringung in Kapitalgesellschaft: BFH v. 19.9.2002 X R 51/98, BFH/NV 2003, 684 = Graf/Obermeier, Ausgabe 1/2003, 71.

Gewerblicher Grundstückshandel/Übergang von (ruhendem) Gewerbebetrieb: BFH v. 18.9.2002 X R 28/00, BStBl II 2003, 133 = Graf/Obermeier, Ausgabe 1/2003, 75.

Gewerblicher Grundstückshandel/unbedingte Veräußerungsabsicht: BFH v. 18.9.2002 X R 5/00, BStBl II 2003, 286; X R 183/96, BStBl II 2003, 238 = Graf/Ober-meier, Ausgabe 1/2003, 72 f.

Gewerblicher Grundstückshandel/bedingte Veräußerungsabsicht: BFH v. 20.2.2003 III R 10/01, BStBl II 2003, 510 = Graf/Obermeier, Ausgabe 2/2003, 118.

Gewerblicher Grundstückshandel/Veräußerung durch gewerblichen Grundstückshändler: BFH v. 12.12.2002 III R 20/01, BStBl II 2003, 297 = Graf/Obermeier, Ausgabe 1/2003, 70.

Gewerblicher Grundstückshandel/Veräußerung eines Kommanditanteils: BFH v. 28.11.2002 III R 1/01, BStBl II 2003, 250 = Graf/Obermeier, Ausgabe 1/2003, 71.

Mitunternehmeranteil/Übertragung/ohne Entgelt/Veräußerungsverlust: BFH v. 26.6.2002 IV R 3/01, DStR 2003, 20 = Graf/Obermeier, Ausgabe 1/2003, 124.

Personengesellschaft/Auseinandersetzung bei mehreren Betrieben/keine Realteilung: BFH v. 20.2.2003 III R 34/01, noch nicht veröffentlicht = Graf/Obermeier, Ausgabe 1/2003, 124.

Personengesellschaft/Veräußerung eines Gewerbebetriebs an Gesellschafter: BFH v. 20.2.2003 III R 34/01, NWB BFH-/FG-Datenbank online = Graf/Obermeier, Ausgabe 1/2003, 124.

Verluste aus gewerblicher Tierzucht/Nerzfarm: BFH v. 19.12.2002 IV R 47/01, BFH/NV 2003, 704 = Graf/Obermeier, Ausgabe 1/2003, 110.

Verluste bei beschränkter Haftung/Einlageminderung/fiktiver Gewinn/Saldierung: BFH v. 20.3.2003 IV R 42/00, DStR 2003, 1653 = Graf/Obermeier, Ausgabe 2/2003, 123.

• Einkünfte aus Kapitalvermögen (§ 20 EStG)

Erstattungszinsen nach § 233a AO: FG Düsseldorf v. 16.12.2002, 7 K 6126/01 E, EFG 2003, 461, rkr. = Graf/Obermeier, Ausgabe 1/2003, 170.

Halbeinkünfteverfahren/Dividenden: FG Düsseldorf v. 10.3.2003, 13 K 5410/02 E, EFG 2003, 1070, rkr. = Graf/Obermeier, Ausgabe 2/2003, 147.

Scheinrenditen/keine Einkünfte bei Betrugsopfer: FG München v. 10.12.2002, 2 K 4246/99, DStRE 2003, 788, rkr. = Graf/Obermeier, Ausgabe 2/2003, 148.

Scheinrenditen/kein Zufluss bei Überschuldung oder Zahlungsunfähigkeit: FG Köln v. 30.10.2002, 5 K 4592/94, DStRE 2003, 391, EFG 2003, 387, rkr. = Graf/Obermeier, Ausgabe 1/2003, 174.

Verlagerung von Kapitaleinkünften auf Kinder/Überweisung auf Konto des Vaters: BFH v. 14.10.2002 VIII R 42/01, BFH/NV 2003, 307, DStRE 2003, 337 = Graf/Obermeier, Ausgabe 1/2003, 169.

• Einkünfte aus nichtselbständiger Arbeit (§ 19 EStG)

Arbeitgeberzuschüsse zur Kranken- und Pflegeversicherung/beherrschende Gesellschafter/Entscheidung des Sozialversicherungsträgers: BFH v. 6.6.2002 VI R 178/97, BStBl II 2003, 34 = Graf/Obermeier, Ausgabe 1/2003, 146.

Arbeitszimmer/Anbau/separater Eingang/Zugang nur über den Garten: BFH v. 13.11.2002 VI R 164/00, BStBl II 2003, 350 = Graf/Obermeier, Ausgabe 1/2003, 152.

Arbeitszimmer/Archivraum/Keller/Einfamilienhaus: BFH v. 19.9.2002 VI R 70/01, BStBl II 2003, 139 = Graf/Obermeier, Ausgabe 1/2003, 152.

Arbeitszimmer/Mittelpunkt der beruflichen Tätigkeit/Außendienstmitarbeiter: BFH v. 21.2.2003 VI R 14/02, noch nicht veröffentlicht = Graf/Obermeier, Ausgabe 1/2003, 153.

Arbeitszimmer/Mittelpunkt der beruflichen Tätigkeit/Praxis-Consultant: BFH v. 29.4.2003 VI R 78/02, NWB BFH-/FG-Datenbank online = Graf/Obermeier, Ausgabe 2/2003, 139.

Arbeitszimmer/anderer Arbeitsplatz/Bereitschaftsdienst/EDV-Organisator: BFH v. 7.8.2003 VI R 41/98, NWB BFH-/FG-Datenbank online = Graf/Obermeier, Ausgabe 2/2003, 139.

Arbeitszimmer/anderer Arbeitsplatz/Grundschulleiter: BFH v. 7.8.2003 VI R 16/01, NWB BFH-/FG-Datenbank online = Graf/ Obermeier, Ausgabe 2/2003, 139.

Arbeitszimmer/anderer Arbeitsplatz/Schulleiterin: BFH v. 7.8.2003 VI R 118/00, NWB BFH-/FG-Datenbank online = Graf/ Obermeier, Ausgabe 2/2003, 139.

Arbeitszimmer/anderer Arbeitsplatz/Schalterhalle einer Bank: BFH v. 7.8.2003 VI R 162/00, NWB BFH-/FG-Datenbank online = Graf/ Obermeier, Ausgabe 2/2003, 139.

Arbeitszimmer/anderer Arbeitsplatz/Großraumbüro: BFH v. 7.8.2003 VI R 17/01, NWB BFH-/FG-Datenbank online = Graf/ Obermeier, Ausgabe 2/2003, 139.

Arbeitszimmer/Dreifamilienhaus: BFH v. 26.2.2003 VI R 125/01, noch nicht veröffentlicht = Graf/Obermeier, Ausgabe 1/2003, 151.

Arbeitszimmer/Einfamilienhaus: BFH v. 26.2.2003 VI R 156/01, BFH/NV 2003, 989 = Graf/Obermeier, Ausgabe 1/2003, 151.

Arbeitszimmer/Keller/Mehrfamilienhaus: BFH v. 26.2.2003 VI R 160/99, BStBl II 2003, 515 = Graf/Obermeier, Ausgabe 1/2003, 152.

Arbeitszimmer/Mehrfamilienhaus: BFH v. 26.2.2003 VI R 124/01, BFH/NV 2003, 986 = Graf/Obermeier, Ausgabe 1/2003, 151.

Arbeitszimmer/Mietverhältnis mit Arbeitgeber: BFH v. 20.3.2003 VI R 147/00, BStBl II 2003, 519 = Graf/Obermeier, Ausgabe 1/2003, 153.

Arbeitszimmer/Mittelpunkt der beruflichen Tätigkeit: BFH v. 13.11.2002 VI R 28/02, DStR 2003, 586; VI R 141/02, DStRE 2003, 586; VI R 82/01, DStRE 2003, 517 = Graf/ Obermeier, Ausgabe 1/2003, 151.

Arbeitszimmer/Rechtsprechung zu Fahrten zwischen Wohnung und Betriebsstätte/keine Übertragung: BFH v. 13.11.2002 VI R 164/00, BStBl II 2003, 350 = Graf/ Obermeier, Ausgabe 1/2003, 152.

Auslandsreise/wissenschaftliche Hilfskraft/keine Erstattung durch Universität: BFH v. 27.8.2002 VI R 22/01, DB 2003, 76 = Graf/Obermeier, Ausgabe 1/2003, 153.

Berufsausbildung/erstmalige/vorweggenomme Werbungskosten: BFH v. 27.5.2003 VI R 33/01, BFH/NV 2003, 111 = = Graf/Obermeier, Ausgabe 2/2003, 134.

Berufsabschluss/erstmaliger/vorweggenommene Werbungskosten/Höhe: BFH v. 29.4.2003 VI R 86/99, BStBl II 2003, 749 = Graf/Obermeier, Ausgabe 2/2003, 134.

Doppelte Haushaltsführung/Begrenzung auf zwei Jahre/berufstätige Ehegatten/Verfassungswidrigkeit: BVerfG v. 4.12.2002 2 BvR 1735/00, DStR 2003, 633 = Graf/ Obermeier, Ausgabe 1/2003, 157.

Doppelte Haushaltsführung/Begrenzung auf zwei Jahre/Kettenabordnung/Verfassungswidrigkeit: BVerfG v. 4.12.2002 2 BvR 400/98, DStR 2003, 633 = Graf/Obermeier, Ausgabe 1/2003, 158.

Doppelte Haushaltsführung/im EU-Ausland ansässiger Ehegatte/europarechtskonforme Auslegung: FG Köln v. 4.12.2002, 11 K 2966/00, EFG 2003, 685, rkr. = Graf/ Obermeier, Ausgabe 1/2003, 159.

Doppelte Haushaltsführung/Vermietung an Ehegatten: BFH v. 11.3.2003 IX R 55/01, BStBl I 2003, 627 = Graf/ Obermeier, Ausgabe 2/2003, 143.

Empfang durch Arbeitgeber/60. Arbeitnehmer-Geburtstag/kein Arbeitslohn: BFH v. 28.1.2003 VI R 48/99, DB 2003, 751 = Graf/Obermeier, Ausgabe 1/2003, 144.

Entfernungspauschale/Fortbildungsveranstaltungen beim Arbeitgeber: BFH v. 26.2.2003 VI R 30/02, BStBl II 2003, 495 = Graf/Obermeier, Ausgabe 1/2003, 166.

Entlassungsentschädigungen/ermäßigte Besteuerung/Kenntnis der geplanten Verschärfung/rückwirkende Erhöhung verfassungsgemäß: BFH v. 27.8.2002 XI B 94/02, BStBl II 2003, 18 = Graf/Obermeier, Ausgabe 1/2003, 148.

Entlassungsentschädigungen/ermäßigte Besteuerung/rückwirkende Erhöhung 1999/Vorlage an BVerfG: BFH v. 6.11.2002 XI R 42/01, BStBl II 2003, 257 = Graf/Obermeier, Ausgabe 1/2003, 147.

Entlassungsentschädigungen/ermäßigte Besteuerung/Jubiläumszuwendung: BFH v. 14.5.2003 XI R 23/02, NWB BFH-/FG-Datenbank online = Graf/Obermeier, Ausgabe 2/2003, 130.

Entlassungsentschädigungen/ermäßigte Besteuerung/Ausgleichzahlung für mehrjährigen Übergangsurlaub: BFH v. 14.5.2003 XI R 16/02, NWB BFH-/FG-Datenbank online = Graf/Obermeier, Ausgabe 2/2003, 131.

Erststudium/berufsbegleitend/Alten- und Krankenpflegerin: BFH v. 17.12.2002 VI R 119/00, BFH/NV 2003, 477 = Graf/Obermeier, Ausgabe 1/2003, 155.

Erststudium/berufsbegleitend/Bürokaufmann: BFH v. 17.12.2002 VI R 182/00, BFH/NV 2003, 609 = Graf/Obermeier, Ausgabe 1/2003, 156.

Erststudium/berufsbegleitend/Fernmeldetechniker und technischer Betriebswirt: BFH v. 17.12.2002 VI R 113/00, BFH/NV 2003, 609 = Graf/Obermeier, Ausgabe 1/2003, 155.

Erststudium/berufsbegleitend/Gebietsleiter in der Gastronomie: BFH v. 17.12.2002 VI R 64/00, BFH/NV 2003, 608 = Graf/Obermeier, Ausgabe 1/2003, 155.

Erststudium/berufsbegleitend/Industrieelektroniker: BFH v. 17.12.2002 VI R 133/00, BFH/NV 2003, 475 = Graf/Obermeier, Ausgabe 1/2003, 156.

Erststudium/berufsbegleitend/Rechtsanwalts- und Notargehilfin: BFH v. 17.12.2002 VI R 137/01, BFH/NV 2003, 209 = Graf/Obermeier, Ausgabe 1/2003, 155.

Erststudium/berufsbegleitend/Sozialversicherungsangestellte: BFH v. 28.1.2003 VI R 100/01, BFH/NV 2003, 259 = Graf/Obermeier, Ausgabe 1/2003, 155.

Rabattfreibetrag/Hersteller: BFH v. 28.8.2002 VI R 88/99, BStBl II 2003, 154 = Graf/ Obermeier, Ausgabe 1/2003, 144.

Studium/Universität/Fachhochschulstudium/keine Berufspraxis: BFH v. 22.7.2003 VI R 50/02, DStR 2003, 1612 = Graf/Obermeier, Ausgabe 2/2003, 134.

Umschulungskosten/Industriekauffrau: BFH v. 4.12.2002 VI R 120/01, BFH/NV 2003, 255 = Graf/Obermeier, Ausgabe 1/2003, 156.

Umschulungskosten/Landwirt zum Dachdecker: BFH v. 17.12.2002 VI R 121/01, BFH/NV 2003, 477 = Graf/Obermeier, Ausgabe 1/2003, 157.

Umschulungskosten/Verkäuferin zu Arzthelferin: BFH v. 17.12.2002 VI R 42/00, BFH/NV 2003, 474 = Graf/Obermeier, Ausgabe 1/2003, 157.

Weiterbildung im nicht ausgeübten Beruf/Erziehungsurlaub/vorweggenommene Werbungskosten: BFH v. 22.7.2003 VI R 137/99, DStR 2003, 1611 = Graf/Obermeier, Ausgabe 2/2003, 134.

Umzug/berufliche Veranlassung/Aufwendungen Wohnungsausstattung: BFH v. 17.12.2002 VI R 188/98, BStBl II 2003, 314 = Graf/Obermeier, Ausgabe 2/2003, 137.

Zukunftssicherungsleistungen/Pauschalierung/50 €-Grenze: BFH v. 26.11.2002 VI R 68/01, DStR 2003, 729 = Graf/Obermeier, Ausgabe 1/2003, 144.

• Einkünfte aus selbständiger Arbeit (§ 18 EStG)

Arbeitszimmer/häusliches/Beschäftigung des Ehegatten im Arbeitszimmer: BFH v. 21.6.2002 XI B 190/01, BFH/NV 2003, 146 = Graf/Obermeier, Ausgabe 1/2003, 135.

Arbeitszimmer/Arzt/Einfamilienhaus/Praxis im Souterrain/kein Publikumsverkehr: BFH v. 23.1.2003 IV R 71/00, BFH/NV 2003, 859 = Graf/Obermeier, Ausgabe 1/2003, 135.

Arbeitszimmer/häusliches/Arzt/Einfamilienhaus/Notfallpraxis: BFH v. 5.12.2002 IV R 7/01, BFH/NV 2003, 695 = Graf/Obermeier, Ausgabe 1/2003, 134.

Arbeitszimmer/häusliches/Architekt/Bauüberwachung: BFH v. 26.6.2003 IV R 9/03, NWB BFH-/FG-Datenbank online = Graf/Obermeier, Ausgabe 2/2003, 127.

Heilpraktikerin/Umschulung einer Bilanzbuchhalterin: BFH v. 13.2.2003 IV R 44/01, noch nicht veröffentlicht = Graf/Obermeier, Ausgabe 1/2003, 136.

Veräußerung/Begünstigung des Veräußerungsgewinns/Mandantenstamm/teilweise Veräußerung: BFH v. 17.2.2003 XI B 193/02, BFH/NV 2003, 773 = Graf/Obermeier, Ausgabe 2/2003, 129.

- ## Einkünfte aus Vermietung und Verpachtung (§ 21 EStG)

Ablösung von Stellplätzen: BFH v 6.5.2003 IX R 51/00, BStBl II 2003, 710 = Graf/Obermeier, Ausgabe 2/2003, 168.

Absetzung für Abnutzung/kein Wechsel der AfA-Methode: FG Hessen v. 20.3.2003, 12 K 766/99, EFG 2003, 1076, rkr. = Graf/Obermeier, Ausgabe 2/2003, 164.

Absetzung für Abnutzung/mittelbare Grundstücksschenkung: FG Düsseldorf v. 13.11.2002, 16 K 4405/98 E, DStRE 2003, 780, rkr. = Graf/Obermeier, Ausgabe 2/2003, 162.

Angehörige/Fremdvergleich/besuchsweise Aufenthalte/unzureichende Nebenkostenabrede: FG Baden-Württemberg v. 11.12.2002, 7 K 186/01, EFG 2003, 602, rkr. = Graf/Obermeier, Ausgabe 2/2003, 156.

Angehörige/Fremdvergleich/Haushaltsgemeinschaft: FG Hessen v. 17.2.2003, 6 K 2178/00, EFG 2003, 850, rkr. = Graf/Obermeier, Ausgabe 2/2003, 155.

Angehörige/Fremdvergleich/Kaufverträge: BFH v. 15.10.2002 IX R 46/01, BStBl II 2003, 243 = Graf/Obermeier, Ausgabe 1/2003, 201.

Angehörige/Fremdvergleich/Kombination mit Arbeitsvertrag: BFH v. 5.11.2002 IX R 30/01, BFH/NV 2003, 465 = Graf/Obermeier, Ausgabe 1/2003, 200.

Angehörige/Fremdvergleich/Mietzahlung erforderlich: BFH v. 28.1.2003 IX R 53/00, BFH/NV 2003, 768 = Graf/Obermeier, Ausgabe 2/2003, 156.

Angehörige/Fremdvergleich/Vermietung einzelner Räume an Kinder: BFH v. 16.1.2003 IX B 172/02, BStBl II 2003, 301 = Graf/Obermeier, Ausgabe 1/2003, 201.

Angehörige/Gestaltungsmissbrauch/Vermietung an unterhaltsberechtigtes Kind: BFH v. 17.12.2002 IX R 58/00, DB 2003, 1038; IX R 35/99, BFH/NV 2003, 611 = Graf/Obermeier, Ausgabe 1/2003, 203.

Angehörige/Vermietung an Ehegatten/doppelte Haushaltsführung/kein Gestaltungsmissbrauch: BFH 11.3.2003 IX R 55/01, BStBl II 2003, 617 = Graf/Obermeier, Ausgabe 2/2003, 156.

Angehörige/Vermietung an Eltern/unentgeltliche Überlassung/kein Gestaltungsmissbrauch: BFH v. 14.1.2003 IX R 5/00, BStBl II 2003, 509 = Graf/Obermeier, Ausgabe 2/2003, 158.

Angehörige/Vermietung an unterhaltsberechtigtes Kind: BFH v. 17.12.2002 IX R 18/00, BFH/NV 2003, 749; IX R 58/00, BFH/NV 2003, 750; IX R 58/00, DB 2003, 1038; IX R 35/99, BFH/NV 2003, 611 = Graf/Obermeier, Ausgabe 2/2003, 160.

Anschaffungsnaher Aufwand/Baumaßnahmen in anderen Bereichen: BFH v. 20.8.2002 IX R 95/00, BFH/NV 2003, 301 = Graf/Obermeier, Ausgabe 1/2003, 77.

Anschaffungsnaher Aufwand/befristete Vermietung: BFH v. 22.1.2003 X R 29/98, BFH/NV 2003, 755 = Graf/Obermeier, Ausgabe 2/2003, 36.

Anschaffungsnaher Aufwand/Einbau neuer Gegenstände in vorhandene Installationen: BFH v. 20.8.2002 IX R 98/00, BStBl II 2003, 604; v. 22.1.2003 X R 9/99, BStBl II 2003, 596 = Graf/Obermeier, Ausgabe 1/2003, 78.

Anschaffungsnaher Aufwand/Ersetzung funktionsuntüchtiger Teile/Mehrfamilienhäuser: BFH v. 20.8.2002 IX R 70/00, BStBl II 2003, 585 = Graf/Obermeier, Ausgabe 1/2003, 76.

Anschaffungsnaher Aufwand/Anschaffungskosten: BFH v. 12.9.2001 IX R 52/00, BStBl II 2003, 574 = Graf/Obermeier, Ausgabe 2/2003, 34.

Anschaffungsnaher Aufwand/Herstellungskosten: BFH v. 12.9.2001 IX R 39/97, BStBl II 2003, 569 = Graf/Obermeier, Ausgabe 2/2003, 33.

Anschaffungsnaher Aufwand/Umwidmung: BFH v. 20.8.2002 IX R 68/00, BFH/NV 2003, 595 = Graf/Obermeier, Ausgabe 2/2003, 37.

Anschaffungsnaher Aufwand/Vergleichszeitpunkt/Schenker/Erblasser: BFH v. 3.12.2002 IX R 64/99, BStBl II 2003, 590 = Graf/Obermeier, Ausgabe 1/2003, 79.

Bausparvertrag/Abschlussgebühren/Schuldzinsen: BFH v. 1.10.2002 IX R 12/00, DB 2003, 750, DStRE 2003, 582 = Graf/Obermeier, Ausgabe 1/2003, 208.

Einkunftserzielungsabsicht/Bauherrenmodell und Wiederverkaufsgarantie: BFH v. 25.3.2003 IX R 21/99, BFH/NV 2003, 1168; IX R 56/00, BFH/NV 2003, 1170 = Graf/Obermeier, Ausgabe 2/2003, 154.

Einkunftserzielungsabsicht/Ferienwohnungen/ausschließliche Vermietung: BFH v. 5.11.2002 IX R 18/02, DB 2003, 478, DStR 2003, 325 = Graf/Obermeier, Ausgabe 1/2003, 193.

Einkunftserzielungsabsicht/Ferienwohnungen/Zweitwohnungssteuer: BFH v. 15.10.2002 IX R 58/01, BStBl II 2003, 287 = Graf/Obermeier, Ausgabe 1/2003, 195.

Einkunftserzielungsabsicht/gleichzeitige Verkaufs- und Vermietungsabsicht: FG Rheinland-Pfalz v. 20.3.2003, 4 K 2699/98, EFG 2003, 851, rkr. = Graf/Obermeier, Ausgabe 2/2003, 154.

Einkunftserzielungsabsicht/verbilligte Überlassung; Aufteilung in entgeltlichen und unentgeltlichen Teil: BFH v. 22.7.2003 IX R 59/02, DStR 2003, 1742 = Graf/Obermeier, Ausgabe 2/2003, 154.

Einkunftserzielungsabsicht/verbilligte Vermietung: BFH v. 5.11.2002 IX R 48/01, DB 2003, 124, DStR 2003, 73; IX R 40/99, BFH/NV 2003, 316 = Graf/Obermeier, Ausgabe 1/2003, 189.

Einkunftserzielungsabsicht/Verpachtung unbebautes Grundstück: BFH v. 25.3.2003 IX B 2/03, DB 2003, 1094, DStR 2003, 826 = Graf/Obermeier, Ausgabe 1/2003, 192.

Gemischt genutzte Gebäude/Errichtung oder Anschaffung/gesonderte Zuordnung/ gesonderte Zahlung/Gesamtfinanzierung: BFH v. 25.3.2003 IX R 22/01, DB 2003, 1604, DStR 2003, 1247; IX R 38/00, BFH/NV 2003, 1049, DStRE 2003, 911 = Graf/Obermeier, Ausgabe 2/2003, 166.

Gemischt genutzte Gebäude/gesonderte Zuordnung und Finanzierung erforderlich: BFH v. 9.7.2002 IX R 65/00, BStBl II 2003, 287 = Graf/Obermeier, Ausgabe 1/2003, 177.

Gemischt genutzte Gebäude/Veräußerung/Umwidmung: BFH v. 8.4.2003 IX R 36/00, BStBl II 2003, 706 = Graf/Obermeier, Ausgabe 2/2003, 167.

Investitionszulage/Modernisierungsmaßnahmen an Mietwohngebäuden/Mietwohnungsbau: BFH v. 14.1.2003 IX R 72/00, DB 2003, 971, DStR 2003, 774 = Graf/Obermeier, Ausgabe 1/2003, 206, 207.

Notargebühren/Schuldzinsen: BFH v. 1.10.2002 IX R 72/99, DB 2003, 749, DStRE 2003, 583 = Graf/Obermeier, Ausgabe 1/2003, 208.

Sanierungsgebiete/städtebauliche Entwicklungsbereiche/Baudenkmale/Herstellung einer Tiefgarage: BFH v. 14.1.2003 IX R 72/00, DB 2003, 971, DStR 2003, 774 = Graf/Obermeier, Ausgabe 1/2003, 206, 207.

• Erbschaftsteuer

Mittelbare Grundstücksschenkung/Geldschenkung: BFH v. 4.12.2002 II R 75/00, BStBl II 2003, 273 = Graf/Obermeier, Ausgabe 1/2003, 239, 247.

Verfassungswidrigkeit/AdV: BFH v. 17.7.2003 II B 20/03, DB 2003, 2107, DStR 2003, 1617 = Graf/Obermeier, Ausgabe 2/2003, 233.

• Gewinn (§§ 4 ff. EStG)

Kfz-Nutzung/1-v.H.-Regelung/Geländewagen: BFH v. 13.2.2003 X R 23/01, noch nicht veröffentlicht = Graf/Obermeier, Ausgabe 1/2003, 111.

Kfz-Nutzung/1-v.H.-Regelung/Bruttolistenpreis: BFH v. 6.3.2003 XI R 12/02, BStBl II 2003, 704 = Graf/Obermeier, Ausgabe 2/2003, 105.

Rückstellung/Anpassungsverpflichtung/Grundsätze ordnungsmäßiger Buchführung: BFH v. 27.6.2002 I R 45/97, BStBl II 2003, 121 = Graf/Obermeier, Ausgabe 1/2003, 110.

Schuldzinsen/Unterentnahmen lfd. Jahr/Überentnahmen im Vorjahr: FG Rheinland-Pfalz v. 13.3.2003, 6 K 2363, EFG 2003, 831, rkr. = Graf/Obermeier, Ausgabe 2/2003, 103.

Sonder- und Ansparabschreibung/Ansparrücklage/Einbringung in Einzelunternehmen: FG Köln v. 28.8.2002, 14 K 387/01, EFG 2003, 218, rkr. = Graf/Obermeier, Ausgabe 1/2003, 113.

Sonder- und Ansparabschreibung/Ansparrücklage/nachträgliche Erhöhung: FG Düsseldorf v. 18.11.2002, 7 K 7626/00, EFG 2003, 440, rkr. = Graf/Obermeier, Ausgabe 1/2003, 113.

Sonder- und Ansparabschreibung/Investition/Konkretisierung: BFH v. 19.9.2002 X R 51/00, BFH/NV 2003, 250 = Graf/Obermeier, Ausgabe 1/2003, 113.

Sonder- und Ansparabschreibung/Investition/Konkretisierung: BFH v. 6.3.2003 IV R 23/01, DStR 2003, 1521 = Graf/Obermeier, Ausgabe 2/2003, 106.

• Kinder (§§ 31 f. EStG)

Arbeit suchende Kinder: BFH v. 10.1.2003 VIII B 81/02, BFH/NV 2003, 897 = Graf/Obermeier, Ausgabe 2/2003, 180.

Berufsausbildung/Golflehrer: FG Rheinland-Pfalz v. 27.11.2002, 5 K 1209/01, DStRE 2003, 594, rkr. = Graf/Obermeier, Ausgabe 2/2003, 181.

Berufsausbildung/„Up with People“: FG Münster v. 13.1.2003, 5 K 4696/00 Kg, EFG 2003, 783, rkr. = Graf/Obermeier, Ausgabe 2/2003, 181.

Berufsausbildung/Vollzeiterwerbstätigkeit keine Berufsausbildung: FG Hamburg v. 20.3.2002, I 512/00, EFG 2003, 247, rkr. = Graf/Obermeier, Ausgabe 1/2003, 218.

Einkünfte/Bezüge/Arbeitnehmer-Pauschbetrag: BFH v. 1.7.2003 VIII R 96/02, DStR 2003, 1479 = Graf/Obermeier, Ausgabe 2/2003, 183.

Einkünfte/Bezüge/Verzicht auf Arbeitslohn: BFH v. 11.3.2003 VIII R 16/02, DStR 2003, 1289 = Graf/Obermeier, Ausgabe 2/2003, 184.

Günstigerprüfung/Familienleistungsausgleich/Monatsprinzip: BFH v. 16.12.2002 VIII R 65/99, BStBl II 2003, 593 = Graf/Obermeier, Ausgabe 2/2003, 175.

Haushaltsfreibetrag/verheiratete Eltern/AdV: FG Nürnberg v. 5.11.2002, III 182/2002, EFG 2003, 333, rkr. = Graf/Obermeier, Ausgabe 1/2003, 214.

Haushaltsfreibetrag/Zuordnung zur Mutter/Verfassungsmäßigkeit: FG Hamburg v. 7.10.2002, V 105/00, StEd 2003, 194, rkr. = Graf/Obermeier, Ausgabe 1/2003, 214.

Haushaltsfreibetrag vor 1.1.2002/Verfassungsmäßigkeit: BFH v. 6.3.2003 XI R 47/01, BFH/NV 2003, 1160 = Graf/Obermeier, Ausgabe 2/2003, 185.

Pflegekinder/mindestens 20 v.H. Kostentragung erforderlich: BFH v. 29.1.2003 VIII R 71/00, NWB BFH-/FG-Datenbank online = Graf/Obermeier, Ausgabe 1/2003, 216.

Volljähriges behindertes Kind/kein Ansatz eigenen Vermögens: BFH v. 14.10.2002 VIII R 55/01, BFH/NV 2003, 308; VIII R 60/01, BFH/NV 2003, 310; VIII R 70/01, BFH/NV 2003, 311; v. 19.8.2002 VIII R 66/01, BFH/NV 2003, 449 = Graf/Obermeier, Ausgabe 1/2003, 218.

• Körperschaftsteuer

Festgehalt/weitere Festvergütung/Umsatzgrenze: BFH v. 5.6.2003 I R 69/01, BStBl II 2003, 329 = Graf/Obermeier, Ausgabe 1/2003, 249.

Gesellschafter-Fremdfinanzierung gem. § 8a KStG/gemeinschaftswidrig/EuGH: EuGH v. 12.12.2002 Rs. C-324/00, Lankhorst-Hohorst, DB 2002, 2690 = Graf/Obermeier, Ausgabe 1/2003, 252.

Gesellschafter-Geschäftsführerbezüge/mehrere Geschäftsführer/kleine GmbH: BFH v. 4.6.2003 I R 38/02, BFH/NV 2003, 1503 = Graf/Obermeier, Ausgabe 2/2003, 236.

Gesellschafter-Geschäftsführerbezüge/unangemessene Gesamtausstattung: BFH v. 4.6.2003 I R 24/02, BFH/NV 2003, 1501 = Graf/Obermeier, Ausgabe 2/2003, 235.

Pensionszusage/Erdienungszeitraum/Abweichung von Zehnjahresfrist: BFH v. 24.4.2003 I R 43/01, HFR 2003, 59 = Graf/Obermeier, Ausgabe 1/2003, 250.

Pensionszusage/Finanzierbarkeit/Überschuldung: BFH v. 4.9.2002 I R 7/01, DB 2003, 242 = Graf/Obermeier, Ausgabe 1/2003, 250.

Pensionszusage/Verzicht/Besteuerung als Entschädigung/Bedingung des Erwerbers: BFH v. 11.12.2002 XI R 41/01, BFH/NV 2003, 607 = Graf/Obermeier, Ausgabe 1/2003, 251.

Pensionszusage/Verzicht/Besteuerung als Entschädigung/Liquidation: BFH v. 4.9.2002 XI R 53/01, BStBl II 2003, 177 = Graf/Obermeier, Ausgabe 1/2003, 252.

Tantieme/Angemessenheit/Prüfung/Zeitpunkt der Tantiemezusage: BFH v. 10.7.2002 I R 37/01, DB 2003, 20 = Graf/Obermeier, Ausgabe 1/2003, 248.

Ungeklärte Vermögenszuwächse/vGA/Feststellungslast: BFH v. 26.2.2003 I R 52/02, DStR 2003, 1387 = Graf/Obermeier, Ausgabe 2/2003, 236.

- ## Sonderausgaben (§§ 10 ff. EStG)

Dauernde Last/außergewöhnliche Instandhaltungen: BFH v. 28.2.2002 IV R 20/00, BStBl II 2003, 644 = Graf/Obermeier, Ausgabe 2/2003, 114.

Dauernde Last/erzielbare Nettoerträge: BFH v. 12.5.2003 GrS 1/00, DStR 2003, 1696 = Graf/Obermeier, Ausgabe 2/2003, 111.

Dauernde Last/positiver Substanz- oder Ertragswert: BFH v. 12.5.2003 GrS 2/00, DStR 2003, 1700 = Graf/Obermeier, Ausgabe 2/2003, 111.

Realsplitting/Widerruf der Zustimmung/Zugang: BFH v. 2.7.2003 XI R 8/03, NWB BFH-/FG-Datenbank online = Graf/Obermeier, Ausgabe 2/2003, 110.

Vorwegabzug/Berechnung/Arbeitgeberleistung/zeitweise Erbringung: BFH v. 16.10.2002 XI R 75/00, BStBl II 2003, 288 = Graf/Obermeier, Ausgabe 1/2003, 117.

Vorwegabzug/Berechnung/steuerfreie Arbeitgeberleistung/Höhe: BFH v. 16.10.2002 XI R 41/99, BStBl II 2003, 183 = Graf/Obermeier, Ausgabe 1/2003, 116.

Vorwegabzug/Beschränkung/Verfassungsmäßigkeit/1990 und 1997: BFH v. 11.12.2002 XI R 17/00, DStR 2003, 642 = Graf/Obermeier, Ausgabe 1/2003, 116.

Vorwegabzug/Kürzung/Entlassungsentschädigung: BFH v. 16.10.2002 XI R 71/00, noch nicht veröffentlicht = Graf/Obermeier, Ausgabe 1/2003, 117.

Vorwegabzug/Kürzung/Alleingesellschafter-Geschäftsführer/Gewinnverzicht: BFH v. 16.10.2002 XI R 25/01, DStR 2003, 110 = Graf/Obermeier, Ausgabe 1/2003, 118.

- ## Sonstige Einkünfte (§§ 22 f. EStG)

Private Veräußerungsgeschäfte/AdV/Verfassungswidrigkeit: FG München v. 2.12.2002, 1 V 2055/02, 1 V 2091/02, DStRE 2003, 460, rkr. = Graf/Obermeier, Ausgabe 1/2003, 212.

Private Veräußerungsgeschäfte/Aussetzung der Vollziehung/Wertpapiergeschäfte: BFH v. 11.6.2003 IX B 16/03, BStBl II 2003, 663 = Graf/Obermeier, Ausgabe 2/2003, 173.

Private Veräußerungsgeschäfte/Glattstellen von Optionsgeschäften: BFH v. 24.6.2003 IX R 2/02, DStR 2003, 1523 = Graf/Obermeier, Ausgabe 2/2003, 173.

Private Veräußerungsgeschäfte/Veräußerung von Bezugsrechten: BFH v. 22.5.2003 IX R 9/00, DStR 2003, 1249 = Graf/Obermeier, Ausgabe 2/2003, 173.

Wettbewerbsverbot: BFH v. 11.3.2003 IX R 76/99, BFH/NV 2003, 1161 = Graf/Obermeier, Ausgabe 2/2003, 172.

- ## Steuerpflicht (§§ 1 ff. EStG)

Mindeststeuer/beschränkte Steuerpflicht: EuGH v. 12.6.2003 Rs. C-234/01, Arnoud Gerritse/FA Neukölln-Nord, DStR 2003, 1112 = Graf/Obermeier, Ausgabe 2/2003, 99.

Mindestbesteuerung/eingeschränkte Verlustverrechnung/verfassungsrechtliche Bedenken/"echte Verluste": BFH v. 6.3.2003 XI B 7/02, BStBl II 2003, 516 = Graf/Obermeier, Ausgabe 1/2003, 104.

Mindestbesteuerung/eingeschränkte Verlustverrechnung/verfassungsrechtliche Bedenken/"echte Verluste": BFH v. 6.3.2003 XI B 76/02, BStBl II 2003, 523 = Graf/Obermeier, Ausgabe 1/2003, 104.

• Umsatzsteuer

Altenpfleger/heilberufliche Leistungen/Altfälle zweifelhaft: BFH v. 27.2.2003 V B 164/02, NWB BFH-/FG-Datenbank online = Graf/Obermeier, Ausgabe 1/2003, 261.

Bemessungsgrundlage/Änderung/vereinnahmtes Entgelt: BFH v. 16.1.2003 V R 72/01, BStBl II 2003, 620 = Graf/Obermeier, Ausgabe 2/2003, 262.

Einzelkünstler/Solist/Umsatzsteuerbefreiung: EuGH v. 3.4.2003 Rs. C-144/00, BStBl II 2003, 679 = Graf/Obermeier, Ausgabe 2/2003, 256.

Fußpfleger/medizinischer/Befähigungsnachweis: BFH v. 19.12.2002 V 28/00, BFH/NV 2003, 732 = Graf/Obermeier, Ausgabe 1/2003, 261.

Garantieleistung/Autoverkäufer/steuerfreie Leistung: BFH v. 16.1.2003 V R 16/02, BStBl II 2003, 445 = Graf/Obermeier, Ausgabe 2/2003, 263.

Geschäftsveräußerung im Ganzen/langfristige Überlassung einzelner WG: BFH v. 4.7.2001 V R 10/01, UR 2003, 16 = Graf/Obermeier, Ausgabe 1/2003, 258.

Geschäftsveräußerung im Ganzen/mehrere zeitlich versetzte Kausalgeschäfte: BFH v. 1.8.2002 V R 17/01, BFH/NV 2003, 271 = Graf/Obermeier, Ausgabe 1/2003, 258.

Geschäftsveräußerung im Ganzen/unentgeltliche Übertragung an Sohn/Nichtübertragung einzelner WG: BFH v. 28.11.2002 V R 3/01, BFH/NV 2003, 43 = Graf/Obermeier, Ausgabe 1/2003, 258.

Geschäftsveräußerung im Ganzen/Vorsteuerausweis/kein Vorsteuerabzug: BFH v. 12.12.2002 V R 85/01, NWB BFH-/FG-Datenbank online = Graf/Obermeier, Ausgabe 1/2003, 258.

Gesellschafter/Geschäftsführungs- und Vertretungsleistungen/Entgelt: BFH v. 6.6.2002 V R 43/01, BStBl II 2003, 68 = Graf/Obermeier, Ausgabe 1/2003, 260.

Personenvereinigung/Leistungsaustausch/Mitglieder: BFH v. 28.11.2002 V R 18/01, BFH/NV 2003, 730 = Graf/Obermeier, Ausgabe 1/2003, 260.

Personengesellschaft/Aufnahme eines Gesellschafters: EuGH v. 26.6.2003 Rs. C-442/01, DB 2003, 1611 = Graf/Obermeier, Ausgabe 2/2003, 256.

Vermietungsumsätze/Option/Steuerpflicht/Altbau: BFH v. 5.6.2003 V R 32/02, NWB BFH-/ FG-Datenbank online = Graf/Obermeier, Ausgabe 2/2003, 258.

Vorsteuer/Abzug/Bewirtungskosten/Einschränkung zweifelhaft: FG München v. 2.12.2002, 14 V 3486/02, EFG 2003, 495, rkr. = Graf/Obermeier, Ausgabe 1/2003, 274.

Vorsteuer/Abzug/gemischt genutztes Grundstück/EuGH: EuGH v. 8.5.2003 Rs. C-269/00, Wolfgang Seeling, DStR 2003, 873 = Graf/Obermeier, Ausgabe 1/2003, 269.

Vorsteuer/Abzug/gemischt genutztes Grundstück/EuGH: BFH v. 24.7.2003 V R 39/99, NWB BFH-/FG-Datenbank online = Graf/Obermeier, Ausgabe 2/2003, 260.

Vorsteuer/Berichtigung gem. § 15a UStG/Altfälle vor 1.1.1999: BFH v. 27.2.2003 V B 166/02, NWB BFH-/FG-Datenbank online = Graf/Obermeier, Ausgabe 1/2003, 268.

II. Aktuelle Verwaltungsanweisungen

Vorbemerkung: Aufgelistet werden alle zitierten Verwaltungsanweisungen eines Jahrgangs.

- ### Abgabenordnung

Abgabe-Schonfrist/Abschaffung 1.1.2004: BMF v. 1.4.2003, BStBl I 2003, 239 = Graf/Obermeier, Ausgabe 1/2003, 294.

Steuererklärungen/Telefax/Anschaffung weiterer Geräte: OFD Koblenz v. 12.2.2003, DStR 2003, 597 = Graf/Obermeier, Ausgabe 1/2003, 290.

Steuererklärungen/Telefax/Unterschrift: BMF v. 20.1.2003, BStBl I 2003, 74 = Graf/Obermeier, Ausgabe 1/2003, 288.

Steuererklärungen/Telefax/Unterschrift: OFD Hannover v. 27.1.2003, DStR 2003, 596 = Graf/Obermeier, Ausgabe 1/2003, 288.

Verfahrenserklärungen/Umdeutung und Auslegung: OFD München/OFD Nürnberg v. 5.11.2002, DStR 2003, 333 = Graf/Obermeier, Ausgabe 1/2003, 293.

Vorläufige Steuerfestsetzung/doppelte Haushaltsführung: BMF v. 13.6.2003, BStBl I 2003, 341 = Graf/Obermeier, Ausgabe 2/2003, 270.

Vorläufige Steuerfestsetzung/Musterverfahren/Ruhenlassen: BMF v. 25.3.2003, BStBl I 2003, 238 = Graf/Obermeier, Ausgabe 1/2003, 292.

Vorläufige Steuerfestsetzung/Musterverfahren/Ruhenlassen: BMF v. 24.9.2003, www.bundesfinanzministerium.de = Graf/Obermeier, Ausgabe 2/2003, 272.

Vorläufige Steuerfestsetzung/Musterverfahren/Ruhenlassen/Grundsätze: BMF v. 12.6.2003, BStBl I 2003, 338 = Graf/Obermeier, Ausgabe 2/2003, 268.

- ### Altersvorsorge („Riester-Rente")

Zahlung um den Jahreswechsel: FM Bayern v. 2.1.2003, DB 2003, 477 = Graf/Obermeier, Ausgabe 1/2003, 237.

Nachträgliche Vorlage Anlage AV: OFD Magdeburg v. 15.6.2003, DStR 2003, 1576 = Graf/Obermeier, Ausgabe 2/2003, 115.

- ### Außergewöhnliche Belastung

Altenwohnheim/krankheitsbedingte Unterbringung: BMF v. 20.1.2003, BStBl I 2003, 89 = Graf/Obermeier, Ausgabe 1/2003, 222.

Ausbildungsfreibetrag/Ausbildungshilfen/Ausbildungskosten: OFD Düsseldorf v. 10.1.2003, FR 2003, 317 = Graf/Obermeier, Ausgabe 1/2003, 231.

Geringes Vermögen des Unterhaltsberechtigten: BFM v. 20.8.2003, BStBl I 2003, 411 = Graf/Obermeier, Ausgabe 2/2003, 187.

Grundwasserschäden: OFD Frankfurt/M. v. 13.3.2003, DB 2003, 799 = Graf/Obermeier, Ausgabe 1/2003, 225.

Heimunterbringung/erwachsene behinderte Menschen/Aufwendungen der Eltern: BMF v. 14.4.2003, DB 2003, 968, DStR 2003, 780 = Graf/Obermeier, Ausgabe 1/2003, 223.

Schallschutzmaßnahmen: OFD Kiel v. 4.2.2003, StuB 2003, 613 = Graf/Obermeier, Ausgabe 2/2003, 186.

Unterhaltsaufwendungen/Wehrpflichtige/Zivildienstleistende: OFD Frankfurt/M. v. 15.4.2003, DB 2003, 1145 = Graf/Obermeier, Ausgabe 2/2003, 188.

Unterhaltszahlungen/gleichgestellte Personen: BMF v. 28.3.2003, BStBl I 2003, 243 = Graf/Obermeier, Ausgabe 1/2003, 227.

• Bauabzugssteuer (§§ 48 ff. EStG)

Freistellungsbescheinigungen: BMF v. 4.9.2003, BStBl I 2003, 431 = Graf/Obermeier, Ausgabe 2/2003, 206.

Insolvenz/Anrechnung Steuerabzugsbetrag: BMF v. 4.9.2003, BStBl I 2003, 431 = Graf/Obermeier, Ausgabe 2/2003, 206.

Umfassende Verwaltungsanweisung: BMF v. 27.12.2002, BStBl I 2002, 1399 = Graf/ Obermeier, Ausgabe 1/2003, 235.

• Einkünfte aus nichtselbständiger Arbeit (§ 19 EStG)

Aktienoptionsrechte/Zuflusszeitpunkt: BMF v. 10.3.2003, BStBl I 2003, 234 = Graf/ Obermeier, Ausgabe 1/2003, 139.

Arbeitgeberzuschuss/Sozialversicherung/Gesellschafter-Geschäftsführer: FM Baden-Württemberg v. 14.5.2003, DStR 2003, 880 = Graf/Obermeier, Ausgabe 1/2003, 145.

Autotelefon: OFD Frankfurt/M. v. 4.3.2003, DB 2003, 1085 = Graf/Obermeier, Ausgabe 1/2003, 148.

Entfernungspauschale/Einsatzwechseltätigkeit und doppelte Haushaltsführung: OFD Düsseldorf v. 13.2.2003, NWB DokSt-Nr.: 06x03403 = Graf/Obermeier, Ausgabe 1/2003, 159.

Entfernungspauschale/behinderte Arbeitnehmer: OFD Koblenz v. 22.1.2003, NWB DokSt-Nr.: 06x02203 = Graf/Obermeier, Ausgabe 1/2003, 166.

Kfz-Nutzung/Garagenmiete: OFD Frankfurt/M. v. 18.3.2003, LEXinform 577412 = Graf/ Obermeier, Ausgabe 1/2003, 141.

Kfz-Nutzung/Lastwagen und Zugmaschinen: FM Saarland v. 29.1.2003, DStR 2003, 422 = Graf/Obermeier, Ausgabe 1/2003, 140.

Warengutscheine/lohnsteuerliche Behandlung: OFD Nürnberg v. 15.1.2003, DStR 2003, 157 = Graf/Obermeier, Ausgabe 1/2003, 142.

• Eigenheimzulage

Folgeobjekt/Zweitobjekt: OFD Frankfurt/M. v. 26.6.2003, DB 2003, 1931 = Graf/Obermeier, Ausgabe 2/2003, 211.

Genossenschaftsförderung: OFD Berlin v. 29.4.2003, DStR 2003, 1258 = Graf/Obermeier, Ausgabe 2/2003, 212.

Kinderzulage: BMF v. 18.2.2003, BStBl I 2003, 182 = Graf/Obermeier, Ausgabe 1/2003, 238.

Kinderzulage/Baukindergeld/doppelte Haushaltszugehörigkeit: OFD Frankfurt/M. v. 21.5.2003, LEXinform 577652 = Graf/Obermeier, Ausgabe 2/2003, 214.

Kinderzulage/Baukindergeld/doppelte Objektförderung: OFD Erfurt v. 21.7.2003, DStR 2003, 1755 = Graf/Obermeier, Ausgabe 2/2003, 216.

Nachholung von Abzugsbeträgen: BMF v. 7.7.2003, BStBl I 2003, 384 = Graf/Obermeier, Ausgabe 2/2003, 218.

Objektbeschränkung/Hinzuerwerb vom Ehegatten/Erbfall: OFD Frankfurt/M. v. 30.6.2003, DB 2003, 1767 = Graf/Obermeier, Ausgabe 2/2003, 219.

Unentgeltliche Überlassung: OFD Koblenz v. 4.7.2003, DStR 2003, 1348 = Graf/Obermeier, Ausgabe 2/2003, 220.

Vermögensübergabe gegen wiederkehrende Leistungen: OFD Hannover v. 14.8. 2003, DStR 2003, 1662 = Graf/Obermeier, Ausgabe 2/2003, 221.

• Einkünfte aus Gewerbebetrieb (§§ 15 ff. EStG)

Beruflich tätige Betreuer: OFD München v. 8.1.2003, DB 2003, 241 = Graf/Obermeier, Ausgabe 1/2003, 122.

Anteile an Kapitalgesellschaften/Veräußerung/nachträgliche Anschaffungskosten: Senatsverwaltung Bremen v. 8.11.2002, DStR 2003, 464 = Graf/Obermeier, Ausgabe 1/2003, 125.

Gewerblicher Grundstückshandel/Drei-Objekt-Grenze/Ausnahmen/Übergangsregelung: BMF v. 19.2.2003, BStBl I 2003, 171 = Graf/Obermeier, Ausgabe 1/2003, 69.

Vgl. auch „Gewinn“.

• Einkünfte aus Kapitalvermögen (§ 20 EStG)

Bonusaktien der Deutschen Telekom AG/Kapitalerträge: OFD Frankfurt/M. v. 12.12.2002, StEd 2003, 185 = Graf/Obermeier, Ausgabe 1/2003, 174.

Erstattungszinsen nach § 233a AO: OFD Frankfurt v. 29.4.2003, DB 2003, 1413 = Graf/Obermeier, Ausgabe 2/2003, 144.

Halbeinkünfteverfahren/Dividenden: OFD Frankfurt/M. v. 2.5.2003, DB 2003, 1412 = Graf/Obermeier, Ausgabe 2/2003, 145.

• Einkünfte aus nichtselbständiger Arbeit

Auslandssprachkurs/EU-Ausland/Rechtsprechungsänderung: BMF v. 26.9.2003, BStBl I 2003, 447 = Graf/Obermeier, Ausgabe 2/2003, 135.

Aktienoptionsrechte/Zuflusszeitpunkt: BMF v. 10.3.2003, BStBl I 2003, 234 = Graf/Obermeier, Ausgabe 1/2003, 139.

Arbeitgeberzuschüsse zur Kranken- und Pflegeversicherung/beherrschende Gesellschafter und Vorstandsmitglieder einer AG/Entscheidung des Sozialversicherungsträgers: FM Baden-Württemberg v. 14.5.2003, DStR 2003, 880 = Graf/Obermeier, Ausgabe 1/2003, 145.

Autotelefon/lohnsteuerliche Behandlung: OFD Frankfurt/M. v. 4.3.2003, DB 2003, 1085 = Graf/Obermeier, Ausgabe 1/2003, 148.

Doppelte Haushaltsführung/BVerfG/vorläufige Steuerfestsetzung: BMF v. 13.6.2003, BStBl I 2003, 341 = Graf/Obermeier, Ausgabe 2/2003, 270.

Fortbildungskosten/Rechtsprechungsänderung: FinBeh Hamburg v. 13.8.2003, DStR 2003, 1619 = Graf/Obermeier, Ausgabe 2/2003, 131.

Kfz-Nutzung/Überlassung von Lastwagen und Zugmaschinen: FM Saarland v. 29.1.2003, DStR 2003, 422 = Graf/Obermeier, Ausgabe 1/2003, 140.

Kfz-Nutzung/Garagenmiete/Arbeitgebererstattung: OFD Frankfurt/M. v. 18.3.2003, LEXinform 577412 = Graf/Obermeier, Ausgabe 1/2003, 141.

Lohnsteuer-Änderungsrichtlinien 2004 – LStÄR 2004: BR-Drucks. 532/03 v. 8.8.2003 = Graf/Obermeier, Ausgabe 2/2003, 72.

Umzugskosten/Höhe der Aufwendungen/2004: BMF v. 5.8.2003, BStBl I 2003, 416 = Graf/Obermeier, Ausgabe 2/2003, 136.

Warengutscheine/lohnsteuerliche Behandlung: OFD Nürnberg v. 15.1.2003, DStR 2003, 157 = Graf/Obermeier, Ausgabe 1/2003, 142.

• Einkünfte aus selbständiger Arbeit (§ 18 EStG)

Heil- und Hilfsberufe/ähnliche Berufe: BMF v. 3.3.2003, BStBl I 2003, 183 = Graf/ Obermeier, Ausgabe 1/2003, 128.

Heilberufliche Tätigkeit/medizinisches Gerätetraining: OFD München v. 11.7.2003, StuB 2003, 757 = Graf/Obermeier, Ausgabe 2/2003, 126.

Ärztliche Laborleistungen: BMF v. 31.1.2003, BStBl I 2003, 170 = Graf/Obermeier, Ausgabe 1/2003, 131.

Partnerschaftsgesellschaften/Steuerberater, Wirtschaftsprüfer, Rechtsanwälte/Abgrenzung zu gewerblichen Einkünften: OFD Hannover v. 2.12.2002, StuB 2003, 229 = Graf/Obermeier, Ausgabe 1/2003, 132.

Tagespflege/Betreuung fremder Kinder/Betriebsausgabenpauschale: OFD Hannover v. 18.2.2003, DStZ 2003, 279 = Graf/Obermeier, Ausgabe 1/2003, 136.

Tagespflege/Betreuung fremder Kinder/sonstige selbständige Tätigkeit: OFD Hannover v. 18.2.2003, NWB DokSt-Nr. 03x21003 = Graf/Obermeier, Ausgabe 1/2003, 138.

Veräußerung/Begünstigung des Veräußerungsgewinns/Fortführung freiberufliche Tätigkeit/10-v.H.-Grenze: OFD Berlin v. 15.8.2003, StuB 2003, 902 = Graf/Obermeier, Ausgabe 2/2003, 128.

Vgl. auch „Gewinn".

• Einkünfte aus Vermietung und Verpachtung (§ 21 EStG)

Anschaffungskosten/Herstellungskosten/Erhaltungsaufwand: BMF v. 18.7.2003, BStBl I 2003, 33 = Graf/Obermeier, Ausgabe 2/2003, 33.

Einkunftserzielungsabsicht/befristete Vermietung: BMF v. 15.8.2003, BStBl I 2003, 427 = Graf/Obermeier, Ausgabe 2/2003, 149.

Einkunftserzielungsabsicht/verbilligte Überlassung: BMF v. 29.7.2003, BStBl I 2003, 405 = Graf/Obermeier, Ausgabe 2/2003, 151.

Ferienwohnungen/Einkunftserzielungsabsicht: OFD Hannover v. 19.11.2002, FR 2003, 50, DStZ 2003, 243 = Graf/Obermeier, Ausgabe 1/2003, 196.

Gemischt genutzte Gebäude/gesonderte Zuordnung/gesonderte Finanzierung: BMF v. 24.4.2003, BStBl I 2003, 287 = Graf/Obermeier, Ausgabe 1/2003, 178.

Immobilienfonds/Provisionsnachlässe/Minderung der Anschaffungskosten: OFD Rostock v. 12.11.2002, DStR 2003, 332 = Graf/Obermeier, Ausgabe 1/2003, 207.

Miteigentum und Gesamthand/Vermietung an Miteigentümer/Zurechnung Mieteinkünfte: OFD Karlsruhe v. 20.12.2002, DStR 2003, 419, DStZ 2003, 206 = Graf/Obermeier, Ausgabe 1/2003, 181.

Sanierungsgebiete/städtebauliche Entwicklungsbereiche/Baudenkmale: OFD Berlin v. 9.1.2003, StEd 2003, 151 = Graf/Obermeier, Ausgabe 1/2003, 205 , 206.

• Erbschaftsteuer

Anzeigepflicht/Verträge zu Gunsten Dritter: OFD Hannover v. 7.3.2003, DStR 2003, 979 = Graf/Obermeier, Ausgabe 2/2003, 226.

Bedarfsbewertung/Erbbaurecht/Gebäude auf fremdem Grund und Boden: Koordinierter Ländererlass v. 4.12.2002, BStBl I 2002, 1381; SenVerw Hamburg v. 28.1.2003, DStR 2003, 510 = Graf/Obermeier, Ausgabe 1/2003, 244.

Behaltensfrist: OFD München v. 22.1.2003, DB 2003, 637 = Graf/Obermeier, Ausgabe 1/2003, 246.

Erbschaftsteuer-Hinweise: BMF v. 17.3.2003, BStBl I Sondernummer 1/2003, 91 = Graf/Obermeier, Ausgabe 1/2003, 247.

Erbschaftsteuer-Richtlinien: BMF v. 17.3.2003, BStBl I Sondernummer 1/2003, 2 = Graf/Obermeier, Ausgabe 1/2003, 247.

Gesamtgläubigerschaft: Koordinierter Ländererlass, FM Baden-Württemberg v. 25.6.2003, DStR 2003, 1485 = Graf/Obermeier, Ausgabe 2/2003, 227.

Kontrollmitteilungen: Koordinierter Ländererlass v. 18.6.2003, BStBl I 2003, 392 = Graf/Obermeier, Ausgabe 2/2003, 229.

Lebenspartnerschaftsgesetz/Ausgleichsgemeinschaft: Koordinierter Ländererlass, FM Baden-Württemberg v. 23.7.2003, DStR 2003, 1486 = Graf/Obermeier, Ausgabe 2/2003, 230.

Mehrfacher Erwerb desselben Vermögens: FM Saarland v. 20.5.2003, DStR 2003, 1301 = Graf/Obermeier, Ausgabe 2/2003, 232.

Nachlassregelungskosten/Steuerberatungskosten: OFD Frankfurt/M. v. 30.9.2002, ZEV 2003, 109 = Graf/Obermeier, Ausgabe 1/2003, 245.

• Gewerbesteuer

Verfassungsmäßigkeit: OFD Frankfurt/M. v. 9.12.2002, StuB 2003, 232, DStR 2003, 251, DStZ 2003, 310 = Graf/Obermeier, Ausgabe 1/2003, 243.

• Gewinn (§§ 4 ff. EStG)

Anschaffungsnaher Aufwand/Umsetzung Rechtsprechungsänderung: OFD Berlin v. 6.1.2003, DB 2003, 364, DStR 2003, 208; FM Bayern v. 7.2.2003, StuB 2003, 319 = Graf/Obermeier, Ausgabe 1/2003, 80.

Anteile an Kapitalgesellschaften/Veräußerung/nachträgliche Versteuerung/Halbeinkünfteverfahren: OFD Frankfurt/M. v. 28.5.2003, StuB 2003, 757 = Graf/Obermeier, Ausgabe 2/2003, 124.

Betriebsaufgabe/Aufgabeerklärung/Drei-Monatsfrist/Erbe: OFD München v. 2.5.2003, FR 2003, 634 = Graf/Obermeier, Ausgabe 2/2003, 123.

Film- und Fernsehfonds/Übergangsregelung: BMF v. 5.8.2003, BStBl I 2003, 406 = Graf/Obermeier, Ausgabe 2/2003, 118.

Kfz-Nutzung/Fahrten Wohnung – Betrieb/Entfernungspauschale: FM Bayern v. 27.3.2003, DStR 2003, 738 = Graf/Obermeier, Ausgabe 1/2003, 111.

Rückstellungen/Anpassungsverpflichtung/Nichtanwendungserlass: BMF v. 21.1.2003, BStBl I 2003, 121 = Graf/Obermeier, Ausgabe 1/2003, 109.

Rückstellungen/Hörgeräte-Akustiker/Nachbetreuungskosten/AdV: OFD Magdeburg v. 13.8.2003, Lexinform 577755 = Graf/Obermeier, Ausgabe 2/2003, 104.

Schuldzinsen bei Überentnahmen/StÄndG 2001/Unterentnahmen vor 1999: OFD Hannover v. 7.3.2003, DStR 2003, 779 = Graf/Obermeier, Ausgabe 1/2003, 108.

Sonder- und Ansparabschreibung/Existenzgründer/schädliche Einkünfte: OFD Koblenz v. 28.7.2003, StuB 2003, 847 = Graf/Obermeier, Ausgabe 2/2003, 107.

Sonder- und Ansparabschreibung/Gewinnzuschlag/unterjährige Auflösung/Einnahmen-Überschuss-Rechner: OFD Koblenz v. 27.3.2003, DStR 2003, 880 = Graf/Obermeier, Ausgabe 1/2003, 112.

• Haushaltsnahe Beschäftigungsverhältnisse und haushaltsnahe Dienstleistungen (§ 35a EStG)

Zweifelsfragen: BMF v. 14.8.2003, BStBl I 2003, 408 = Graf/Obermeier, Ausgabe 2/2003, 199.

• Kinder (§§ 31 f. EStG)

Arbeit suchende Kinder: BfF v. 29.8.2003, BStBl I 2003, 428 = Graf/Obermeier, Ausgabe 2/2003, 178.

Ausbildung/Grundwehr- oder Zivildienst: OFD Berlin v. 4.2.2003, FR 2003, 482, DB 2003, 853 = Graf/Obermeier, Ausgabe 1/2003, 217.

Behindertes Kind/Einsatz des Vermögens/Begleitperson: BfF v. 29.8.2003, BStBl I 2003, 428 = Graf/Obermeier, Ausgabe 2/2003, 175.

Einkünfte/Bezüge/Direktversicherung/Pensionskasse: OFD Berlin v. 24.6.2003, DB 2003, 2147 = Graf/Obermeier, Ausgabe 2/2003, 181.

Einkünfte/Bezüge/Verzicht auf Arbeitslohn/Flutopfer: OFD Kiel v. 23.4.2003, DB 2003, 1710 = Graf/Obermeier, Ausgabe 2/2003, 183.

Einkunftsgrenze des Kindes/besondere Ausbildungskosten: OFD Koblenz v. 10.3.2003, DStR 2003, 550 = Graf/Obermeier, Ausgabe 1/2003, 219.

Einkunftsgrenze des Kindes/Einkünfte und Bezüge: OFD Hannover v. 4.3.2003, DB 2003, 692, DStR 2003, 550, DStZ 2003, 319 = Graf/Obermeier, Ausgabe 1/2003, 218.

Günstigerprüfung/Familienleistungsausgleich/Monatsprinzip: BMF v. 16.7.2003, BStBl I 2003, 385 = Graf/Obermeier, Ausgabe 2/2003, 174.

Haushaltsfreibetrag: OFD Nürnberg v. 3.9.2003, DStR 2003, 1705 = Graf/Obermeier, Ausgabe 2/2003, 184.

Haushaltsfreibetrag/Willenserklärung der Mutter aus 2001: OFD Hannover v. 25.2.2003, DB 2003, 636, FR 2003, 430 = Graf/Obermeier, Ausgabe 1/2003, 215.

Kinderfreibeträge ab 1996/Verfassungswidrigkeit: OFD Berlin v. 13.2.2003, DStR 2003, 643 = Graf/Obermeier, Ausgabe 1/2003, 213.

Pflegekindschaftsverhältnis: BfF v. 29.8.2003, BStBl I 2003, 428 = Graf/Obermeier, Ausgabe 2/2003, 176.

Vermisste Kinder: BfF v. 29.8.2003, BStBl I 2003, 428 = Graf/Obermeier, Ausgabe 2/2003, 178.

• Körperschaftsteuer

Auflösung und Abwicklung von Körperschaften: BMF v. 26.8.2003, BStBl I 2003, 434 = Graf/Obermeier, Ausgabe 2/2003, 240.

Einführungsschreiben zu § 8b KStG: BMF v. 28.4.2003, DB 2003, 1027 = Graf/ Obermeier, Ausgabe 1/2003, 254.

Gesellschafter-Fremdfinanzierung: FM Nordrhein-Westfalen v. 26.5.2003, FR 2003, 686 = Graf/Obermeier, Ausgabe 2/2003, 239.

Körperschaftsteuerminderung und -erhöhung/Bilanzierung: OFD Hannover v. 16.12.2002, DStR 2003, 333 = Graf/Obermeier, Ausgabe 1/2003, 254.

Körperschaftsteuerguthaben/Bescheinigungsverfahren: OFD Magdeburg v. 19.12.2002, DStR 2003, 551 = Graf/Obermeier, Ausgabe 1/2003, 255.

Mantelkauf/AdV: OFD Koblenz v. 18.6.2003, DStR 2003, 1396 = Graf/Obermeier, Ausgabe 2/2003, 238.

Organschaft: BMF v. 26.8.2003, BStBl I 2003, 437 = Graf/Obermeier, Ausgabe 2/2003, 244.

Risikogeschäfte: BMF v. 20.5.2003, BStBl I 2003, 333 = Graf/Obermeier, Ausgabe 2/2003, 237.

• Mini-Jobs

Neuregelung ab 1.4.2003: OFD Cottbus v. 5.3.2003, FR 2003, 427 = Graf/Obermeier, Ausgabe 1/2003, 94.

• Sonderausgaben (§§ 10 ff. EStG)

Anlage AV/nachträgliche Vorlage/Bescheidsänderung/grobes Verschulden: OFD Magdeburg v. 15.6.2003, DStR 2003, 1576 = Graf/Obermeier, Ausgabe 2/2003, 115.

Dauernde Last/außergewöhnliche Instandhaltungen: BMF v. 21.7.2003, BStBl I 2003, 405 = Graf/Obermeier, Ausgabe 2/2003, 113.

Vorwegabzug/keine Kürzung/Alleingesellschafter-Geschäftsführer: OFD Chemnitz v. 21.7.2003, StuB 2003, 114 = Graf/Obermeier, Ausgabe 2/2003, 114.

Zuwendungen/vereinfachter Zuwendungsnachweis: OFD Karlsruhe v. 10.1.2003, DB 2003, 529 = Graf/Obermeier, Ausgabe 1/2003, 120.

Zuwendungen/Zuwendungsbestätigungen/politische Parteien: BMF v. 10.4.2003, DB 2003, 969 = Graf/Obermeier, Ausgabe 1/2003, 120.

• Sonstige Einkünfte (§§ 22 f. EStG)

Bonusaktien der Deutschen Telekom AG: OFD Düsseldorf v. 25.4.2003, StuB 2003, 663 = Graf/Obermeier, Ausgabe 2/2003, 170.

Private Veräußerungsgeschäfte/Aussetzung der Vollziehung/Wertpapiergeschäfte: OFD Hannover v. 22.8.2003, DStR 2003, 1754 = Graf/Obermeier, Ausgabe 2/2003, 172.

- ## Steuerpflicht (§§ 1 ff. EStG)

Beschränkte Steuerpflicht/Ausland/fehlende Gewinnerzielungsabsicht/Nichtanwendungserlass: BMF v. 11.12.2002, BStBl I 2002, 1394 = Graf/Obermeier, Ausgabe 1/2003, 103.

Mindestbesteuerung/Verfassungswidrigkeit/AdV: OFD Hannover v. 26.6.2003, NWB DokSt-Nr. 03x84403 = Graf/Obermeier, Ausgabe 2/2003, 100.

Negative Einkünfte/Auslandsbezug/EuGH/AdV: OFD Frankfurt/M. v. 17.6.2003, StuB 2003, 755 = Graf/Obermeier, Ausgabe 2/2003, 101.

- ## Umsatzsteuer

Differenzbesteuerung/Agenturverkauf/Gebrauchtfahrzeuge/Inzahlungnahme: OFD Koblenz v. 20.8.2003, DB 2003, 2096 = Graf/Obermeier, Ausgabe 2/2003, 262.

Einzelkünstler/Solisten/Umsatzsteuerbefreiung/Rechtsprechungsänderung: BMF v. 31.7.2003, BStBl I 2003, 424 = Graf/Obermeier, Ausgabe 2/2003, 256.

Gesellschafter/Geschäftsführungs- und Vertretungsleistungen//Übergangsregelung: BMF v. 21.11.2002, BStBl I 2003, 68 = Graf/Obermeier, Ausgabe 1/2003, 259.

Gesellschafter/Geschäftsführungs- und Vertretungsleistungen/weitere Übergangsregelung: BMF v. 17.6.2003, BStBl I 2003, 378 = Graf/Obermeier, Ausgabe 2/2003, 255.

Sonstige Leistung/Beistellung/Personal: BMF v. 30.1.2003, BStBl I 2003, 154 = Graf/Obermeier, Ausgabe 1/2003, 262.

Vorsteuer/Abzug/Berichtigung/Übergangsregelung: BMF v. 24.4.2003, DStR 2003, 836 = Graf/Obermeier, Ausgabe 1/2003, 263.

Vorsteuer/Aufteilung/Umsatzschlüssel: OFD Cottbus v. 6.2.2003, DStR 2003, 466 = Graf/Obermeier, Ausgabe 1/2003, 263.

Vorsteuer/Abzug/Einschränkung/Fahrzeuge/fehlende Zustimmung EU-Kommission ab 1.1.2003: OFD Nürnberg v. 21.5.2003, www.ofd-nuernberg.de = Graf/Obermeier, Ausgabe 1/2003, 274.

Umsatzsteuer-Voranmeldung/monatliche/Neugründungsfälle: BMF v. 24.1.2003, BStBl I 2003, 153 = Graf/Obermeier, Ausgabe 1/2003, 275.

Umsatzsteuer-Nachschau: BMF v. 23.12.2002, BStBl I 2002, 1447 = Graf/Obermeier, Ausgabe 1/2003, 277.

Sportanlagen/Nutzungsüberlassung: BMF v. 17.4.2003, DStR 2003, 835 = Graf/Obermeier, Ausgabe 1/2003, 281.

Teil G:
Überblick über Gesetzesvorhaben

Zeitplan: Die Gesetze wurden mit der Mehrheit der Regierungsfraktionen am 17.10.2003 beschlossen. Am 7.11.2003 werden die Gesetze im Bundesrat verhandelt. Es wird erwartet, dass der Bundesrat nicht zustimmt, sondern die Gesetze an den Vermittlungsausschuss überweist. Der 17.12.2003 ist der späteste Termin für Ergebnisse im Vermittlungsausschuss. Zum Vermittlungsergebnis könnte am 18. oder 19.12.2003 eine Sondersitzung des Bundestages stattfinden. Der 19.12.2003 ist der späteste Termin für die Abstimmung im Bundesrat zu den Vermittlungsergebnissen, damit die Gesetze am 1.1.2004 in Kraft treten können.

I. Gesetz zur Förderung der Steuerehrlichkeit

Materialien: Gesetzentwurf der Fraktionen SPD und BÜNDNIS 90/DIE GRÜNEN, BT-Drucks. 15/1309 v. 1.7.2003; Gesetzentwurf der Bundesregierung, BT-Drucks. 15/1521 v. 8.9.2003.

Literatur: *Schencking*, Anmerkungen zu einer möglichen Steueramnestie aus Beratersicht, DStR 2003, 820; *o.V.*, Entwurf eines Gesetzes zur Förderung der Steuerehrlichkeit, NWB Aktuelles 27/2003, 2053; *Sell*, Entwurf eines Gesetzes zur Förderung der Steuerehrlichkeit, DStR 2003, 1185; *Leis*, Gesetzesentwurf zur Förderung der Steuerehrlichkeit, FR 2003, 703; *Fleischmann*, Die Steueramnestie als „Brücke zur Steuerehrlichkeit", StuB 2003, 690; *Lohr*, Aktuelles Beratungs-Know-how: Besteuerung von Kapitalvermögen, DStR 2003, 1240; *Seipl*, Neuregelung zur Förderung der Steuerehrlichkeit, Stbg 2003, 357; *Höreth/Schiegl/Zipfel*, Gesetz zur Förderung der Steuerehrlichkeit, DStZ 2003, 517; *Randt/Schauf*, Der neue Gesetzentwurf zur Steueramnestie, DStR 2003, 1369; *Joecks*, Steueramnestie: Verfassungsrechtlich zulässig, aber korrekturbedürftig, DStR 2003, 1417; *ders.*, Der Regierungsentwurf eines Gesetzes zur Förderung der Steuerehrlichkeit, DB 2003, 1807; *Christoffel*, Verheimlichtes Vermögen im Erbfall, ErbBstg 2003, 239; *Hidien*, Steueramnestie und Steuerverteilung, BB 2003, 1935; *Eisolt*, Überblick über den Entwurf eines Gesetzes zur Förderung der Steuerehrlichkeit, NWB Aktuelles 39/2003, 3013; *Klengel/Mückenberger*, Das Strafbefreiungserklärungsgesetz – Stolpersteine auf der Brücke in die Steuerehrlichkeit, BB 2003, 1094; *Pezzer*, Die geplante Steueramnestie – ein gut gemeinter Schlag ins Wasser?, DStZ 2003, 724.

1. Vorbemerkung

Wichtigste vorgesehene Änderungen: Die vorgesehene Gesetzesänderung hat zwei Schwerpunkte:

- **Steueramnestie**: Mit dem Gesetz zur Förderung der Steuerehrlichkeit soll die Möglichkeit eröffnet werden, durch Abgabe einer strafbefreienden Erklärung und Entrichtung einer pauschalen, als Einkommensteuer geltenden Abgabe Strafbefreiung und Befreiung von Geldbußen zu erreichen. Bei einer Erklärung vom 1.1.2004 bis zum 31.12.2004 soll ein Steuersatz von 25 v.H. auf die erklärten Einnahmen gelten. Wer sich bis zum 31.5.2005 erklärt, soll 35 v.H. auf die erklärten Einnahmen zahlen.

- **Bessere Überprüfbarkeit**: Durch verbesserte Überprüfungsmöglichkeiten der Finanzverwaltung soll die Durchsetzung der Besteuerung weiter verbessert werden. Das damit verbundene erhöhte Entdeckungsrisiko soll zu einem höheren Grad von Steuerehrlichkeit führen.

⇨ ***Hinweis***

***Unterschied zum Referentenentwurf**: Im Gegensatz zum Referentenentwurf ist noch nicht vorgesehen, eine Zinsabgeltungssteuer einzuführen. Es ist beabsichtigt, im Zusammenhang mit der EU-Zinsrichtlinie ein umfassendes Gesetz noch in dieser Legislaturperiode zu beschließen.*

In-Kraft-Treten: Das Gesetz soll am Tag nach der Verkündung in Kraft treten (Art. 4 Abs. 1 des Gesetzentwurfs). Eine strafbefreiende Erklärung soll jedoch erst ab 1.1.2004 abgegeben werden können. Die erweiterten Kontrollmöglichkeiten der Finanzverwaltung (Art. 2 und 3 des Gesetzentwurfs) sollen erst ab 1.4.2005 greifen (Art. 4 Abs. 2 des Gesetzentwurfs).

2. Strafbefreiungserklärungsgesetz

Voraussetzungen für Strafbefreiung (§ 1 E-StraBEG): Der Stpfl. soll

- nach dem 31.12.2003 und vor dem 1.4.2005 eine strafbefreiende Erklärung abgeben (§ 1 Abs. 1 Satz 1 Nr. 1, Abs. 6 E-StraBEG) und

- innerhalb von zehn Tagen nach Abgabe der Erklärung, spätestens aber bis zum 31.12.2004 (bzw. 31.3.2005) 25 v.H. (bei Erklärung nach dem 31.12.2004 35 v.H.) des erklärten Betrags entrichten (§ 1 Abs. 2 Satz 1 Nr. 2, Abs. 6 E-StraBEG).

Verkürzte Steuern 1993 bis einschließlich 2001 (§ 1 E-StraBEG): Die strafbefreiende Erklärung soll

- bei der Einkommen- oder Körperschaftsteuer die VZ 1993 bis 2001 (§ 1 Abs. 2 E-StraBEG),

- der Gewerbesteuer die EZ 1993 bis 2001 (§ 1 Abs. 3 E-StraBEG),

- der Umsatzsteuer die Besteuerungszeiträume 1993 bis 2001 (§ 1 Abs. 4 E-StraBEG) und

- der Erbschaft- oder Schenkungsteuer Erwerbe, die nach dem 31.12.1992 und vor dem 1.1.2002 angefallen sind, betreffen (§ 1 Abs. 5 E-StraBEG).

Bemessungsgrundlage (§ 1 E-StraBEG): Die Bemessungsgrundlage soll

- bei der Einkommen- oder Körperschaftsteuer 60 v.H. der Einnahmen und 100 v.H. der ungerechtfertigten Ausgaben (§ 1 Abs. 2 E-StraBEG),

- der Gewerbesteuer 10 v.H. der Einnahmen und 100 v.H. der ungerechtfertigten Ausgaben (§ 1 Abs. 3 E-StraBEG),

- der Umsatzsteuer 30 v.H. der Gegenleistungen und 100 v.H. der ungerechtfertigten Vorsteuerbeträge (§ 1 Abs. 4 E-StraBEG) und

- der Erbschaft- oder Schenkungsteuer 20 v.H. der steuerpflichtigen Erwerbe betragen (§ 1 Abs. 5 E-StraBEG).

Beispiel für Einkommensteuer:

Hinterzogene Zinseinnahmen 1993 bis 2001	50.000 €
davon 60 v.H. = Bemessungsgrundlage	30.000 €
strafbefreiende Erklärung in 2004, also Nachzahlung 25 v.H.	**7.500 €**

Form der strafbefreienden Erklärung (§ 3 E-StraBEG): Der Erklärende hat den zu entrichtenden Betrag selbst zu berechnen. Die strafbefreiende Erklärung ist nach amtlich vorgeschriebenem Vordruck abzugeben und eigenhändig zu unterschreiben.

Ausschluss der Straf- oder Bußgeldbefreiung (§ 7 E-StraBEG): Straf- oder Bußgeldfreiheit soll nicht eintreten, soweit vor Eingang der strafbefreienden Erklärung

- einem Tatbeteiligten (Täter oder Teilnehmer) oder seinem Vertreter die Einleitung des Straf- oder Bußgeldverfahrens bekannt gegeben worden ist oder

- der Erklärende unrichtige oder unvollständige Angaben bei der Finanzbehörde berichtigt oder ergänzt oder unterlassene Angaben nachgeholt hat (§ 7 E-StraBEG).

⇨ ***Hinweis***

Abgrenzung zur Selbstanzeige bzw. Berichtigung nach § 153 AO*: Ob es sich aus der Sicht des Betroffenen und nachfolgend aus der Sicht der Finanzbehörde um eine Berichtigung nach § 153 AO oder eine Selbstanzeige nach § 371 oder § 378 Abs. 3 AO handelt, ist dabei unerheblich. Inhaltlich hängt die rechtliche Einordnung der Erklärung nach herrschender Auffassung allein von der Schuldform hinsichtlich der Fehlerhaftigkeit der Steuererklärung ab. Hat der Betroffene vorsätzlich oder leichtfertig eine unrichtige oder unvollständige Steuererklärung abgegeben, ist die Berichtigung als Selbstanzeige nach § 371 oder § 378 Abs. 3 AO zu werten. Hat der Täter dagegen bei Abgabe der Steuererklärung weder vorsätzlich noch leichtfertig gehandelt, so stellt die Berichtigung eine Berichtigung nach § 153 AO dar. In diesen Fällen liegt keine Strafbarkeit oder bußgeldrechtliche Verantwortlichkeit vor, so dass dieses Gesetz nicht anwendbar ist.*

Ausschluss der Strafbefreiung bei Selbstanzeige oder Berichtigung nach § 153 AO*: Im Ergebnis bedeutet diese, dass jede Berichtigungserklärung eine Strafbefreiung nach dem Steuerehrlichkeitsgesetz hindert. Handelt es sich um eine Berichtigung nach § 153 AO, ist das Gesetz insgesamt nicht anwendbar, handelt es sich um eine Erklärung nach § 371 oder § 378 Abs. 3 AO, greift die Sperrwirkung des § 7 Satz 1 Nr. 2*

E-StraBEG. Dies gilt auch bei Unwirksamkeit einer Erklärung nach § 371 oder § 378 Abs. 3 AO (vgl. BT-Drucks. 15/1309, 11).

⇨ ***Gestaltungshinweis***

***Selbstanzeige noch im Jahr 2003 prüfen**: Die vorgesehene Amnestieregelung bietet zwar einen attraktiven Weg in die Steuerehrlichkeit, da die zu zahlenden Steuern oft geringer sind als bei ordnungsgemäßer Besteuerung. Man sollte jedoch in unaufschiebbaren Fällen eine Selbstanzeige prüfen, um einer Entdeckung der Tat zuvorzukommen.*

3. Abgabenordnung

Anfrage bei Kreditinstituten: Die Finanzbehörde soll bei den Kreditinstituten über das Bundesamt für Finanzen einzelne Daten abrufen können, wenn dies zur Festsetzung oder Erhebung von Steuern erforderlich ist und ein Auskunftsersuchen an den Stpfl. nicht zum Ziel geführt hat oder keinen Erfolg verspricht (vorgesehene Einfügung von § 93 Abs. 7 AO). Diese Möglichkeit soll erst ab 1.4.2005 gelten.

II. Steueränderungsgesetz 2003

Materialien: Gesetzentwurf der Bundesregierung, BR-Drucks. 630/03 v. 5.9.2003.

Literatur: *Merker*, Die geplanten Änderungen des LSt-Bescheinigungsverfahrens durch das StÄndG 2003, StuB 2003, 894; *Ehrhardt-Rauch*, Geplante Gesetzesänderungen zur Einführung der elektronischen Lohnsteuerbescheinigung und zur Übertragung lohnsteuerrechtlicher Pflichten auf Dritte, DStZ 2003, 723.

1. Vorbemerkung

Wichtigste vorgesehene Änderungen: Die vorgesehene Gesetzesänderung soll drei Schwerpunkte haben:

- **Modernisierung und Vereinfachung der Besteuerungspraxis**: Hier sind insbesondere die Modernisierung des Lohn- und Einkommensteuerverfahrens durch elektronische Übermittlung der Lohnsteuerbescheinigungen an die Finanzverwaltung, in einfachen Fällen Steuererklärung für Arbeitnehmer auf Basis der Lohnsteuerbescheinigung, die praxisgerechte Abwicklung der wegen des Familienleistungsausgleichs anhängigen „Masseneinsprüche“ und „Massenanträge“ für Altfälle durch gesetzliche Fiktion und die gesetzliche Verankerung der bisherigen Verwaltungsregelungen der R 157 Abs. 4 EStR zum sog. anschaffungsnahen Aufwand zu nennen.

- **Anpassung des Umsatzsteuerrechts an EU-Recht und BFH-Rechtsprechung**: Die Richtlinie 2001/115/EG des Rates v. 20.12.2001 soll in nationales Recht umgesetzt werden. Gleichzeitig soll auch die neue BFH-Rechtsprechung umgesetzt werden.

- **Anpassung des InvZulG 1999 an EU-Recht**: Außerdem sollen die Vorschriften des InvZulG 1999 an das EU-Recht angepasst werden.

⇨ ***Hinweis***

***Unterschied zum Referentenentwurf**: Im Gegensatz zum Referentenentwurf ist nicht mehr die Einführung einer einmaligen Identifikationsnummer für jeden Stpfl. vorgesehen.*

In-Kraft-Treten: Das StÄndG 2003 soll zwar grundsätzlich am Tag nach der Verkündung in Kraft treten. In den meisten Fällen soll die Neuregelung ab 2004 anzuwenden sein. Abweichungen werden im Einzelnen angegeben.

2. Einkommensteuergesetz

Anschaffungsnaher Aufwand (vorgesehene Einfügung von § 6 Abs. 1 Nr. 1a EStG): Es sollen die bisherigen Regelugen der R 157 Abs. 4 EStR in § 6 Abs. 1 Nr. 1a EStG gesetzlich verankert werden (vgl. i.E. S. 68).

Sonderabschreibungen und Ansparabschreibungen zur Förderung kleiner und mittlerer Betriebe (§ 7g EStG): Es sollen die sensiblen Sektoren verändert bzw. erweitert werden, und zwar Eisen- und Stahlindustrie (§ 7g Abs. 8 Nr. 1 E-EStG), Kraftfahrzeugindustrie (§ 7g Abs. 8 Nr. 3 E-EStG), Kunstfaserindustrie (§ 7g Abs. 8 Nr. 4 E-EStG) sowie Fischerei- und Aquakultursektor (§ 7g Abs. 8 Nr. 6 E-EStG).

Jahresbescheinigung über Kapitalerträge und Veräußerungsgewinne aus Finanzanlagen (vorgesehene Einfügung von § 24b EStG): Kreditinstitute oder Finanzdienstleistungsinstitute, die nach § 45a EStG zur Ausstellung von Steuerbescheinigungen berechtigt sind, sowie Wertpapierhandelsunternehmen und Wertpapierhandelsbanken sollen verpflichtet werden, dem Gläubiger der Kapitalerträge oder dem Hinterleger der Wertpapiere für alle bei ihnen geführten Wertpapierdepots und Konten eine zusammenfassende Jahressteuerbescheinigung nach amtlich vorgeschriebenem Muster auszustellen.

Abschluss des Lohnsteuerabzugs: Elektronische Lohnsteuerbescheinigung (§ 41b E-EStG): Auf Grund der Eintragungen im Lohnkonto soll der Arbeitgeber mit maschineller Lohnabrechnung verpflichtet werden, spätestens bis zum 28.2. des Folgejahres nach amtlich vorgeschriebenem Datensatz durch Datenfernübertragung an die amtlich bestimmte Übermittlungsstelle Angaben zu übermitteln (elektronische Lohnsteuerbescheinigung). Dieses Verfahren soll erstmals ab dem Kalenderjahr 2003 anzuwenden sein (vorgesehene Einfügung von § 52 Abs. 52b EStG).

⇨ ***Hinweis***

***Keine Erfassung der Daten und Plausibilitätskontrolle**: Durch die elektronische Lohnsteuerbescheinigung soll der bisherige Erfassungsaufwand und die damit verbundene Fehlermöglichkeit entfallen. Die vorhandenen Daten sollen es der Finanzverwaltung außerdem ermöglichen, diese auf Plausibilität zu überprüfen und Fälle unzutreffenden Lohnsteuerabzugs auch in den Fällen der Arbeitnehmer zu erkennen und zu korrigieren, die nicht zur Einkommensteuer veranlagt werden (vgl. BR-Drucks. 630/03, 59).*

***Vorteil für Arbeitgeber: Keine Verbindung mit Lohnsteuerkarte**: Die Arbeitgeber sollen entlastet werden, weil der Ausdruck der elektronischen Lohnsteuerbescheinigung mit der Lohnsteuerkarte nicht mehr fest verbunden werden muss. Hiermit wird auch ein seit langer Zeit vorgetragenes Anliegen der Arbeitgeber aufgegriffen (vgl. BR-Drucks. 630/03, 59).*

Kein Lohnsteuer-Jahresausgleich durch den Arbeitgeber bei Eintragung eines Freibetrags auf Lohnsteuerkarte (§ 42b Abs. 1 Satz 4 Nr. 3a E-EStG): Ein Lohnsteuer-Jahresausgleich durch den Arbeitgeber soll nicht mehr durchzuführen sein, wenn ein Freibetrag auf der Lohnsteuerkarte oder der Lohnsteuerbescheinigung eingetragen worden ist.

3. Umsatzsteuergesetz

Private Nutzung eines betrieblichen Fahrzeugs als unentgeltliche Wertabgabe (vorgesehene Aufhebung des § 3 Abs. 9a Satz 2 UStG): Hierbei handelt es sich um eine Folgeänderung aus der vorgesehenen Aufhebung des § 15 Abs. 1b UStG (beschränkter Vorsteuerabzug bei gemischt genutzten Fahrzeugen). Nach der Aufhebung des § 15 Abs. 1b UStG soll die private Nutzung eines dem Unternehmen zugeordneten Fahrzeugs als unentgeltliche Wertabgabe der Besteuerung zu unterwerfen sein. § 3 Abs. 9a Satz 2 UStG schloss dies bisher aus (vgl. BR-Drucks. 630/03, 73).

Inhalt einer qualifizierten Rechnung (§ 14 Abs. 4 E-UStG): Nach dieser Vorschrift muss die Rechnung folgende Angaben enthalten:

- den vollständigen Namen und die vollständige Anschrift des leistenden Unternehmers und des Leistungsempfängers,
- die dem leistenden Unternehmer vom FA erteilte Steuernummer,
- das Ausstellungsdatum,
- eine fortlaufende Nummer mit einer oder mehreren Zahlenreihen, die zur Identifizierung der Rechnung vom Rechnungsaussteller einmalig vergeben wird (Rechnungsnummer),
- die Menge und die Art (handelsübliche Bezeichnung) der gelieferten Gegenstände oder den Umfang und die Art der sonstigen Leistung,
- den Zeitpunkt der Lieferung oder sonstigen Leistung oder der Vereinnahmung des Entgelts oder eines Teils des Entgelts in den Fällen des § 14 Abs. 5 Satz 1 UStG, sofern dieser Zeitpunkt feststeht und nicht mit dem Ausstellungsdatum der Rechnung identisch ist,
- das nach Steuersätzen und einzelnen Steuerbefreiungen aufgeschlüsselte Entgelt für die Lieferung oder sonstige Leistung (§ 10) sowie jede im Voraus vereinbarte Minderung des Entgelts, sofern sie nicht bereits im Entgelt berücksichtigt ist und
- den anzuwendenden Steuersatz sowie den auf das Entgelt entfallenden Steuerbetrag oder im Fall einer Steuerbefreiung einen Hinweis

darauf, dass für die Lieferung oder sonstige Leistung eine Steuerbefreiung gilt.

⇨ ***Hinweis***

***Umsetzung der Rechnungsrichtlinie**: § 14 Abs. 4 E-UStG setzt Art. 22 Abs. 3 Buchst. c zweiter Unterabsatz der Richtlinie 2001/115/EG des Rates zur Änderung der Richtlinie 77/388/EWG (6. Richtlinie) um (ABl. EG 2002 Nr. L 15, 24). Diese Richtlinie ist zum 1.1.2004 in nationales Recht umzusetzen. Neben den bisher schon nach § 14 Abs. 1 und 1a UStG (alt) erforderlichen Angaben sind das Ausstellungsdatum (Rechnungsdatum), eine fortlaufende Nummer (Rechnungsnummer) und der anzuwendende Steuersatz sowie in den Fällen der Zahlung vor Rechnungsausstellung der Zeitpunkt der Vereinnahmung des Entgelts anzugeben (vgl. BR-Drucks. 630/03, 82).*

***Kleinbetragsrechnungen (§ 33 E-UStDV)**: Auch bei Kleinbetragsrechnungen (bis einschließlich 100 €) sollen künftig Steuernummer und Ausstellungsdatum anzugeben sein.*

***Vorsteuerabzug nur bei ordnungsmäßiger Rechnung**: Ein Vorsteuerabzug soll in Zukunft ausscheiden, wenn*

- *eine Steuernummer nicht auf der Rechnung aufgeführt ist oder*
- *eine aufgeführte Steuernummer nicht richtig ist (§ 15 Abs. 1 Satz 1 Nr. 1 Satz 2 E-UStG; Seifert, StuB 2003, 901).*

Aufbewahrungsfrist der Rechnungen zehn Jahre (vorgesehene Einfügung von § 14b UStG): Der Unternehmer soll ein Doppel der Rechnung, die er selbst oder ein Dritter in seinem Namen oder für seine Rechnung ausgestellt hat, sowie alle Rechnungen, die er erhalten oder die ein Leistungsempfänger oder in dessen Namen und für dessen Rechnung ein Dritter ausgestellt hat, zehn Jahre aufzubewahren haben. Die Rechnungen sollen für den gesamten Zeitraum lesbar sein.

⇨ ***Hinweis***

***Rechnungen auf Thermopapier**: Bei Rechnungen oder Quittungen auf Thermopapier empfiehlt es sich, Kopien auf Normalpapier zu erstellen.*

Wieder Vorsteuer auf Reisekosten (vorgesehene Streichung von § 15 Abs. 1a Nr. 2 UStG): Mit Urteil v. 23.11.2000 V R 49/00 (BStBl II 2001, 266) hat der BFH Folgendes entschieden: Der Unternehmer kann sich für den Vorsteuerabzug aus Kosten für Reisen seines Personals, soweit es sich um Übernachtungskosten handelt, unmittelbar auf Art. 17 Abs. 2 der Richtlinie 77/388/EWG berufen. Der Ausschluss dieser Ausgaben vom Vorsteuerabzugsrecht nach § 15 Abs. 1a Nr. 2 UStG ist insoweit unanwendbar. Die Finanzverwaltung ist dieser Rechtsprechung gefolgt (BMF v.

24.3.2001, BStBl I 2001, 251). Der Vorsteuerabzug wird seitdem im Vorgriff auf eine gesetzliche Regelung wieder gewährt. Aus den gleichen Gründen wird auch der Vorsteuerabzug, soweit es sich um Fahrtkosten für Fahrzeuge des Personals handelt und soweit der Unternehmer Leistungsempfänger ist, unter den übrigen Voraussetzungen des § 15 UStG zugelassen (BR-Drucks. 630/03, 86).

Voller Vorsteuerabzug bei privater Nutzung eines betrieblichen Fahrzeugs (vorgesehene Aufhebung des § 15 Abs. 1b UStG): Durch die vorgesehene Aufhebung des § 15 Abs. 1b UStG soll ein im Übrigen vorsteuerabzugsberechtigter Unternehmer den Vorsteuerabzug für das seinem Unternehmen zugeordnete Fahrzeug, das er nicht zu weniger als 10 v.H. unternehmerisch nutzt, in voller Höhe in Anspruch nehmen können. Die private Nutzung ist dann als unentgeltliche Wertabgabe (§ 3 Abs. 9a Nr. 1 UStG) der Besteuerung zu unterwerfen (vgl. BR-Drucks. 630/03, 86). Die Altfassung soll auf Fahrzeuge anzuwenden sein, die nach dem 31.3.1999 und vor dem 1.1.2004 angeschafft oder hergestellt, eingeführt, innergemeinschaftlich erworben oder gemietet worden sind und für die der Vorsteuerabzug nach § 15 Abs. 1b UStG vorgenommen worden ist. Dies soll nicht für nach dem 1.1.2004 anfallende Vorsteuerbeträge gelten, die auf die Miete oder den Betrieb dieser Fahrzeuge entfallen (§ 27 Abs. 5 E-UStG).

⇨ ***Hinweis***

Wahlrecht bei Anschaffung im Jahr 2003*: Der Unternehmer hat bei Anschaffung im Jahr 2003 ein Wahlrecht: Er kann nach dem Gesetz – nur hälftiger Vorsteuerabzug gem. § 15 Abs. 1b UStG und keine Versteuerung der privaten Nutzung gem. § 3 Abs. 9a Nr. 1 Satz 2 UStG – vorgehen oder sich unmittelbar auf das für ihn günstigere Recht des Art. 17 der 6. EG-Richtlinie – voller Vorsteuerabzug und Versteuerung der Nutzung als unentgeltliche Wertabgabe – berufen (vgl. BR-Drucks. 630/03, 86).*

Aufteilung der Vorsteuer bei gemischt genutzten Gebäuden (vorgesehene Einfügung von § 15 Abs. 4 Satz 3 UStG): Eine Ermittlung des nicht abziehbaren Teils der Vorsteuerbeträge nach dem Verhältnis der Umsätze, die den Vorsteuerabzug ausschließen, zu den Umsätzen, die zum Vorsteuerabzug berechtigen, soll nur zulässig sein, wenn keine andere wirtschaftliche Zurechnung möglich ist.

⇨ ***Hinweis***

Gegen BFH-Rechtsprechung*: Die vorgesehene Gesetzesänderung konterkariert die BFH-Rechtsprechung (v. 17.8.2001 V R 1/01, BStBl II 2002, 833; Nichtanwendungserlass, BMF v. 19.11.2002, BStBl I 2002, 1368), die die Aufteilung von Vorsteuerbeträgen nach dem Verhältnis der Ausgangsumsätze als sachgerechte Schätzung anerkannt hat.*

4. Abgabenordnung

Zahlungsschonfrist (§ 240 Abs. 3 Satz 1 E-AO): Die Zahlungsschonfrist soll von fünf auf drei Tage verkürzt werden.

5. Einführungsgesetz zur Abgabenordnung

„Masseneinsprüche" und „Massenanträge" (vorgesehene Einfügung von Art. 97 § 19a Abs. 4 bis 10 EGAO): Die vorgeschlagenen Ergänzungen des EGAO sollen eine Rechtsgrundlage für die rationelle Abwicklung der bei den Finanzämtern zu den Vorschriften des Familienleistungsausgleichs anhängigen „Masseneinsprüche" und „Massenanträge" schaffen (vgl. BR-Drucks. 630/03, 96).

6. Investitionszulagengesetz 1999

Genehmigung durch EU; Anpassung an EU-Recht: Die Investitionszulage nach § 2 InvZulG 1999 für betriebliche Investitionen in den neuen Bundesländern, die nach dem 31.12.2003 begonnen werden, ist durch die Kommission der EU zu genehmigen. Außerdem ist das Steuerrecht an die beihilferechtlichen Rahmenregelungen der EU anzupassen.

III. Haushaltsbegleitgesetz 2004

Materialien: Gesetzentwurf der Bundesregierung, BT-Drucks. 15/1502 v. 8.9.2003.

Literatur: *o.V.*, Entwurf eines Haushaltsbegleitgesetzes INF 2003, 681; *Höreth/Schiegl*, Entwurf eines Haushaltsbegleitgesetzes, DStZ 2003, 633.

1. Vorbemerkung

Wichtigste vorgesehene Änderungen: Durch das Haushaltsbegleitgesetz (HBeglG) 2004 soll die dritte Stufe der Steuerreform von 2005 auf 2004 vorgezogen werden. Die Steuerentlastungen sollen insbesondere durch den Wegfall der Eigenheimzulage und der Wohnungsbauprämie sowie die Absenkung der Entfernungspauschale finanziert werden.

In-Kraft-Treten: Das HBeglG 2004 soll am 1.1.2004 in Kraft treten. Abweichungen werden im Einzelnen angegeben.

2. Wohnungsbau-Prämiengesetz

Abschaffung der Wohnungsbau-Prämien (vorgesehene Einfügung des § 2 Abs. 3 WoPG): Prämienbegünstigt sollen nur noch Aufwendungen sein, die auf Grund von vor dem 1.1.2004 abgeschlossenen Verträgen bis Sparjahr 2009 geleistet werden.

⇨ ***Gestaltungshinweis***

Abschluss der Verträge vor dem 1.1.2004*: Um noch in den Genuss einer Wohnungsbau-Prämie zu kommen, müssen die Verträge vor dem 1.1.2004 abgeschlossen werden.*

3. Eigenheimzulagengesetz

Tod eines Ehegatten (vorgesehene Einfügung des § 6 Abs. 2 Satz 4 EigZulG): Mit dieser vorgesehenen Gesetzesänderung soll vermieden werden, dass Stpfl. auf Grund des Todes des Ehegatten keinen Anspruch mehr auf die Eigenheimzulage besitzen, da für sie von dem Todestag an sofort die Regelungen des Objektverbrauchs gelten, wenn sowohl der Anspruchsberechtigte als auch der verstorbene Ehepartner bis zum Tode bei zwei Objekten jeweils Miteigentümer waren. Auf eine besondere zeitliche Anwendungsregelung wurde bewusst verzichtet. Damit soll erreicht werden, dass auch in Altfällen, d.h. bei Todesfällen in vorangegangenen Kalenderjahren, die Eigenheimzulage wieder aufleben kann. Durch die Einbeziehung von Altfällen sollen keine verfahrensrechtlichen Probleme entstehen, da Altjahre nicht berichtigt werden, sondern die über den restlichen Förderzeitraum fortzuführende Eigenheimzulage zukünftig lediglich neu festgesetzt werden muss (vgl. BT-Drucks. 15/1502, 28).

Abschaffung des EigZulG (vorgesehene Einfügung des § 19 Abs. 8 EigZulG): Das EigZulG soll letztmals anzuwenden sein, wenn der Anspruchsberechtigte im Fall der Herstellung vor dem 1.1.2004 mit der Herstellung des Objekts begonnen oder im Fall der Anschaffung die Wohnung oder die Genossenschaftsanteile vor dem 1.1.2004 auf Grund eines vor diesem Zeitpunkt rechtswirksam abgeschlossenen obligatorischen Vertrags oder gleichstehenden Rechtsakts angeschafft hat.

⇨ ***Hinweis***

***Strukturverbesserungsprogramm**: Auf Grund der Neuausrichtung der Förderung des privaten Wohneigentums soll die Eigenheimzulage durch ein Zuschussprogramm zur Strukturverbesserung in Städten abgelöst werden, für das der Bund 25 v.H. seiner bis zum Jahr 2011 durch den Wegfall der Eigenheimzulage erzielten Ersparnisse zur Verfügung stellt. Voraussetzung dafür soll sein, dass Länder und Gemeinden einen angemessenen Kofinanzierungsbeitrag leisten (vgl. BT-Drucks. 15/1502, 28).*

⇨ ***Gestaltungshinweis***

***Beginn der Herstellung oder Kauf vor dem 1.1.2004**: Um in den Genuss der Eigenheimzulage zu kommen, muss der Stpfl. vor dem 1.1.2004 mit der Herstellung beginnen bzw. den notariellen Kaufvertrag abschließen. In diesem Fall erhält der Stpfl. Eigenheimzulage über den gesamten Förderzeitraum von acht Jahren. Als Beginn der Herstellung gilt bei Objekten, für die eine Baugenehmigung erforderlich ist, der Zeitpunkt, in dem der Bauantrag gestellt wird; bei baugenehmigungsfreien Objekten, für die Bauunterlagen einzureichen sind, der Zeitpunkt, in dem die Bauunterlagen eingereicht werden (§ 19 Abs. 5 EigZulG). Die Eigenheimzulage kann also erhalten werden, wenn vor dem 1.1.2004 ein Bauantrag gestellt wird.*

4. Einkommensteuergesetz

Abschaffung der Halbjahresregelung für die Abschreibung (vorgesehene Einfügung von § 7 Abs. 1 Satz 4 EStG): Der bislang in den Richtlinien (R 44 Abs. 2 EStR) enthaltene Grundsatz, dass die Abschreibung im Jahr der Anschaffung oder Herstellung nur zeitanteilig in Anspruch genommen werden kann, soll gesetzlich geregelt werden. Die Halbjahresregelung für die Abschreibung beweglicher Wirtschaftsgüter entfällt. Danach soll künftig nicht mehr die volle oder halbe Jahres-AfA (in Abhängigkeit von der Anschaffung/Herstellung in der ersten oder zweiten Jahreshälfte) abgezogen werden, sondern nur noch für den Monat der Anschaffung oder Herstellung der volle, auf diesen Monat entfallende, Betrag in Ansatz gebracht werden (vgl. BT-Drucks. 15/1502, 29). Dies soll auch für die degressive Abschreibung in § 7 Abs. 2 EStG, nicht aber für die degressive AfA in § 7 Abs. 5 EStG gelten.

⇨ ***Gestaltungshinweis***

Anschaffung vor dem 1.1.2004*: Die Neufassung soll erstmals bei Wirtschaftsgütern anzuwenden sein, die nach dem 31.12.2003 angeschafft oder hergestellt worden sind. Eine Anschaffung vor dem 1.1.2004 sichert noch die bisherige Rechtslage.*

Absenkung der Entfernungspauschale (§ 9 Abs. 1 Satz 3 Nr. 4 Satz 2 E-EStG): Für Entfernungen bis zu 20 km soll die Entfernungspauschale künftig 0 €, für Entfernungen ab dem 21. km 0,40 € betragen.

⇨ ***Hinweis***

Neue Vorschläge*: Nunmehr plant die Bundesregierung eine Kilometerpauschale von 0,15 € je Entfernungskilometer.*

Vorziehen der für 2005 vorgesehenen dritten Stufe der Steuerreform auf 2004: Durch das Vorziehen der dritten Stufe der Steuerreform ergeben sich 2004 folgende Beträge:

	2003	2004
Einkunftsgrenze des Kindes (§ 32 Abs. 4 Satz 2 E-EStG)	7.188 €	7.680 €
Grundfreibetrag (§ 32a Abs. 1 Nr. 1 E-EStG)	7.235 €	7.664 €
Unterhaltshöchstbetrag (§ 33a Abs. 1 Sätze 1 und 4 E-EStG)	7.188 €	7.680 €
Eingangssteuersatz (§ 32a Abs. 1 Nr. 2 E-EStG)	19,9 v.H.	15 v.H.
Höchststeuersatz (§ 32a Abs. 1 Nr. 4 E-EStG)	48,5 v.H.	42 v.H.

Wegfall des Haushaltsfreibetrags (vorgesehene Streichung des § 32 Abs. 7 EStG): Durch das Vorziehen der Entlastungsstufe 2005 auf 2004 soll der Haushaltsfreibetrag bereits ab 2004 wegfallen.

5. Umsatzsteuergesetz

Erweiterung der Steuerschuldnerschaft des Leistungsempfängers (§ 13b Nr. 3 bis 5 E-EStG): Während eine Steuerschuldnerschaft bei Umsätzen im Zusammenhang mit Grundstücken bisher nur bei Lieferungen von Grundstücken im Zwangsversteigerungsverfahren anzunehmen ist, soll ein Leistungsempfänger künftig bei allen Umsätzen Steuerschuldner sein, die unter das Grunderwerbsteuergesetz fallen. Außerdem soll der Leistungsempfänger Steuerschuldner bei der Reinigung von Gebäuden und Gebäudeteilen und bei Bauleistungen i.S.v. § 48 Abs. 1 Satz 3 EStG

(Bauabzugssteuer) sein. Dies soll in den letzten beiden Fällen nicht gelten, wenn der Leistungsempfänger ausschließlich nicht mehr als zwei Wohnungen vermietet.

Senkung der Durchschnittssätze für land- und forstwirtschaftliche Betriebe (§ 24 Abs. 1 Satz 1 Nr. 3, Satz 3, Abs. 5 E-UStG): Bei der Berechnung nach Durchschnittssätzen für land- und forstwirtschaftliche Betriebe soll der Steuersatz für die übrigen Umsätze von 9 v.H. auf 7 v.H. gesenkt werden. Gleichzeitig soll die Vorsteuerpauschale von 9 v.H. auf 7 v.H. gesenkt werden. Die Durchschnittssätze für land- und forstwirtschaftliche Betrieb sollen nur anzuwenden sein, soweit für den land- und forstwirtschaftlichen Betrieb der Gewinn nach § 13a Abs. 3 bis 6 EStG ermittelt wird.

IV. Gesetz zur Reform der Gewerbesteuer

Materialien: Gesetzentwurf der Bundesregierung, BT-Drucks. 15/1517 v. 8.9.2003.

Literatur: *Winheller*, Quo vadis Gewerbesteuer?, NWB Meinungen – Stellungnahmen 36/2003, 2758; *Keß*, Entwicklungen und Kritik der geplanten Gemeindewirtschaftssteuer, FR 2003, 959; *Schnittker/Welling*, 7. Berliner Steuergespräch: „Reform der Gemeindefinanzen – die Gewerbesteuer auf dem Prüfstand", FR 2003, 990; *Höreth/Schiegl*, Entwurf des Gesetzes zur Reform der Gewerbesteuer, DStZ 2003, 633; *o.V.*, Entwurf eines Gesetzes zur Reform der Gewerbesteuer, INF 2003, 682; *Broer*, Der Kabinettsentwurf zur Gemeindewirtschaftssteuer, BB 2003, 1930; *Eisolt*, Entwurf eines Gesetzes zur Reform der Gewerbesteuer, NWB Aktuelles, 40/2003, 3101; *Schulze zur Wiesche*, Ist die geplante Gemeindewirtschaftssteuer eine solide Grundlage zur Sicherung kommunaler Haushalte, BB 2003, 2158.

1. Vorbemerkung

Wichtigste vorgesehene Änderungen: Durch das Gesetz zur Reform der Gewerbesteuer soll die Verbesserung und Verstetigung der Kommunaleinnahmen durch eine personelle und sachliche Verbreiterung der Bemessungsgrundlage erreicht werden. Die personelle Verbreiterung der Bemessungsgrundlage besteht in der vorgesehenen Einbeziehung der selbständig Tätigen (§ 18 EStG) in die Steuerpflicht. Die sachliche Verbreiterung besteht in der vorgesehenen Abschaffung des Abzugs der Gemeindewirtschaftssteuer als Betriebsausgabe, der Hinzurechnung von Schuldzinsen, die an Gesellschafter oder ihnen nahe stehende Personen gezahlt werden, und der Beseitigung der Staffelung bei den Steuermesszahlen.

In-Kraft-Treten: Das Gesetz zur Reform der Gewerbesteuer soll zwar grundsätzlich am Tag nach der Verkündung in Kraft treten. In den meisten Fällen soll die Neuregelung ab 2004 anzuwenden sein. Abweichungen werden im Einzelnen angegeben.

2. Einkommensteuergesetz

Kein Abzug der Gemeindewirtschaftssteuer als Betriebsausgabe (vorgesehene Einfügung von § 4 Abs. 5 Satz 1 Nr. 11 EStG): Die Gewerbesteuer soll nicht mehr als Betriebsausgabe abziehbar sein und damit auch nicht ihre eigene Bemessungsgrundlage mindern.

Steuerermäßigung bei Einkünften aus Gewerbebetrieb und selbständiger Arbeit (§ 35 E-EStG): Durch die Einbeziehung der selbständig Tätigen in die Gewerbesteuer soll auch die Steuerermäßigung gem. § 35 EStG auf diesen Personenkreis ausgedehnt werden. Der Anrechnungsfaktor vom 1,8-fachen soll auf das 3,8-fache des Gewerbesteuermessbetrags angehoben werden. Außerdem soll die Steuerermäßigung auf die für den entsprechenden Erhebungszeitraum festzusetzende Gewerbesteuer begrenzt werden.

3. Gewerbesteuergesetz

Einbeziehung der selbständig Tätigen in Gewerbesteuer (§ 2 Abs. 1 E-GewStG): Auch Einkünfte selbständig Tätiger sollen in die Gewerbesteuer einbezogen werden.

Einbeziehung von Veräußerungsgewinnen in Gewerbeertrag (§ 7 Satz 2 E-GewStG): Bisher unterliegen Veräußerungsgewinne bei Einzelunternehmen und Mitunternehmerschaften nicht der Gewerbesteuer. Diese Gewinne sollen in die Besteuerung einbezogen werden.

⇨ ***Gestaltungshinweis***

Veräußerung des Betriebs noch im Jahr 2003*: Veräußerungsgewinne können der Gewerbesteuer entzogen werden, wenn sie noch im Jahr 2003 veräußert werden.*

Einschränkung der Hinzurechnung von Schuldzinsen (§ 8 Nr. 1 E-GewStG): Entgelte für Fremdkapital, das eine inländische Kapitalgesellschaft von einem Anteilseigner erhalten hat, sollen hinzugerechnet werden; ebenso Entgelte für Fremdkapital, das die Kapitalgesellschaft von einer dem Anteilseigner nahe stehenden Person oder von einem Dritten erhalten hat, der auf den Anteilseigner oder eine diesem nahe stehende Person zurückgreifen kann. Weitere Hinzurechnungen von Schuldzinsen sind ausgeschlossen.

Aufgehobene Hinzurechnungen (vorgesehene Streichung von § 8 Nr. 2, 5 und 7 GewStG): Es sollen nicht mehr hinzugerechnet werden

- Renten und dauernde Lasten, die wirtschaftlich mit der Gründung oder dem Erwerb eines Betriebs (Teilbetriebs) zusammenhängen;
- die nach § 3 Nr. 40 EStG oder § 8b KStG außer Ansatz bleibenden Gewinnanteile (Dividenden) und
- die Hälfte der Miet- und Pachtzinsen für die Benutzung der nicht in Grundbesitz bestehenden Wirtschaftsgüter des Anlagevermögens.

Neuregelung des Gewerbeverlustes (§ 10a E-GewStG): Bislang besteht keine Beschränkung des Verlustvortrags. Der Verlustvortrag soll auf 100.000 € beschränkt werden. Darüber hinaus soll der Verlustvortrag nur bis zur Hälfte des verbleibenden Gewerbeertrags des Verlustabzugsjahrs abziehbar sein.

Erhöhung und Abschmelzung des Freibetrags für natürliche Personen (§ 11 Abs. 1 Satz 3 Nr. 1 E-GewStG): Der Freibetrag soll von 24.500 € auf 25.000 € angehoben werden. Bei einem 25.000 € übersteigenden Gewerbeertrag soll der Freibetrag entsprechend gekürzt werden. Ab einem Gewerbeertrag von 50.000 € soll kein Freibetrag mehr zu berücksichtigen sein.

Einheitliche Steuermesszahl i.H.v. 3 v.H. (§ 11 Abs. 2 E-GewStG): Anstelle des jetzt geltenden Staffeltarifs soll die Steuermesszahl einheitlich auf 3 v.H. festgelegt werden.

Einführung eines Mindesthebesatzes von 200 v.H. (vorgesehene Einfügung von § 16 Abs. 4 Satz 2 GewStG): Es soll ein Mindesthebesatz von 200 v.H. eingeführt werden.

V. Gesetz zur Umsetzung der Protokollerklärung der Bundesregierung zur Vermittlungsempfehlung zum Steuervergünstigungsabbaugesetz

Materialien: Gesetzentwurf der Bundesregierung, BT-Drucks. 15/1518 v. 8.9.2003.

Literatur: *Prinz/Ley*, Geplante Gesetzesänderungen zur Gesellschafterfremdfinanzierung nach § 8a KStG – Erste Analyse und Gestaltungsüberlegungen, FR 2003, 933; *o.V.*, Ergänzender Gesetzentwurf zum StVergAbG, INF 2003, 681; *Waldens/Pott*, Korb II: Neue Verschärfungen bei der Unternehmensbesteuerung „auf dem Weg", PIStB 2003, 229; *Hill/Kavazidis*, Geplante Fortsetzung des StVergAbG (Korb II) – Darstellung und erste Analyse, DB 2003, 2028.

1. Vorbemerkung

Wichtigste vorgesehene Änderungen: Durch das Gesetz zur Umsetzung der Protokollerklärung der Bundesregierung zur Vermittlungsempfehlung zum StVergAbG sollen Maßnahmen zur Stabilisierung des Körperschaftsteueraufkommens ergriffen werden. Es sollen die Gesellschafter-Fremdfinanzierung durch Gleichbehandlung von In- und Ausländern bei der Fremdfinanzierung von Kapitalgesellschaften europarechtskonform neu geregelt, zweckwidrige Gestaltungsmöglichkeiten bei der Tonnagebesteuerung und im Bereich des Außensteuerrechts beseitigt, das geltende Verlustverrechnungssystem neu gestaltet, das Betriebsausgabenabzugsverbot bei Dividenden und Veräußerungsgewinnen vereinheitlicht und der Verlustabzug bei stillen Gesellschaften eingeschränkt werden.

In-Kraft-Treten: Das Gesetz zur Umsetzung der Protokollerklärung der Bundesregierung zur Vermittlungsempfehlung zum StVergAbG soll am 1.1.2004 in Kraft treten.

2. Einkommensteuergesetz

Abschaffung der Mindestbesteuerung (vorgesehene Aufhebung von § 2 Abs. 3 Sätze 2 bis 8 EStG): Verluste sollen in Zukunft wieder einkünfteübergreifend uneingeschränkt abziehbar sein.

Neuregelung des Verlustabzugs (§ 10d E-EStG): Auch der Verlustrücktrag soll einkünfteübergreifend gestaltet werden. Der Verlustrücktrag soll möglich sein bis zu einem Betrag von 511.500 €, bei zusammen veranlagten Ehegatten bis 1.023.000 €. Der Verlustvortrag soll nur bis zu 100.000 €, bei Ehegatten bis zu 200.000 € akzeptiert werden. Ein darüber hinaus gehender Verlust soll nur bis zur Hälfte des Gesamtbetrags der Einkünfte des Verlustabzugsjahrs zu berücksichtigen sein.

Teil H: Tipps zum Jahreswechsel

I. Vorbemerkung

Der Teil I enthält Tipps zum Jahreswechsel. Hierbei handelt es sich nicht um eine erschöpfende Aufzählung, sondern nur um einige wenige Punkte, die auf Grund von Anwendungsregelungen der Finanzverwaltung, Gesetzesänderungen oder der Abschnittsbesteuerung zu beachten sind. Zu den vorgesehenen Gesetzesänderungen vgl. Teil G: Überblick über Gesetzesvorhaben, S. 306 ff.

II. Einkommensteuer

1. Film- und Fernsehfonds

Verwaltungsanweisungen: BMF v. 5.8.2003, Ertragsteuerliche Behandlung von Film- und Fernsehfonds, BStBl I 2003, 406.

Verschärfung der Anforderungen: Mit BMF-Schreiben v. 5.8.2003 (BStBl I 2003, 406) hat die Finanzverwaltung die verschärfende Rechtsprechung des BFH zu den Anforderungen an Anerkennung einer Mitunternehmerstellung umgesetzt.

Beitritt bis 31.12.2003: Die Verschärfung der Anforderungen an die Einflussmöglichkeiten und Mitwirkungsrechte der Gesellschafter eines Film- oder Fernsehfonds durch das BMF-Schreiben v. 5.8.2003 (BStBl I 2003, 406) gelten nicht, soweit der Stpfl. dem Fonds noch bis zum 31.12.2003 beitritt und der Fonds den Außenvertrieb bereits am 1.9.2002 begonnen hat (vgl. Teil IV. Einkünfte aus Gewerbebetrieb (§§ 15 ff. EStG), S. 118 ff.

2. Arbeitgeberdarlehen

Verwaltungsanweisungen: BMF v. 21.7.2003, Steuerliche Behandlung von Zinsvorteilen aus Arbeitgeberdarlehen, BStBl I 2003, 391.

Rabattfreibetrag: Soweit ein Arbeitgeber Darlehen zinsgünstig an Mitarbeiter vergibt, kann § 8 Abs. 3 EStG nur angewendet werden, wenn der Arbeitgeber Darlehen gleicher Art und – mit Ausnahme des Zinssatzes – zu gleichen Konditionen (Laufzeit, Zinsfestlegung, Sicherung) überwiegend an betriebsfremde Dritte vergibt (BFH v. 9.10.2002 VI R 164/01, BStBl II 2003, 373).

Anwendung erst ab 1.1.2004: Entsprechend der bisherigen Auffassung der Finanzverwaltung kann der Rabattfreibetrag letztmals auf Zinsvorteile angewendet werden, die vor dem 1.1.2004 zufließen (BMF v. 21.7.2003, BStBl I 2003, 391).

3. Vermietung und Verpachtung (§ 21 EStG)

3.1 Befristete Vermietung

Verwaltungsanweisungen: BMF v. 15.8.2003, Einkunftserzielungsabsicht bei befristeten Vermietungen mit anschließender Selbstnutzung; Anwendung des BFH-Urteils v. 9.7.2002 (BStBl II 2003, 695), BStBl I 2003, 427.

Befristung wegen beabsichtigter Selbstnutzung: Bei einer wegen beabsichtigter Selbstnutzung von vornherein nur kurzfristig angelegten Vermietungstätigkeit fehlt es an der Einkünfteerzielungsabsicht, wenn der Stpfl. in diesem Zeitraum kein positives Gesamtergebnis erreichen kann. Negative Einkünfte auf Grund von steuerrechtlichen Subventions- und Lenkungsnormen sind bei einer kurzfristig angelegten Vermietungstätigkeit in die entsprechend befristete Totalüberschussprognose einzubeziehen, wenn der jeweilige Zweck der Subventions- und Lenkungsnorm sowie die Art der Förderung dies gebieten. Geltend gemachte Sonderabschreibungen nach den §§ 1, 3 und 4 FördG sind in eine befristete Prognose einzubeziehen (BFH v. 9.7.2002 IX R 57/00, BStBl II 2003, 695).

Erstmalige Anwendung bei Abschluss des Mietvertrags nach dem 31.12.2003: Die Finanzverwaltung wendet dieses Urteil in den Fällen befristeter Vermietung mit anschließender Selbstnutzung erstmals auf Mietverträge an, die nach dem 31.12.2003 abgeschlossen werden (BMF v. 15.8.2003, BStBl I 2003, 427; abgedruckt S. 149 f.).

3.2 Verbilligte Überlassung

Verwaltungsanweisungen: BMF v. 29.7.2003, Einkünfteerzielungsabsicht bei verbilligter Überlassung einer Wohnung (§ 21 Abs. 2 EStG); BFH-Urteil v. 5.11.2002 (BStBl II 2003, 646), BStBl I 2003, 405.

75 v.H.-Grenze: Bei einer langfristigen Vermietung ist grundsätzlich von dem Vorliegen einer Einkünfteerzielungsabsicht auszugehen, solange der Mietzins nicht weniger als 75 v.H. der ortsüblichen Marktmiete beträgt (BFH v. 5.11.2002 IX R 48/01, BStBl II 2003, 646).

Erstmalige Anwendung ab VZ 2004: Nach dem BMF-Schreiben v. 29.7.2003, BStBl I 2003, 405, abgedruckt S. 151) sind die Grundsätze erst ab dem VZ 2004 anzuwenden. Es kommt also nicht auf den Vertragsabschluss an; vielmehr fallen auch die alten Verträge unter die neue BFH-Rechtsprechung.

III. Umsatzsteuer

1. Nutzungsüberlassung von Sportanlagen

Verwaltungsanweisungen: BMF v. 17.4.2003, Umsatzsteuerliche Behandlung der Nutzungsüberlassung von Sportanlagen, Anwendungsbereich des BFH-Urteils v. 31.5.2001, BStBl I 2003, 279.

Übergangsregelung bis 31.12.2003: Die durch das „Gesetz zur Sicherstellung einer Übergangsregelung für die Umsatzbesteuerung von Alt-Sportanlagen“ in das UStG aufgenommene Übergangsregelung in § 27 Abs. 6 UStG endet am 31.12.2003 (vgl. Graf/Obermeier, NWB Steuerrecht aktuell, Ausgabe 3/2002, 29).

2. Geschäftsführungs- und Vertretungsleistungen der Gesellschafter an die Gesellschaft

Verwaltungsanweisungen: BMF v. 21.11.2002, Umsatzsteuerrechtliche Behandlung der Geschäftsführungs- und Vertretungsleistungen der Gesellschafter an die Gesellschaft; BFH v. 6.6.2002 V R 43/01, BStBl I 2003, 68; BMF v. 17.6.2003, Umsatzsteuerrechtliche Behandlung der Geschäftsführungs- und Vertretungsleistungen der Gesellschafter an die Gesellschaft; BFH v. 6.6.2002 V R 43/01, BStBl I 2003, 378.

Übergangsfrist verlängert bis 31.12.2003: Die Finanzverwaltung hat mit BMF-Schreiben v. 17.6.2003 (BStBl I 2003, 378) die Übergangsfrist zur Anpassung der Verträge bei Geschäftsführungs- und Vertretungsleistungen der Gesellschafter an die Gesellschaft nochmals bis 31.12.2003 verlängert (vgl. Teil XIII. Umsatzsteuer, S. 256).

3. Rechnungsvorschriften ab 2004

Anpassung an EU-Recht: Bis zum 1.1.2004 muss der deutsche Gesetzgeber die in einer Rechnung anzugebenden Pflichtangaben entsprechend der Richtlinie 2001/115/EG gesetzlich verbindlich geregelt haben. Die Änderungen sollen durch das Steueränderungsgesetz 2003 umgesetzt werden (vgl. S. 313 ff.).

IV. Erbschaftsteuer

Vorlagebeschluss an BVerfG: Der BFH hält Tarifvorschriften des ErbStG i.V.m. den in Bezug genommenen Vorschriften des BewG wegen Verstoßes gegen den Gleichheitssatz (Art. 3 Abs. 1 GG) für verfassungswidrig, weil die Vorschriften zur Ermittlung der Steuerbemessungsgrundlage beim Betriebsvermögen, bei den Anteilen an Kapitalgesellschaften sowie beim Grundbesitz (einschließlich des land- und forstwirtschaftlichen Vermögens) gleichheitswidrig ausgestaltet sind (BFH v. 22.5.2002 II R 61/99, BStBl II 2002, 598, m. Anm. erl, StuB 2002, 874; kk, KÖSDI 2002, 13406; Heidemann/Ostertun, ZEV 2002, 386; Ammenwerth, ErbBstg 2002, 223; Schmidt, EStB 2002, 348; ausführlich S. 281).

Vorweggenommene Erbfolge: Mit rückwirkenden Verschlechterungen ist derzeit nicht zu rechnen (Hannes, ZEV 2002, 66; v. Oertzen/Slabon, DStR 2002, 251; a.A. Hartmann, EStB 2002, 10). Auf der Grundlage der bestehenden Gestaltungsmöglichkeiten kann also noch beraten werden.

⇨ ***Gestaltungshinweis***

***Schenkungspläne nicht aufschieben**: Wenn das BVerfG der Begründung des BFH folgt, werden durch Gesetzesänderungen einige der bestehenden Vergünstigungen abgeschafft. Anstehende Schenkungspläne sollten daher nicht aufgeschoben werden.*

V. Abgabenordnung

1. Abgabe-Schonfrist

Verwaltungsanweisungen: BMF v. 1.4.2003, Änderung des Anwendungserlasses zur Abgabenordnung (AEAO), BStBl I 2003, 239.

Aufhebung der Abgabe-Schonfrist: Die Abgabe-Schonfrist bei USt-Voranmeldungen und LSt-Anmeldungen wird für nach dem 31.12.2003 endende Voranmeldungszeiträume bzw. Anmeldezeiträume aufgehoben (vgl. Graf/Obermeier, NWB Steuerrecht aktuell, Ausgabe 1/2003, 294).

2. Anerkennung der Gemeinnützigkeit

Verwaltungsanweisungen: BMF v. 4.3.2003, Steuerlich unschädliche Betätigung; Ergänzung des § 58 Nr. 1 AO durch das Gesetz zur Änderung des Investitionszulagengesetzes 1999 v. 20.12.2000, BStBl I 2003, 173.

Fristablauf 31.12.2003: Die Frist zur Anpassung von Satzungen an die Anforderungen des Gemeinnützigkeitsrechts im Hinblick auf das Gesetz zur Änderung des Investitionszulagengesetzes 1999 v. 20.12.2000 (BStBl I 2001, 28) wurde nochmals, und zwar bis zum 31.12.2003, verlängert (BMF v. 4.3.2003, BStBl I 2003, 173).

Stichwortverzeichnis

Die Zahlen verweisen auf die Seiten der Ausgaben 1/2003 oder 2/2003.

Notizen

Notizen

Notizen

Neben den regulären Ausgaben von **NWB Steuerrecht aktuell** informiert – regelmäßig und rechtzeitig zu Beginn der Veranlagungsarbeiten – eine Sonderausgabe über die Besonderheiten und Neuerungen bei der Einkommen-, Umsatz- und Gewerbesteuererklärung.

Sie richtet sich insbesondere an Angehörige der steuerberatenden Berufe und deren Mitarbeiter, die ausgehend von den neuen Erklärungsvordrucken in übersichtlicher Form schnell über Änderungen bei der Steuerdeklaration unterrichtet werden.

Übersichten, Zusammenstellungen in ABC-Form u.a. informieren vor Beginn der Veranlagungsarbeiten und dienen als Nachschlagequelle bei der Anfertigung der Steuererklärungen.

Lange vor Erscheinen der „traditionellen" Veranlagungshandbücher zeigt diese Ausgabe auf, was neu ist, welche aktuelle Rechtsprechung und Verwaltungsanweisungen neu zu beachten sind. In einer Zeit des Steuerchaos, in der auch jeder im Steuerrecht Tätige beginnt, den Überblick über Besonderheiten, Änderungen und Anwendungszeiträume zu verlieren, ist dieses Special ein unerlässliches Hilfsmittel.

• special · Steuererklärungen 2002 Sonderausgabe Januar 2003

Aus dem Inhalt:

Steuererklärungen 2002 für Arbeitnehmer, Selbständige und kleine Gewerbetreibende: Einkommensteuer • Umsatzsteuer • Gewerbesteuer • Änderungen 2002: Vordrucke • Gesetze • Richtlinien • Verfügungen und Erlasse • Rechtsprechung

In Vorbereitung:

• special · Steuererklärungen 2003 Sonderausgabe Januar 2004

VERLAG NEUE WIRTSCHAFTS-BRIEFE · 44621 HERNE · www.nwb.de